창업과 비즈니스 모델혁신

벤처창업과 경영

유순근

제4판
———

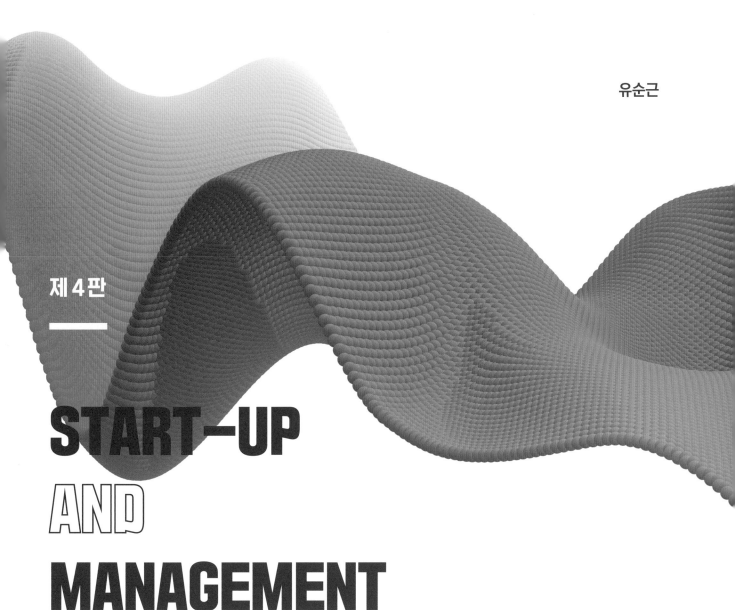

START-UP

AND

MANAGEMENT

박영사

모방하되 다르게, 새롭게, 독특하게, 유용하게 모방하라.

세계는 디지털 사회로 빠르게 전환되고 있으며, 그 변화의 속도는 계속해서 가속화되고 있다. 또한 특정 사건이 사회 전반에 걸쳐 다양한 변화를 초래하는 일이 자주 발생하고 있다. 특히 기후변화, 전쟁과 사건사고나 전염병으로 인해 정치, 경제, 사회, 문화, 교육, 과학 및 기술 등 모든 분야에서 엄청난 변화가 일어나며, 사람들과 기업들은 새로운 환경에 적응하고 있다. 신기술이 개발됨에 따라 기존 산업은 신기술 기반의 새로운 산업으로 대체되고 있으며, 소비자들은 새로운 경험이나 다양성을 추구하는 소비 패턴을 보이고 있다. 이로 인해 창업 환경에서는 신기술이 주도하는 디지털 경제는 아이디어, 창조적 모방이나 비즈니스 모델이 중요한 과제로 부상하고 있다.

기업들이 환경을 사전에 예측하거나 통제하는 것이 더욱 어려워졌다. 환경의 변화와 치열한 경쟁으로 인해, 전통적인 사업 방식으로는 기존 사업을 유지하거나 새로운 사업을 성공시키는 것이 점점 더 힘들어지고 있다. 혁신적인 아이디어와 비즈니스 모델을 통한 사업이 아니라면, 창업은 매우 어려운 과제가 되고 있다. 이제는 전통적인 창업 방식이 아닌, 혁신적인 아이디어와 기술 개발을 통한 창업이 필요하다. 따라서 아이디어와 기술을 기반으로 한 벤처 창업을 성공적으로 이루기 위한 지침서가 더욱 절실히 필요하다.

창업 생태계가 더욱 건실해지고 있으며, 성공한 창업자들의 부와 명예가 사회적으로 선망의 대상이 되는 것은 매우 긍정적이다. 성공한 창업자들은 국가 경제를 성장시키고 사회 문제를 해결하는 데 큰 기여를 하고 있다. 창업의 개인적 성공은 개인과 국가의 부를 창출할 뿐만 아니라 사회적 이익도 가져온다. 따라서 아이디어와 기술을 기반으로 한 창업의 성공은 창업자 개인에게나 사회적으로 매우 유익하고 바람직하다.

창업은 고객의 욕구와 필요를 파악해 이를 사업성이 있는 제품 아이디어로 전환하는 것이다. 그러나 아이디어만으로는 사업을 성공시킬 수 없다. 시장과 경영을 정확히 이해하고, 경쟁제품과 차별화되는 새롭고 독특하며 유용한 제품을 개발해야 성공할 수 있다. 창업은 목표를 설정하고 이를 성과로 연결하는 과정이며, 여기에는 특정 기법과 방법이 필요하다. 이러한 기법과 방법을 알게 되면 시행착오를 줄이고 창업 활동에 더 집중할 수 있다.

창업이 성공하려면 적절한 자원이 필요하다. 그중 하나가 바로 창업 안내서이다. 창업 안내서는 처음 시도하는 창업을 계획적으로 진행하도록 도와주어, 시행착오를 줄이고 자원의 낭비와 심리적 부담을 덜어준다. 「벤처창업과 경영」은 아이디어, 기술, 비즈니스 모델을 창출하여 창업하고자 하는 독자들에게 유용한 지침서가 될 것이다. 창업자는 이전에 경험해보지 못한 새로운 길을 걷기 때문에 경영에 서툴 수밖에 없다. 그래서 새로운 길을 개척할 때는 나침반이 필요하다. 따라서 「벤처창업과 경영」은 길을 모를 때 길을 찾고, 길이 없을 때는 길을 닦는 창업의 나침반 역할을 하고자 한다.

앞으로도 끊임없는 연구와 조사 활동을 통하여 벤처창업과 경영이론을 더욱 정교화하게 편집할 계획이다. 끝으로 금번 4판을 출판할 때까지 많은 조언과 격려를 해주신 전국의 독자들과 기획과 편집에 수고하신 박영사의 모든 선생님들께 감사를 드린다.

2025년 1월
유순근

목차

CHAPTER 01

창조적 모방과 창조적 파괴

Insight 혁신과 도전으로 시대를 창업한 기업가

CHAPTER 02

벤처기업과 기업가 정신

Insight 장거리 연애 경험이 만든 '줌'

CHAPTER
03

창업의 이해와 과정

Insight 급성장 후 성장통을 겪는 카카오

CHAPTER
04

비즈니스 모델의 혁신

Insight 인튜이트는 어떻게 스스로 혁신했나

고객욕구 선정활동

Insight 인재제일의 이병철 회장과 창의와
도전의 정주영 회장

가치제안의 이해와 구성

Insight 인간의 무의식을 과학적으로 분석하는
뉴로 마케팅

CHAPTER
09

제품컨셉의 창출과 제품개발

Insight 자연주의 화장품 록시땅

CHAPTER
10

사업타당성 분석과 사업계획서

Insight 성공하는 사업의 원칙

CHAPTER
11

창업 마케팅

Insight 9세에 美 이민 '대만출신' 젠슨 황

CHAPTER
12

인터넷 마케팅

Insight 용기를 갖고 생산현장에서 체험한다

CHAPTER
13
회계와 재무관리

Insight 富의 성공 방정식은 통념과 다르다

벤처창업과 경영

발명하려면 탁월한 상상력뿐만 아니라
쓸모없는 것이라도 많이 필요하다
- Thomas Edison -

나는 실패하지 않았다. 작동하지 않는
10,000가지 방법을 방금 찾았다
- Thomas Edison -

창조적 모방과 창조적 파괴

⚙ 차고 창업 기업(Garage Startup)

휴렛 팩커드(HP), 애플, 아마존, 구글, 디즈니는 가정집에 있는 차고(Garage)에서 창업해 글로벌 기업으로 성장한 기업들이다. 휴렛 팩커드(HP)는 차고에서 창업한 실리콘밸리의 원조기업이다. 빌 휴렛(Bill Hewlett)과 데이비드 팩커드(David Packard)는 1939년 캘리포니아주에서 HP를 창업했다. 그리고 캘리포니아주는 1989년 HP의 창업이 이뤄진 차고지를 공식적으로 실리콘 밸리의 탄생지(Birthplace of silicon valley)라고 인정하고 사적으로 등록했다.

⚙ HP(Bill Hewlett and David Packard)

HP는 스탠포드 대학교 동기인 빌 휴렛(Bill Hewlett)과 데이비드 팩커드(David Packard)가 공동으로 창업한 회사이다. 빌 휴렛은 1913년 미국 미시간주에서 태어나 스탠포드 대학에 입학했다. 데이비드 팩커드는 1912년 미국 콜로라도주에서 태어나 스탠포드대학에 입학했고 평생의 동반자인 루실 솔터와 비즈니스 동반자 빌 휴렛을 만났다. 그들은 1934년 스탠포드대학에서 진행된 실리콘밸리의 아버지인 프레드릭 터먼(Fredrick Terman) 교수의 창업 수업에서 처음 만났다. 그들은 1937년부터 본격적인 회사 설립에 대해 논의한 후 1939년 음향 발진기(Audio Oscillator) 사업을 시작했다. 당시 그들은 자금이 부족하여 지도교수에게 빌린 538달러 돈이 전부였다.

휴렛의 아이디어에 기반해 팩커드가 내놓은 음향발진기는 전기적인 진동을 소리로 만들어주는 기계였다. 인공적인 소리를 내는 전자음악이 바로 음향 발진기로 만들어진다. 첫 음향 발진기 제품은 200A이었고 이를 개선한 200B 모델이 성공했다. 한편 또 다른 차고에서 창업했던 디즈니는 영화 제작에 필요한 음향 장비 테스트용으로 8개의 휴렛팩커드 음향 발진기를 구입했다. 이후 휴렛 팩커드의 기술력을 인정받아 1940년 불과 1 년 여 만에 차고를 벗어나 팔로알토의 사무실로 옮겼다. 또한 창업 초기부터 창업자둘은 직원들에게 성과 보너스와 수익 배분 프로그램을 실시하였고, 전직원들의 건강보험 비용을 지원했다 1940년부터 지역 사회에 첫 기부를 시작하며 지역 공동체에 기여했다. 기업을 재정비한 뒤 기업을 상장시키고 글로벌 시장에 진출하는 등 고속성장을 거듭했다. 1966년 휴렛 팩커드 최초의 컴퓨터 HP2116A를 출시하며 본격적인 컴퓨터 기업으로 전환했다. 1984년 데스크젯 프린터를 세계 최초로 출시하였고, 이후 레이저 프린터를 출시하여 선도기업으로서의 혁신성으로 시장 점유율을 확대하였다.

⚙ 단순화를 추구한 고객욕구의 창조자 스티브 잡스(Steve Jobs)

스티브 잡스(Steve Jobs, 1955~2011)는 태어나자마자 양부모에게 입양되었다. 그는 홈스테드고등학교를 마친 뒤 오리건 주 리드대학교에 입학하였으나 1년 만에 학교를 포기하고, 캘리포니아에 있는 아타리(Atari) 전자게임 회사에 취업하였다. 그러나 잠시 회사를 퇴직하고 인도를 여행한 후 다시 복직하여 컴퓨터 게임을 만들었고, 이때 전자분야의 지식이 해박했던 워즈니악과 친분을 쌓았다.

미국의 대표적인 혁신기업인 애플은 1976년 캘리포니아 로스앨터스의 한 차고에서 스티브 잡스와 워즈니악에 의해 창업되었다. 사업적인 수완과 마케팅 감각이 뛰어난 스티브 잡스는 워즈니악과 함께 1976년 회로기판을 제조하는 회사를 공동으로 창업하였다. 회로기판만 있는 퍼스널컴퓨터 애플Ⅰ을 만들었고, 또 애플Ⅱ를 만들어 냈다. 사업여건이 초기에는 좋지 않았지만 퍼스널 컴퓨터는 시장에서 큰 반응을 보이며 판매에 성공했고, 1980년에는 주식공개로 미국에서 최고 부자 대열에 합류했다. 1984년에는 IBM에 대항하여 매킨토시 컴퓨터를 출시하여 대대적인 성공을 거두었다. 그러나 하드웨어의 성공에도 불구하고 소프트웨어가 부족하여 판매는 급속도로 감소하였고, 회사 내부 사정으로 애플을 떠났다.

스티브 잡스가 애플의 CEO로 복귀한 2년 동안 애플은 자본이 20억 달러에서 160억 달러로 증가했다. 그는 새로운 미디어인 인터넷과 접목한 신제품 개발에 눈을 돌렸으며 그 대상은 음악이었다. 그는 제품에서 모양과 색깔 등의 디자인 결정을 매우 중요시 여겼다. 아이튠즈 개발에 이어 아이팟이라는 MP3플레이어를 개발하여 세계적인 히트상품 반열에 올려놓았다. 그는 이제 사업가에서 세상을 바꾸는 인물로 인지되고 있었다.

그는 고객들이 원하는 것을 고객들에게 주어야 한다는 격언을 무시했다. 오히려 그는 시장조사 발견을 무시하고, 소비자는 만들 때까지 원하는 것을 알지 못한다고 말했다. 그는 신제품개발에서 언제나 선도자는 아니지만, 시장에서 효과가 있는 것에 대한 비전과 직관을 갖고 있었다. 그의 많은 제품은 그의 아이디어가 아니고, 오히려 그는 아이디어의 다른 것을 보았다. 그의 특별한 재능은 그러한 아이디어를 정교화할 수 있고, 그것을 시장선도자로 전환할 수 있는 것이었다. 스티브 잡스는 컨셉을 갖고, 그것을 시장에 출시할 수 있는 정도로 차별화하는 데 뛰어났다.

그는 복잡한 것을 싫어하기 때문에 애플의 모든 제품은 사용하기 쉽다. 그에게 사용의 용이성이 첫째이다. 사용의 간결성(simplicity)과 애플 제품과 다른 제품을 구별하는 제품에 관한 미적 최소성이 있다. 즉, 간결함이 최고의 정교함이다(Simplicity is the ultimate sophistication, Leonardo da Vinci). 그는 주류시장의 추세에 압력을 느끼지 않았다. 그는 모든 마케팅 기회를 끌어안고 전통적인 마케팅부터 최신 마케팅 경로를 모두 이용하였다. 유혹적인 고객경험을 창조하는 방법으로 명확하게 이야기를 하기 때문에 그의 마케팅은 성공했다. 그는 마케팅 분석을 무시했지만 대신에 마케팅 방법과 장소에 관하여 직관을 따랐다.

⚙ 혁신기업가의 어록

▶ David Packard

• 가장 좋은 사업적 결정은 가장 인간적인 결정이다.

• 가장 큰 경쟁우위는 최악의 시기에 옳은 일을 하는 것이다.

• 이익에만 집중하는 회사는 궁극적으로 자신과 사회를 모두 배신한다.

▶ Steve Jobs

• 사람들은 원하는 것을 보여주기 전까지는 무엇을 원하는지도 모른다.

• 우리가 이룬 것만큼 이루지 못한 것도 자랑스럽다.

• 단순화시켜라.

CHAPTER 01 창조적 모방과 창조적 파괴

01 창조적 모방

혁신은 기업이 새로운 제품을 개발하여 시장에서 경쟁우위를 달성하기 위한 중요한 전략이다. 기업은 경쟁회사가 자사의 제품을 모방하기 어려운 독특한 역량을 개발한다. 회사의 독특한 역량은 제품의 진기성을 창안할 수 있는 방법이나 능력이다. 그러나 기업들은 경쟁회사의 새롭고 독특한 제품기능을 자주 모방한다. 모방은 경쟁제품이나 기존제품과 유사한 형태, 속성, 기능이나 이름을 본떠서 만드는 제품이다. 실제로 모방은 혁신보다 더 많을 뿐만 아니라 사업성장과 이익을 추구하는 보편적인 방법이다.

(1) 모방의 방식

모방(imitation)은 시장진입 및 경쟁우위를 위한 제품전략이다. 모방은 산업계에서 과소평가되고 있지만 많은 제품들이 사실은 모방제품이다. 예를 들면, 코카콜라는 RC 콜라(Royal Crown Cola)를 모방하여 다이어트 콜라를 복제했다. 약사 클라우드(Claud Hatcher)는 약국에서 RC 콜라를 개발하였다. 모방제품이 원래 혁신자의 제품을 능가하는 유명한 사례가 많다. 차별화, 핵심역량이나 고유 자원은 모두 모방을 방지, 구현 또는 활용하는 능력과 관련이 있다. 기업은 경쟁자들을 추격하기 위해 경쟁자의 성공전략을 모방한다. 모방이라고 해서 반드시 경쟁제품을 100% 모방하는 완전한 모방만을 의미하는 것은 아니다. 기업은 성공적인 혁신의 예를 찾아내어 그 일부를 모방하고 원제품을 약간 수정할 수 있다. 모방자들은 원제품을 극복하여 성공하거나 원제품보다 품질이 떨어져 실패할 수도 있다. 이러한 모방의 방식은 복제 모방, 주변 모방, 점진적 모방과 창조적 모방이 있다.

그림 1-1　모방의 방식

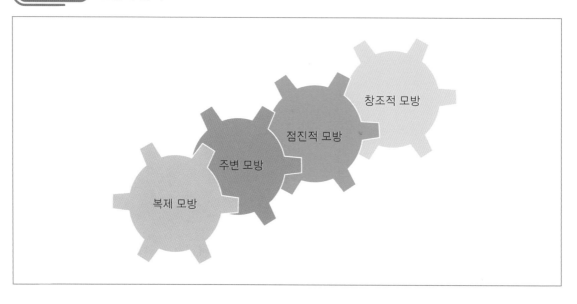

- **복제 모방**(clones): 원제품을 합법적으로 복제하여 모방자의 브랜드 이름으로 판매된다. 이 전략을 통해 기업은 제한된 비용으로 신속하게 시장에 진입할 수 있다. 품질이 원래 제품과 같거나 가격이 훨씬 낮기 때문에 소비자들에게 인기가 있다. 예를 들면, 이어폰, 헤어드라이어, 청소기나 프린터용 카트리지가 있다.
- **주변 모방**(marginal imitation): 주변 요소를 수정하거나 디자인을 개발하고 제품을 재구성하거나, 새로운 대체 재료를 사용하거나, 다른 제조 프로세스를 사용하여 혁신을 모방할 수 있다. 혁신자인 Starbucks를 약간 모방한 커피점이 다수 출현했다.
- **점진적 모방**(incremental imitation): 이것은 기술 도약으로 모방자는 상당한 기술개발로 시장에 진입하여 선도적 혁신자를 추월한다. 예를 들면, Microsoft Excel은 선구적인 Lotus 123을 점진적으로 모방한 것이다.
- **창조적 모방**(creative imitation): 선도자 제품의 혁신적인 복제이다. 모방자는 새로운 고객의 욕구를 충족하거나 새로운 시장 또는 새로운 영역에 진입하기 위해 시장 개척자 제품에 대한 새로운 응용 기술을 만들어 원래 개념을 변경한다.

　복제 모방과 창조적 모방은 시장과 재무성과에 미치는 영향이 다르다. 복제 모방은 시장 선도자들의 제품을 직접 복제한 것이므로 시장 선도자의 제품과 유사한 신제품이다. 이것은 주요 경쟁제품과 품질 수준이 거의 동일하지만 훨씬 낮은 가격에 판매한다. 이와 달리 창조적 모방(creative imitation)은 기존제품을 모방하되 다르게, 새롭게, 독특하게, 유용하게 모방한다. 창조적 모방은 경쟁제품에 새로운 기능을 추가하거나 변경하기 때문에 이 전략을 사용하는 기업은 프리미엄 가격을 부과할 수 있고 모방제품이나 기존제품보다 더 선호된다. 따라서 복제 모방은 창조적 모방보다 단기적으로 더 높은 시장점유율을 달성할 수 있다. 그러나 창조적 모방 제품은 대부분의 고객들이 제품을 채택하기 전에 시장 반응을 기다리기 때문에 고객의 제품 채택을 지연시킬 수 있어 단기적으로 시장점유율이 낮을 수 있다.

(2) 모방의 유형

모방의 원칙은 제품 및 프로세스의 성능을 지속적으로 개선하는 것이다. 모방자는 이전에 복제된 제품으로 시장에 진입할 수 있는 개척자뿐만 아니라 후기 진입자이다. 모방은 경쟁 프로세스의 필수적인 부분이지만 모방의 영향이 과소평가되고 있다. 그러나 제품을 직접 창조하여 비용이 많이 드는 제품개발 못지않게 모방은 사업 성장전략의 하나이다. 복제라는 사실을 숨기려는 의도가 있는 경우는 위조품이며 이것은 법적으로 불법이다. 모방제품의 유형으로는 착상의 정도에 따라 위조품, 모조품, 디자인 복제품 및 창조적 개작이 있다.

- 위조품(counterfeits): 원래 제품과 동일한 브랜드 이름 또는 상표를 사용하는 불법 복제품이다. 즉, 정당한 권리 없이 타인의 상표를 불법으로 부착하거나 타인의 제품을 모방한 제품이다. 이것은 불법으로 기업은 위조품을 생산하거나 판매해서는 안 된다.
- 모조품(knockoffs): 경쟁제품에 대한 특허권, 실용신안권, 디자인권이나 저작권과 같은 법적 보호의 부재 또는 특허 기간의 만료로 인해 법적 제한이 없을 때 개발하여 자체 브랜드 이름이 포함된 원본 제품의 합법적 모조품이다.
- 디자인 복제품(design copies): 자체 브랜드 이름과 고유한 기술사양으로 경쟁제품의 디자인이나 스타일을 복제한 제품이다. 독특하고 혁신적인 기술을 갖고 있다.
- 창조적 개작(creative adaptations): 경쟁제품을 창의적으로 개선하는 것이다. 기존 아이디어를 새로운 제품에 적용하는 것은 물론 경쟁제품에서 영감을 얻은 진정으로 혁신적인 제품이다. IBM이 개인용 컴퓨터 시장에 진출하여 원래의 혁신을 성공적으로 개선하였으나 모방자의 Apple은 IBM을 능가하는 새로운 기술을 개발하였다. IBM은 Apple의 개인용 컴퓨터에 대응하는 데 있어서 새로운 기술 기반을 개척하지 않았다.

그림 1-2 모방의 유형

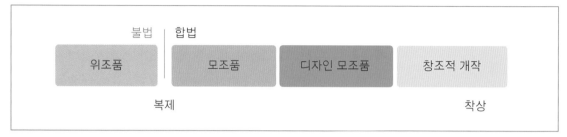

Source: M. Najda-Janoszka(2012), Matching Imitative Activity of High-Tech Firms with Entrepreneurial Orientation, *Journal of Entrepreneurship, Management and Innovation*, 8, 1, 57.

○○○ **SENSE** 🔍 모방에 관한 격언

- 모방하고 싶지 않은 사람은 아무것도 생산하지 않는다(Salvador Dali).
- 자연은 평범하다. 그러나 모방이 더 흥미롭다(Gertrude Stein).
- 지식 습득은 모방의 한 형태이다(Jiddu Krishnamurti).
- 반대로 하는 것도 모방의 한 형태이다(Georg Christoph Lichtenber).
- 사람들은 종종 모방에 박수를 보내고 진짜를 비난한다(Aesop).
- 삶은 모방이고, 열정은 인용이다(Oscar Wilde).
- 기존 아이디어를 다르게, 새롭게, 독특하게, 유용하게 모방하라(저자).
- 사람들이 원하는 대로 자유롭게 할 수 있을 때 그들은 보통 서로를 모방한다(Eric Hoffer).
- 어리석은 행위는 닮을 수 없는 사람들의 모방에서 비롯된다(Samuel Johnson).
- 앵무새는 주인을 모방한다. 그의 주인은 그것을 지능의 신호라고 생각한다(Marty Rubin).
- 모방은 가장 진지한 형태의 불안정이다(Polly Bergen).
- 예술은 모방에서 시작하여 혁신으로 끝난다(Mason Cooley).
- 모방은 진실한 찬사이다(Mahatma Gandhi).
- 예술이 삶을 모방하는 것보다 삶은 훨씬 더 예술을 모방한다(Oscar Wilde).
- 원본은 사본보다 더 가치가 있다(Suzy Kassem).
- 영감이 사라지면 모방이 번성한다(Walter Darby Bannard).
- 모방으로 위대한 사람은 없었다(Samuel Johnson).
- 모방은 할 수는 있지만 위조는 해서는 안 된다(Honore de Balzac).
- 미숙한 시인들은 모방한다. 그러나 성숙한 시인들은 훔친다. 나쁜 시인은 자신이 취한 것을 훼손하고, 좋은 시인은 그것을 더 나은 것으로 만들거나 적어도 다른 것으로 만든다 (T.S. Eliot).

(3) 모방의 방법

　기업은 모두 성장하기 위해 획기적인 신제품과 서비스를 찾는다. 그러나 성공적인 사업의 대부분은 1,093개의 특허를 낸 Thomas Edison과 같은 천재에 의해 시작된 것이 아니다. 예를 들면, Google의 현재 검색엔진은 최초의 검색엔진과는 거리가 멀었고, 또한 Facebook은 최초의 소셜 네트워킹 사이트가 아니었다. 구글과 페이스북은 오히려 후발자였다. 선도자 우위(first mover advantage)는 시장에서 특정 전략을 가장 먼저 사용하는 기업의 혜택 또는 위치이다. 즉, 신제품이나 새로운 서비스를 가지고 시장에 처음 진입하는 기업이 얻는 혜택이다. 후발자 우위(late mover advantage)는 선도자가 개척한 시장에 추격자(fast follower)로 뛰어들어 적은 위험으로 얻는 혜택 또는 선도자와 혁신자를 따르는 위치이다.

　후발자는 종종 다른 기업의 기술을 모방하거나 새로운 시장이 나올 때까지 기다리면서 위험을 줄인다. 즉, 구글과 페이스북은 개선된 기술과 비즈니스 모델로 기존시장에 뛰어 들었다. 새로운 아이디어를 창안하는 것도 중요하지만 선도자를 따르는 것도 중요하다. 선도자의 경험을 보고 듣고 배우면 선도자의 값비싼 실수를 피할 수 있다. 시장을 확신할 수 없다면 선도자나 사상가를 모방한다. 성공적인 모방이 되기 위한 방법으로는 지속적 시장조사, 벤치마킹, 제품개선과 자원절약 등이 있다.

그림 1-3 　**성공적 모방의 방법**

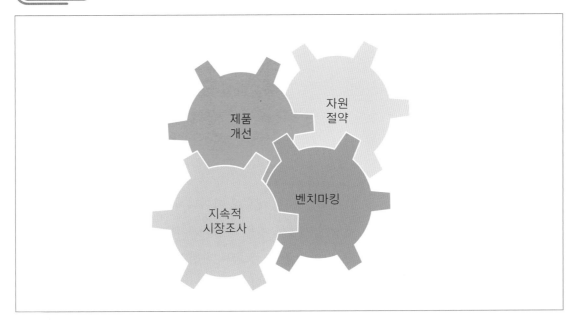

1) 지속적 시장조사

시장과 고객의 욕구는 항상 변한다. 선도자가 강한 시장지위를 갖고 있다면, 그들은 시장에 매우 능숙하지만 조직이 비대하여 변화하는 환경에 빠르게 대응하지 않을 수 있다. 소비자들이 선도자 제품에서 무엇을 좋아하고 싫어하는지를 탐색한다. 소비자들이 선도자 제품을 왜, 어떻게 구매하는가? 소비자들이 만족하는 요소는 무엇이고 불만족하는 요소는 무엇인가? 후발자들이 시장의 변화에 민감하고 민첩하게 대응하려면 지속적인 시장조사가 필요하다. 경쟁업체의 광고, 기사. 행사, 또는 인터뷰에 주의를 기울인다.

사람들은 새로운 것과 다른 것을 좋아하는 경향이 있다. 고객들은 기호가 동일하더라도 약간의 차이가 있는 것을 더 좋아한다. 사람들은 습관의 생물이기도 하지만 변화의 생물이기도 하다. 익숙한 것을 좋아하기도 하지만 낯선 것을 좋아하기도 한다. 동일한 스타일이나 기능을 매일 사용하는 것은 지겨울 수 있다. 소비자의 욕구를 시장조사를 통해서 파악하는 것은 시장과 고객과의 거리를 좁히는 길이다. 경쟁제품을 분석하여 차별화된 제품개선에 활용한다. 따라서 새롭고, 다르고, 독특하고, 유익한 제품이 시장에서 승리할 수 있다.

2) 벤치마킹

우수한 회사는 우수한 요인을 갖고 있고, 이러한 우수한 요인은 많은 시간, 노력과 자원이 투입된 결과이다. 후발자는 선도자에 비해 시장, 소비자와 경쟁에서 경험이 부족하다. 부족한 경험을 간접적으로 빠르게 배울 수 있는 방법은 바로 벤치마킹이다. 벤치마킹(benchmarking)은 선도자의 우수한 사례를 연구하여 회사에 도입하는 것이다. 선도자의 학습곡선을 활용하여 제품의 결함 요인과 장점 요인을 파악하여 자원의 낭비를 줄이고 시장의 실패를 예방할 수 있다. 다른 기업의 성공을 분석하는 것은 회사가 현재 어디에 있고 또한 있어야 할 곳을 알게 해주는데 이것은 벤치마킹이다. 최초가 아닌 기업의 입장에서 벤치마킹은 다른 회사의 성공에 대한 통찰력을 배우지만 더 중요한 것은 실패를 줄이는 것이다.

3) 제품개선

혁신은 문제를 해결하는 것이다. 혁신 또는 새로운 아이디어는 검증되지 않은, 시도하지 않은 기회를 발견하는 것이다. 기업이 제품을 처음 개발하는 데는 학습곡선(learning curve)이 매우 가파르다. 그 후에는 이를 유지하는 시간, 노력과 자원이 절약된다. 경쟁제품을 모방하여 초기 개발비용을 낭비하지 않는다면 회사의 자원을 최대한 활용하고 제품을 더 완벽하게 생산할 수 있다.

제품개선은 제품개발보다 더 쉽다. 선도자의 실수로부터 배운다. 모방은 초기 사업 아이디어의 결함을 수정하는 데 도움이 된다. 사례 연구는 제품의 주요 문제와 약점을 식별할 수 있다. 모방은 이러한 실수와 더 중요한 실수를 방지하는 데 도움이 된다.

개선은 기존제품 또는 서비스에 새로운 것을 제공한다. 기존모델을 기반으로 사업을 수행할 때 소비자에게 무엇이 효과가 있는지와 무엇이 효과가 없는지를 파악하여 회사 역량을 고객의 욕구 충족에 집중할 수 있다. 소비자들의 미충족 욕구(unmet needs)에 집중하고 이러한 욕구 사항을 충족하는 혁신적인 제품 또는 서비스를 만들 수 있다.

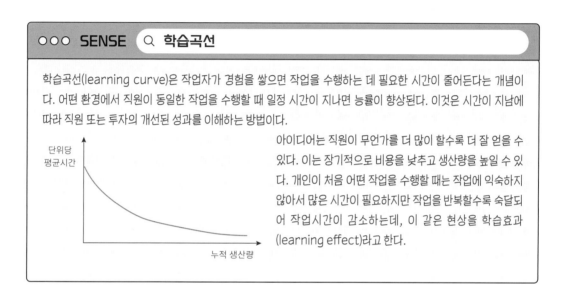

○○○ SENSE 🔍 학습곡선

학습곡선(learning curve)은 작업자가 경험을 쌓으면 작업을 수행하는 데 필요한 시간이 줄어든다는 개념이다. 어떤 환경에서 직원이 동일한 작업을 수행할 때 일정 시간이 지나면 능률이 향상된다. 이것은 시간이 지남에 따라 직원 또는 투자의 개선된 성과를 이해하는 방법이다.

단위당 평균시간

누적 생산량

아이디어는 직원이 무언가를 더 많이 할수록 더 잘 얻을 수 있다. 이는 장기적으로 비용을 낮추고 생산량을 높일 수 있다. 개인이 처음 어떤 작업을 수행할 때는 작업에 익숙하지 않아서 많은 시간이 필요하지만 작업을 반복할수록 숙달되어 작업시간이 감소하는데, 이 같은 현상을 학습효과(learning effect)라고 한다.

4) 자원절약

자원은 항상 무한하지 않고 유한하다. 특히 후발자는 선도자에 비해 자금력이 열세이다. 선도자는 시장에 가장 먼저 제품을 출시하기 위해 후발자보다 먼저, 더 많이 자원을 투자한다. 이러한 비용은 제품개발 비용과 시장개척 비용이다. 제품을 고객들에게 알려야 한다. 제품정보와 가치제안을 고객에게 전달하는 것은 비용의 문제이다. 제품을 알리려면 소비자들을 교육해야 하므로 비용이 많이 든다. 새로운 제품이나 서비스에 대해 소비자들을 교육하는 데는 많은 노력, 시간과 자금이 필요하다. 후발자들은 선도자들이 소비자들에게 제품을 홍보하여 이미 형성된 시장에 개선된 제품으로 더 적은 비용으로 진입할 수 있다. 따라서 모방은 적은 비용으로 큰 효과를 기대할 수 있다.

영국의 발명가이자 사업가인 제임스 다이슨(James Dyson)은 농기 수리를 했는데, 정원용 수레를 고치는 데 많은 시간을 소비했다. 바퀴가 땅 속에 가라앉고, 날카로운 철에 찔리고, 수레가 기울어 작업에 방해가 되었다. 그래서 개선한 것이 볼배로우(Ballbarrow)다. 이 수레는 앞바퀴를 공으로 대체해 몰기 쉽고, 수레 소재를 철 대신 가벼운 플라스틱으로 대체해 능률을 높이고, 작업자가 다치는 일을 줄였다. 볼배로우는 선풍적인 인기 속에 출시 1년 만에 시장의 절반 이상을 석권하였으나, 인기는 오래 가지 못했다. 특허를 지키지 못해 미투 제품(me-too product)이 쏟아졌기 때문이다. 이후 회사 상황이 기울자, 제임스 다이슨은 자신이 설립한 회사 커크다이슨(Kirk-dyson)에서 쫓겨났다. 그러나 다이슨은 실망하지 않고, 연구개발에 더욱 전념했다. 그 결과 먼지 봉투 없는 진공 청소기를 개발했다. 최초의 먼지 봉투 없는 진공청소기 DC01은 실패를 겪었으나 개선된 진공청소기, 날개 없는 선풍기, 공기청정기와 열 손상이 없는 헤어케어 제품 등을 개발하여 성공했다.

(4) 모방의 이유

기업은 왜 경쟁제품이나 아이디어를 모방하는가? 기업들은 알려지지 않은 영역을 탐험하는 것이 높은 위험과 불확실성이 있다고 생각하기 때문이다. 연구개발이 성공적인 혁신으로 이어질지를 잘 알지 못하지만 연구개발 비용도 너무 크다. 그러나 새로운 성공적인 혁신을 하는 경우, 그 혜택 또는 혜택의 일부는 모방자들에게 돌아갈 것이고, 혁신자들(innovators)은 혁신의 시작 단계를 즐기고 발견의 명성을 얻을 수 있다. 그러나 모방자들(imitators)은 혁신자들의 실수로부터 배울 수 있고, 이러한 혁신자의 실수가 모방자들에게는 개선할 수 있는 영역이 된다. 아무도 특정한 미래를 정확하게 예측할 수 없다. 혁신이 실제로 시장에서 성공할 것인지 그리고 좋은 반응을 보일 것인지 잘 모른다. 그래서 모방자는 혁신자의 혁신으로 시장에 출시할 수 있는 적절한 시기를 보다 더 잘 알 수 있는 위치에 있다.

모방자는 연구개발비를 줄일 수 있다. 이것은 모방자들이 모방하는 중요한 이유 중의 하나이다. 모방자는 경쟁자를 모방함으로써 더 적은 자원을 사용할 수 있다. 모방은 제품 또는 서비스의 기술개발에 더 많은 관심과 자원을 투자하는 것보다 낫다. 혁신자는 점진적으로 혁신하거나 개선하려는 관성의 함정을 피해야 한다. 관성은 종종 혁신의 장애물이다. 관성이란 이미 형성된 사고방식을 따라 천천히 그리고 무의식적으로 변하는 것을 의미한다. 관성은 새로운 것을 인식하지 못하거나 변화하지 못한다. 그래서 변화하는 시장과 기술에 둔감할 수밖에 없다.

모방자는 규모와 자원이 제한되어 특정한 세분시장만 표적화할 수밖에 없지만 다른 세분시장의 수요가 더 증가할 수 있다. 이러한 이유로 모방자들은 나중에 시장에 진입함으로써 기회를 보고 적합한 세분시장을 선택할 수 있다. 이것은 모방자들에게 선택과 집중의 장점을 준다. 그러나 선도자는 강력한 브랜드 이름을 확립하여 시장을 선점하고 수요를 포착할 수 있다. 선도자는 경쟁자보다 앞서 경험곡선을 활용할 수 있는 능력이 있고, 그 능력으로 판매량을 늘린다. 또한 선도자는 고객을 제품 또는 서비스에 연결하는 전환비용을 만들수 있다. 따라서 모방자 또 는 추종자는 이러한 장애물에 직면할 수 있다.

(5) 모방의 기법

사람들은 새롭고 다른 것을 추구하는 경향이 있어 여행을 하거나 낯선 경험을 한다. 이것은 제품에서도 마찬가지이다. 좋은 모방은 혁신보다 더 낫다. 모방하되 더 좋게 모방한다 (Imitate, but imitate better). 그러나 혁신보다 모방이 더 우수하려면 경쟁제품을 모방하되 다르게, 새롭게, 독특하게, 유익하게 모방해야 한다. 결국 모방도 창의적 과정이며 시장에서 성공하려면 모방제품은 경쟁제품과 다른 차별성이 있어야 한다. 우수한 모방이 되어 경쟁제품을 이기려면 탁월한 모방의 방법이 요구된다. 따라서 우수한 제품이 되기 위한 모방의 방법은 동종모방, 이종모방과 융합모방이 있다.

그림 1-4 　모방의 방법

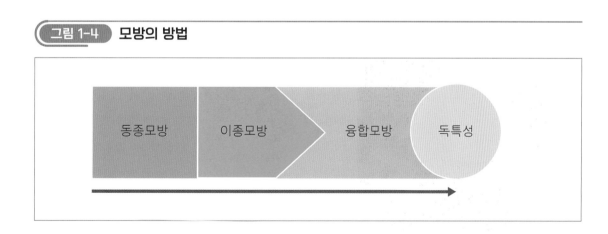

1) 동종모방

동종모방(homogeneous imitation)은 가장 많은 제품의 모방이다. 경쟁제품과 동일한 기능이나 성능으로 특정한 기능을 차별화하거나 디자인을 다르게 할 수 있으나 대부분은 동일한 욕구와 기능을 갖고 동일한 시장을 경쟁하는 세분시장을 표적화하기 때문에 경쟁이 가장 치열하다. 그러나 일부 속성을 다르게 하여 품질, 기능과 가격의 차별화 정책을 목표로 제품을 개발할 수 있다. 모방하되 다르게 모방한다.

기존제품의 특정한 기능이나 성분을 제거하면 어떨까? 특정한 속성만 추출하면 어떨까? 분리하거나 변화를 주면 어떨까? 무게, 길이, 면적, 속도, 방향, 힘, 모양, 강도, 온도, 운동성 등에 변화를 주면 어떨까? 계속적인 진동 대신에 간헐적인 진동은 어떨까? 이러한 의문을 해결하면 창의적인 제품이 될 수 있다. 따라서 기존의 제품을 개량하여 실용성과 유용성을 향상하여 실용신안권을 확보할 수 있다. 이것은 대부분 개선제품으로 선도자 전략보다는 도전자나 추종자 전략이 해당된다. 또한 동종모방은 시장세분화 전략이 주가 된다. 시장세분화 전략이란 동일한 제품범주에서 동일한 표적고객을 대상으로 하는 시장전략이다. 제품범주는 제품의 사용용도가 동일한 제품의 집합이다.

2) 이종모방

이종모방(heterogeneous imitation)은 서로 다른 제품범주에서 아이디어를 얻어 제품개발에 활용하는 것이다. 아이디어는 서로 다른 관련성이 없는 경우에 독특하고 시장 확장성이 높을 수 있다. 이종모방은 동종모방보다 더 많은 유추나 상상력이 필요하다. 이종모방은 제품 간에 서로 관련이 없거나 관련이 있는 제품일 수 있으나 비관련성일 경우 확장성이 더 클 수 있다. 다른 용도 사용은 관련성이 있는 유사한 용도이거나 다른 용도일 수 있다.

다른 제품의 속성이나 기능을 추출해서 제품개발에 활용할 수 없을까? 게임기를 교육, 운전, 훈련, 오락용이나 건강관리용으로 활용할 수 없을까? 조작 시뮬레이터를 중장비 훈련용으로 사용할 수 없을까? 안내 로봇을 전투 로봇으로 사용할 수 없을까? 비행기의 엔진을 자동차에 활용할 수 없을까? 화재경보기의 센서 기능을 노인 헬스케어에 활용할 수 없을까? 음파 탐지기를 석유 탐사기에 활용할 수 없을까? 치료약품을 성형 미용에 활용할 수 없을까? 마그네트론을 통해 음식물을 데울 수 없을까? 주파수를 사용하여 사람의 질병을 치료하면 어떨까? 개짓는 소리를 가정 보안용에 사용하면? 이러한 의문은 이종모방을 가능하게 한다. 이종모방을 통해 기업은 서로 다른 용도의 제품을 모방하여 기존에 사용하지 않았던 새로운 용도를 개발할 수 있다.

다른 산업의 기술이나 지식을 활용하거나 제품범주가 다른 제품의 기능이나 속성 등을 적용하여 변화시킬 수 있다. 특히 자연, 예술, 사회, 인문학이나 과학 등에서 아이디어를 모방할 수 있다. 이러한 이종모방은 제품범주를 창조하거나 분할할 수 있다. 제품범주 창출전략은 시장선도자가 제품범주를 창출하여 최초로 시장에 진입하는 전략이며, 제품범주 분할전략은 후발 참여자가 시장에 이미 형성된 제품범주를 분할하여 자사제품을 차별화된 하위범주에, 기존 경쟁제품은 진부한 하위범주에 연결하여 차별화를 시도하는 전략이다. 이종모방을 활용하면 신제품이 새롭고, 독특하고, 다른 제품차별화 전략이 되어 범주욕구가 다를 수 있어 새로운 고객과 새로운 시장을 개척할 수 있다.

3) 융합모방

융합모방은 제품범주 욕구가 동일하거나 다른 제품의 기능이나 속성을 추출하여 이를 결합하여 전혀 다른 제품범주 욕구를 창출하는 것이다. 융합모방은 철의 합금이나 이종 간 교배와 같이 다원주의 사고 방식으로 우수한 잡종을 생산하는 것이다. 이것은 서로 다른 두 종류를 결합함으로써 결합 성분이 전혀 다를 수 있다. 결합 속성이 전혀 다른 속성을 생산하면 획기적인 속성이 될 수 있다. 일원론적 사고는 세계를 단일의 시스템으로 보는 사고방식이지만 다원론적 사고는 세계를 여러 개로 나누어 복합 시스템으로 보는 것이다. 그렇게 하면 결합된 시스템은 서로 다른 요소로 창조되는 것이다.

서로 다른 요소를 결합하면 새로운 창조물이 나타날 수 있을까? 휴대폰에 광학 기술인 렌즈를 부착하면 어떨까? 의자와 안마기를 결합하면 어떨까? 배와 자동차를 결합하면 어떨까? 열원과 초음파를 결합하여 초음파 건조기를 만들면? 세라믹 타일에 일회용 시트를 붙이면? 유압이나 공압을 결합한 드릴은? 레이저를 결합한 톱? 공기 부양선? 이러한 다원적 사고를 활용하면 제품개발에 유용한 아이디어를 찾을 수 있다. 이러한 모방을 통해 기업은 기존제품과 전혀 다르고, 더 독특하고, 더 유용한 신제품을 개발할 수 있다. 융합모방에 의한 신제품은 고객욕구를 창조할 수 있고, 시장을 선도할 수 있고, 제품범주를 창조할 수 있다.

02 창조적 파괴

창조적 파괴는 새로운 것이 오래된 것을 대체하는 끊임없는 제품 및 프로세스 혁신이다. 더 이상 수익성이 없는 오래된 산업과 기업은 폐쇄되어 자원(자본과 노동)이 보다 생산적인 프로세스로 이동할 수 있다. Schumpeter는 '자본주의, 사회주의, 민주주의'(1942)에서 창조적 파괴의 개념을 대중화했다. 그는 '창조적 파괴의 돌풍(Gale of Creative Destruction)'이라는 문구를 사용했으며 이 개념은 Schumpeter's Gale로 알려져 있다. 마르크스는 자본가들의 위기와 파괴가 종말로 이어질 것이라고 믿었지만, Schumpeter는 창조적 파괴를 새로운 시장과 새로운 성장을 가능하게 하는 필요하고 자연스러운 방법으로 보았다.

(1) 창조적 파괴

벤처기업이 성공하려면 기존의 경쟁구조를 파괴하고, 새로운 가치제안을 제공해야 한다. 기존의 경쟁구조를 파괴하는 것은 창의적 변화이다. 창의적 변화는 새로운 것이 기존의 것을 몰아내는 동적인 사회현상이다. 창조적 파괴는 새로운 생산단위가 오래된 것을 대체함으로써 제품과 공정혁신을 가져온다. 슘페터(Joseph Schumpeter)는 이윤은 혁신적인 기업가의 창조적 파괴 행위로 인한 생산요소의 새로운 결합에서 파생되며, 창조적 파괴 행위를 성공적으로 이끈 기업가의 정당한 노력의 대가라고 한다. 유능한 기업가는 기업을 성공시키기 위해 매력적인 기회를 확인하고 선택하고 이를 사업기회로 전환하는 데 능숙하다.

1) 창조적 파괴

역동적 자본주의(dynamic capitalism)는 부의 창출 과정으로 새로운 창의적 기업의 형성과 성장, 오래된 대기업의 흥망성쇠로 특징지어진다. 이것은 신생기업들에 의해서 기존시장의 붕괴가 일어나는 불균형이다. 신생기업들은 기업가들에 의해서 새로운 수요를 창조함으로써 신제품이나 서비스를 개발하고 상업화한다. 예를 들면, 음반산업은 변화의 물결을 보여주는 좋은 예이다. 음악 애호가들은 카세트 테이프가 대중화되기까지 비닐 음반을 선호하였다. 그 후 CD, P2P(Peer-to-Peer)로 이전되고, 애플은 iPod와 iTunes를 도입하여 음악유통과 판매사업에서 확고한 시장지위를 얻게 되었다. 이와 같이 역동적인 경제에서 회사는 새로운 사업을 배치할 필요가 생기거나 결국 기존의 사업배치가 부적절해졌다.

슘페터(Joseph Schumpeter: 1883-1950)는 새로운 기업가적 회사의 과정과 변화의 물결을 창조적 파괴(creative destruction)라고 한다. 즉, 창조적 파괴는 기술혁신으로 낡은 것을 파괴시키고, 새로운 것을 창조하고, 변혁을 일으키는 과정이다. 기업가는 창조적 파괴에 의해 추진되는 기술혁신을 통해 큰 이윤을 얻을 수 있다. 그러나 기술혁신에 의해 달성되는 기업가의 독점적 지위는 일시적인 것이고, 이미 확보했던 기술혁신의 이익은 모방에 의해 잠식되거나 새로운 기술혁신에 의해 감소된다.

경제는 영구적인 동적 불균형 상태에 있다. 이러한 경제에서 기업가들은 확립된 기존의 질서를 뒤집어 기존 활동자들을 적응시키거나 퇴출시키는 창조적 파괴의 강풍을 일으킨다. 따라서 창조적 파괴는 끊임없이 경제구조를 내부에서 혁명적으로 바꾸고, 오래된 구조를 파괴하고, 새로운 구조를 창조한다.

2) 파괴적 혁신

크리스텐슨(Clayton Christensen)이 소개한 파괴적 기술 또는 파괴적 혁신(disruptive innovations)은 기존시장에 진입하거나 완전히 새로운 시장을 창출하여 새로운 가치 네트워크를 창출하는 개념, 제품 또는 서비스를 지칭하는 이론이다. 파괴적 혁신은 결국 기존시장과 가치 네트워크를 파괴하고, 시장이 기대하지 않는 방식으로 제품 또는 서비스를 개선하는 혁신을 설명한다. 신규 진입자는 기존기업이 갖지 않은 새로운 기능이 필요한 대체 해결안을 제공하고, 결국 주류 고객이 원하는 것을 추가한다. 예를 들면, Tesla는 기존 자동차

제조업체와 비교할 때 다른 기능을 가지고 있다. 소프트웨어, 배터리 기술 및 빠른 반복 기능은 기존 자동차 제조업체가 잘하지 못하는 기능이며 획득하는 데 시간과 자원이 필요하다. Netflix는 초기 메일인(mail-in) 영화 구독 서비스가 Blockbuster의 주류 고객이 아니라 이미 온라인 쇼핑에 익숙한 초기 채택자(early adopter)에게 매력적이었다. 그러나 넷플릭스는 DVD 메일 서비스에서 웹 스트리밍으로 전환할 때까지 주류에 도달하지 못했다. 고객이 선택할 수 있는 수많은 온라인 영화 구독 서비스로 이 모델은 서서히 표준이 되어 점차 업계를 변화시키고 있다.

파괴적 기술은 기존 기술과 뚜렷하게 구별되는 특징 때문에 새로운 고객이 중시하는 다른 특성들을 가지고 있다. 더 저렴하고, 더 작고, 더 단순하고, 사용이 더 편리하기에 새로운 신규시장을 창조할 수 있고, 지속적으로 개선한다면 기존시장의 지배가 가능하다. 파괴적 혁신은 단순하고 저렴한 제품이나 서비스로 시장의 밑바닥을 공략한 후 빠르게 시장 전체를 장악함으로써 궁극적으로 기존의 경쟁자를 대체하고 가차 없이 시장을 석권하는 과정이다. 그러므로 파괴적 혁신을 통해 성장을 추구할 때 가치를 인식하는 기업들은 다양한 점에서 수익을 낸다.

파괴적 신생기업(disruptive upstarts)이 가치사슬의 상층을 점령함에 따라 새로운 시장이 닫혀져 기존기업들은 기반을 잃게 된다. 어떤 기업들은 고객의 욕구가 진화하는 것보다 더 빠르게 혁신하는 경향이 있기 때문에 이들은 궁극적으로 매우 정교하고, 비싸고, 복잡한 제품이나 서비스를 생산함으로써 시장의 상층에서 지속되는 혁신을 추구한다. 시장의 상층에 있는 가장 다루기 어렵고 까다로운 고객들에게 가장 높은 가격을 부과함으로써 회사는 매우 큰 수익을 달성할 수 있다. 파괴적 기업의 제품특징은 낮은 가격, 작은 표적시장과 단순한 제품과 서비스이다. 파괴적 기술(destructive technique)은 기존 기술과 기존시장을 대체하여 전혀 새로운 산업과 가치를 창출하는 혁신기술을 뜻한다.

크리스텐슨(Christensen) 교수가 「혁신 기업의 딜레마(The Innovator's Dilemma)」에서 혁신을 파괴적 혁신과 존속적 혁신을 구분하였다. 파괴적 혁신 또는 와해성 혁신(disruptive innovation)은 고객의 전통적인 기대와 전혀 다른 기능이나 내용을 지닌 제품을 제공함으로써 새로운 시장의 욕구를 충족시키는 혁신이다. 즉, 이전의 기술보다 더 낮은 혜택을 주지만 훨씬 더 싼 비용으로 생산할 수 있어서, 종전의 기술과 비교할 때 혜택과 비용의 차이가 더 큰 기술을 의미한다. 존속적 혁신(sustaining innovation)은 기존 기술의 점진적 고도화를 통해 성능이 개선된 제품을 원하는 고객들의 욕구를 충족시키는 혁신이다.

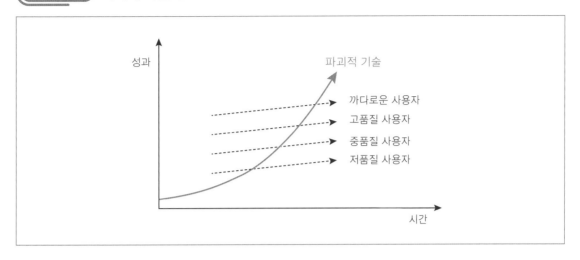

그림 1-5 파괴적 기술의 효과

성과

파괴적 기술

까다로운 사용자
고품질 사용자
중품질 사용자
저품질 사용자

시간

○○○ SENSE 🔍 파괴적 혁신을 푼 스티브 잡스

클레이튼 크리스텐슨 교수의 파괴적 혁신은 가장 널리 쓰이는 경영학 용어 중 하나다. 그는 신규 진입자가 저가 제품을 통해 기존시장의 질서를 흔들고 새로운 시장을 만드는 것을 설명하기 위해 이 개념을 사용했다. 애플도 에어비앤비도 파괴자(disruptor)와는 거리가 먼 기업이다. 조슈아 갠스 토론토대 교수는 기존에 기업을 성공하게 만들었던 것을 그대로 하는 일이 왜 기업을 망하게 하는지에 대해 질문을 던졌다. 그는 기업이 파괴적 혁신의 희생자가 되는 것은 시장을 바꾸는 새로운 기술이 등장했을 때 이에 맞춰 조직을 변화시키지 않았기 때문, 즉 구조적 혁신을 하지 않았기 때문이라고 주장한다.

애플의 아이폰이 등장했을 때 기존 스마트폰 시장을 장악했던 노키아와 블랙베리는 위험성을 깨닫고 대응책을 내놨다. 블랙베리는 터치가 가능한 블랙베리 폰 '스톰'을 내놨지만 실패했다. 스톰의 터치스크린은 오타율이 매우 높았다. 애플은 블랙베리처럼 성급하지 않았다. 아이폰이 처음 출시될 때 사용된 기술(터치 인터페이스, 모바일 인터넷)은 이미 기존에 다른 스마트폰에서 쓰이던 기술이었다. 애플은 이 기술을 결합해 뛰어난 완성도와 상품성을 갖춘 제품을 내놨다. 이 과정에서 애플은 새로운 제품과 완전히 통합됐다. 디자인부터 공급망 관리, 마케팅까지 다른 기업들이 따라올 수 없는 유무형의 경쟁력을 갖춘 것이다. 아이폰은 스마트폰 시장의 지배적 디자인이 됐고, 노키아, 블랙베리 등 기존의 자사 디자인을 고집한 기업들은 결국 밀려났다. 반면 아이폰의 지배적 디자인을 따라 스마트폰을 내놓은 삼성은 새로운 강자가 됐다.

3) 변화의 영향

기업가들은 변화의 세계에서 변화에 대한 아이디어를 기회와 일치시킨다. 창조적 파괴자들은 변화를 새롭고 더 좋은 공급원, 새로운 시장의 개발과 수익이 높은 형태로 전환한다. 혁신자들은 새롭고 가치 있는 제품을 출시함으로써 경쟁자들이 혁신을 모방할 때까지 잠정적인 독점을 확보한다. 저원가는 고비용으로 고가에 판매하는 경쟁자보다 더 많은 수익을 준다. 또한 우수한 제품은 다른 회사가 부과하는 가격보다 더 높은 가격을 부과할 수 있다. 이러한 사업 시스템은 비효율성을 몰아내고 사업과정을 새롭게 한다. 혁신에 의해서 이루어진 경제적 발전은 생산성의 증가를 통해 사람들의 삶의 기준을 향상시킨다. 따라서 기업가 정신, 경쟁과 세계화의 힘은 효율성과 효과성을 향상시키는 새로운 기술과 사업방법을 촉진하고, 경쟁에 의해서 이루어지는 생산성의 혜택은 소비자들에게 이전된다.

(2) 혁신의 물결

변화, 기술과 도전을 이용하는 기업가에 의해서 경제가 주도되고 있다. 새로운 기술은 불균형, 불연속의 원천이고, 파괴적이거나 급진적 혁신에 근거한다. 자본주의의 경제적 발전은 생산요소의 새로운 결합에 의해 내부로부터의 변혁에서 온다. 창조적 파괴와 재결합의 반복을 따르는 기업은 존속과 발전을 이루고, 이러한 기업은 자원의 관리, 이용과 향상성을 지향한다. 기술은 산업과 상업 목적에 적용할 수 있는 기구, 인공물, 공정, 도구, 방법과 재료를 포함한다.

기업가들은 새로운 방법, 기술과 아이디어를 세계시장에 도입함으로써 가치를 창출하고 성장을 촉진하기 위해 매력적인 제품을 끊임없이 개발한다. [그림 1-6]은 역사를 통해 다른 기술에 기반을 둔 혁신의 물결(waves of innovation)을 나타낸다. 6차 물결은 인공지능, 디지털화, 사물 인터넷(IoT), 로봇, 드론이 주도할 것이다. 이 물결은 자동화, 예측 분석, 데이터 처리를 대규모로 도입하여 물리적 상품과 서비스를 디지털화할 것이다. 수 시간이 걸리던 작업을 수 초 만에 완료할 수 있다. 재생 에너지는 기술 변화의 패러다임이다. 기업들은 최고의 인재를 유치하고, 소비자와 양방향 대화를 구축하고, 개방형 혁신을 장려하고, 기업가 정신을 육성하고, 전반적으로 협업을 확대할 것이다.

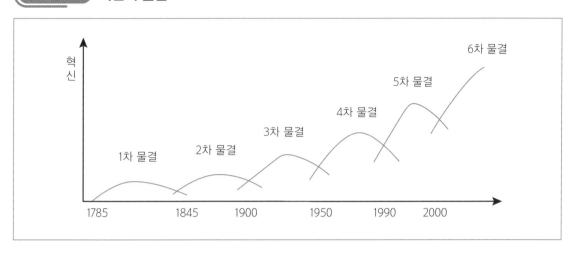

그림 1-6 혁신의 물결

표 1-1 시대별 주요 혁신

물결	시대	주요 혁신
1차 물결	1785년	철, 수력, 기계화, 직물, 상업
2차 물결	1845년	증기기관, 철도, 강철, 면
3차 물결	1900년	전기, 화학, 내연기관
4차 물결	1950년	석유화학 제품, 전자제품, 비행, 우주
5차 물결	1990년	디지털 네트워크, 생명공학, 소프트웨어, 정보기술
6차 물결	2020년	인공지능, 디지털화, 사물 인터넷(IoT), 로봇, 드론, 생체모방, 녹색화학, 환경, 건강기술

(3) 혁신의 확산

　　제품수명주기(product life cycle)는 신제품이 수용되는 과정이다. 로저스(Everett Rogers)가 제
안한 혁신수용의 확산곡선은 각 수용자를 구성하는 인구의 백분율을 설명한다. 즉, 불연속
적 혁신의 변화기술, 문화와 제도를 포함해서 소비자 집단이나 사회가 혁신제품을 수용하
는 과정을 설명한 이론이다. 이 이론에 의하면 수용자들은 다음 단계의 수용자들에 대해 영
향자와 준거집단으로 행사한다. 대부분의 사람들은 혁신의 혜택에도 불구하고 파괴적 아이
디어를 즉각적으로 수용하지 않는다. 소비자의 유형을 혁신의 수용 정도에 따라 혁신수용
자, 초기수용자, 조기 다수자, 후기다수자와 지각자로 구분된다.

- **혁신수용자**(innovator): 혁신을 최초로 수용하는 개인으로 2.5%가 된다. 혁신수용자는 위험추구자이고, 젊고, 사회신분이 높고, 경제적으로 윤택하다.
- **초기수용자**(early adopter): 혁신을 두 번째로 수용하는 개인으로 13.5%가 된다. 이들은 의견선도자들이고, 후기다수자들보다 더 젊고, 사회신분이 높고, 경제적으로 윤택하고, 교육 수준이 높고, 사회적으로 진보적이다. 혁신자들보다 수용에 더 신중하다.
- **조기다수자**(early majority): 혁신을 세 번째로 수용하는 개인으로 34%가 된다. 초기수용자들보다 수용과정에서 더 늦는 경향이 있고, 사회신분이 평균 이상이고, 초기 수용자와 접촉하나 의견선도자는 아니다.
- **후기다수자**(late majority): 조기다수자들 다음으로 혁신을 수용하는 개인으로 34%가 된다. 이들은 사회의 다수자들이 혁신을 수용한 후에 수용한다. 이들은 혁신에 대해 대체로 회의적이고, 사회신분이 평균 이하이고, 경제적으로 윤택하지 못하다. 후기 다수자와 조기다수자와 접촉하나 의견선도자는 아니다.
- **지각자**(laggard): 혁신을 가장 늦게 수용하는 개인으로 16%가 된다. 이들은 대체로 변화를 싫어하고, 연령이 많은 경향이 있다. 사회신분이 낮고, 경제적으로 윤택하지 못하고, 가족과 친한 친구들과 접촉하나 의견선도자는 아니다.

그림 1-7 **혁신수용의 확산 곡선**

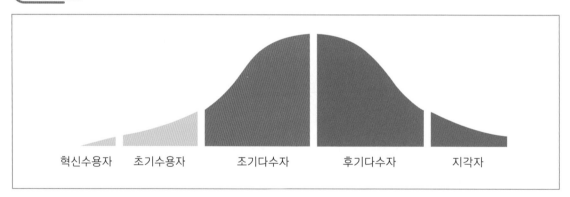

표 1-2　혁신수용자의 특성

수용자	특성
혁신수용자(innovator)	기술애호가(technology enthusiast)
초기수용자(early adopter)	선각자(visionary)
조기다수자(early majority)	실용주의자(pragmatist)
후기다수자(late majority)	보수주의자(conservatives)
지각자(laggard)	회의론자(skeptics)

(4) 캐즘의 극복

캐즘이론(chasm theory)은 첨단기술 제품이 초기시장을 거쳐 대중화되는 과정에 단절된 계곡(캐즘)이 있고 캐즘을 넘어서는 제품은 대중화의 길로 들어서지만, 그렇지 못한 제품들은 일부 초기수용자들의 전유물로만 남는다는 이론이다. 첨단기술 제품 또는 혁신제품이 개발되면 혁신수용자들이 지배하는 초기시장에서 실용주의자가 지배하는 주류시장(mainstream market)으로 이행하는 과정을 거치기 전에 일시적으로 수요가 정체하거나 후퇴하는 단절 현상을 캐즘(chasm)이라고 한다. 혁신제품은 초기시장이 형성될 당시에는 일반적인 시장가치나 용도를 가지고 있지 않지만, 특정 부류의 사람들에게서 지대한 관심을 끌어낼 수 있기 때문에 일시적으로 유행한다. 그러나 특정 부류의 사람이 아니라 일반대중들이 사용해야 주류시장에 진출할 수 있으나 일반대중들은 혁신제품이 어떤 용도를 충족하는지를 관망하는 시간을 갖는다.

제프리 무어(Geoffrey Moore)의 캐즘이론은 혁신자와 초기수용자가 수용하기 시작하면 대중화의 단계로 넘어섰다고 한다. 16%가 대중화의 기준이 된다. 초기수용자와 조기다수자 간의 넓고 깊은 캐즘의 존재는 의미가 있다. 갈라진 틈은 초기수용자와 조기다수자 간에 있다. 개성과 기대가 다르기 때문에 주류시장은 혁신수용자와 초기수용자 시장과 완전히 다르다. 기술애호가와 선각자는 신기술과 장치에 진정으로 관심이 있으며, 신제품이나 향후 신제품의 잠재적 이점을 통해 최초 사용자가 될 수 있다는 것에 만족한다. 실용주의자들은 신제품에 두려움이 있다. 애호가와 선각자들은 진보를 찾지만, 실용주의자들은 위험 최소화에 더 관심이 있다.

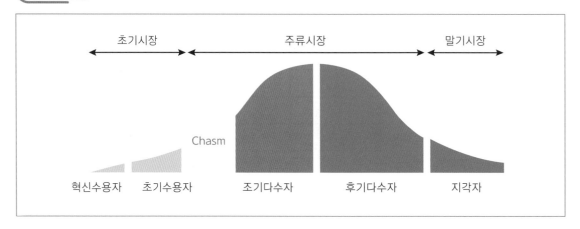

| 그림 1-8 | 캐즘을 포함한 기술수용주기 |

초기수용자에게 제품이 판매되는 어떤 지점을 지나 캐즘을 뛰어넘으면 제품이 대량으로 판매되는 판매 정점에 도달할 수 있다. 캐즘을 뛰어넘을 때 기업가들이 직면하는 문제는 초기수용자들이 불완전한 특징에 만족하고, 조기다수자들이 실용적이고 완전한 제품을 수용한다는 사실이다. 따라서 회사는 캐즘을 극복하기 위한 적절한 전략이 필요하다. 다음은 기업이 이러한 캐즘을 성공적으로 극복하기 위해서 수행해야 할 사항이다.

- 기업은 완전완비제품을 판매한다. 완전한 제품과 오류해결 후 캐즘을 극복한다.
- 회의적인 실용주의적인 조기다수자들을 위해 제품을 적절하게 포지션한다.
- 가치기반 가격결정보다 경쟁비교와 관련된 제품가격을 결정한다.
- 적절한 경로를 통해 제품을 유통한다.

1) 완전완비제품

완전완비제품(whole product)은 최종 소비자들의 구매와 사용을 유인할 수 있을 정도의 서비스, 평판, 가격 등 모든 유무형의 가치들이 조합된 제품이다. 즉, 표적시장 고객이 가지고 있는 문제에 대한 완전한 해답이 되는 제품이다. 완전완비제품을 제공하는 목적은 판매를 촉진하고, 사용 및 유지 보수를 용이하게 하여 지원 비용을 절감하고, 차별화하여 경쟁자를 약화시키는 것이다. 그러나 완전완비제품은 속도와 배치될 수 있다. 속도는 기술시장에서 성공의 열쇠이다. 제품을 설계하는 데 너무 많은 시간을 소비하면 시장 기회를 놓치게 된다.

창업기업의 난제는 제품특징을 완성하는 것이다. 린 스타트업(lean startup)은 핵심제품과 유사한 최소기능제품(minimum viable product)의 창조를 촉진한다. 이 용어는 실리콘밸리의 벤처기업가 에릭 리스(Eric Ries)가 개발했다. 린 스타트업은 아이디어를 빠르게 최소 요건 제품으로 제조한 뒤 시장의 반응을 통해 다음 제품개선에 반영하는 전략이다. 짧은 시간 안에 제품을 만들고 성과를 측정해 다음 제품개선에 반영하는 것을 반복해 성공 확률을 높이는 경영방법이다.

2) 제품 포지셔닝

주류시장에 진출하고 마케팅을 적정하게 수행하는 것은 중요한 성공 요소가 될 수 있으나 잘못 수행되면 중요한 함정이 될 수 있다. 제품판매를 증대하려면 제품을 조기다수자에게 성공적으로 포지션해야 한다. 또한 제품을 구매할 독특하고, 새롭고, 다른 매력적 편익을 제시하는 것이 중요하다. 다음은 제품을 포지셔닝할 때 고려할 주요 사항이다.

- 핵심과 차별적 편익
- 시장점유율
- 표준인증
- 응용 프로그램 확산
- 산업분석가의 추천

3) 적절한 제품유통

무어의 캐즘이론에서 얻는 통찰력 중 하나는 다양한 유통경로의 역할이다. 유통경로는 수요 창조자와 수요 이행자로 분류된다. 직접 판매경로는 수요 창출을 위해 최적화된 경로이다. 제품범주가 시장에서 잘 정의되어 있지 않으면 제품편익을 설명하기 위해 시장에 직접 판매원을 배치해야 한다. 반대로 소매 판매경로는 수요 이행에 적당하다. 따라서 제품범주가 시장에서 잘 이해되고 제품을 위한 기존수요가 있다면 소매는 기존수요를 충족하는 효과적인 수단이다.

(5) 기회발견과 창조

아이디어와 기회는 다르다. 많은 창업 기업가들은 아이디어만으로 성공과 부를 보장할 것이라고 믿는 경향이 있다. 그러나 아이디어를 기회로 전환하는 데 시간, 노력 및 자원이 필요하며 모든 아이디어가 자동으로 기회로 전환되는 것은 아니다. 사업기회와 기회의 발견은 기업에서 매우 중요한 창의적인 과정이다. 사업 아이디어는 창업기회이지만 성공적인 창업기회를 찾는 것은 쉬운 일이 아니다. 창업기회를 보는 관점은 세 가지가 있다. 즉, 발견이론, 창조이론과 브리콜라쥬이다.

1) 발견이론

신대륙은 인간에 의해서 발견되었다. 들에 이미 존재해 있는 야생화는 관심이 있는 사람들에 의해 발견된다. 발견이론(discovery theory)에 의하면 창업기회는 발견되고 이용되기를 기다리는 사람들 주위에 있다. 기회는 객관적이며 이용 가능하다는 주장 때문에 모든 사람들은 이론적으로는 기회를 이용할 수 있다. 그러나 모든 사람들이 기업가는 아니다. 어떤 기업가는 주변의 기회를 기꺼이 이용하려고 하기 때문에 결과적으로 기회를 발견하는 능력에서 다른 사람들보다 탁월하다. 기업가와 일반인과의 중요한 차이는 민첩성, 위험인식이나 인지적 차이와 같은 개성 특징이다. 따라서 기회는 기업가와 독립적으로 존재한다.

2) 창조이론

우주는 어떤 신에 의해서 창조되었다고 한다. 창조자들에 의해 지금까지 존재하지 않았던 것이 새롭게 만들어진다. 창조이론(creation theory)에 의하면 기회는 객관적인 형태로 존재하지 않고 기업가의 행동에 의해서 창조된다. 발견이론에서 기회는 탐색해야 하고, 탐색은 이미 존재하는 기회를 찾는 것을 의미하나 창조이론에서 기업가는 기회를 발견하고 탐색할 필요가 있다고 믿지 않는다. 대신에 기업가들은 행동하고, 고객들과 시장이 기업가의 행동에 어떻게 반응하는지를 관찰한다. 따라서 기회는 존재하지 않고 단지 기업가에 의해서 창조될 뿐이다.

표 1-3 발견이론과 창조이론의 차이

구분	발견이론	창조이론
기회	기회는 기업가와 독립적으로 존재한다.	기회는 기업가에 의해서 창조된다.
기업가	기업가는 일반인과 어떤 점에서 다르다.	기업가는 일반인과 같거나 다르다.
의사결정맥락	위험	불확실

출처: Alvarez & Barney(2007).

3) 브리콜라쥬

창업자는 자금과 종업원 등의 제한으로 경영의 한계를 경험한다. 이것은 창업기업의 실패가 되는 난제로 기업의 생존과 성장에서 극복해야 할 과제이다. 무에서 유를 어떻게 창조할 수 있는가? 유사한 자원을 갖고 있는 창업기업들이 매우 다른 결과를 보이는 이유는 무엇인가?

레비-스트로스(Claude L vi-Strauss)는 브리콜라쥬(bricolage)를 손에 들어오는 어떤 재료든 물건을 만들어 내는 일이라고 한다. 기업가들은 이전에 가치가 없거나 거의 없는 자원으로부터 가치 있는 것을 창조할 수 있다. 기업가 브리콜라쥬는 가치를 창조하고 회사를 구축하거나 성장하기 위해 갖고 있는 모든 자원을 사용하는 것을 뜻한다. 따라서 희소한 자원조건에서 성공하는 기업가들은 자신의 뜻대로 자원을 가장 잘 활용할 수 있는 사람이다. 성공적인 기업가들은 현재 갖고 있는 자원을 새로운 방식으로 결합하고, 결과적으로 문제를 혁신적으로 해결한다.

(6) 발명 이야기

대부분의 발명은 이전에 있었던 것을 지속적으로 개선한 것이다. 개인이 아주 좋은 발상을 하더라도 발명의 순간은 결코 진공 속에서 발생하지 않는다. 최고의 혁신은 이전 아이디어를 취하고, 고객이 좋아하는 가치를 부가하는 새로운 방법을 찾는 것이다. 수많은 발명품을 만드는 데 어떤 일이 있었는지 아는 것은 발명에 도움이 된다. 주변의 가장 작고 사소해 보이는 것조차도 흥미로운 발명의 이야기를 가지고 있다. 그리고 이것들을 면밀히 살펴보면 영감을 주는 수많은 발명 이야기가 있다.

그렇다면 작은 아이디어의 씨앗이 획기적인 발명품에 이르게 한 것은 무엇일까? 역사상 가장 위대한 발명가들 사이에 공통된 한 가지는 그들은 문제를 발견하고 아이디어를 찾아 발명을 실행한 것이었다. 또한 그들은 보통 사람들이 상상할 수 없는 것을 꿈꾸는 비전뿐만 아니라 꿈을 현실로 바꾸려는 의지도 가지고 있었다. 예를 들어, 알렉산더 플레밍 없이는 페니실린이 없었을 것이고, 루이 파스퇴르 없이는 생명을 구하는 백신이 없었을 것이며, 팀 버너스 리 없이는 인터넷이 없었을 것이다.

1) 월드 와이드 웹의 발명

영국의 컴퓨터 과학자이인 팀 버너스 리(Tim John Berners Lee)는 옥스포드 대학의 컴퓨터 과학 교수이자 MIT의 교수로 1989년 정보관리 시스템을 제안했고, 인터넷을 통해 HTTP 클라이언트와 서버 간의 첫 번째 성공적인 통신을 구현했다. 인터넷의 기반을 닦은 공로로 웹의 아버지라고 불리는 그는 World Wide Web의 발명가이자 Time Magazine의 20세기의 가장 중요한 100인 중 한 사람으로 그의 비전과 혁신이 삶의 모든 면을 변화시켰다. 월드 와이드 웹은 인터넷에 연결된 컴퓨터를 통해 사람들이 정보를 공유할 수 있는 전세계적인 정보 공간을 말한다.

그는 스위스 제네바 근처의 대형 입자 물리학 실험실인 CERN에서 소프트웨어 엔지니어가 되었다. 과학자들은 가속기를 사용하기 위해 전 세계에서 왔지만 그는 정보를 공유하는 데 어려움을 겪고 있었다. 당시에는 다른 컴퓨터에 다른 정보가 있었지만 정보를 얻으려면 다른 컴퓨터에 로그온해야 했다. 또한 때로는 각 컴퓨터에서 다른 프로그램을 배워야 했다. 그는 이러한 문제를 해결할 수 있는 방법을 찾았다. 그는 하이퍼텍스트라는 새로운 기술을 이용하여 정보를 공유할 수 있다는 것을 깨달았다.

1989년 3월 그는 「정보관리: 제안」이라는 문서에 자신의 비전을 제시했다. 결국 그의 초기 제안은 즉시 수락되지 않았다. 사실 당시 그의 상사인 Mike Sendall은 표지에 "모호하지만 흥미가 진지하다"라고 언급했다. 웹은 공식적인 CERN 프로젝트가 아니었지만, Mike는 그에게 1990년 9월에 작업할 시간을 제공했다. 그는 Steve Jobs의 초기 제품 중 하나인 NeXT 컴퓨터를 사용하여 작업을 시작했다. 마침내 1990년 그는 오늘날 웹의 기초가 되는 세 가지 기본 기술을 작성했다. 즉, HTML, URI와 HTTP이다. 1990년 말에 첫 번째 웹 페이지가 개방형 인터넷에 게재되었고, 1991년에는 CERN 외부의 사람들이 이 새로운 웹 커뮤니티에 참여하도록 초대되었다. 팀 버너스 리 없이는 오늘날 일상생활에 많은 영향을 주는 인터넷이 없었을 것이다.

2) 휴대폰 발명

전화기에서 진화한 휴대폰(Mobile Phones)은 인류에게 가장 큰 발명품 중 하나이다. 휴대폰은 전화통신, 정보교환, 교육, 금융과 여가활용 등 현대인의 삶에서 없어서는 안 될 제품이 되었다. 초기에는 부유한 사람들만 휴대폰을 소유할 수 있었지만 비용절감 기술과 혁신 덕분에 이제는 누가나 소유할 수 있는 제품이 되었다. 휴대폰은 초기에 팔뚝만큼 길고 무거웠고, 부피가 컸으나 지금까지 많은 시간과 노력이 들인 결과로 사용이 간편해졌다.

벨(Alexander Graham Bell)은 1876년에 최초로 전화 특허를 획득한 사람이다. 전화 기술은 전신용으로 설계된 장비를 사용하여 개발되었다. 벨이 개발한 전화는 교환원의 도움으로 연결되었다. 그리고 1890년대 초 스티븐슨(Charles Stevenson)이 연안 등대와의 접촉을 유지하기 위해 무선통신을 발명했다.

마르코니(Marconi)는 1896년 무선전신 기술에 대한 특허를 세계 최초로 받았다. 페슨덴(Fessenden)은 1906년 라디오를 통해 음악을 방송했다. 다음 개발은 무선전화 기술이었다. 1926년 베를린에서 함부르크까지 운행하는 여객 열차에서 이 기술이 사용됐다. 이 무선전화기는 여객기뿐만 아니라 항공 교통 안전에도 사용되었다.

양방향 라디오는 휴대폰의 조상이었다. 모바일 라디오가 전화 네트워크에 연결되었기 때문에 집 전화로는 전화를 걸 수 없었다. 휴대폰 기지국이 등장했을 때 휴대폰 역사에 또 다른 전환점이 생겼다. Bell 연구소는 1947년에 기지국을 개발했다. 같은 해 필립(Rae Philip)과 링(Douglas Ring)은 이러한 휴대폰을 위한 육각형 셀을 개발했다. Bell 연구소의 엔지니어 포터(Porter)는 셀 타워를 중앙이 아닌 육각형 모서리에 배치할 것을 제안했다. 이 무선 전화기의 최신 버전에는 담배 라이터 플러그가 결합되었다. 차량에 고정된 이 장치는 휴대용 양방향 라디오 또는 휴대폰으로 사용되었다.

1940년대에 모토로라(Motorola)는 휴대폰에 새로운 발전을 가져왔다. 이것이 워키토키(Walkie Talkie)이다. 1956년 Ericsson Company는 스웨덴에서 MTA라는 최초의 완전 자동 휴대 전화 시스템을 출시했다. 이것은 자동으로 작동하지만 무게가 약 40kg이었고 부피가 커서 오래 가지 못했다. 1957년 Leonid Kupriyanovich는 모스크바에서 웨어러블 휴대폰 실험 모델을 개발했다. 웨어러블 휴대폰 배터리 수명은 약 20~30시간 지속되었다. 이것은 3kg의 무게로 20~30km 거리에서 작동했다. 1966년 불가리아에서 포켓 휴대폰이 개발되었다. 1970년에 엔지니어 조엘(Ames Joel)이 자동으로 작동하는 통화 전달 기술을 발명했다. 이 시스템을 통해 휴대폰은 대화 손실 없이 전화를 걸 수 있었다.

마침내 휴대폰 역사는 핀란드에서 시작되었다. 이것은 최초의 상용 휴대폰이었다. 오늘날의 휴대폰과 매우 흡사한 휴대폰의 발명은 Motorola의 고용주이자 연구원인 쿠퍼(Martin Cooper)의 공로였다. 그는 1973년에 Motorola Dynatac이라는 이름의 휴대 전화를 처음 개발했다. 약 10시간의 충전 시간, 35분의 통화 시간으로 사용자에게 편안한 통화 경험을 제공했다. 이 휴대 전화로 걸고, 듣고, 말할 수 있었지만 빠진 것은 디스플레이 화면이었다. 이러한 휴대폰은 시간이 지남에 따라 개선이 이루어졌으며 오늘날은 비약적으로 지속적으로 혁신을 거듭하는 제품이 되고 있다.

3) 바코드 발명

바코드(Barcode)는 발명 당시에는 과소평가되었다. 작은 식품 상인이 재고와 가격을 추적하는 것이 얼마나 지루하다는 것을 깨달았을 때 이것은 발명의 아이디어였다. 1948년에 버나드 실버(Bernard Silver)는 효과적인 해결책을 궁리했다. 그는 Drexel Institute of Technology와 연락하여 드러난 문제에 대한 실행 가능한 답을 찾아냈다. 그는 문제를 조사하기 시작하여 판매된 품목을 기록하는 자동 해결안을 찾기 시작했다. 얼마 지나지 않아 그는 일부 학생들과 함께 자외선, 스캐너 및 잉크에 답이 있다는 것을 알아냈다.

바코드 산업 응용의 가장 초기 시도는 1950년대 후반 미국 철도협회에 의해 이루어졌다. 그리고 1967년에 Sylvana의 KarTrack이라는 광학 바코드를 구현했다. 스캐너 설치 및 자동차 라벨은 1967년에 시작되었다. 대부분의 차량에 라벨을 붙이는 데 약 7년이 걸렸으나, 여러 이유로 이 시스템은 실패했고 결국 1975년에 폐기되었다. 1988년에 Burington Northern은 철도차량 기록을 위해 RFID 태그를 구현했다. RFID는 무선 주파수(Radio Frequency)를 이용하여 물건이나 사람을 식별(Identification)할 수 있도록 해 주는 기술이다. 원래 이 RFID는 1960년에 제안되었지만 비용 때문에 사용되지 않았으나 1991년까지 자동차에 RFID 태그를 부착하는 것이 의무화되었다.

이렇듯 발명은 대체로 자신이나 다른 사람의 경험에서 시작된다. 자신이나 고객의 문제나 좌절은 아이디어나 사업의 단서이다. 문제가 되는 것을 경험하여 그 문제를 해결하는 데에서 발명이 온다. 바코드는 작은 식품점 주인의 경험에서 나온 아이디어가 오늘날 비약적으로 발전했다. 이 발명은 시간을 효과적으로 절약하고 쇼핑객과 상점의 불편함을 피하는 시스템을 제공함으로써 쇼핑 경험에 확실히 혁명을 가져 왔다.

메모

발명은 공허함이 아니라
혼돈에서 창조하는 것이다
- Mary Shelly -

벤처기업과 기업가 정신

장거리 연애 경험이 만든 '줌'

⚙ IBM 뛰어넘은 업력 10년의 신생회사 줌

장거리 연애 경험이 만든 줌(Zoom)은 상장 1년여 만에 IBM 뛰어넘었다. 기업공개(IPO) 1년 4개월 만에 시가총액이 IBM을 능가하는 쾌거를 이룬 것이다. 미국 나스닥에 상장돼 있는 화상회의 서비스 업체 '줌 비디오 커뮤니케이션'의 시가총액이 정보기술(IT) 공룡인 IBM을 넘어섰다. 줌을 운영하는 곳은 실리콘밸리에서 2011년 문을 연, 업력 10년이 안 된 신생회사의 실적이다. 그저 흔한 중소형 IT주였던 셈이다. 실제 줌은 실리콘밸리를 기반 기업의 소규모 화상회의 플랫폼을 서비스하는 게 주요 사업이었으나 코로나 19사태가 터진 이후 위상이 아예 달라졌다.

⚙ 줌 창업자 에릭 위안

줌은 2011년 미국 실리콘밸리에서 에릭 위안(Eric S. Yuan) 최고경영자가 창업했고, 8년 만인 2019년 4월 나스닥에 상장했다. 중국 산둥성 출신인 위안은 산둥과학기술대에서 응용수학과 엔지니어링을 전공했다. 그는 우연히 일본에서 빌 게이츠 마이크로소프트 창업자의 연설을 듣고 감명을 받아, 캘리포니아 실리콘밸리의 스타트업에서 일하기로 마음을 먹었다. 당시 비자를 8차례나 거절당한 끝에 1997년 겨우 미국행 비행기에 몸을 실었다는 일화가 있다. 서툰 영어 탓에 미국에 처음 와서 적응에 어려움을 겪었지만 그는 화상회의 스타트업인 웹엑스(WebEx)에 합류할 수 있었다. 이 회사가 2007년 통신장비업체 시스코시스템스에 인수된 후 경력을 쌓은 위안은 결국 시스코의 엔지니어링 부문 부사장으로까지 승진했고 같은 해 미국 시민권도 획득했다.

⚙ 장거리 연애 경험이 만든 '줌'

에릭 위안이 화상회의 시스템에 처음 관심을 갖기 시작한 것은 미국으로 건너오기 전 중국에서 여자 친구와 장거리 연애를 하면서부터다. 기차로 10시간 거리의 학교에 다니는 여자 친구를 1년에 고작 두세 번 정도만 만날 수 있었던 게 너무나 아쉬워 영상회의 서비스를 마음속으로 생각해 왔다는 것이다. 그는 과거 포브스 인터뷰에서 "그때는 내가 스무 살도 안 됐을 때였는데, 언젠가 클릭 한 번으로 여자 친구 얼굴을 보고 대화할 수 있는 기술이 생기면 참 좋겠다는 생각을 했다"고 말했다. 그래서 그는 자신이 다니던 시스코에 스마트폰 기반의 비디오 화상회의 시스템을 개발하자고 제안했지만 거절당하자 회사를 나와 줌을 창업했다. 위안은 긴 여정이고 매우 힘들다는 것을 알고 있지만 시도하지 않으면 후회할 것이라고 생각했다.

⚙ 위안 에릭의 경영 방식

위안은 41세에 Zoom을 시작했다. 회사를 시작하기에는 늦은 나이는 아니다. 사업 초기에는 투자자 모집 등에 상당한 어려움을 겪었다. 글로벌 기업들이 이미 저마다 화상회의 서비스를 내놓은 뒤라 시장에 경쟁자가 많았고, 투자자들은 신생업체의 성공 가능성을 그리 높게 보지 않았다. Zoom 초기에 그는 필요한 곳에 돈을 쓰고 고급 사무실 인테리어와 가구에 대한 지출을 줄였다.

그는 이동하는 출장을 하지 않는 대신 Zoom에서 모든 회의에 참석한다. 젊은 기업가들에게 그의 조언은 첫날부터 기업문화를 확립하라는 것이다. 기업문화는 팀, 제품, 비즈니스 모델 또는 투자자보다 더 중요하다. 문화는 첫날에 확립되어야 한다. 일단 문화 문제가 생기면 고치기가 매우 어렵다. 그는 플랫폼 사용에 어려움이 있을 때마다 고객에게 개인적으로 답변하는 데 주저하지 않는다. 줌은 놀랍고 열정적인 고객성공과 소셜 미디어 팀을 보유하고 있지만 도움이 필요하거나 불행한 고객을 만나면 개인적으로 받아들인다.

⚙ 사업 실적으로 아메리칸 드림을 이룬 위안

에릭 위안은 1997년 미국에 처음 건너가 22년 만에 수 조 원의 개인 자산을 보유한 억만장자가 되어 '아메리칸 드림'을 이뤘다. 그의 성공은 구글, 애플, 페이스북, 아마존, 넷플릭스, 시스코 등 거대기업들의 지배력이 커진 미국 실리콘밸리에서 최근 이뤄졌다는 점에서 더욱 주목받는다. 줌의 성공 비결은 탄탄한 실적이다. 줌은 기존 실리콘밸리의 스타트업들과 달리 이미 상장

전부터 매출과 이익을 동시에 올리고 있었다. 줌은 기존 서비스들의 약점을 하나 둘씩 보완해 나 갔고 무엇보다 소비자들이 사용하기 쉬운 서비스 개발에 노력하면서 시장을 장악해 갔다.

CHAPTER 02 벤처기업과 기업가 정신

01 벤처기업

　전통적인 기업의 창업은 디지털 시대와 같은 새로운 환경에서는 더욱 성공하기 힘들어졌다. 새로운 환경에는 새로운 창업이 필요하다. 아이디어와 기술의 창업은 새로운 환경의 변화에서 더 많은 기회가 있고 성공의 가능성을 더 높일 수 있다. 신생기업(startup)은 반복 가능하고 확장 가능한 사업 모델을 찾기 위해 새로 고안된 기업이다. 신생기업의 본질은 기술, 혁신성, 확장성 및 성장성이다. 기술 신생기업(tech startup)은 기술제품 또는 서비스를 시장에 출시하는 것을 목적으로 하는 회사이다. 이러한 회사는 새로운 기술제품 또는 서비스를 제공하거나 기존 기술제품 또는 서비스를 새로운 방식으로 제공한다.

(1) 벤처기업의 특성

　벤처기업은 성장성과 수익성이 높으나 자본이 취약하고 위험성이 큰 기업이다. 이것은 신기술과 아이디어로 신제품을 개발하고, 또한 창의성과 혁신으로 위험을 추구하는 모험기업으로 기업가 정신이 요구된다. 벤처기업은 고도의 전문능력, 창의적 재능, 기업가 정신을 갖고 있는 기업가가 대기업에서 착수하기 힘든 분야에 도전하는 기술기반 신생기업이다. 따라서 벤처 창업자는 상당한 사업 기회와 영향을 미칠 가능성이 있는 아이디어 또는 문제를 중심으로 벤처기업을 창업한다.

1) 벤처기업의 성격

　창업을 하는 것은 새로운 모험이나 위험에 도전하는 것이다. 벤처기업(venture company)은 벤처(venture)와 기업(company)의 합성어로서 벤처는 모험 또는 모험적 사업, 금전상의 위험을 감수하는 행위를 뜻하고, 기업은 영리를 목적으로 생산요소를 결합하여 계속적으로 경영하는 경제적 사업을 의미한다. 또한 벤처는 벤처캐피탈(venture capital)로 성장할 회사를 찾아 자금을 투자하는 기업이다.

창업자는 가치가 있는 아이디어 또는 고객의 문제를 현실로 만들기 위해 헌신적인 창업팀을 구성한다. 이러한 창업팀은 사업을 확장하기 전에 고객이나 기술의 문제, 해결안의 적합성 및 시장 적합성을 검증할 수 있는 필요한 기술과 능력을 갖춘 구성원이다. 따라서 창업자가 아이디어, 가치창출, 제품개발 및 사업모델뿐만 아니라 강력하고 헌신적인 창업팀을 보유하고 사업 및 조직을 발전시켜야 회사가 성공한다.

벤처기업은 원래 미국에서는 다른 기업보다 상대적으로 사업의 위험성은 높으나 성공하면 높은 수익이 보장되는 기업으로 일반적으로 Venture Capital(모험자본)로부터 투자를 받은 기업을 의미한다. 벤처기업은 첨단의 신기술과 아이디어를 개발하여 이를 기업화함으로써 사업을 하는 창의적인 기술집약형 기업이다. 벤처기업은 성공 가능성은 낮지만, 성공할 경우 막대한 성장과 수익이 기대되는 고위험, 고수익, 고성장 신생기업이다. 따라서 벤처기업은 첨단의 신기술과 아이디어를 개발하여 창의적·모험적 경영을 전개하는 기술집약형 중소기업이다.

표 2-1 벤처기업의 장단점

장점	단점
• 기술력을 인정받으면 자금조달이 유리하고, 대외적인 신뢰도가 향상될 수 있다. • 코스닥에 등록할 수 있으면 급속한 성장이 가능하다.	• 기술개발과 사업화 과정에서 자금이 필요하고, 사업 실패 시 타격이 크다. • 기술개발 고급인력이 필요하나 인력확보가 어렵다.

산업의 구조가 급속히 변화하여 제조업 기반의 창업보다 기술이나 서비스 분야의 창업이 훨씬 더 증가하고 있는 것이 전 세계적인 추세이다. 국내에서 창업은 제조업, 정보처리 S/W, 도소매업, 연구개발 서비스업 순으로 나타난다. 국내의 벤처기업은 2000년도에 8,798사에서 2023년도 40,081사로 꾸준하게 증가하고 있는 추세이다.

그림 2-1 국내 벤처기업의 추이

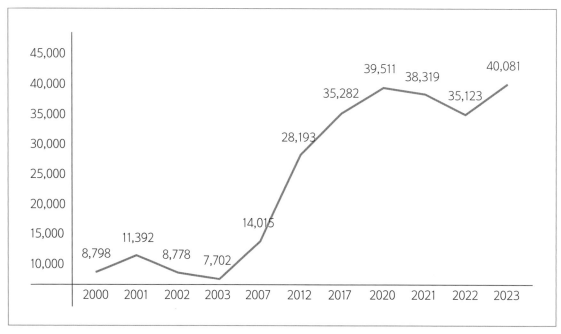

출처: 벤처인(www.venturein.or.kr)

2) 벤처기업가 과정과 활동

기술변화의 빠른 속도는 대부분의 제품수명을 단축한다. 아이디어에서 실행할 수 있는 제품의 개발기간은 종종 일년 이내이다. 생존기의 가장 힘든 시기는 기업을 운영한 첫 몇 달 간이다. 첫해에 급성장이 일어나고, 자금조달의 문제는 예상하기도 전에 발생한다. 이러한 급성장은 창업팀 구성원에게 도전이 된다. 창업팀은 이때 다양한 자금기법을 전개하게 된다. [그림 2-2]는 벤처기업가 과정과 활동 간의 연결을 보여준다. 벤처기업의 중요한 시기는 개발기이다. 개발기에는 기회를 개발하는 데 집중하고, 창업기에는 자원을 확보한다. 이 시기에 벤처기업은 성장과 경영의 집중뿐만 아니라 자원을 계속적으로 확보하는 시기이다. 급성장과 조기성숙기는 기업가 과정에서 운영의 성장과 관련이 깊다.

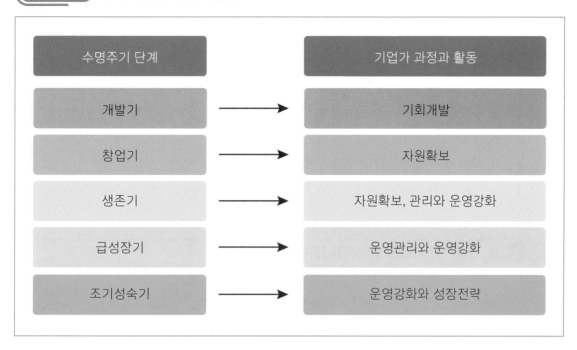

그림 2-2 벤처 기업가 과정과 활동

수명주기 단계	기업가 과정과 활동
개발기	기회개발
창업기	자원확보
생존기	자원확보, 관리와 운영강화
급성장기	운영관리와 운영강화
조기성숙기	운영강화와 성장전략

(2) 벤처기업의 자금조달

사업은 수익을 기대하고 투자하는 것을 의미한다. 자금은 기술개발, 마케팅이나 회사 유지에 필요하다. 소요 자금을 파악하고 자금조달의 원천을 계획하더라도 기업의 실패는 사업이 양(+)의 현금흐름이 시작될 때까지 가용자금을 갖지 못하기 때문이다. 신생기업가들은 상황을 감당할 수 없을 때까지 걱정하지 않는다. 그러나 기업가는 사업을 효과적으로 운영하는 데 필요한 자금액을 정의하는 방법을 이해해야 한다.

1) 창업자금의 중요성

사업을 시작하기 전에 현금, 재고, 특허, 장비, 건물 등 자산을 보유해야 한다. 초기 자금의 용도는 개업에 필요한 자산 취득비용, 개업비용 및 고정비 등이 있다. 사업 자금은 소유자 자신의 돈이거나 부채이다. 기업은 사업을 시작하기 전에 단기와 장기자산을 필요로 한다. 단기자산은 현금과 재고자산, 선급비용과 운전자본 등이다. 기업은 거의 첫해에는 수익이 없기 때문에 현금을 보유해야 지급불능을 예방한다. 장기자산은 토지, 건물, 장비, 특허 등이다. 사업을 효과적으로 수행하기 위해서는 필요한 자산의 목록을 준비한다. 모든 필요 자산의 검토를 끝낸 후에 최소투자의 목록을 결정한다. 비용은 신중하게 평가해야 한다. 고정비는 사업이 수익이 없더라도 지급해야 하고, 이것은 중소기업 소유자에게 심각한 문제를 야기할 수 있다.

2) 벤처기업의 수명주기

성공적인 벤처기업은 [그림 2-3]과 같은 수명주기를 따른다.[1] 벤처기업은 기업의 설립과 초기 활동에서 수익이 거의 발생하지 않고 자금지출이 증가한다. 기업가는 현금흐름의 불균형을 예측하고, 적절한 현금흐름 계획을 수립해야 한다. 벤처기업의 수명주기는 개발기, 창업기, 생존기, 급성장기와 조기성숙기로 이어진다. 사업손실은 창업과 생존기 동안 주로 발생하지만, 이익은 급성장기에 시작하여 가파르게 증가한다.

그림 2-3 **성공적인 기업의 수명주기 단계**

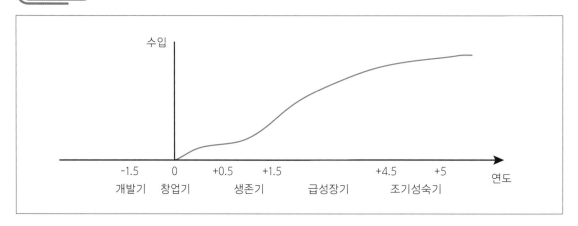

① 개발기

창업자는 개발기(development stage)에 시장기회, 고객욕구, 경쟁제품과 개인적인 경험에서 유망한 사업기회를 찾아 사업 아이디어를 창출하고 제품화한다. 창업자는 이 시기에 시장성과 수익성이 있는 제품이나 서비스에 대한 아이디어를 탐색한다. 이러한 아이디어의 타당성은 전문가, 친구나 가족들로부터 평가나 검증을 받는다. 아이디어에 대해 좋은 반응을 얻게 되면, 시제품을 개발하고 성능과 고객의 반응을 테스트하여, 창업에 대한 구상을 수립한다. 개발기는 산업이나 제품의 유형에 따라 다르지만 일년 반 정도 소요된다.

② 창업기

창업기(startup stage)는 기업을 조직하고, 제품을 개발하고, 그리고 수익 모델을 준비하는

---

1 Leach and Melicher(2012).

시점이다. 창업기는 0.5년 사이에 있다. 제품이나 서비스 제공에 필요한 자원을 준비하는 기간이 1년보다 길거나 짧을 수도 있다. 처음으로 제품이나 서비스를 제공해서 수익이 발생하는 시점은 "0"으로 표시되어 있다.

③ 생존기

생존기(survival stage)는 0.5년부터 1.5년이다. 이 시기에 수입은 증가하기 시작하고 비용을 충당하는 데 도움이 되지만, 비용 전체를 충당할 수 있는 것은 아니다. 수입과 비용의 차이는 차입금이나 투자로 충당된다. 차입금을 상환하고 추가적인 수익을 제공하기에 충분한 현금흐름이 영업으로부터 가능하다면 외부 투자자들이나 대출자들은 금융을 제공할 것이다. 기업은 외부 투자자에게 확신을 줄 수 있는 관련 자료를 준비한다.

④ 급성장기

급성장기(rapid-growth stage)는 수입과 현금유입 흐름이 매우 빠르게 성장하는 단계이다. 영업으로부터 현금유입은 현금유출보다 더 빠르게 증가하고 기업의 가치도 향상된다. 급성장은 1.5년에서 4.5년에 일어난다. 계속되는 수입과 시장점유율의 증가는 좋은 재무결과를 촉진한다. 성공적인 벤처기업의 수명주기에서 이 기간 동안 수입이 비용보다 더 빠르게 증가하고 가치도 빠르게 증가한다. 성공적인 벤처기업은 생산과 유통에서 규모의 경제이익을 얻는다.

⑤ 조기성숙기

조기성숙기(early-maturity stage)는 수입의 성장과 현금흐름이 계속되는 시기이지만 급속한 성장기보다는 느리다. 기업가치가 지속적으로 증가하지만, 대부분 급성장기 동안 이미 창출되고 실현된다. 조기성숙기는 4.5년과 5년 이후에 발생한다. 이 단계에서 기업가와 투자자들은 벤처기업을 매각하거나 계속 소유권을 유지하면서 벤처기업을 운영할지를 결정한다.

3) 벤처기업의 단계별 자금조달

창업기업은 시설자금과 운전자금이 필요하다. 시설자금은 사업장을 확보하는 비용과 필요한 집기비품의 구입비, 그리고 제조업일 경우 제품생산에 필요한 생산설비의 구입비이다. 운전자금은 사업을 개시한 후 제품을 판매해서 회사에 현금이 들어올 때까지 회사운영에 필요한 재료비, 인건비, 경비 등이다. 운전자금은 제품이나 서비스를 판매하여 얻는 수입으로 충당된다. 그러나 판매가 저조하면 운전자금을 충당할 재원을 마련해야 한다.

창업한 후 3년 이내 문을 닫는 업체가 많다. 창업실패의 주요 원인은 창업자의 경영관리 능력 부족, 시장조사의 소홀, 제품개발의 실패와 마케팅 노력의 부족 등이 있지만, 결정적 원인은 현금흐름의 부족과 같은 자금관리와 조달능력의 부족이다. 창업 시에 창업자금의 구성은 자기자본과 타인자본의 비율이 70% 대 30% 구조가 이상적이다. 자기자본보다 타인자본이 많으면 자금압박과 긴장으로 정상적인 경영을 하는 데 지장이 많다.

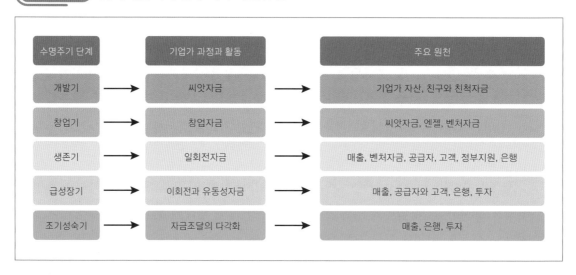

그림 2-4 벤처기업의 수명주기와 자금유형

수명주기 단계	기업가 과정과 활동	주요 원천
개발기	씨앗자금	기업가 자산, 친구와 친척자금
창업기	창업자금	씨앗자금, 엔젤, 벤처자금
생존기	일회전자금	매출, 벤처자금, 공급자, 고객, 정부지원, 은행
급성장기	이회전과 유동성자금	매출, 공급자와 고객, 은행, 투자
조기성숙기	자금조달의 다각화	매출, 은행, 투자

① 개발기: 씨앗자금

개발기 동안 아이디어가 실행할 수 있는 사업기회로 전환될 수 있는지를 판단하기 위해 씨앗자금(seed financing)이 필요하다. 이 시기에 자금의 주요 원천은 기업가의 개인 자산이다. 은행이나 외부 투자자로부터의 자금조달이 이 단계에서는 어렵기 때문에 기업가는 다양한 방법을 사용하게 된다. 첫째, 창업자 자신의 은행예금 인출, 보유 주식이나 채권, 자동차나 주택의 매각이나 담보제공에 의한 차입금이다. 또한 매우 위험하기는 하나 신용카드를 통한 자금융통이 있다. 둘째, 가족이나 친구에 의한 자금조달이다. 이들은 창업자에게 융자나 투자를 해주기도 하는데, 제품이나 서비스보다는 창업자 자신에게 투자하는 것이다.

② 창업기: 창업자금

창업자금(startup financing)은 실행할 수 있는 사업기회에서 최초 생산과 판매시점에 필요한 자금이다. 창업자금은 창업팀을 구성하고, 사업모델을 개발하고, 수입을 창출하기 위한 활동에 필요한 자금이다. 이 시기에 수익이 발생하기는 하지만, 현금의 유입보다는 현금의 지출이 훨씬 커서 외부로부터의 자금조달이 필요하다.

③ 생존기: 일회전자금

생존기는 벤처가 성공하고 가치를 창출하거나 청산하는지를 결정하는 중요한 시기이다. 첫 회 자금조달은 비용과 투자와 같은 지출경비가 수입을 초과할 때 현금부족을 보충하 기 위해 정부지원, 은행과 벤처 투자자에 의해서 외부자금을 조달한다. 시장점유율을 위한 경쟁으로 현금이 부족하고, 마케팅 비용과 조직 운영비가 필요하다. 벤처기업이 급성장기나 조기성숙기에 들어가게 되면 은행을 통한 자금조달이 상대적으로 용이해진다.

④ 급성장기: 이회전과 유동성자금

급성장기에는 회사가 순조롭게 출발하고 경영진이 정상적으로 활동하고 있다. 판매가 증가하고 생산성이 향상되거나 회사의 효율성이 증가된다. 주요 자금조달원은 판매수입, 납품업체 또는 구매업체의 신용, 은행 차입이나 투자유치 등이다. 기업은 목표 성장률에 도달하기 위해서는 충분한 자금조달이 필요하다. 재고와 외상매출금의 증가는 상당한 규모의 외부자금이 필요하다. 재고에 소요되는 운영자본의 안정적 유지가 중요하다. 또한 생산시설 확장, 마케팅 비용 증가, 운영비, 제품 및 서비스 개발비가 필요하다. 전환사채를 발행하여 자금을 충당하기도 한다.

⑤ 조기성숙기: 은행대출, 채권발행, 주식발행

성공적인 벤처기업은 거래소나 코스닥에 상장하여 성장에 필요한 자금을 조달하고 동시에 창업초기 투자자들에게 투자자금 회수 기회를 제공한다. 주요 자금조달 원천은 내부유보 자금, 은행융자, 채권이나 주식 발행이다. 성숙기에서는 기업의 성장률이 낮은 수준으로 떨어지기 때문에 생존기나 급성장기와는 달리 외부자금조달이 생존의 문제와 직결되지는 않는다. 기업은 절세, 투자수익의 조정, M&A 등의 목적에서 자금조달이 이루어진다.

(3) 신용거래의 5Cs

기업은 기업가에 의해서 운영되기 때문에 기업가의 평판은 기업의 평판이 된다. 특히 창업기업은 기업가 자체가 회사가 된다. 그래서 기업가의 신용은 결국 기업의 신용으로 평가된다. 기업가가 외부자금을 찾을 때 자금의 잠재적 공급자에게 신용을 제공할 수 있어야 한다. 창업기업에 있어서 기업가의 신용은 자산으로 거래와 자금조달에서 필수적이다. 자금대여자가 사용하는 지침은 신용거래의 5Cs이다. 신용은 중요한 자격요소를 나타낸다.

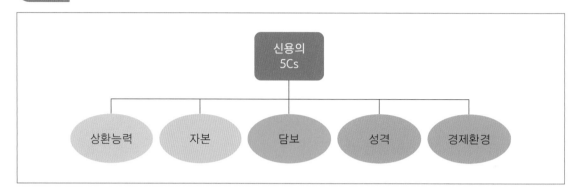

그림 2-5 신용의 5Cs

신용의 5Cs

상환능력　　자본　　담보　　성격　　경제환경

- **상환능력**(capacity): 자금을 상환할 수 있는 신청자의 능력이다. 현금과 유가증권의 가액, 기업의 과거와 미래의 현금흐름을 조사하여 추정한다. 기존 부채도 고려된다.
- **자본**(capital): 개인적 자금능력이다. 자산총액에서 부채총액을 차감한 순자산가치는 자본을 결정한다. 은행은 대안적인 상환원천이 되는 외부원천을 고려한다.
- **담보**(collateral): 대출상환을 위한 안정장치로 제공되는 신청자의 자산은 담보이다. 대출이 상환되지 않는다면 대출자는 담보물건을 압류할 수 있다.
- **성격**(character): 신청자의 성격은 대출을 기꺼이 상환하려는 의지이다. 성격은 주로 신청자의 과거 상환 패턴으로 판단되지만, 대출자는 결혼여부, 주택소유도 고려할 수 있다.
- **경제환경**(economic condition): 대출시점의 경제적 환경은 신청자의 상환능력에 영향을 준다. 대출자는 경제침체 시기에는 대출을 확대하려고 하지 않는다.

(4) 신생기업의 커뮤니케이션

경쟁이 치열한 사업 환경에서 신생기업은 자신과 제품에 대해 아는 고객들이 충분하지 않기 때문에 사업에서 실패할 수 있다. 언론은 가치 있는 뉴스를 작성하여 많은 청중들에게 전달하고, 시장에서 브랜드를 구별하고, 투자자를 유치하고, 후속 성장을 촉진하는 데 도움이 된다. 적절한 광고는 회사에 큰 이익이 될 수 있지만 성공적인 PR은 시간이 걸린다. 또한 고객과의 관계와 평판을 구축하려면 시간과 투자가 필요하다. 따라서 고객 인지도를 극대화하기 위해 신생기업은 PR팀과 긴밀히 협력하고 미디어 관계, 디지털 메시지 및 콘텐츠 마케팅 등을 포괄하는 커뮤니케이션 전략을 개발해야 한다.

1) 현실적 기대치 설정

신생기업의 경영진에게는 실현할 수 있는 수준의 목표와 철저한 과업관리가 요구된다. 회사의 투자에 대한 단기적인 수익을 기대하는 것은 사업위험이 될 수 있다. 때로는 기자의 관심을 끌거나 기사가 게시되는 데 시간이 걸린다. 홍보를 통해 얻는 이익은 크지만 미디어 게재에는 성과와 시간이 필요하다. 또한 회사는 제품을 개발하고 마케팅하고 장단기 목표에서 성공을 거두기 위한 전략을 수립하는 데도 역시 시간이 필요하다.

2) 홍보와 광고 활동

권위 있는 매체에서 신생기업을 다루어 준다면 고무적이지만 현실은 그렇지 않다. 시장에서 명성을 쌓아가면서 유력한 매체를 활용하는 것과 중요한 고객들에게 회사와 제품을 홍보하는 것은 매우 중요하다. 회사는 가장 관련성이 높고 열정적인 고객들을 대상으로 홍보해야 한다. 회사는 가장 적절한 언론 매체에 회사나 제품을 소개하는 것 외에도 업계 회의와 행사를 찾아내어 회사의 최고 경영진에게 연설할 수 있는 기회를 찾는다. 또한 훨씬 더 많은 청중들에게 회사와 제품을 소개할 수 있는 인플루언서를 찾는다.

3) 고객 증명과 기술 시연

신생기업은 잠재적이거나 실제적인 구매자와의 관계를 구축하고 그들과 밀접한 관계를 유지하여 고객에 의한 고객의 유인과 확보를 확장해야 한다. 거의 신용이 없는 신생기업은 투자자와 언론에서 관심을 두지 않는다. 사업의 성공 확률을 높이려면 PR 회사에 의존하여 회사의 제품이나 기술을 설명하고 회사의 제품과 서비스가 세상을 어떻게 변화시킬 것인지를 알리는 메시지를 개발한다. 또한 회사를 옹호하고 대변할 수 있는 고객을 찾고 이들 고객들과 협력하여 회사가 주장하는 바를 증명할 수 있도록 한다. PR 회사와 협력하여 제품이 고객들의 문제를 해결하고 개선하는 방법을 보여준다. 따라서 회사는 기술이나 제품이 실제로 미치는 영향을 고객들이나 청중들에게 시연하는 행사를 진행한다.

4) 관계 집단의 적극적인 참여

신생기업은 회사 소식을 전파하는 데 도움이 되는 공적인 단체나 협회와 개인적인 사회 친선 단체에 적극적으로 참여할 수 있어야 한다. 신생기업이 지역 상공회의소나 유사한 조직을 통해 새로운 사업 파트너십을 개발할 수 있는 많은 기회를 찾아야 한다. 따라서 이러한 지역사회 집단이나 새로운 사업 파트너들과의 관계를 구축하는 것은 신생기업이 입지를 확장하고 같은 생각을 가진 사람들과 교류할 수 있는 효과적인 방법이다.

02 기업가와 기업가 정신

사업환경의 변화에 민감하게 대응하면서 항상 기회를 탐구하고 성과를 얻기 위해 혁신적인 사고와 행동을 하고, 새로운 가치를 창조하여 시장에 제공하는 것이 바로 기업가 정신이다. 기업가는 창업 초기에 새로운 사업을 개발, 조직 및 관리하여 이익을 창출하는 데 집중한다. 기업가 정신은 수익을 창출하기 위해 사업을 구축·확장하면서 사업을 운영하는 과정이다. 혁신적인 기업가는 큰 문제를 해결하여 세상을 변화시킨다. 따라서 기업가는 사회변화를 가져 오거나 일상생활 방식에 도전하는 혁신적인 제품을 창조한다.

(1) 기업가

기업가는 사업을 시작하고 성장하기 위해 항상 우수한 아이디어를 찾는다. 아이디어의 창출은 혁신적이고 창의적인 과정이다. 기업가가 사업을 하는 가장 큰 어려움은 아이디어를 찾는 일이다. 유용한 아이디어는 지식, 전문기술, 경험, 취미, 관심과 사회적 네트워크 등이 교차하는 곳에서 발견된다. 기업가는 새로운 사업을 위한 가장 좋은 아이디어를 찾고, 이를 수익성이 있는 제품으로 전환하는 역할을 한다. 이러한 과정은 창의성, 혁신과 도전에 의해서 이루어진다.

1) 기업가의 정의

기업가(entrepreneur, 起業家)는 어떤 중요한 기회를 확인하고, 이익과 성장을 성취하기 위해 위험을 추구함으로써 새로운 사업을 창조하는 사람이다. 기업가는 기회의 이익을 얻기 위해 모험사업(venture)을 조직하고, 진취적으로 행동하고, 무엇을, 어떻게, 얼마나 생산할 것인지를 결정하는 사람이다. 따라서 기업가는 우수성을 통해 차별성을 추구하며, 낙관적이고, 적절한 위험과 변화를 선호한다. 다음은 주요 학자들의 기업가에 관한 정의이다.

- Peter Drucker(1985): 기업가는 변화를 항상 찾고, 반응하고, 기회로 이용하는 사람이다. 혁신은 사업을 위한 기회로 사용하는 기업가의 도구이다.
- Kuratko와 Hodgetts(2007): 기업가는 기회를 인식하고 포착하는 혁신자나 개발자이다. 기회를 시장성이 있는 아이디어로 전환하고, 시간, 노력, 돈이나 기술을 통해 가치를 추가한다.

• Hisrich, Peters와 Shepherd(2010): 기업가는 혁신적인 방법으로 자원을 결합하고, 위험을 감수하는 사람이다.

2) 기업가의 특징

리더의 영향은 조직의 성패에 절대적이다. 창업기업의 리더인 기업가는 사업에 절대적인 영향을 미치기 때문에 기업가로서의 자질과 능력이 곧 사업의 성패를 좌우한다. 성공적인 기업가는 지식, 전문기술, 경험, 취미, 관심, 사회적 네트워크, 시장과 고객의 관찰을 통해 뛰어난 아이디어를 창출하고, 이러한 아이디어를 구체적인 사업으로 전환하는 특징이 있다. 기업가는 사업기회를 인식하고 활용하기 위해 포착하는 멀리 보는 통찰력과 능력이 있는 사람이다. [표 2-2]는 기업가의 개인적 특징이다.

표 2-2   기업가의 개인적 특징

핵심능력	기업가 활동
선도성	자발적으로 행동하고 새로운 영역, 제품이나 서비스로 사업을 확대한다.
기회인식	사업기회를 확인하고 유용한 기회를 만들기 위해 필요한 자원을 동원한다.
불굴의지	장애를 극복하기 위해 반복적이거나 다른 행동을 조치한다.
정보수집	충고를 얻기 위해 전문가와 상담하고 고객이나 공급자의 욕구를 수집한다.
양질제품	양질의 제품이나 서비스를 생산하거나 판매하기 위한 열망을 표현한다.
사업몰입	일을 완성하기 위해 개인적 희생을 하거나 추가적인 노력을 확대한다.
효율성 지향	더 빠르고, 더 좋고, 더 경제적으로 일하기 위한 방법과 수단을 발견한다.
계획적 행동	내적으로 관련된 다양한 일을 계획에 따라 동시에 이룬다.
문제해결	새로운 아이디어를 창안하고 혁신적인 해결책을 발견한다.
자신감	사업을 스스로 결정하고 초기 장벽에도 불구하고 비전을 고수한다.
경험	사업, 자금, 마케팅 등의 분야에서 전문지식을 보유한다.
설득	사업의 동반자를 갖기 위해 고객과 투자자를 설득한다.
유력인사 사용	영향력이 있는 사람을 유지하고 자신이 갖고 있는 정보의 보급을 제한한다.
독단성	업무에 대한 지시, 질책이나 규율이 독단적이다.
추적	일이 완성되고 고급 표준을 확보하기 위한 보고 시스템을 개발한다.
대인관계	사업관계에서 단기적 이익보다 장기적 호의를 더 높게 평가한다.
신뢰	사업 손실을 보더라도 종업원, 공급자와 고객을 대할 때 정직을 유지한다.

(2) 기업가 정신

기업은 항상 변화에 선제적이거나 능동적으로 적응해야 생존하고 발전할 수 있다. 변화에 대한 선제적 행동은 도전과 모험이다. 이것은 위험과 수익이라는 양면성을 띤다. 기업가는 혁신하고 새로운 사업을 수행하는 사람으로 새롭고 더 좋은 방법으로 사업, 제품개발이나 업무, 의사결정을 한다. 기업가 정신은 창의성, 혁신, 위험추구와 기회추구가 기본적인 요소이다. Schumpeter에 의하면 기업가 정신은 본질적으로 창의적인 활동이다. McClelland에 의하면 기업가는 새롭고 더 좋은 방법으로 일을 하고 불확실성하에 의사결정을 하는 사람이다. 따라서 기업가는 혁신하고 도전하고 새로운 사업을 수행하는 사람이다.

1) 기업가 정신의 의미

기업가 정신(entrepreneurship)은 이익을 얻기 위해 사업을 개발하고, 조직하고, 운영하는 능력과 의지이다. 기업가 정신은 혁신, 위험추구와 기회추구로 간주된다. 기업가 정신은 사업기회의 인식, 기회에 적절한 위험의 관리와 프로젝트의 결실에 필요한 인적자원과 물적자원을 동원하는 의사소통과 경영기술을 통하여 가치를 창조하려는 시도이다.

혁신(innovation)은 새롭게 하거나 다르게 하는 것이다. 즉, 아이디어와 자원을 유용한 방법으로 변환하여 신제품, 서비스, 공정과 시장을 창출하는 것이다. 위험추구(risk taking)는 새로운 사업을 하는 위험이다. 새롭고 다른 일을 하는 것은 위험이다. 기회추구(opportunity seeking)는 사업기회의 인식을 통해서 가치를 창조하려는 시도이다. 따라서 기업가 정신의 주요 특징은 창의성, 혁신, 위험추구, 기회추구, 카리스마적 리더십, 판단과 경영이다.

- 창의성: 개인적, 심리적 특성으로 대담성, 상상력이나 창의성이 있다.
- 혁신: 새로운 것을 창조하고, 생산을 조직하고, 위험을 부담하며, 불확실성을 다룬다.
- 위험추구: 창의적인 경영으로 위험추구를 촉진한다. 위험추구는 사업을 계속적으로 추구하고 성공을 만든다.
- 기회추구: 기업가는 기회를 얻기 위해 민첩하다. 수익의 원천은 다른 시장 참여자들에게 알려지지 않은 것의 발견이다.
- 카리스마 리더십: 계획, 규칙, 비전을 설정하고, 타인들과 의사소통한다.
- 판단: 기업가는 불확실성하에서 의사결정한다. 판단은 가능한 미래 결과가 알려지지 않을 때 사업의 의사결정을 의미한다.
- 경영: 기업가는 자금조달, 제품개발, 마케팅 등의 전체 경영을 책임진다.

2) 기업가 정신의 도구

기업가 정신은 수익을 획득할 목적으로 환경, 사회, 문화, 기술이나 인구 등의 변화와 기회를 이용하여 가치를 창조한다. 또한 시장의 공백, 미제공이나 과소제공한 고객의 욕구 등을 발견하여 고객의 문제를 해결하는 과정이다. 가치를 창조하는 기업가의 비결은 창의성, 혁신, 위험추구와 기회추구이다. 기업가는 고객의 욕구를 충족하거나 고객의 문제를 해결하는 제품이나 서비스를 창조하기 위해 새로운 아이디어와 새로운 통찰력을 활용한다.

① 창의성과 혁신

창의성(creativity)은 새로운 것을 만드는 능력이다. 사람들은 새로운 것을 상상할 수 있지만, 대부분은 반드시 현실로 만들기 위한 필요한 조치를 하지는 않는다. 혁신(innovation)은 새로운 것을 만드는 과정이다. 이것은 새로운 아이디어를 갖고 있는 것만으로는 충분하지 않고, 아이디어를 제품으로 변환하는 것을 의미한다. 혁신은 창의적인 아이디어를 유용한 응용으로 변환하는 것으로 창의성은 혁신의 선결 조건이다. 따라서 창의성은 새로운 것을 창조하여 새로운 지식을 산출하는 것이며, 혁신은 아이디어와 자원을 유용한 방법으로 변환하여 신제품, 서비스, 공정과 시장을 창출하는 것을 의미한다.

그림 2-6 **창의성과 혁신의 특징**

② 창의적 과정

창의적 과정은 시장이나 기술의 공백과 사회의 변화를 통하여 아이디어를 인식함으로써 시작된다. 아이디어는 사업 아이디어로 전환되고 최종적으로는 제품이 된다. 시장에서 아이디어를 탐색하고 창출하고, 구체적인 고객의 문제를 해결하는 방법을 찾을 수 있으면, 바로 사업 아이디어가 된다. 이때 가장 우수한 최적의 아이디어를 선정한다. 적용기술의 개발 가능성과 회사의 자원으로 가능한지를 파악하여 사업 아이디어를 구체화하고, 최종적으로 고객과 시장의 검증을 받는다. 이러한 전 과정은 창의성과 발명이다.

그림 2-7 창의적 과정

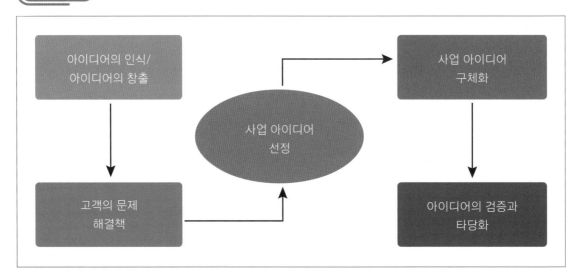

③ 혁신과정

혁신의 주체는 기업이거나 시장을 움직이는 개인들이고 이들은 기업이나 외부에서 혁신의 과업을 담당하는 행위자들이다. 혁신과정에서 지식, 인원과 전문장비의 투입과 시간투자를 필요로 하는 활동이 있다. 혁신이 성공적일 때 새로운 지식의 형태로 초기에 무형적으로 산출되지만, 제품에 적용된다면 후에 유형화된다. 혁신과정의 첫 1~3단계는 기본적인 과학 지식, 새로운 공정이나 청사진을 위한 계획과 신제품의 초기 프로토타입이나 공정을 산출한다. 이러한 모든 활동은 과학연구소, 대학, 투자자와 회사를 포함하는 다양한 행위자에 의한 사전 시장활동을 나타낸다.

4단계는 시장성이 있는 제품이나 새로운 공정이 있는 지점으로 혁신으로 도달되는 단계이다. 상업화의 국면은 제품의 출시로 진입하려는 국면이다. 5단계의 확산은 시장에서 새로운 제품이나 공정의 광범위한 수용을 의미한다. 각 단계 사이의 피드백을 이해하는 것이 중요하다. 기업에 의해서 혁신으로 전환되는 새로운 지식의 흐름에 대한 기여자는 공공 경제연구기관과 대학이다. 예를 들면, 종종 전문 제약기업들은 1과 2단계의 R&D를 수행하지만, 다른 기업들은 신약을 위한 시약검사를 하는 3단계를 수행한다. 이것은 전문화와 위탁계약이 혁신과정의 어떤 부분에서 발생할 수 있다는 것을 나타낸다.

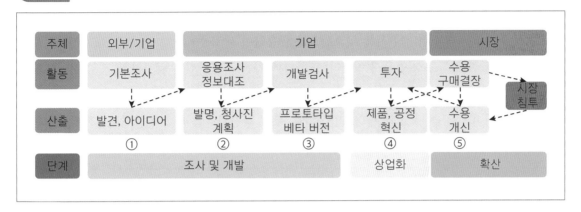

그림 2-8 혁신과정

주체	외부/기업	기업			시장
활동	기본조사	응용조사 정보대조	개발검사	투자	수용 구매결장
산출	발견, 아이디어 ①	발명, 청사진 계획 ②	프로토타입 베타 버전 ③	제품, 공정 혁신 ④	수용 개신 ⑤
단계	조사 및 개발			상업화	확산

시장 침투

④ 위험추구

사업 아이디어는 창의성과 혁신을 통해 제품이나 서비스로 전환된다. 기업가는 시장에서 기회를 찾고, 이 기회를 사업 아이디어로 전환하여 제품을 개발한다. 또한 개발된 제품을 시장에 출시하여 이익과 성장을 확보하게 된다. 창의성과 혁신을 통하여 신제품이 개발되고, 자원을 투입하는 과정은 불확실한 미래에 대한 위험을 추구하는 것이다. 기업가는 발명과 창의성을 밀접하게 연결하고, 발명이 상업적으로 이용할 수 있는 기회에 도전한다. 따라서 기업가는 기회를 확인하고, 창의성과 혁신을 통해 제품이나 서비스를 창조하는 위험을 감수하고 이익과 성장을 실현한다.

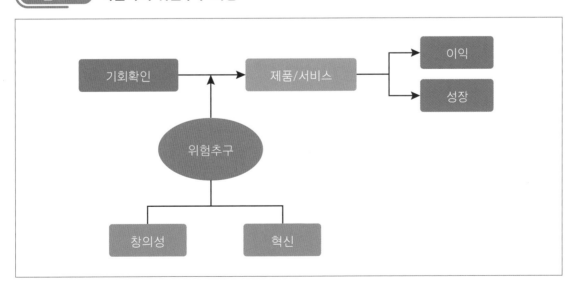

그림 2-9 기업가의 위험추구 과정

3) 기업가의 기능

기업가 정신은 주로 창의성, 혁신, 위험추구와 기회추구이다. 기업가는 자신의 전문지식, 기술, 경험, 관심, 취미나 사회 네트워크를 활용하여 새로운 사업 아이디어를 창출하고, 이를 사업으로 연결하고 기업을 경영한다. 또한 기업가는 사업기회를 탐구하고, 사람, 자금, 기계, 재료와 방법과 같은 자원을 동원한다. 따라서 기업가의 주요 기능은 창의성, 혁신, 위험추구, 아이디어 창출, 조직과 관리, 의사결정, 지도, 성장관리와 사회적 환경지원 등이 있다.

그림 2-10 기업가의 기능

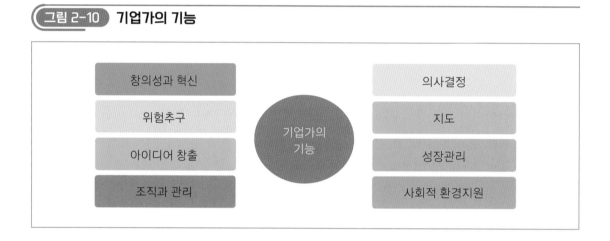

① 창의성과 혁신

기업가에 의해서 수행되는 가장 중요한 기능은 창의성과 혁신이다. 회사의 현재 상태를 분석하고, 기존자원의 새롭고 생산적인 결합으로 신제품을 개발한다. 아이디어를 창의적으로 생각하고, 이러한 아이디어를 실현하기 위해 창의성과 혁신을 사용한다. 혁신은 상상력과 창의성을 포함한다. 기업가는 시장기회를 탐색하고 사업기회를 찾는다. 사업기회가 제품 아이디어가 되려면 창의성을 발휘해야 한다. 창의적인 사고를 통해 제품 아이디어를 개발한다. 이러한 제품 아이디어는 기업가의 혁신을 통하여 고객에게 새로움을 전달하기 위해 신제품으로 개발된다. 새롭고 다른 것을 창조하지 않는다면 기업가가 아니다.

그림 2-11 기업가의 창의성과 혁신

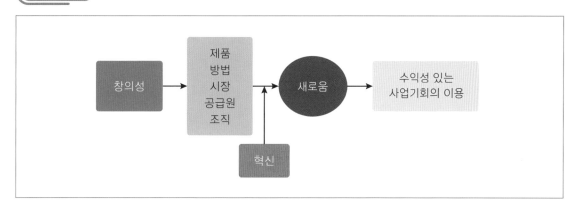

기업가가 변화에 기여하는 다섯 가지 유형이 있다. 즉, 초기확장, 후기확장, 요소혁신, 제품혁신과 시장혁신이다. 초기확장은 제품의 최초 생산을 의미하고, 후기확장은 생산된 제품에서의 추가적인 변화를 뜻한다. 요소혁신은 공급이나 생산요소의 생산성 향상을 위해 새로운 원천이나 새로운 형태의 자본, 노동력과 재료의 확보이다. 제품혁신은 생산공정의 변화로 새로운 제품의 생산, 기존제품의 품질이나 원가에서의 변화이지만 시장혁신은 새로운 시장과 새로운 유통경로의 발견이다. 혁신은 완전히 새로운 제품을 기획하는 것이며, 기업가의 혁신은 모방, 연속적 혁신, 동적 연속적 혁신과 불연속적 혁신이 있다.

- 모방(imitation): 제품이나 서비스 개발에 다른 회사의 혁신을 사용한다. 예를 들면, Apple이 iPad를 도입했을 때 경쟁사들은 후속적으로 휴대용 태블릿 장치를 출시하였다.
- 연속적 혁신(continuous innovation): 제품이나 서비스를 계속적으로 향상하는 변화이다. 예를 들면, 수명이 긴 배터리의 개발은 파괴적인 영향이 거의 없다.
- 동적 연속적 혁신(dynamically continuous innovation): 현재 제품을 실질적으로 개선한 것으로 노트북이나 안드로이드 폰이며, 약간의 파괴적 영향이 있다.
- 불연속적 혁신(discontinuous innovation): 이전에 충족하지 못했던 고객욕구를 충족하는 비약적인 제품이나 서비스이다. 예를 들면, 1980년대 후기 PC나 휴대폰은 구매자 행동 패턴에 파괴적인 영향(disruptive effect)을 준다.

② 위험추구

개발된 아이디어라고 모두 성공을 보장하지 않는다. 기업가는 실패위험을 감수한다. 실패위험은 보험이 없다. 아이디어를 실현하여 사업을 운영한다면 기업가는 스스로 손실을 감당해야 한다. 위험추구는 진취성, 재능과 현명한 판단에 의해 위험을 감소하려고 하는 기업가의 중요한 기능이다. 회사가 추구하는 혁신은 위험과 부정적이거나 긍정적인 상관관계가 있다.[2] [그림 2-12]는 혁신과 위험 간의 상관관계이다. 불연속적 혁신과 모방은 위험과의 상관관계가 높지만, 연속적 혁신과 동적 연속적 혁신은 위험과의 상관관계가 낮다.

위험(risk)은 결과의 분포가 알려져 줄일 수 있지만 불확실성(uncertainty)은 계산될 수 없다. 기업가의 위험은 가능한 수익의 계산된 평가에 근거한다. 기업가가 갖고 있는 위험에는 네 가지 영역이 있다.[3] 즉, 재무적 위험, 경력위험, 가족과 사회적 위험, 심리적 위험이다. 기업가는 신중한 위험관리가 필요하다. 위험관리는 사업의 수익을 보존하고 우발적 손실을 최소화하고 자산을 보존하는 과정이다. 사업위험의 관리전략은 수용, 축소, 제거와 이전이다.

- **수용**(acceptance): 기업가가 위험에 관하여 할 수 있는 것은 거의 없다. 위험은 통제 밖이며 특정한 위험을 제거하는 비용은 너무 크다.
- **축소**(reduction): 기업가는 위험축소를 위하여 시스템과 과정을 도입할 수 있다.
- **제거**(elimination): 위험이 기업가의 통제하에 있지 않다면 위험제거는 이상적이다.
- **이전**(transfer): 사업으로부터 위험을 이전하는 것은 유용한 전략이다. 위험을 이전하기 위해 보험과 제휴를 사용한다.

그림 2-12 혁신과 위험의 상관관계

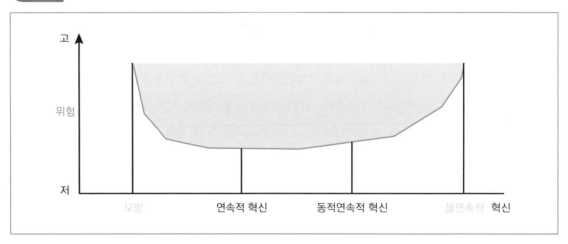

2   Morris(2011).
3   Urban(2011).

③ 아이디어 창출

기업가는 시장과 고객을 탐구하여 아이디어를 창출한다. 사업 아이디어는 사업환경 심사와 시장조사를 통해 창안될 수 있다. 많은 아이디어를 창안하는 것은 기업가의 기능이다. 기업가는 다양한 아이디어를 생각하고, 적용가능성을 테스트하고, 아이디어를 보충하고, 실무에 활용한다. 아이디어의 선택은 비전, 직관, 통찰력, 예리한 관찰, 경험, 교육, 훈련을 통해서 이루어진다.

④ 조직과 관리

기업가는 다양한 자원을 결합하고 적절하게 조직하고 제조단위로 전환하는 혁신을 적용한다. 또한 시장과 정부정책을 조사하고 사업목표를 결정하며 자금을 관리한다. 원재료, 인력의 확보와 양성에 책임을 진다. 혁신적인 기업가는 다음과 같은 활동을 관리한다.

- 사업환경의 심사: 기회와 위협, 장점과 단점을 파악한다.
- 사업 아이디어의 적합성 검토: 사업목적이 회사의 자원에 적합한지를 검토한다.
- 시장조사와 제품계열의 선택: 기업가는 제품수요, 대체품, 고객 등을 조사한다.
- 정부 규제와 정책 조사: 정부의 정책변화가 사업에 미치는 영향을 조사한다.
- 목표결정: 사명, 비전, 목적과 목표를 결정하고 규정한다.
- 기업의 형태 결정: 제품, 투자금액 등에 근거하여 기업의 형태를 결정한다.
- 자금관리: 내외적으로 자금을 조달하고 관리하는 것은 사업가의 책무이다.
- 원재료 확보: 원재료의 저렴하고 지속적인 원천을 확인한다.
- 기계와 장비의 확보: 제품생산을 위한 기계와 장비를 조달한다.
- 인력의 모집선발과 배치: 인력을 추산하고 선발하고, 종업원을 배치한다.

⑤ 의사결정, 지도와 성장관리

기업가는 경영의사결정을 하고 대내·외적으로 좋은 관계를 유지하고 회사를 대표한다. 또한 제품의 잠재적 수요고객을 개척하고, 자원을 조달하여 제품을 개발하고, 표적고객에게 제공한다. 기업의 성장전략을 개발하고 기업의 성공을 추구한다. 기업이 발전함에 따라 기업가는 새로운 지도자의 역할을 맡고, 또한 비전 제시자로 행동한다. 경영위기를 다루고, 재무적 성장에 대한 다양한 방법을 탐구하고, 사업에 가치를 두는 적절한 성장전략을 개발하고 계획한다.

⑥ 사회적 환경지원

사회적 환경은 사회관습, 문화, 가치와 신념으로 특징을 이룬다. 환경의 변화는 사회경제적 환경에서 쉽게 수용되지 않는다. 기업가는 원재료의 새로운 원천, 신시장과 새로운 기회를 발견하고, 새롭고 수익이 있는 조직의 형태를 확립해야 한다.

4) 기업가 과정

기업가 과정은 창업의 성공과 변화에 집중하는 리더십 기능이며 특징적인 단계를 포함한다. 즉, 사업기회를 확인하기 위한 다양한 창업환경을 탐구하고, 벤처기업을 창업하고, 조직화하고, 인력을 충원하고, 자원을 조달하며, 관리하고, 경쟁전략을 선택하는 과정이다.

그림 2-13 기업가 과정

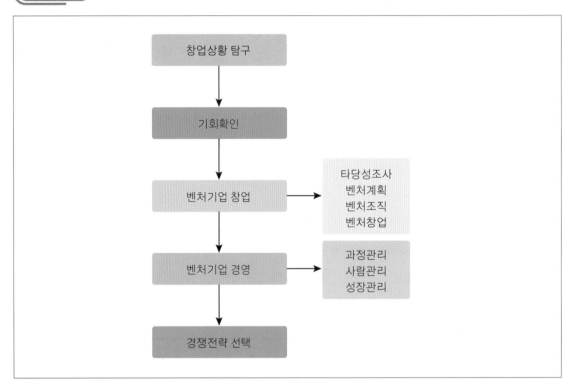

① 창업상황 탐구

창업환경은 사업에 중대한 영향을 미치는 통제불가능한 요소이다. 환경은 사업의 성공에 영향을 크게 미치므로 창업상황을 조사하는 것은 중요하다. 외부환경은 법적 환경과 변화하는 사업의 현실을 구성하는 새로운 경제, 법과 규제의 현실을 포함한다. 기업가는 창업 의사결정이 이루어지는 환경을 정밀하게 확인해야 한다. 환경의 탐구를 통해서 기업가는 성공적인 벤처사업의 발달이 되는 미개발된 기회와 경쟁우위를 발견할 수 있다.

② 기회확인

창업과정의 중요한 측면은 기회확인이다. 기회는 혁신과 가치창조를 위한 독특하고 특징이 있는 가능성을 제공하는 긍정적인 외적 변화이다. 기업가에게는 이용할 수 있는 기회 중에서 어떤 것은 잠재력이 없지만 어떤 것은 갖고 있다. 기업가는 수익성이 있는 기회를 탐구하고, 그런 다음 매력적인 사업기회를 선택한다. 그러나 기회를 확인하는 것만으로는 충분하지 않고 기회를 사업으로 전환할 수 있어야 한다. 창업과정은 가능한 경쟁우위를 정확하게 찾아내는 과정이다. 경쟁우위를 갖는 것은 조직의 장기적인 성공과 생존에 필수적이다. 따라서 기회확인은 기업가의 핵심적 기능으로 기업의 성패를 좌우한다.

③ 벤처기업 창업

기업가가 일단 외부적 환경을 탐구하고 가능한 기회와 경쟁우위를 확인하면, 벤처기업을 실제적으로 창업하는 문제를 조사해야 한다. 창업과정은 벤처기업의 타당성 조사, 계획, 조직과 창업과정이 포함된다. 금융, 물적자원과 경영자원은 벤처기업을 창업하기 위해서 선택해야 할 요소이다. 또한 기업가는 기업의 유형을 결정해야 한다.

④ 벤처기업 경영

기업이 설립되면 기업을 경영하는 것이다. 설립 초기에는 부족한 자원과 네트워크로 인해 기업가는 사업에 전념해야 하고, 많은 경영의사결정을 거의 단독적으로 수행한다. 경영자원의 개발과 운영은 때로는 벅찬 과업일 수 있으나 기업가의 창의성과 몰입으로 해결한다. 따라서 기업가는 과정, 사람과 성장을 관리함으로써 벤처기업을 효과적으로 관리한다. 이것은 지도, 의사결정, 실행, 통제와 다양한 관리기술 등의 재능을 필요로 한다.

⑤ 경쟁전략 선택

기업이 설립되고 운영되면 마지막 단계는 경쟁우위 전략을 선택하는 것이다. 기업가는 남들이 시도하지 않는 틈새시장을 탐구하고, 유용하고, 새롭고, 독특하고 다른 우수한 제품을 개발하고, 고객과의 밀착성을 유지함으로써 경쟁력을 확보한다. 경쟁우위 확보는 진출한 사업영역에 전념할 수 있게 되고, 경쟁자의 위협을 적게 받게 되고, 따라서 기업운영이 안정적으로 되는 길이다. 다음은 Peter Drucker가 제시한 기업가 전략이다.

- 신속한 의사결정과 실천
- 창조적 모방
- 기업가적 유도(entrepreneurial judo)[4]

---

[4] 공격해 오는 상대의 강한 힘에 맞서는 것이 아니라 상대의 힘을 이용해 허점을 찔러 제압하는 유도 기술처럼 기업가

- 전문적인 틈새시장의 탐구와 선점
- 효용창조, 가치전달, 고객의 사회적 경제적 현실 적용, 가치와 특징 변경

5) 기업가 자질 테스트

성공에 대한 공식은 없지만 기업가에게 필요한 자질은 있다. 기업가 자질은 창의성, 혁신과 도전정신, 리더십과 직관력 등 기업가 정신이다. 따라서 이러한 기업가 정신을 갖고 있다면 기업의 성공에 더 빠르게 다가갈 수 있다. [표 2-3]은 기업가 자질 테스트로 기업가 적인 자질 여부를 판단하는 데 도움이 된다. 이 검사는 단지 도구이지만 창업을 결정할 때 유용하다. 다음 각 문항에 동의하지 않는다면 0, 잘 판단이 안 된다면 2, 동의한다면 3을 기록하여 총점을 산출한다.

표 2-3 기업가 자질 테스트 문항

번호	질문 문항	0	2	3
1	나는 끈기가 있다.			
2	나는 투자할 자산이 있고 자금의 일부를 기꺼이 잃을 수 있다.			
3	나의 사업이 수익이 있을 때까지 나의 생활수준을 낮출 준비가 되어 있다.			
4	나는 새로운 다른 아이디어를 갖고 있다.			
5	나는 변화에 적응할 수 있다.			
6	나는 문제를 도전과 기회로 본다.			
7	나는 정서적 좌절로부터 빨리 회복할 수 있다.			
8	나는 긍정적인 사람이고 나 자신을 확신한다.			
9	나는 통제 상태에 있는 것을 좋아한다.			
10	나는 경쟁을 좋아한다.			
11	나는 창업하려고 하는 사업과 유사한 사업에 관여하여 왔다.			
12	창업을 도와주고 성공적인 사업을 소유하거나 운영할 친구나 사람이 있다.			
13	가족과 배우자는 나의 결정을 지지하고 사업에서 오는 스트레스를 견딜 수 있다.			
14	나는 스트레스가 많은 업무량, 긴 시간, 불규칙적인 일정, 주말 및 휴일 작업을 처리할 수 있는 육체적인 체력과 정서적 강점을 가지고 있다.			

가 경쟁자의 약점을 이용하는 전략이다.

번호	질문 문항	0	2	3
15	나는 조직을 잘하고 미리 계획한다.			
16	나는 임대인, 종업원과 고객 등 모든 사람과 잘 지낸다.			
17	나는 사람을 잘 판단하고, 도움이 필요할 때 적절한 사람을 고용할 수 있다.			
18	가장 좋은 방법으로 종업원을 관리하고 감독할 수 있다.			
19	창업에 필요한 기술과 자본을 확보할 때까지 계획을 기꺼이 연기할 수 있다.			
20	내가 좋아하지 않는 사람과 나는 함께 잘 지낼 수 있다.			
21	나는 실수를 인식하고, 인정하고, 배울 수 있다.			
22	나는 결정을 잘 하고 행동조치를 이행한다.			
23	나는 내 주위에서 발생하는 것을 관찰할 수 있고 사람들이 원하는 것을 알 수 있다.			
24	나는 다른 사람에게 물건을 잘 팔고 나의 아이디어와 서비스를 판매할 수 있다.			
25	나는 언제나 일을 잘 하는 방법을 찾고 있다.			
26	나는 결코 포기하지 않는 사람이다.			
27	나는 일이 발생하는 것을 기다리는 대신에 일이 발생하게 만든다.			
28	발전하기 위해 나는 충고, 평가와 건설적 비평을 찾는다.			
29	나는 경청을 잘 한다.			
30	나는 평균 이상의 신용이 있다.			
총점				

출처: Small Business Development Centers

○○○ **SENSE** 🔍 **자질 테스트 결과의 판단**

- **총점 72 ~ 90:** 사업을 시작한다. 사업가의 체질을 갖고 있다.
- **총점 58 ~ 71:** 잠재력이 있으나 약한 기술을 향상하고 추진력이 필요하다.
- **총점 45 ~ 57:** 귀하는 사업을 혼자 시작하는 것을 원하지 않는다. 귀하의 약한 영역을 보완할 수 있는 사람을 찾을 필요가 있다.
- **총점 45:** 사업은 귀하에게 적합하지 않을 수 있다. 따라서 귀하는 누군가를 위해 일하는 것이 더 행복할 것이다.

○○○ SENSE 🔍 스티브 잡스의 어록

- 창의성은 사물을 연결하는 것이다.
- 끊임없이 갈망하고, 꿈을 버리지 마라.
- 품질의 척도가 되라. 어떤 사람들은 탁월함이 기대되는 환경에 익숙하지 않다.
- 때로는 혁신할 때 실수한다. 신속하게 인정하고 다른 혁신을 개선하는 것이 가장 좋다.
- 인생에서 가장 후회되는 한 가지는 하지 않았다는 사실이다.
- 성공한 사업가와 실패한 사업가의 차이는 단지 인내심이 있느냐 없느냐다.
- 우리는 우주에 발자취를 남기려고 태어났다. 그렇지 않다면 우리가 왜 여기 존재하는가?
- 최고의 부자가 되는 것은 나에게 별로 의미 없다.
  밤에 잠자리에 들면서 대단한 일을 했다고 말하는 것이 중요하다.
- 신은 지도자와 그를 따르는 자를 구별짓는다.
- 우리가 이룬 것만큼, 이루지 못한 것도 자랑스럽다.
- 많은 경우 사람들은 원하는 것을 보여주기 전까지는 무엇을 원하는지도 모른다.
- 디자인은 어떻게 보이고 느껴지냐의 문제만은 아니다. 디자인은 어떻게 기능하냐의 문제이다.
- 디자인은 제품이나 서비스의 연속적인 외층에 표현되는 인간 창조물의 영혼이다.
- 고객들에게 어떤 걸 원하는지 물어보고 그걸 주려고 하면 안 된다.
  고객 욕구에 맞게 무언가를 만들어내면, 그들은 이미 다른 새로운 걸 원하고 있다.

메모

무엇보다도 준비가
성공의 열쇠이다
- Alexander Graham Bell -

—

CHAPTER

03

창업의 이해와 과정

급성장 후 성장통을 겪는 카카오

⚙ 새로운 연결로 초고속 성장

카카오의 시가총액이 15조 원(2024년)으로 KB금융 다음으로 국내 15위이다. 콘텐츠·모빌리티·금융·인공지능(AI)·블록체인 등 카카오의 거침없는 영토 확장에 카카오 그룹 소속 계열사 숫자가 167개에 달한다. SM을 인수함에 따라 SM과 그 종속기업이 대거 편입됐기 때문이다. 카카오 그룹에 편입된 SM계열사의 숫자는 무려 30개사에 달한다. 이로써 카카오는 가장 많은 계열사를 가진 대기업 집단(자산총액 5조원 이상)은 201개를 가진 SK에 이어 2위에 있다.

⚙ 한게임 창업

카카오 창업주인 김범수 의장은 어려운 가정 환경 속에서 자랐다. 그는 삼성SDS에 입사해 PC통신 유니텔을 만들었다. 그러다 IMF 사태가 발생하여 1998년 회사를 퇴사하고 창업의 길로 들어섰다. PC 통신이라는 변화가 기회가 될 것이라고 판단했다. 그렇게 만든 회사가 한게임이다. PC 통신이라는 플랫폼을 이용해 다운을 받지 않고도 로그인 방식으로 게임을 할 수 있도록 했다. 그래서 그는 PC방에 본인이 만든 관리프로그램을 무료로 설치해주는 대신 한게임이 자동실행 되도록 옵션을 넣어 사업을 확장했다.

⚙ 네이버와 합병과 실리콘밸리의 역동성

2000년 네이버는 다음과 야후에 밀린 국내 검색 사업자였고, 삼성 사내 벤처였던 만큼 현금은 많았지만 확장성에 고민이 있었다. 그래서 당시 많은 이용자를 보유하고 있으나 현금이 없던 한게임과 합병했다. 그런 후 그는 지분을 매각한 돈을 가지고 미국으로 떠났다. 가족과 남은 인생을 즐기기로 했으나 창업을 또다시 결심하게 된다. 역동적인 미국 실리콘밸리 기업의 변화를 지켜보며 느낀 게 많았다.

⚙ 카카오 창업

김 의장은 미국에서 한국으로 돌아와 카카오 전신인 아이위랩을 2006년 창업했다. 2007년에는 애플이 아이폰을 내놓으며 혁신을 일으켰다. PC통신 시대에서 모바일 시대로 변화할 것을 예견한 그는 모바일에 집중하기로 했다. 2010년 카카오톡 메신저가 나오니, 모든 메시지가 무료인 카카오톡은 혁명과 같았다. 통신사의 강한 견제 속에서도 카카오톡은 출시 1년 만에 1,000만 사용자를 돌파했다. 변화를 기회로 삼았다. 회사는 아이위랩에서 카카오로 사명을 변경하고, 3년 만에 카카오톡은 가입자 1억명을 돌파했고, 당기순이익 흑자로 전환했다.

⚙ 성장 비결은 투자·인수

카카오의 성장 비결은 설립 초기부터 이어진 벤처투자다. 공격적인 인수 · 합병(M&A)으로 카카오는 2014년에는 포털 다음과 합병했다. 다음은 직원만 2,000명이 넘는 대기업이었고, 카카오는 400명에 불과했다. 다음과 합병한 카카오는 3,000여 명의 직원이 일하는 회사로 성장했다. 2016년 멜론(로엔엔터테인먼트)을 인수하였다. 한국투자금융지주가 대주주로 있던 인터넷 전문은행 카카오뱅크 지분을 취득했고, 옛 바로증권을 인수해 카카오페이증권으로 변경했다. 카카오는 설립 초기 스타트업과 벤처기업 등을 투자하거나 인수했다. 스마트모빌리티와 엔터테인먼트 사업 관련 신규 계열사도 대폭 늘렸다.

⚙ 성장통인가 오너리스크인가

초고속 질주하던 카카오는 현재 성장통을 겪고 있다. 회사는 여러 의혹으로 진통을 겪고 있다. 현재 여전히 수사가 진행 중이다. 이러한 사건들은 기업의 사회적 책임이나 윤리에 의거하여 현재 직면한 위기를 극복하면 완전한 대기업으로 자리잡을 수 있을 것으로 보인다.

CHAPTER 03 창업의 이해와 과정

01 창업기업

창업기업은 설립한 지 오래되지 않은 신생기업으로 혁신적 기술과 아이디어를 제품화하거나 비즈니스 모델을 개발하고 있는 신생회사이다. 창업은 수요가 있다고 생각하는 제품이나 서비스를 개발하려는 한 명 이상의 기업가에 의해 설립된다. 창업은 고객의 문제를 해결할 방법이 있는 창업자에 의해 시작된다. 창업자는 비즈니스 모델을 개발하고 검증하기 위해 최소 실행 가능한 제품, 즉 프로토타입을 구축하여 시장을 검증한다.

(1) 창업기업의 특징

창업기업은 소유자나 관리자가 매우 높은 개인화된 경영방식이 있고, 소수의 종업원을 고용하며, 산업 내에서 중요도가 적은 독립적인 조직이다. 오늘날 창업기업은 대기업보다 상당히 창의적이고 혁신적인 경향이 있을 뿐만 아니라 고용의 주요 원천이다. 창업기업이 경제적으로나 사회적으로 중요하나 높은 실패율은 전반적으로 해롭다.

1) 창업기업의 특징

창업기업은 시장에 밀착하고, 유연성과 적은 이익으로 운영할 능력을 갖고 있고, 신속하게 의사결정을 한다. 그러나 자금, 인적, 물적이나 정보자원이 제한적이다. 일반적으로 창업기업은 산업 내에서 상대적으로 규모가 작고, 끊임없는 불확실성에 직면하고, 공식적인 전략을 계획하지 않고, 즉흥적으로 경영하는 바람직하지 못한 경영방식을 갖고 있다. 또한 소유자나 관리자의 매우 높은 개인화된 경영방식에 대부분 의존하고 있다.

창업기업은 대기업에 비해 유연성, 혁신과 간접비에서는 유리하나, 시장 지배력, 네트워크 접근, 자본과 경영자원에서 한계가 있다. 창업기업의 경영자들은 마케팅, 정부규제, 자본조달과 조직관리에서 문제를 경험한다. 창업기업의 종업원들은 대기업의 종업원보다 매우 높게 동기를 받고, 다양한 업무를 수행하고, 사장과 더욱 밀접하게 일한다. 이러한 방식들이 대기업 마케팅과 다른 특성의 마케팅을 수립하고 실행해야 할 이유이다.

2) 기업가의 개인적 특질

기업의 경영에서 소유자나 경영자의 편재(omnipresence)는 일반적이다. 중소기업에서 기업가들은 사업 자체와 분리할 수 없는 경우가 많다. 기업가의 관리능력은 기업성공에 중요한 요인이나 기업가는 대체로 경영지식이 부족하다. 기업가들이 모두 동일한 것은 아니지만, 신념, 이상, 선호, 경험과 지식은 본질적으로 중소기업 그 자체이다. 그러나 창업이유, 교육, 경험, 전략적 경영능력과 성장에 대한 태도가 기업가들마다 각각 다르다. 기업가의 특질은 직관과 계획, 성장에 대한 태도와 개인적 특징이 있다.

그림 3-1 **기업가의 특질**

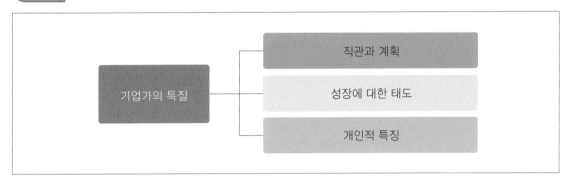

① 직관과 계획

기업가는 자원의 제약으로 사업을 전략적으로 생각할 시간이 없다. 기업경영은 공식과 비공식의 영리한 균형이 있어야 한다. 기업가들은 공식적인 전략계획이 사업에 이익이 된다는 것을 잘 믿지 않는다. 성공적인 중소기업이 전략경영을 실행하지 않았다는 증거도 있다. 복잡한 이론과 수준 있는 공식절차를 기업가들이 사용하지 않으며 정교한 계획과 관리기법보다는 오히려 비공식적인 경영실무와 직관(intuition)에 따라 경영하는 것을 더 선호한다. 이것은 많은 마케팅 이론이 대기업을 위한 것으로 중소기업을 위한 이론이나 기법이 거의 없기 때문이다.

② 성장에 대한 태도

기업가의 성장 태도는 독재 경영방식이 성공한다는 것이다. 그러나 회사가 성장함에 따라 경영방식과 조직구조가 변해야 한다. 중소기업은 대기업에 비하여 자원이 적기 때문에 새로운 경영방식의 도입과 혁신이 더 필요하다. 회사의 성장은 기업가의 이미지와 회사가 활동하는 시장에 달려 있고, 이러한 경영환경은 직관과 독재 경영방식에 맞지 않다. 기업가에게는 혁신과 과학적인 경영방식이 기업의 성장에 중요하다.

③ 개인적 특징

새로운 기업을 창업하여 성공에 이른 창업자들은 위험에 대하여 도전적이고, 업무에서는 정열적이다. 그들은 창업기업에 특유한 장점과 단점을 알고, 이에 적합한 이론과 기법을 개발하여 회사를 경영한다. [그림 3-2]는 혁신적으로 자원의 한계를 극복하고 중소기업을 성공한 창업기업의 소유자나 경영자들의 특질이다.

그림 3-2 성공한 창업기업가의 특질

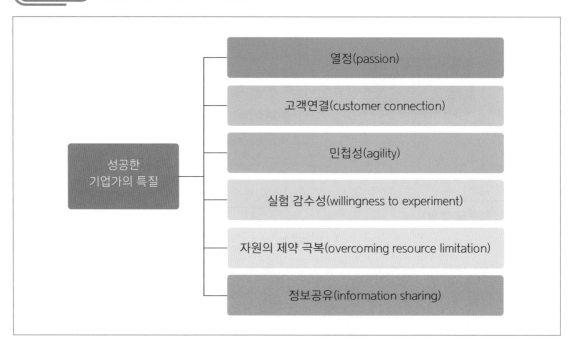

- 열정: 기업가들은 사업성공에 관심이 있고, 새로운 구상과 아이디어에 개방적이다.
- 고객연결: 고객욕구를 잘 알고 충족하기 위해 고객과 밀접하게 연결되어 있다.
- 민첩성: 기업가들은 변화하는 환경에 더 쉽게 적응할 수 있다.
- 실험 감수성: 기업가들은 어떤 실험에 대한 실패 위험을 기꺼이 감수한다.

- 자원의 제약극복: 기업가는 자원이 적지만 적은 것보다 많은 역할을 하는 데 능숙하다.
- 정보공유: 아이디어 공유에 대한 사회적 네트워크가 있다.

(2) 중소기업의 성공 요인

중소기업이 다른 기업과 직접적으로 경쟁할 때 대기업은 언제나 승리의 좋은 기회를 갖고 있는 것처럼 보인다. 실제로 중소기업은 좋아하는 사업의 고유한 영역을 갖고 있다. 경쟁우위를 확인하고, 유연하게 혁신을 유지하고, 고객과 밀접한 관계를 구축하고, 품질을 위해 노력한다면, 성공을 달성할 기회는 증가한다.

성공하기 위해서 경쟁자가 제공하는 것보다 더 큰 가치를 고객에게 제공해야 한다. 가치는 기업에게 경쟁우위가 된다. 예를 들면, 경쟁자가 흑백프린터만을 제공할 때 컬러프린터 장비 투자는 적어도 경쟁자가 동일한 장비를 구매할 때까지는 경쟁우위를 준다. 경쟁우위가 더 강력하고, 더 오랫동안 유지될수록, 고객을 획득하고 유지하는 기회는 더욱 증가한다. 사업은 경쟁자보다 제품이나 서비스를 더 좋게 제공해야 한다. 그렇지 않으면, 시장은 자사의 제품을 진부하게 만들 것이다. 중소기업은 고유의 경쟁우위를 활용해야 시장에서 성공할 수 있다. 따라서 중소기업의 경쟁우위이자 성공 요인은 혁신, 유연성과 고객과의 밀접성 등이 있다.

그림 3-3 **중소기업의 성공 요인**

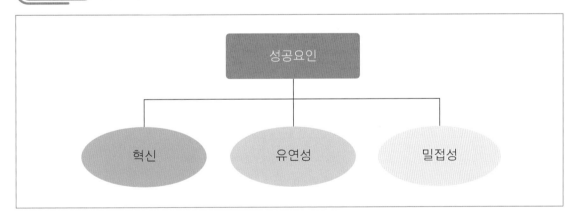

1) 혁신

실제로 혁신(innovation)은 독립적인 발명가와 중소기업에서 온다. 그 이유는 무엇인가? 대기업의 연구개발 부서는 회사가 이미 만든 제품의 개선에 집중하는 경향이 있다. 이러한 관행은 회사가 거대한 공장과 설비투자로부터 이익을 창출하려는 동시에 기존제품과 관련된 새로운 아이디어와 제품을 개발하는 경향이 있다. 예를 들면, 이동통신 회사들은 고객들에게 더 좋은 서비스를 제공하기 위해 중계국을 계속적으로 확장하고 새로운 부가서비스를 제공한다. 이와 달리 중소기업은 새로운 기술과 시장을 창조하고, 새로운 제품을 개발하고, 새로운 아이디어와 행동을 촉진하지 않는다면 유지하고 성장할 수 없다.

기존 제품공정, 아이디어와 사업을 새롭고 개선된 것으로 대체하는 것을 창조적 파괴(creative destruction)[1]라고 한다. 그러나 이것은 쉬운 과정이 아니다. 변화는 위협적이지만, 변화의 이면에는 위협과 기회의 양면성이 동시에 상존하고 있기 때문이다. 중소기업이 신기술을 개발할 때 창조적 파괴에 이르는 변화의 추진력이 발생한다. 다음은 Schumpeter의 혁신 유형이다.

그림 3-4 **혁신 유형**

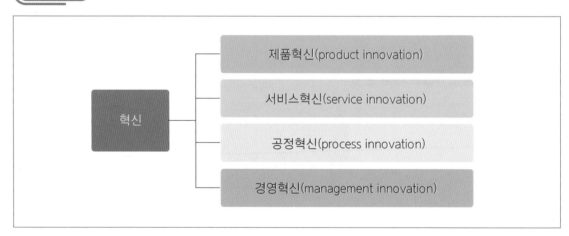

- **제품혁신**: 새롭거나 개선된 제품의 개발
- **서비스혁신**: 판매를 위해 새롭거나 변경된 서비스의 제공
- **공정혁신**: 물리적 투입을 조직하는 방법의 발명
- **경영혁신**: 경영자원을 조직하는 새로운 경영의 창안

1　Schumpeter, Joseph A(2013), Capitalism, Socialism and Democracy, Routledge.

2) 유연성

규모의 경제를 활용하기 위해서 대기업은 장기간 많은 제품을 생산할 자원투입을 찾는다. 이러한 자원투입은 새롭고 빠르게 변하는 시장에 반응이 너무 늦다. 그러나 중소기업은 의사결정 과정이 짧고 신속하다. 그래서 상황에 신속하고, 변화에 적응할 수 있다. 경영환경에 변화가 일어나기 때문에 경영에서 유연성은 매우 중요하다. 따라서 변경할 수 있는 선택을 갖는다면 사업이 덜 취약하다.

환경은 시간을 통하여 변화할 수 있기 때문에 사업은 언제나 불확실하다. 유연성은 실수, 오류와 비효율을 수정하는 데 도움이 된다. 유연성(exibility)은 쉽게 변화할 수 있는 권한과 시스템을 의미한다. 변경할 권한을 갖는다면 유연한 것이다. 유연성은 기업운영의 시스템에서 나온다. 변화에 더 유연한 기업을 만들 수 있는 시스템과 제도가 성공의 핵심요소이다. 변화에 반응하는 속도는 경영에서 유연성이다.

3) 고객과의 밀접한 관계

중소기업가들은 고객과 이웃을 개인적으로 잘 알고 친밀하다. 이러한 친밀성으로 고객의 욕구와 필요를 직접 알고 개인화된 서비스를 제공할 수 있다. 반면에 대기업은 마케팅조사의 제한된 표본을 통해서만 고객을 알게 된다. 고객을 개인적으로 알게 되면, 중소기업은 전문품, 개인화된 서비스와 품질에 근거하여 경쟁우위를 구축할 수 있고, 대량생산으로 얻는 거대기업의 저가격과 맞서 경쟁할 수 있다. 특히 중소기업은 고객과 구축하는 라포[2]가 매우 중요하다.

---

2   라포(rapport): 상호 간에 신뢰하며, 감정적으로 친근감을 느끼는 인간관계.

○○○ **SENSE**   Q **혁신의 딜레마(Dilemmas of Innovation)**[3]

- 혁신은 미지, 경영은 관리에 관한 것이다. 알려지지 않은 것을 어떻게 관리하는가?
- 혁신은 규칙을 파괴하는 것이다. 규칙을 파괴하는 사람들은 조직에서 오래 있지 못한다.
- 고객욕구를 다루기 때문에 혁신은 성공한다. 그러나 고객에게 욕구를 물을 때 고객은 자신의 욕구를 알지 못하거나 설명할 수 없다.
- 혁신은 위험하다. 그러나 혁신하지 않는 것은 더욱 위험하다.
- 혁신은 혁명적이거나 진화적이다. 위험과 수익은 다르고, 그래서 다른 구조와 경영 유형이 필요하다.
- 자주 혁신하는 회사는 잠재적인 수익이 있을 때도 자신의 제품을 진부하게 한다.
- 혁신은 기술적으로 복잡하고 비용이 들지만, 대부분의 비약적인 혁신은 상당한 예산이 있는 대기업이나 R&D실이 아니라 개인 발명가와 기업가에서 온다.
- 혁신을 기획하는 사람들은 새로운 제품이나 서비스를 완벽하게 하려고 하지만, 시장은 완벽한 것이 아니라 충분히 좋은 것을 원한다.
- 혁신에 필요한 시간과 돈은 고객이 지불할 가격을 높이고 기회의 창을 잃는 결과가 된다.
- 혁신이 천재나 수재와 관련이 있더라도 끈기의 기능이 있다.
- 혁신이 게임의 규칙을 파괴하지만, 또한 완전히 다른 게임을 수반한다.
- 시장에 처음으로 출시하는 것이 성공과 관련이 있는 것도 아니고, 두 번째와 세 번째 출시하는 것이 실패와 관련이 있는 것도 아니다.

(3) 중소기업의 실패 요인

중소기업의 실패율은 10%에서 60%로 매우 다른 수치를 갖고 있기 때문에 한마디로 혼란스럽다. 실패율에는 많은 요인들이 빠져있고, 산업에 따라서 다양하다. 실제로 다양한 이해관계자 집단들이 평가에 사용된 기준에 따라서 동일한 기업을 동시에 성공과 실패로 판단할 수 있다. 중소기업은 자금부족과 마케팅의 부적절성으로 대기업보다 상당히 취약하다. 중소기업의 실패 요인은 대체로 경영의 부적절성, 자금의 부적절성과 외적 요인 등이 있다. 경영의 부적절성은 기업실패에서 가장 빈도가 높다. 이것은 모든 비행기의 추락을 조종사의 실패라고 설명하는 것처럼 모두 포괄하는 설명이다.

---

3   Morris, Pitt and Honeycutt (2001).

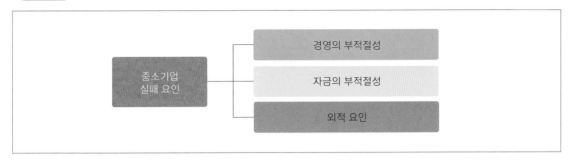

그림 3-5　중소기업의 실패 요인

중소기업
실패 요인

경영의 부적절성

자금의 부적절성

외적 요인

1) 경영의 부적절성

경영의 부적절성은 중소기업 실패의 주요 요인이다. 실패는 소유자나 경영자의 경영무능 때문에 일어난다. 구체적으로 경영의 부적절성은 행동문제, 경영기술의 부족, 특정한 기술능력의 부족과 마케팅 근시안(marketing myopia)[4]을 포함한다. 자원의 부족으로 중소기업은 계획을 직관적인 방법으로 선택하는 경향이 있다. 중소기업은 전략을 개발하고 계속적인 갱신의 필요가 대기업보다 더 많다. 그런데도 기업가들은 전략적인 계획을 수립하지 않고, 직관에 따라 경영을 하고, 직원을 정확하게 선택하거나 관리할 능력을 갖고 있지 않다.

마케팅 능력은 좋은 제품의 개발과 좋아 보이는 제품의 판매를 의미한다. 대기업이든 중소기업이든 기업은 제품이나 서비스를 개발하여 고객에게 제공함으로써 수익을 창출하고, 기업을 유지한다. 혁신은 제품, 공정이나 경영혁신을 의미한다. 혁신을 통하여 기업의 경쟁력을 강화한다. 그러나 기업의 생존과 성장에 더욱 필요한 영역은 제품혁신이다. 제품혁신은 기업이 시장기회를 탐색하고, 고객의 미충족 욕구를 발견하여 개발기술을 적용하여 경쟁자와 다르고 독특한 제품을 제공하는 것을 뜻한다. 따라서 우수한 제품을 개발하려면 적합한 마케팅 능력을 강화해야 한다.

2) 자금의 부적절성

자금문제는 창업자금, 현금흐름과 자금관리 등 세 측면에서 분류된다. 기업가는 사업을 시작할 때 자금이 필요하다. 많은 중소기업가들은 처음에 운영에 필요한 자금을 과소추정하는 경향이 있다. 필요자금에 대한 계획의 실패가 곧 사업실패로 연결된다. 사업실패의 주요 요인은 자금과 영업 간의 불일치에 있다. 양호한 현금흐름 관리는 기업의 생존에 필수적

4　테오도르 레빗(Theodore Levitt) 하버드대 교수는 마케팅 근시안을 먼 미래를 예상하지 못하고 바로 앞에 닥친 상황만 고려한 마케팅이라고 한다. 사업단위를 제품이 아니라 고객의 욕구로 정의할 것을 제시한다.

이다. 중소기업은 채권관리와 같은 효과적인 자금통제를 개발하고 유지해야 한다. 기업가는 적어도 회계와 자금에 기본적으로 친숙해야 한다. 많은 기업가들은 사업을 관리하기 위해 회계사의 충고를 충분히 듣지 않는데 이는 올바른 태도가 아니다.

3) 외적 요인

중소기업의 실패에는 많은 원인이지만 그 중에서도 경제환경은 가장 통제하기 어려운 요소로 중요하다. 대체로 경제환경이 중소기업 실패의 30~50%이다. 경제성장율, 환율, 이자율과 실업률의 경제적 요인은 사업 실패율에 미치는 영향이 크다. 이러한 외적 변수의 잠재적 영향으로 기업가는 계획자가 되거나 잠재적 우발성을 다룬다. [표 3-1]은 중소기업의 실패 이유를 요약하여 설명한 것이다.

표 3-1 중소기업의 실패 이유

경영의 부적절성	자금의 부적절성	외적 요인
• 사업계획의 실패 • 사업운영 관리의 경험부족 • 비효율적인 인력충원 • 불충분한 의사소통 기술 • 충고의 실행이나 반응의 실패 • 과거실패의 학습무시 • 경쟁무시와 혁신실패 • 고객기반의 다양화 실패 • 비효과적인 마케팅 전략	• 현금흐름 문제 • 불충분한 최초자금 • 부적절한 자금기록 • 회계사의 통찰력 미활용 • 부적절한 자금확보 전략 • 성장에 추가되는 자금부족	• 경제침체 • 실업증가 • 이자율 상승 • 고객이 원하지 않는 제품이나 서비스 • 대항하기 어려운 해외경쟁 • 사기 • 재난

(4) 창업기업의 성공전략

사업을 성공적으로 경영하기 위해서 중소기업의 성공과 실패요인은 참고할 만하다. 창업에 성공하기 위해 창업 전에 사업 성공전략을 수립할 필요가 있다. 사업을 시작하기 전에 성공하기 위한 적절한 전략을 갖고 있는지를 확인한다. 따라서 성공전략은 이익을 창출할 만한 시장, 충분한 자금, 숙련된 종업원과 정확한 정보를 확인하는 것이다.

그림 3-6　창업기업의 성공전략

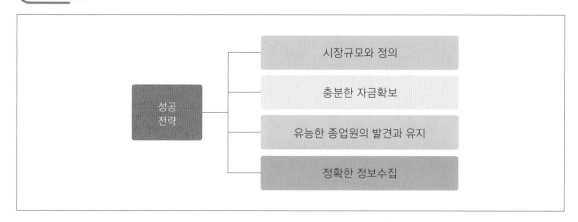

1) 시장규모와 정의

누가, 왜, 제품과 서비스를 구매하는가? 마케팅 기법은 제품을 구매하는 고객이 누구인지, 그리고 고객이 원하는 것이 무엇인지, 즉 표적고객과 제품을 발견하는 데 도움이 된다. 이러한 정보가 제품이나 서비스의 수익성에 관한 의사결정에 유용하다. 사업을 시작하기 위해서는 시장규모가 충분히 크고, 잠재고객들이 공통적으로 갖고 있는 것과 잠재고객들이 좋아하거나 싫어하는 것을 파악하여, 고객들에게 가장 가치 있는 것을 제공하고, 경쟁우위를 유지해야 한다.

2) 충분한 자금확보

기업가들은 충분한 창업자금의 확보 없이 창업을 시작하려고 한다. 신생기업의 생명선은 현금이다. 취약한 자금은 성공의 기회를 약화한다. 수익은 궁극적인 목표이지만, 부적절한 현금흐름은 혈액공급을 차단하여 성장의 기회를 제한한다. 현금흐름을 고려한 현명한 계획이 필요하다. 따라서 기업가는 다양한 자금조달의 원천과 자금의 유동성을 확보한다.

3) 유능한 종업원의 발견과 유지

유능한 인재의 확보와 유지는 중소기업에게는 어려운 과업이다. 중소기업은 직원을 우발적으로 채용하는 경향이 있다. 사업을 시작하기 전에 직원을 고용하고, 훈련하고, 동기를 부여해야 한다. 고용한 종업원은 가장 가치 있는 자산인 동시에 창업의 동반자이다. 사업을 성공적으로 만드는 것은 종업원의 기술, 지식과 정보이다.

4) 정확한 정보수집

기업의 경영자들은 모든 관련 정보를 얻기 전에 의사결정을 하는 것이 어렵다. 다양한 정보원으로부터 자문을 받고 몇 가지 유리한 점을 고려한다면, 더 정확한 계획을 그릴 수 있다. 따라서 시장과 고객에 관한 정확한 정보를 수집하고 분석할 수 있어야 한다.

02 창업의 이해

기회는 새로운 일을 시작하는 데서 온다. 기회는 기업가에게는 설레는 계기이나 창업의 성공은 불확실하다. 성공하면 큰 부와 명예를 얻기 때문에 창업에 도전한다. 성공적인 기업가는 남들이 가지 않은 일을 창의성, 혁신과 모험정신으로 탐구하고 사업을 개척한다. 기업가는 사업 아이디어를 통해 사업을 구상하고, 이를 실현하기 위해 기업을 창업한다. 창업은 개인의 경제적 독립, 고급품을 사용할 기회의 증가, 사회경제적 부의 이전, 사회일반의 삶의 질 개선, 과학과 기술 의 발전 등 많은 긍정적인 이전효과가 있다.

(1) 창업의 성격

창업은 이윤창출을 목적으로 창업자가 기업을 새로 설립해서 사업을 개시하는 것을 의미한다. 즉, 창업자가 영리를 목적으로 새로운 아이디어와 다양한 경영자원을 동원하여 제품이나 서비스를 생산 혹은 판매할 수 있는 새로운 기업을 만드는 행위이다. 중소기업창업지원법 제2조에 따르면, 창업은 중소기업을 새로이 설립하여 사업을 개시하는 것으로 규정한다. 법에서 창업은 제조업, 광업, 건축, 엔지니어링 기타 기술 서비스업, 정보처리 기타 컴퓨터 운용관련업, 기계 및 장비 임대업을 새로이 개시하는 것으로 규정한다. 중소기업창업지원법은 중소기업의 창업을 촉진하기 위해 창업절차를 간소화하고, 다양한 금융과 세제를 지원한다.

기업가는 기회를 탐색하여 이를 사업 아이디어로 전환하고, 혁신과 모험정신으로 기업을 설립한다. 이러한 사업활동의 목적은 성취욕구와 부의 추구이다. 창업은 사업가 개인의 물질적인 풍요를 얻을 뿐만 아니라 고용을 확대하여 일자리 창출로 이어져 결국은 사회 일반에게까지 부와 삶의 질을 개선한다. 따라서 창업은 기업가, 종업원, 공급자, 고객, 지역사회와 사회일반에게 경제적 소득, 좋은 상품과 서비스, 과학과 기술의 발전 등 많은 긍정적 효과를 가져다 준다.

(2) 창업의 구성요소

　창업은 잠재고객을 대상으로 자원을 활용하여 제품이나 서비스를 창조하는 경제적 활동이다. 창의적 경제활동은 기회를 활용하는 것이지만 많은 자원과 노력을 필요로 한다. 창업에 필요한 기본적인 요소는 창업자, 사업 아이디어와 자본이다. 창업은 창업자가 사업 아이디어를 자본과 결합하고, 고객에게 제공할 상품과 서비스를 생산하여 판매하는 조직을 구성하는 행위이다. 따라서 창업은 창업자가 이윤을 추구하기 위해 사업 아이디어에 인적요소와 물적요소를 결합하여 기업을 조직하는 활동이다.

그림 3-7 **창업의 구성요소**

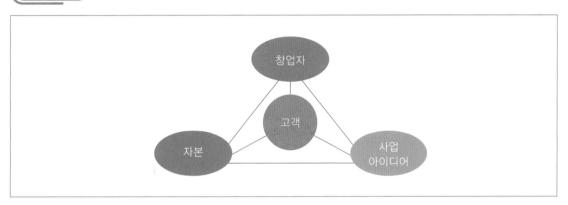

1) 창업자

　창업자는 창업을 주도적으로 계획하고 추진하며, 창업에 필요한 자금과 위험을 책임진다. 종업원은 창업자와 함께 제품이나 서비스를 생산하고 판매한다. 창업자는 시장, 고객과 경쟁자 분석을 통하여 사업 아이디어를 창안하고, 이를 제품이나 서비스로 전환하는 전반적인 역할을 담당한다. 창업자는 사업 아이디어를 찾고, 고객의 욕구와 문제를 해결하고, 이를 인적자원이나 물적자원과 결합하여 제품이나 서비스로 전환한다. 또한 출시할 제품과 서비스의 경제성과 사업성을 분석하고, 사업계획서를 작성하고, 생산과 판매에 필요한 자원을 동원한다. 창업자의 경험, 지식, 기술, 가치관, 열정, 집념, 헌신, 리더십, 인맥, 정력, 성격, 친화력과 자원동원 능력은 창업기업의 성공과 직결된다. 창업자에게는 다음과 같은 능력과 자질이 요구된다.

- 미래에 대한 통찰력과 판단력
- 사업기회에 대한 창의력과 추진력

- 도전정신과 모험정신
- 성취욕구와 독립욕구
- 경영능력과 리더십
- 윤리의식과 사회적 책임의식
- 열정과 인내심

2) 사업 아이디어

사업 아이디어는 창업을 통해 시장이나 고객에게 제공할 사업내용의 토대로 기업의 존재근거이다. 사업 아이디어는 시장에서 제공하지 못한 고객욕구, 문제와 이에 대한 해결책이다. 사업자가 창안한 제품이나 서비스에 대해 소비자가 지각하는 가치가 가격보다 커야하고, 충분한 시장수요가 있어야 한다. 사업 아이디어는 창업자나 창업 구성원의 상상력과 창의성 등 인적요인에 의해 이루어진다. 사업 아이디어는 시장의 공백, 고객의 미충족 욕구, 경쟁제품의 미제공이나 과소제공에서 문제를 발견하여 해결책을 찾은 사업성이 있는 아이디어이다. 다음은 사업 아이디어의 유형이다.

- **미제공 욕구나 과소제공 욕구**: 지금까지 존재하지 않은 제품이나 서비스를 새롭게 생산하여 새로운 시장에 제공한다. 시장과 고객의 욕구에 대한 지식이 불충분하기 때문에 위험이 크지만 큰 수익을 얻을 수 있다.
- **모방제품이나 개선제품**: 이미 존재하는 기존제품이나 서비스를 개선하여 기존시장이나 새로운 시장에 제공한다. 시장이 형성되어 있고, 시장과 고객의 욕구에 대한 지식이 있기 때문에 위험이 적지만, 기존의 경쟁자들과 경쟁하여야 한다.
- **주문자 상표**: 주문자 상표[5]로 반제품이나 완제품을 판매한다. 기술개발이나 마케팅이 필요 없어 안정적 생산과 판매가 가능하나 장기적으로는 수익과 성장에 한계가 있다.
- **독점적 유통**: 기존의 제조자로부터 제품이나 서비스를 독점적으로 공급받아 판매만을 전문으로 한다. 위험은 상대적으로 적지만 이익은 크지 않다.

기업가는 기존시장의 불균형, 이익동기나 민첩성을 활용함으로써 기회를 발견한다. 사업 아이디어는 사업기회와 결합하여야 한다. 좋은 사업기회는 기술, 경제와 상업적으로 실행가능하고, 타당하고, 지속가능한 고객의 욕구와 문제이다. 기회는 새로운 제품, 서비스, 원재료와 조직의 방법이 도입되고, 제조비용보다 더 큰 가격으로 판매될 수 있는 상황이다.

---

5   OEM(original equipment manufacturer).

사업기회는 현재 시장에 없는 미래상품과 서비스를 창조할 수 있는 아이디어, 신념과 행동이다.[6] 따라서 사업기회는 새로운 기술의 개발로 발생하는 새로운 정보의 창조, 정보의 비대칭으로 나타나는 시장의 비효율의 활용과 정치규제나 인구변화로 발생하는 자원에 대한 대체사용에서 온다.

3) 자본

자본은 아이디어를 제품이나 서비스로 전환하고 기업을 운영하는 데 필요한 금전적 자원뿐만 아니라 기술, 토지, 건물, 기계설비, 부품, 원재료 등을 포함한다. 자본은 아이디어를 구체적으로 제품화하는 데 필요한 기술이나 자원 등을 조달하는 데 사용된다. 필요한 적절한 자본은 제품이나 서비스의 생산과 판매에 매우 중요하다.

자본에는 창업자의 자기자본과 타인자본이 있다. 창업자금의 자기자본과 타인자본의 비율은 대체로 70 대 30 법칙이 적용된다. 창업자금은 시설자금과 운전자금으로 사용된다. 시설자금은 사업장 매입이나 임차비용, 집기비품의 구입비나 제품생산에 필요한 생산설비의 구입비이다. 운전자금은 사업을 시작한 후 회사운영에 필요한 재료비, 인건비, 경비 등이다. 창업의 초기에는 타인자본의 조달에 한계가 있기 때문에 창업자의 자기자본에 의존할 수밖에 없다.

(3) 창업의 유형

창업은 창업자가 영리를 목적으로 새로운 아이디어와 필요한 경영자원을 결합하여 제품이나 서비스를 생산 혹은 판매할 수 있는 새로운 기업을 만드는 행위이다. 따라서 아이디어와 경영자원의 성격에 따라 창업의 유형은 다르다. 창업유형은 기술창업, 아이디어창업, 지식서비스창업, 일반창업, 자영업창업, 청년창업과 시니어창업으로 구분한다.

- **기술창업**: 기계·재료, 전기·전자, 정보·통신, 화공·섬유, 생명·식품, 환경·에너지, 공예·디자인의 창업
- **아이디어창업**: 틈새유형제품, 틈새서비스상품, 틈새유통 창업
- **지식서비스창업**: 만화, 게임, 캐릭터, 애니메이션, 영화, 방송, 전자출판, 음악, 이러닝, 정보서비스, 디자인의 창업
- **일반창업**: 통신판매업, 인터넷 쇼핑몰, 유통업, 프랜차이즈의 창업

---

6   Dew & Sarasvathy (2002).

- 자영업창업: 소규모 점포 형태로 도소매, 음식, 서비스 업종의 소상공인 창업
- 청년창업: 39세 이하의 창업자가 하는 지식서비스, 문화콘텐츠, 제조업의 창업
- 시니어창업: 50대 전후의 직장 퇴직자의 창업

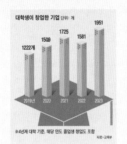

○○○ SENSE   🔍 '취업보다 창업' 택한 Z세대 역대 최다

취업 대신 창업을 선택하는 'Z세대(1995~2004년생)'가 빠르게 늘고 있다. 교육부에 따르면, 지난해 전국 4년제 대학 재학생(작년 졸업자 포함)이 창업한 기업 수는 1,951개였다. 2022년(1,581개)보다 23.4%(370개) 늘었다. 대학생 창업 기업은 통계 집계를 시작한 2015년(861개) 이래 매년 꾸준히 늘어나 지난해 역대 최대를 기록했다. 불경기가 이어지며 재작년부터 스타트업 투자 규모가 쪼그라드는 상황에서 이례적 현상이다.

인공지능(AI) 등 기술이 빠른 속도로 발전하며 누구도 미래를 예측하기 어려운 '초불확실성의 시대'에 이들은 왜 창업에 빠졌을까. Z세대 창업자들은 되레 이런 시대적 변화가 창업 욕구를 자극했다고 대답했다. Z세대 창업가가 늘어나는 데는 창업에 뛰어드는 '기회비용'이 낮아진 덕도 크다는 얘기가 나온다. 정부와 대학들의 창업 지원 사업으로 이제 더는 창업이 과거처럼 위험한 도전이 아니게 됐다는 것이다. 대학가에서는 "졸업 논문 쓰기보다 창업이 쉽다"는 말이 나올 정도다.

출처: 조선일보 2024.08.13.

(4) 창업기업의 유형

신생기업의 유형은 주로 개인기업이거나 주식회사이다. 개인기업은 설립절차가 매우 간단하고, 설립 후 관리하기가 쉽다. 주식회사는 설립절차가 복잡하고, 설립 후 회사가 준수해야 할 사항들이 많다. 따라서 매출액이 적은 초기에는 개인기업으로 시작하고, 매출액이 증가하면 세금의 차이, 자금조달의 용이성과 기업의 신용 등의 사유로 주식회사로 전환하는 것이 바람직하다.

1) 개인기업

개인기업(sole proprietorship)은 소유권이 가장 간단하고 가장 인기 있는 형태이다. 개인기업은 한 개인이 소유하고 관리한다. 즉, 개인기업은 한 사람의 소유자와 한 사람의 의사결정자이다. 개인기업은 상대적으로 작고 단순하게 기업을 유지하기를 원하는 기업가들에게는 이상적이다. 어떤 기업가는 동업이 개인기업의 단점을 극복하는 방법이라고 생각한다. 예를 들면, 특정한 관리기술이 부족하거나 필요한 자본이 부족한 사람은 경영기술이나 투자할 자금을 갖고 있는 사람들과 협력함으로써 자신의 단점을 보충할 수 있다. 다음은 개인

기업의 장점이다.

- **설립의 용이성과 절차의 간편성**: 개인기업의 매력은 설립의 용이성, 속도와 절차의 간편성이다. 개인기업 설립은 하루에 회사 설립의 모든 단계를 종결할 수 있다.
- **저렴한 설립비용**: 설립비용이 가장 적게 든다. 회사 설립에 필요한 발기인, 정관작성, 주주총회 개최와 설립등기 등이 필요하지 않다.
- **이윤동기**: 기업가가 회사의 모든 비용을 지불하면 세후 이익을 모두 사용할 수 있다. 대부분의 기업가들은 이윤동기가 가장 강력하다.
- **전체 의사결정 권한**: 개인사업자들은 회사의 운영을 전체적으로 결정하고, 통제하고, 신속하게 반응할 수 있다. 이러한 능력은 변하는 시장에서 자산이다.
- **소유의 법적 제한**: 개인기업은 사업 소유권에 대한 특별한 규제가 없다.
- **폐업의 용이성**: 기업가가 폐업을 결정한다면 신속하게 종결할 수 있다.

개인기업은 새로운 사업을 계획하는 대부분의 사람들에게 매력적이지만 상당한 단점이 있다. 그래서 사업이 어느 정도 궤도에 진입하면, 자금조달, 세율과 대외적인 공신력의 한계를 극복하기 위해 주식회사로 전환하는 경우가 많다. 따라서 창업 초기에 매출액이 그리 많지 않다고 추정되면 설립비용이나 인력관리의 측면에서 개인회사로 시작하고, 어느 정도 매출액에 이르면 주식회사로 전환하는 것이 바람직하다. 다음은 개인기업의 단점이다.

- **개인의 무한책임**: 소유자는 회사의 모든 부채에 대해 개인적으로 무한책임이다. 즉, 회사의 부채가 개인기업 소유자의 부채이다.
- **자본조달의 한계**: 사업이 성장하고 확장된다면 기업은 추가적인 자금조달이 필요하다. 그러나 소유자는 투자와 차입이 매우 제한적이다.
- **전문기술과 능력의 한계**: 소유자는 기업경영에 필요한 전체 범위의 전문기술을 소유하고 있지 못하다. 소유자들이 전문기술, 지식과 경험이 부족하기 때문에 기업이 실패한다.
- **고립감**: 단독 기업경영은 유연성이 있지만 고립감을 자아낸다. 문제를 해결하거나 새로운 아이디어에 피드백을 구할 수 있는 사람이 없다. 기업가들이 누구의 조언이나 지도 없이 의사결정을 해야 할 때 고독이나 두려움을 느낀다.
- **사업 계속성의 부족**: 소유자가 사망하고, 은퇴하거나 무능력하게 될 때 기업은 자동적으로 종결된다. 계속성의 부족은 개인회사에서 내재적이다.
- **소득세율**: 개인기업의 소득세율은 법인세율보다 더 높다. 세율의 차이가 법인사업자로 전환하는 주된 이유 중의 하나이다.

2) 주식회사

주식회사는 오늘날 가장 대표적인 기업의 형태로 자본이 주식으로 분할되어, 주주는 주식의 인수가액을 한도로 출자의무를 부담하나 회사 채무에 대하여 별도의 책임을 지지 않는다. 따라서 주식회사의 특징은 자본, 주식과 주주의 유한책임인 물적회사이다.

① 주식회사의 성격

주식회사(corporation)는 주식의 발행으로 설립된 회사로 주주는 회사에 대해 인수한 주식의 가액을 한도로 출자의무를 부담할 뿐 이외의 어떤 의무도 부담하지 않는다. 주주가 출자하여 자본이 구성되고, 자본은 일정한 금액의 주식으로 분할되고, 주주는 자신이 인수한 주식의 인수가액 한도 내에서 회사의 채무에 대하여 책임을 진다. 주식회사의 특징은 자본 단체이며, 자본은 주식발행에 의해서 조달되고, 주주는 인수한 주식에 비례한 유한책임이 있다.

② 주식회사의 장단점

주주는 출자자로서 주주총회에 출석하여 의결권을 행사할 수 있고 이익배당을 청구할수 있지만, 업무집행에 참여하지 않는다. 주식의 양도는 자유롭고, 주주의 수가 많아서 대자본금을 유인할 수 있어 대기업의 경영에 알맞은 회사제도이다. 이러한 주식회사의 장점은 자본의 증권화, 주주의 유한책임제도, 소유와 경영의 분리가 있다.

- 자본의 증권화: 출자의 단위를 소액 균등화하여 소액으로도 출자할 수 있다. 또한 보유 지분은 다른 주주의 동의 없이 제3자에게 매매가 가능하다.
- 주주의 유한책임제도: 출자자는 자신의 출자액 한도 내에서만 책임을 진다. 소액 다수의 투자자들로부터 대량자금을 집중시킬 수 있고, 기업위험을 분산시킬 수 있다.
- 소유와 경영의 분리: 소수의 지배주주와 전문 경영인들로 분리되어 기업의 원활한 경영이 이루어질 수 있다.

자본의 조달이나 전문적인 경영 측면에서 회사의 이상적인 형태는 주식회사이다. 그러나 주식회사는 많은 장점에도 불구하고 단점이 있다. 기업 지배권의 집중, 법인격과 유한책임의 남용, 이해관계자의 이익침해와 정부나 법적 규제 등과 같은 단점이 있다.

- 기업 지배권의 집중: 대주주와 경영진들에게 집중된 지배권을 이용하여 자신들의 이익만을 추구함으로써 회사재산과 존립을 위태롭게 할 수 있다.
- 법인격과 유한책임의 남용: 대주주가 회사의 법인격이나 유한책임을 남용하여 자신의 사익을 추구하고, 유한책임 이외에는 아무런 책임을 지지 않을 수 있다.

- 이해관계자의 이익침해: 대주주의 잘못된 경영판단으로 회사가 도산하면 근로자, 소비자, 공급자, 주주, 채권자 등 이해관계자의 이익이 침해된다.
- 정부나 법적 규제: 상법에 의한 규제, 공시와 보고 의무가 있고, 사업목적은 정관에 의해서만 변경이 가능하다. 회사 설립절차가 복잡하고, 설립비용이 많이 소요된다.

③ 주식회사의 기관

주식회사는 세 기관으로 분립, 운영되고 있다. 즉, 의사결정기관인 주주총회, 집행기관인 이사회와 집행을 감독하는 감사가 각각 존재하여, 운영의 민주적 수행을 법적으로 규제하고 있다. 현재 이사의 임기는 3년, 감사의 임기는 3년이다. 다음은 주식회사의 기관이다.

- 주주총회: 회사의 기본 조직과 경영에 관하여 주주들이 의사를 표시하여 공동으로 결정하는 최고의결기관인 정기 주주총회와 임시 주주총회가 있다.
- 이사회: 이사는 주주총회에서 선임되고, 대표이사는 회사를 대표하고 업무집행의 최고책임자로 주주총회로부터 위임받은 경영활동을 수행하는 최고 집행기관이다.
- 감사: 감사는 회계감사와 업무감사를 수행하며, 주주총회에서 선임된다.

표 3-2 **개인기업과 법인기업의 장단점**

구분	개인기업	법인기업
장점	• 사업자등록으로 사업개시가 가능 • 기업이윤과 손실은 기업주에게 전부 귀속 • 소자본 창업가능 • 기업활동 자유, 계획수립과 변경용이 • 초기 중소규모 사업에 적합	• 자본조달과 대자본 형성용이 • 출자금액 범위 내에서 법적 유한책임 • 소유와 경영의 분리가능 • 법인 공신력이 높아 영업상 유리 • 일정규모 이상의 성장 유망산업에 적합
단점	• 기업주가 채무자에 대한 무한책임 • 투자 등 자본조달 한계 • 사업양도 시 높은 양도소득세 • 소유와 경영의 일치로 경영능력의 한계 • 대표자 변경 시 폐업 후 신규 등록	• 설립절차 복잡 • 기업이윤이 출자지분에 따라 배당 • 주주 상호 간의 이해관계 대립 마찰소지 • 각종 법상 각종 의무가 많음

3) 창업기업의 결정

창업기업은 기업의 법적 구조에 따라 개인기업과 법인기업으로 나누어진다. 개인기업은 사업주 개인이 단독으로 출자하고 직접 경영하며, 채권자에 대한 무한책임을 지는 형태로 소규모 운영에 적합하다. 법인기업은 법인격이 주어진 기업이며, 주로 주식회사가 대표적이다. 법인기업은 그 자체로 완전한 법인격을 가지고 스스로의 권리와 의무의 주체가 되며, 기업의 소유자로부터 분리된다. 대표자는 회사 운영에 대해 일정한 책임을 지며, 주주는 출자금의 한도로 채무자에 대해 유한책임을 진다. 일정 규모 이상으로 성장성이 있는 유망사업에 적합하다.

벤처기업은 첨단의 신기술과 아이디어를 개발하여 사업에 도전하는 기술집약형 중소기업을 의미한다. 기술성이나 성장성이 높아 정부로부터 우선 지원을 받을 수 있다. 주로 소수의 기술 창업가가 기술혁신의 아이디어를 상업화하기 위해 설립한 신생기업이다. 높은 위험부담은 있으나 성공할 경우 높은 기대이익이 예상되고, 성장성이 높고, 시장잠재력이 풍부하다. 높은 경영위험에 도전하는 기업가에 의해 주도된다.

소호(SOHO: Small Of ce Home Office)란 작은 사무실과 자택 사무실을 사용하는 근무형태로 인터넷 등을 활용하여 사업을 주체적으로 전개하는 지적사업의 소규모 사업장이다. 1인 창조기업은 자신의 경험, 기술 등을 통해 보다 창의적이고 새로운 서비스를 제공하는 기술집약적 기회형 창업이다. 소상공인은 주로 외식업, 소매업이나 유통업 등 규모가 작은 점포 형태의 창업이다. 프랜차이즈는 브랜드와 경영기술이 있는 본사와 가맹점 계약을 체결하고 브랜드, 서비스나 경영기법 등을 제공받아서 동일한 브랜드로 사업을 하는 형태이다.

(5) 인터넷 비즈니스

인터넷은 정치, 경제, 사회, 문화, 교육, 환경, 과학이나 기술 등 다양한 분야에서 지금까지 인류가 경험하지 못했던 거대한 변화를 끊임없이 출현시키고 있다. 오늘날 어떤 통신매체도 인터넷만큼 주의를 받지 못한다. 모든 주요 신문, 잡지와 TV 방송은 정보교환이 생활을 어떻게 변화하는지를 다루고 있다. 분명히 인터넷은 소비자들이 구매하고, 상품과 서비스에 관한 정보를 찾는 도구가 되었다. 따라서 자원이 부족한 중소기업은 인터넷 비즈니스가 강력한 경쟁무기가 될 수 있고, 실제로 성공한 기업들이 많이 출현하고 있다.

1) 인터넷 비즈니스의 관계

e-비즈니스(e-business)는 인터넷을 기업경영에 도입하여 기존기업의 경영활동 영역을 가상공간으로 이전하여 활용하는 모든 상행위이다. e-비즈니스는 거래행위는 물론 소비자 거래 업체와 관계형성을 통한 원가절감과 잠재고객 발굴 등도 포함

한다. e-커머스(e-commerce)는 인터넷 웹사이트상에 구축된 가상의 상점을 통해 상품과 서비스를 판매하는 모든 행위로 정보기술을 활용한 모든 상행위이다. 인터넷 마케팅(internet-marketing)은 인터넷과 다른 전자 수단을 통해서 상품, 서비스, 정보와 아이디어 마케팅으로 온라인 마케팅(online marketing)이라고도 한다.

그림 3-8   인터넷 비즈니스의 관계

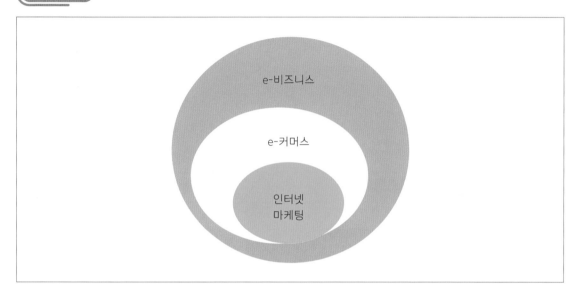

마케팅은 고객의 욕구를 충족하고 대가를 받기 위해 온오프라인에서 수행하는 활동이다. 마케팅, 상품과 서비스의 판매와 구매는 e-비즈니스의 부분집합이다. e-커머스는 추가적이고 신속한 성장을 경험하고, 더 많은 시장점유율을 계속적으로 확보할 수 있다. 이러한 e-커머스는 기업에 성장과 수익을 증가하고 비용을 감소하는 데 도움이 된다. e-커머스야말로 중소기업의 민첩성과 혁신성을 갖지 못한 대기업과 맞서 경쟁할 수 있다는 것이 큰 장점이다. 다음은 e-커머스의 혜택이다.

- **저렴한 운영비용**: 유지하는 데 많은 공간과 직원이 필요하지 않다.
- **접근성**: 고객이 원할 때 즉시 구매할 수 있다.
- **맞춤형 서비스 제공**: 반복구매자를 인지하고 개인 수준에서 고객을 처리할 수 있다.
- **고객충성도 증가**: 가치 있는 것을 제공하는 동안 고객에게 정보를 제공할 수 있다. 예를 들면, 다음 구매 시에 사용할 수 있는 쿠폰제공이나 제품사용법 설명 등이 있다.

2) 인터넷 비즈니스의 유형

인터넷 비즈니스는 B2B(Business to Business), B2C(Business to Consumer), C2C(Consumer to Consumer)와 G2G(Government to Government)로 분류하는데, 이것은 가장 기본적인 형태이다. B2B는 기업 간의 거래, B2C는 기업과 소비자 간의 거래, C2C는 소비자 간의 거래, G2G는 정부 간의 거래이다. B2C는 기업이 상품과 서비스를 최종 고객에게 판매하는 것이다. B2B는 새로운 기업 고객에게 접근하고, 현재 고객에게 더욱 효과적으로 서비스를 제공하고, 구매효율성과 더 좋은 가격을 얻기 위해 웹 사이트, 이메일, 온라인 제품목록, 온라인 거래 네트워크 등을 사용한다. 기업은 제품정보, 고객구매와 고객지원 서비스를 온라인으로 제공한다. C2C는 다양한 제품에 대해 이해당사자 간에 웹에서 일어난다. C2B는 소비자와 기업 간의 거래 형태이다. 많은 기업들은 웹 사이트를 통해 제안과 질문을 받는다. 고객들은 웹 사이트에서 판매자를 찾고, 학습하고, 구매를 하고, 피드백을 줄 수 있다.

그림 3-9 인터넷 비즈니스의 유형

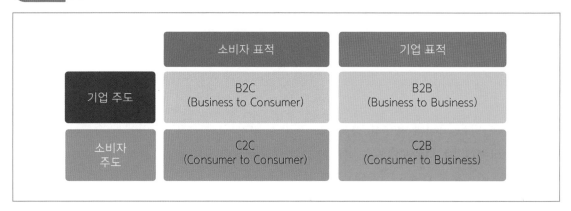

03 창업의 과정

창업의 과정은 기술지향과 고객지향이 있다. 기술지향은 기술의 공백을 찾아 기술을 개발하고, 이를 제품이나 수요업체를 적용하는 과정이다. 고객지향은 고객의 욕구를 찾아 이를 제품개발에 적용하는 과정이다. 기술지향이나 고객지향은 근본적으로는 시장의 공백을 찾는다는 점에서는 동일하지만, 제품개발 프로세스는 다소 차이가 많이 있다. 창업의 과정은 대체로 준비절차와 본절차로 구분한다. 준비절차에서는 기회를 확인하여 아이디어를 탐색하고, 해결안을 도출하여 제품을 개발하는 과정이 포함된다. 제품을 개발하고 사업성이 있으면 회사 설립절차에 돌입한다. 준비되고 성공적인 토대가 마련된 후에 창업을 한다면 창업자는 많은 자금과 자원을 낭비하지 않아 초조하지 않고 제품개발에 전념할 수 있다.

(1) 창업의 과정

　　신제품개발은 기업의 본질적인 경영활동이며 수익창출의 원천이다. 기업을 제품을 개발하여 고객에게 제공함으로써 수익을 창출한다. 창업은 회사에 이익을 실현할 수 있는 조직을 완성하는 것이다. 따라서 창업의 과정은 창업자가 조직을 구성하고 아이디어를 제품으로 전환하여 고객에게 제공하는 일련의 과정이다.

　　창업의 과정은 준비절차와 본절차가 있다. 준비절차는 제품개발 과정이며 본절차는 마케팅 과정이다. 창업의 절차는 아이디어 탐색, 아이디어 창안, 제품컨셉 창출, 제품개발, 마케팅 전략과 시장전략으로 진행된다. 아이디어의 탐색은 사업기회를 탐구하여 제품 아이디어를 선정하는 과정이다. 고객에게 제공되지 않은 욕구, 과소제공하거나 미충족한 욕구를 확인하고 해결책을 창안한다. 제품 아이디어를 토대로 제품컨셉을 창출한 후 제품을 개발한다. 제품이 개발되면 지식재산권의 획득과 사업타당성을 분석한다. 사업타당성을 분석한 후 시장에서 사업성이 있다고 판단되면 이때 조직화를 진행한다. 비로소 창업의 시기가 된 것이다. 자금조달 방법, 조직의 구축과 시장전략을 수립하는 시기이다.

그림 3-10 **창업의 과정**

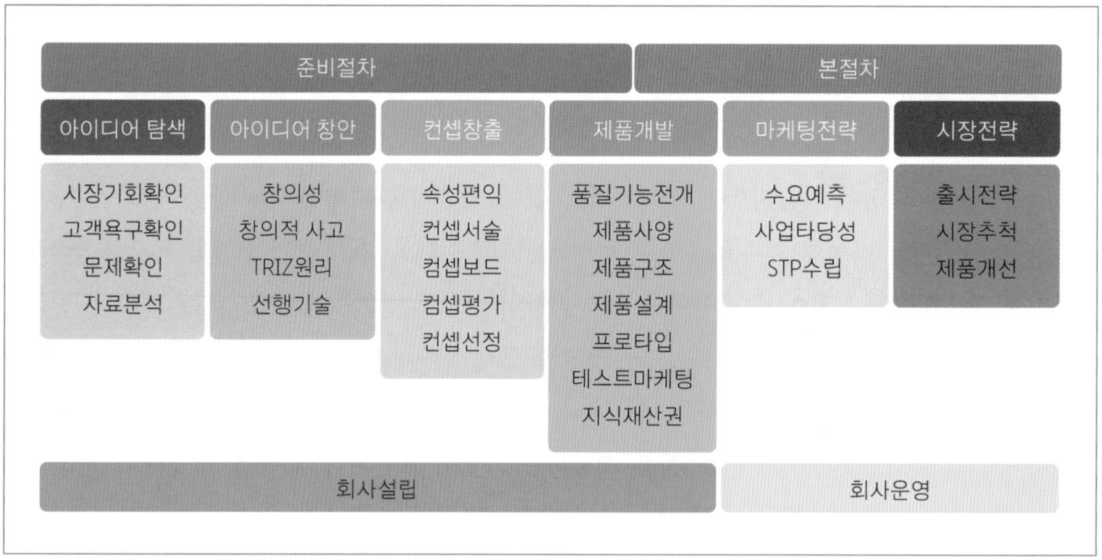

준비절차				본절차	
아이디어 탐색	아이디어 창안	컨셉창출	제품개발	마케팅전략	시장전략
시장기회확인 고객욕구확인 문제확인 자료분석	창의성 창의적 사고 TRIZ원리 선행기술	속성편익 컨셉서술 컨셉보드 컨셉평가 컨셉선정	품질기능전개 제품사양 제품구조 제품설계 프로타입 테스트마케팅 지식재산권	수요예측 사업타당성 STP수립	출시전략 시장추척 제품개선
회사설립				회사운영	

(2) 창업의 절차

창업은 새로운 사업을 시작하는 역동적이고 감동적인 과정이다. 새로 시작한다는 것은 경험하지 않은 일을 처음으로 시도한다는 의미로 많은 시행착오를 겪을 수 있다. 시행착오는 결국 시간과 자원의 낭비가 될 수 있다. 창업기업은 시간과 자원을 많이 갖고 있지 못하다. 시간과 자원을 낭비하지 않기 위해 체계적인 접근이 필요하다. 체계적인 접근이 바로 창업 절차를 사전에 계획하고 준비하는 길이다. 따라서 철저한 사전준비는 창업을 효율적으로 진행하게 하고 창업자의 의지와 자원을 위축시키지 않고 사업에 집중할 수 있게 해준다.

1) 창업 인허가의 취득

창업 업종을 선정하고 사업계획을 수립하려면 해당 업종이 인허가 대상인지를 파악한다. 법령에 의해서 인허가 등록 및 신고를 득해야 사업을 개시할 수 있는 업종은 사전에 주무관청이나 시군구에 인허가나 신고를 하여야 한다. 사업의 인허가 신청은 관할 시·군·구청의 해당부서에 필요한 서류를 제출한다. 관할 행정기관은 현장 확인이나 서류를 통하여 허가여부를 결정할 수 있다. 그러나 인허가 업종이 아닌 경우 사업자 등록만으로 사업을 개시할 수 있다. 인허가는 허가, 신고, 등록, 지정, 면허, 인정 등이 있다. 인허가의 내용은 시설기준, 자격기준, 준수사항 등이 있다. 인허가 내용은 법률에 있고, 절차는 시행령에 있으며, 신청서 서식은 시행규칙에 있다. 사업장 임대차계약 전에 인허가 내용을 검토한다.

- 면허업종: 대통령령으로 정하는 시설기준과 그 밖의 요건을 갖추어 해당기관의 면허를 받아야 한다.
- 허가업종: 법령에서 정한 일정한 요건을 갖추어 허가 여부를 판단받아야 한다.
- 지정업종: 해당기관에 해당업종의 영업 행위가 가능한 업체로서 지정을 받아야 한다.
- 등록업종: 해당기관의 법령에서 정한 일정 요건을 충족하여 영업등록증을 발급받아야 한다. 사업자등록과 영업등록은 다르다.
- 신고업종: 해당기관에 사업의 내역을 신고하는 것으로 그 사업의 개시가 가능한 업종을 의미한다. 소규모 창업이 가능한 대부분의 사업은 신고업종에 해당한다. 대표적인 신고업종은 무역업, 체육시설업, 장례식장업, 목욕탕업, 이·미용업, 옥외광고업이다.

표 3-3 인허가 업종

허가	등록	신고
• 식품제조·가공업 • 의약품제조업 • 화장품제조업 • 먹는 샘물 제조업 • 의료용구 제조업 • 고압가스 판매업 • 용역경비업(1억) • 숙박업 • 식품·접객업 • 음식점업 • 의약품 도매업 • 전당포업 • 폐기물 처리업 • 중고자동차 매매업 • 피시방 • 운송업 등	• 부동산 중개업 • 비디오감상실 • 안경업 • 약국 • 자동차 운전 알선업 • 음반 판매업 • 창고업 • 다단계 판매 • 외국 간행물 수입업 • 여행업 • 전문 서비스업 • 학원 등	• 장난감 제조업 • 세척제 제조업 • 건설기계 매매업 • 무역업 • 결혼상담업 • 교습소 • 노래연습장 • 동물병원 • 만화 대여업 • 목욕장업 • 세탁업 • 미용업 • 예식장업 등

2) 개인기업의 창업절차

법령에 의하여 인허가 등록 및 신고가 필요한 업종인지 사전에 확인한다. 필요한 업종은 인허가 등록 및 신고를 득하고, 국세청에 온라인으로 사업자를 신청하면 신청 즉시 사업자 등록증을 교부받는다. 개인사업자 등록은 설립절차가 간단하고, 연간 매출액에 따라 일반 과세자나 간이과세자 중에 선택할 수 있다.

그림 3-11 개인기업의 창업절차

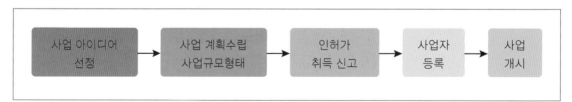

표 3-4 **과세자별 구분**

	일반과세자	간이과세자
대상	연매출액 14,000만원 이상	연매출액 14,000만원 이하
매출세액	공급가액 x 10%	공급가액 x 업종별부가가치율 x (1.5~4%)
세금계산서 발급	발급 의무	발급 의무
매입세액 공제	전액 공제	매입세액 x 업종별부가가치율

3) 법인기업의 창업절차

그림 3-12 **법인기업의 창업절차**

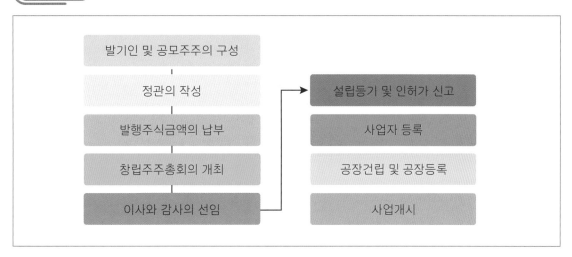

사업을 운영하는 데는 개인기업보다는 법인기업이 유리한 점이 많기 때문에 주식회사를 설립하는 경우가 가장 일반적이다. 설립 형태는 발기설립과 모집설립이 있다. 발기설립은 발기인이 주식의 전부를 인수하는 경우이나, 모집설립은 발기인이 주식의 일부만을 인수하고 나머지는 주주를 모집하여 주식을 인수시키는 경우이다. 법인 설립은 개인기업에 비해 좀 복잡하여 법무사에게 행정 업무를 대행시키는 것이 효과적이다.

인터넷 쇼핑몰은 인터넷 환경에 존재하는 가상점포를 말한다. 인터넷 쇼핑몰은 전통시장과 달리 시간적·공간적 제약과 국경이 없다. 고객들은 인터넷에 구축된 가상점포에서 언제 어디서나 비교적 저렴한 가격으로 상품을 구입할 수 있다. 사업자의 입장에서는 운영비가 거의 들지 않고, 상권의 제약 없이 고객들에게 상품을 판매할 수 있다.

인터넷 쇼핑몰은 인터넷 공간에 상품을 진열하고 판매하는 상점이다. 고객은 오프라인 매장을 직접 찾지 않고, 인터넷 쇼핑몰에서 판매되고 있는 상품을 브랜드, 가격, 품질 등을 비교하며 구매할 수 있기 때문에 시간과 노력을 절약할 수 있다. 또한 판매자의 신속한 배송으로 신체적 노력을 절약할 수 있다. 판매자는 물리적 매장이 없이 상품을 인터넷 공간에서 진열·판매할 수 있기 때문에 투자비용, 재고비용, 진열비용과 운영비가 매우 적다.

(1) 인터넷 쇼핑몰의 특징

인터넷 쇼핑몰은 사업자, 인터넷 환경, 가상 쇼핑몰과 구매고객이 결합된 사업이다. 사업자는 통신판매하는 비대면적 소매업자이다. 고객과 사업자를 연결하는 인터넷 환경이 구축되어야 한다. 이러한 인터넷 환경은 사업자와 고객이 직접 대면하지 않고, 인터넷 환경에 접속하여, 주문하고, 주문을 처리하는 사업이다. 가상점포에 구매고객은 진열상품을 평가하고, 주문절차에 따라 구매를 완료하면 사업자는 상품을 배송한다. 인터넷 쇼핑몰의 성공요인은 다양한 상품의 구색, 저렴한 가격정책, 신속한 배송과 사업자의 신뢰이다.

표 3-5 ▌ 인터넷 쇼핑몰의 특징

	특징	과제
사업자	통신판매하는 비대면적 소매업자	신뢰성과 서비스의 극대화
인터넷	언제 어디서나 구매가능	주문절차의 용이성과 결제의 안전성
판매	제품정보와 구전 효과	전문적이고, 충분한 정보의 제공
쇼핑몰	다양한 상품구색과 배송	다양하고, 독특한 상품, 신속·정확한 배송

(2) 인터넷 쇼핑몰의 창업과정

인터넷 쇼핑몰의 창업과정은 시장조사로부터 시작된다. 자신의 전문지식, 경험과 관심 분야에 있는 시장과 고객을 조사한다. 시장의 공백과 고객의 요구를 찾아, 아이템을 선정하고, 사업계획서를 작성한다. 인터넷 쇼핑몰 창업은 필요한 사업자등록과 통신판매업신고를 한 후 인터넷 쇼핑몰을 구축하고 쇼핑몰을 개설하고 운영하는 과정이다.

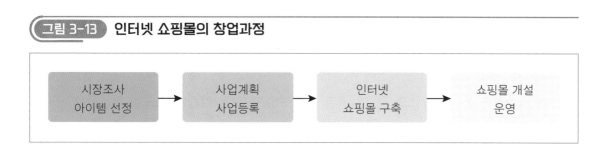

그림 3-13 인터넷 쇼핑몰의 창업과정

1) 시장조사와 아이템 선정

인터넷 쇼핑몰의 창업은 절차가 간단하고, 쉬운 사업지만, 완전히 정보가 노출된 사업이기 때문에 초기의 시장조사와 아이템 선정은 매우 중요하다. 일시적인 유행이나 경쟁이 심한 아이템은 창업자의 활력을 잃게 한다. 따라서 시장과 고객의 철저한 조사를 통하여 경쟁력이 있는 유통틈새를 찾는 것이 사업의 성공에 매우 중요하다.

① 시장조사

인터넷 구매의 편리성으로 고객의 연령층이 다양화되고, 지역적인 한계를 뛰어넘어 고객층이 지속적으로 증가하고 있다. 또 구매결제의 간결화와 다양화, 해외물류의 발달로 해외구매 고객을 표적으로 한 인터넷 쇼핑몰이 증가하고 있는 추세이다. 그러나 인터넷 쇼핑몰은 고객들에게 제품정보가 다 공개되는 완전경쟁에 가까운 시장이 사업자들에게는 한계가 된다. 고객들은 제품정보에 해박한 지식을 갖고 있고 현명하다. 이러한 고객들을 유인하기 위해서는 철저한 시장조사와 고객에 대한 지속적인 추적관리가 필요하다. 시장조사의 시작은 오픈마켓이나 소셜커머스에 인기상품을 조사한다. 계절, 직업, 연령이나 성별로 소비자 관심 사항을 조사한다. 다음은 시장 조사에 필요한 내용들이다.

- **온라인 시장조사**: 오픈마켓, 소셜커머스, 대형 종합쇼핑몰과 전문몰, 네이버 검색순위
- **오프라인 시장조사**: 동대문, 남대문 등 도매시장, 백화점, 대형할인점

• 유사업체 벤치마킹: 경쟁대상 업체의 정보조사

② 아이템 선정

인터넷 쇼핑몰 창업자가 선정한 아이템은 사업의 씨앗이다. 씨앗은 사업성공의 원인변수이다. 좋은 씨앗이 좋은 환경에서 좋은 수확을 얻듯이 좋은 아이템이 우수한 결실을 얻는다. 따라서 아이템을 선정할 때 주요 고려 요소는 창업자의 경험, 전문지식과 관심, 틈새제품, 탐색속성이나 경험속성, 표적고객, 재구매율, 제품공급과 재고 등이 있다.

㉮ 창업자의 경험, 전문지식과 관심

사업의 성공은 자신의 경험, 전문지식과 관심을 활용할 수 있는 분야에 몰입하는 것이다. 즉, 창업자의 개인적 특질이 사업성공의 관건이다. 취급하는 제품에 대한 전문지식은 고객과의 연결을 강화하고, 고객의 욕구를 충족할 수 있는 기반이다. 또한 전문성은 제품의 공급과 배송을 원활하게 하고, 고객에게 우수한 가치를 제공하고, 고객의 가치변화에 유연성 있게 대응할 수 있고, 판매수익을 확보할 수 있다. 따라서 창업자는 판매하고자 하는 제품의 정보와 가치를 평가하는 데 전문적인 안목이 있어야 한다.

㉯ 틈새제품

인터넷 쇼핑몰은 제품의 품질, 가격, 특징 등 제품에 관한 정보가 다 노출되어 구매자들이 비교·평가하여 구매하기가 쉽다. 판매하고자 하는 제품이 모든 쇼핑몰이 취급하는 제품이라면, 경쟁이 치열하여 가격경쟁력을 얻기가 쉽지 않다. 따라서 고객들에게 새롭고, 신기하고, 독특하고, 더 좋은 제품을 기획하는 것이 바람직하다.

틈새제품의 장점은 적절한 판매수익과 제한된 시장이다. 틈새제품은 일시적인 유행제품이 아니라 지속적인 성장이 예상되는 제품이어야 한다. 또한 틈새제품은 특정한 매니아층을 형성하는 전문품이거나 오프라인에서 비교적 구매하기 어려운 제품이어야 한다. 따라서 특정한 표적고객의 욕구를 파악하고, 표적고객에 적합한 제품을 포지셔닝한다.

㉰ 탐색속성이나 경험속성

고객들은 제품을 오감으로 감지하기 전에 인터넷 쇼핑몰에서 제공하는 제품정보에 의존하여 제품을 구매하게 된다. 제품특징, 속성, 가격, 품질과 쇼핑몰의 신뢰성 등을 쉽게 탐색하고, 확신할 수 있는 제품을 취급한다. 제품을 사용해 본 후에도 제품의 속성과 특징을 파악하기 어려운 신뢰속성은 고객들의 깊은 신뢰가 필요하다.

㉩ 표적고객과 재구매율

표적고객은 사업의 기둥과 같다. 기둥이 부실하면 건물이 붕괴되듯이 표적고객이 제품을 구매해 주지 않는다면 사업은 유지될 수 없다. 표적고객은 구매력이 있는 수요를 유발할 수 있어야 하고, 제품구매의 편리성을 추구하는 고객이어야 한다. 재구매율이 높은 제품을 선정한다. 표적고객과 쇼핑몰 커뮤니티를 형성하고, 제품구매의 편리성과 신뢰성, 표적고객의 자아와 일치시킬 수 있는 제품과 쇼핑몰 이미지 창조에 많은 노력이 필요하다.

㉪ 제품공급과 재고

온라인 쇼핑몰은 사업자와 제품의 유형성을 고객들에게 제공하기 힘든 무형의 사업이다. 고객의 주문에 신속하게 제품을 공급할 수 있는 적절한 제품재고를 확보하여야 한다. 적절한 재고가 확보되지 않는다면, 결국 사업은 힘들게 된다. 따라서 제품공급자의 공급여력과 신뢰를 정밀하게 파악해야 한다. 다음은 제품공급자 선정 시 고려사항이다.

- 제품공급의 지속성과 적절한 재고
- 반품처리와 배송
- 세금계산서 발행과 판매수익
- 대금결제 조건

2) 사업계획과 사업등록

사업계획 과정은 사업계획서 수립, 사업자등록 및 통신판매신고 등이 있다. 사업계획서는 사업의 과거와 현재 상태를 기술하지만, 주요 목적은 사업의 미래를 표현하는 것이다. 창업은 창업자에게는 새로운 경험이므로 창업 이후에 발생이 가능한 잠재적인 문제를 파악하기 어렵고, 창업절차는 매우 복잡하다. 이러한 문제를 사전에 파악하고 대비책을 마련할 필요가 있다.

인터넷 쇼핑몰 사업을 하려면, 사업자등록 · 통신판매 신고 등이 있다. 통신판매업 신고절차는 인터넷 정부24에서 통신판매업 신고한 후 위택스에서 등록면허세를 납부하고, 정부24에서 통신판매업 신고증을 출력한다. 사업자등록은 홈택스에 등록할 수 있다.

3) 인터넷 쇼핑몰 구축

인터넷 쇼핑몰 구축의 첫 단계는 도메인을 선정하고 등록하는 것이다. 도메인이 확보되면, 자사의 사이트를 구축하고, 제품을 판매할 공간인 쇼핑몰을 제작한다. 또한 자사의 쇼핑몰뿐만 아니라 기존의 대형 쇼핑몰이나 오픈마켓 입점을 계획한다.

① 도메인 선정 및 등록

도메인(domain)은 인터넷 숫자로 이루어진 인터넷상의 컴퓨터 주소를 알기 쉬운 영문으로 표현한 것으로 인터넷상의 주소이다. 도메인은 도메인 공인기관에서 구매한다. 도메인의 이름은 짧고, 기억하기 쉽고, 간단해야 한다. 그러나 이러한 좋은 이름은 이미 다른 사람들이 확보하고 있을 것이다. 다음은 주요 도메인 공인기관이다.

- 후이즈: http://www.whois.co.kr
- 아이네임즈: http://www.i-names.co.kr

② 사이트 구축과 기존 쇼핑몰 입점 결정

쇼핑몰 창업자는 자신의 사이트와 기존 쇼핑몰을 통해서 제품을 판매하는 것이 바람직하다. 상품을 인터넷에서 판매할 수 있는 매장이 바로 사이트이다. 이 사이트에 제품을 진열하고, 고객이 주문과 결제하는 공간이 바로 쇼핑몰 사이트이다. 인터넷 쇼핑몰에서 제품을 판매하려면 자신의 사이트나 기존 쇼핑몰 입점이 있어야 한다. 따라서 자신의 사이트를 구축하고, 호스팅 서비스를 이용한다. 또한 기존 쇼핑몰 업체에 입점하는 것을 고려한다.

㉮ 사이트 구축과 호스팅

쇼핑몰 사이트를 구축하면, 서버를 갖고 있어야 하나 비용이 많이 든다. 그래서 연회비를 지불하고 서버를 사용하는 데, 이때 쇼핑몰 프로그램까지 호스팅 받으면 된다. 대부분 도메인 등록업체가 인터넷 쇼핑몰 운영자를 위한 호스팅 사업까지 한다.

고객들이 먼저 네이버, 다음이나 구글 등을 통해서 들어오도록 해야 한다. 이러한 검색엔진을 통해서 방문을 유도하려면, 호스팅이 완료된 후 네이버, 다음, 네이트 등 검색엔진에 자사의 사이트를 등록한다. 고객들은 대부분 검색엔진을 통해서 유입된다. 따라서 검색엔진 등에 키워드 광고 등을 기획하는 것이 필요하다.

㉯ 인터넷 쇼핑몰의 종류

인터넷 쇼핑몰은 틈새유통 사업이다. 판매방식에 의한 쇼핑몰 종류는 단독형 쇼핑몰과 입점형 쇼핑몰이 있고, 입점형 쇼핑몰은 종합대형 쇼핑몰, 오픈마켓, 카페, 소셜커머스, B2B 판매 등이 있다. 단독형 쇼핑몰은 사업자가 자신의 독립된 가상점포에서 판매하는 쇼핑몰이고, 입점형 쇼핑몰은 다른 사업자가 구축한 가상점포에 일정한 수수료를 받고 상품을 판매해 주는 가상점포이다. 또 운영형태, 규모 등에 따라 종합쇼핑몰과 전문 쇼핑몰이 있고, 이런 경우는 독립된 주소를 가지고 있는 인터넷 쇼핑몰이다.

그림 3-14　인터넷 쇼핑몰의 종류

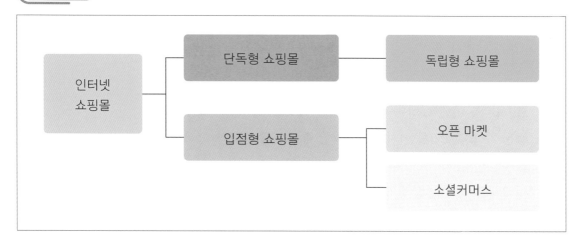

단독형 쇼핑몰은 사업자가 자신의 가상점포에서 자신의 상품을 판매하는 방식으로 운영비가 들고, 쇼핑몰 홍보에 한계가 있다. 오픈마켓은 개인이나 업체가 자유롭게 원하는 가격에 상품을 판매하거나 구매할 수 있는 온라인 직거래 시장이다. 수수료는 8~13%이며, 네이버스토어, 쿠팡, G마켓, 옥션, 11번가 등이 있다. 소셜커머스는 카테고리별 MD에 의해 선별되는 상품들만 고객에게 판매가 허용된다. 오픈마켓에 비하여 수수료가 높다. 쿠팡의 로켓상품이 해당된다. 종합몰은 주로 대기업에서 운영하는 종합 쇼핑몰로 판매 수수료는 20~30%이며, 롯데닷컴, 현대H몰, CJ몰, 신세계몰, AK몰 등이 있다. 따라서 창업자는 오픈마켓에 입점하여 판매하면서, 자가 독립형 쇼핑몰을 고려한다.

ⓓ 상품등록

오프라인에서 제품을 판매하려면 매장에 진열해야 하듯이 온라인에서도 쇼핑몰 사이트에 상품을 등록하는 것이 상품진열이다. 상품등록은 과장되지 않고, 사실적인 정보를 자세하게 전달한다. 제품사진은 고객에게 제품구매를 유도하는 도구이다. 사진은 실물을 명확하고, 정확하게 표현되어야 하고, 스토리가 있는 사진이면 훌륭하다. 그러나 저작권이 있는 사진을 사용해서는 안 된다.

ⓔ 주문결제 시스템과 택배

인터넷 쇼핑몰 사용자는 대부분 제품을 주문하고, 대금결제를 카드로 한다. 온라인 카드결제 시스템은 쇼핑몰 호스팅 업체에서 대신 서비스 업체를 연결해주기 때문에 의뢰하면 된다. 무통장이나 계좌 입금을 하는 고객을 위해 모든 은행의 계좌를 준비한다. 이렇게 하면 고객들이 주문한 후 결제하는 데 이상이 없다. 인터넷 고객들은 시간이 없고 급하다. 신속한 배송은 경쟁력이다. 따라서 확실한 배송업체를 선정한다.

4) 쇼핑몰 오픈과 운영

고객들이 인터넷 쇼핑몰에 저절로 오지 않는다. 고객들을 유인하려면, 홍보가 필요하다. 홍보는 자극제가 있어야 하기 때문에 흥미 있고, 매력 있는 이벤트를 기획한다. 할인 이벤트, 사은품 이벤트, 회원 로그인이나 구매 후 리뷰 작성, 이벤트 참여 등으로 고객들을 유인하는 자극제를 기획한다. 문의, 후기, 게시판 등을 통해 고객과의 접점을 강화하고 고객층을 파악한다.

고객은 왕이다. 그렇기 때문에 고객들은 특별한 대우를 받고 싶어하고, 특별한 대우가 있는 쇼핑몰을 찾는다. 고객들은 불안하다. 불안은 위험이다. 고객들의 지각된 위험을 감소하는 것은 신뢰이다. 신뢰 구축은 바로 쇼핑몰의 매출이다. 고객으로부터 신뢰를 받으려면, 고객의 실수나 반품에 대한 신속한 고객응대로 회복시켜 주어야 한다. 신속한 배송, 신속한 환불, 신속한 고객응대는 신뢰의 기반이고, 신뢰는 충성고객을 만들고, 충성고객은 회사의 매출과 수익에 기여한다.

고객들은 연대의식이 있고, 다른 고객들과 정보와 의견을 공유하고 싶어한다. 자료는 항상 최신의 것으로 갱신하고, 고객들 간의 커뮤니티, 고객과 쇼핑몰 사업자 간의 커뮤니티를 구축하기 위해 네이버, 다음 등의 카페나 블로그를 개설하여, 쇼핑몰의 홍보수단으로 활용하고, 다양한 콘텐츠를 고객들에게 제공한다. 이렇게 할 때 고객들과의 친밀감과 연대감이 강화되고, 고객들은 자발적으로 긍정적인 구전을 전파하는 쇼핑몰의 홍보대사가 된다.

표 3-6 **창업정보 웹사이트**

번호	기관	웹사이트
1	창업진흥원	http://www.kised.or.kr
2	소상공인시장진흥공단	http://www.semas.or.kr
3	서울산업통상진흥원	http://www.sba.seoul.kr
4	소상공인포털	http://www.seda.or.kr
5	중소벤처기업연구원	http://www.kosbi.re.kr
6	중소벤처기업진흥공단	http://www.sbc.or.kr
7	특허청	http://www.kipo.go.kr
8	창업보육네트워크시스템	http://www.bi.go.kr

번호	기관	웹사이트
9	창업정보관리시스템	http://www.changupnet.go.kr
10	한국산업단지공단	http://www.kicox.or.kr
11	한국창업보육협회	http://www.kobia.or.kr
12	창업넷	http://www.k-startup.go.kr
13	중소벤처기업부	http://www.mss.go.kr
14	기업마당	http://www.bizinfo.go.kr
15	소상공인마당	http://www.sbiz.or.kr

모든 창의적인 사람들은
예상치 못한 일을
하고 싶어한다
- Hedy Lamarr -

CHAPTER

04

비즈니스 모델의 혁신

⚙ PC의 보급을 보고 불편한 종이 서류를 대체할 수 없을까

창업자 스캇 쿡(Scott Cook)은 직장에서 일하던 시절 PC가 미국 전역에 보급되는 현상을 포착하면서 PC 소프트웨어를 도입하면 세금 납부에서 불편한 종이서류를 대체할 수 있겠다고 생각했다. 개인이 직접 세금을 보고하는데, 직접 회계사에게 의뢰할 여력이 되지 않는 직장인이 세금 처리에 어려움을 겪었다. PC 보급과 직장인들의 세금 처리 어려움이 창업 상품 아이디어였다.

스캇 쿡은 1983년에 인튜이트를 창업을 하였다. 프로그래밍에 능한 톰 프룰이 합류하여 Quicken과 TurboTax를 출시했다.

⚙ 고객의 생각은 회사와 완전히 다르다

인튜이트가 성공한 비결은 단순하진 않지만 명확하다. 창립 초기에 인튜이트의 유일한 제품은 퀵큰 개인 재무 소프트웨어였다. 창립자 스콧 쿡(Scott Cook)이 1983년 만든 제품이다. 인튜이트는 정기적으로 고객 설문을 실시하고 여러 질문과 퀵큰 사용장소가 가정인지 회사인지를 조사했다. 응답자의 절반은 회사에서 사용한다고 답했다. 그들이 퀵큰을 회사 장부 잔액을 맞추고 자금을 운용하는 데 사용하였다. 뭔가 잘못돼 보였다. 왜 그들은 질문에 틀린 답을 할까? 고객들은 퀵큰으로 회계장부 결산을 한 게 아니었다. 소기업 운영에 활용했던 것이었다. 그런데 왜 하필 퀵큰을 사용했을까? 퀵큰은 기업을 위해 설계된 프로그램이 아니었다. 다른 제품들은 대기업 회계장부를 복제한 것이었는데 대부분 소기업 경리들은 복식 부기에 관해 잘 알지 못했다. 쿡은 "그들 대다수에게 총계정원장은 마치 제2차 세계대전의 영웅 같았다"며 "그래서 우리는 회계처럼 보이지 않는 회계 제품을 만들었다"고 말했다. 그 결과 퀵북스가 탄생했다. 이 제품은 2배나 가격이 더 비싸고 기능도 절반에 못 미쳤지만 두 달 만에 시장 주도 제품 닥이지(DacEasy)를 앞질렀다. 현재 퀵북스는 인튜이트 매출의 절반을 차지하고 있다.

✿ 세무업무를 휴대폰으로 볼 수 없을까

세무 업무를 휴대폰으로 볼 수 없을까? 인튜이트는 이를 구현해냈고 잠재적인 대기업 병폐의 위험을 없애나 갔다. 스미스는 "소기업들은 보통 16~20개의 앱을 사용하는데 그 중 우리가 3개를 만들고 있다"며 "그래서 우리는 플랫폼을 개방해야 했다. 이 조치가 고객 충성도를 높이고 문제 해결의 통찰력을 제공할 것이라 믿었기 때문이다"라고 설명했다. 잠재적 경쟁자인 외부 개발자들을 온라인 플랫폼으로 끌어들였다. 자사 제품을 구동할 수 있는 앱을 개방하면 오히려 회사가 강해질 것이라 생각했다. 고객에 더 편리한 삶을 제공함으로써 고객을 플랫폼에 더욱 강하게 묶어둘 수 있었다. 인튜이트는 자사 세무 소프트웨어를 사용하는 회계사 60만 명과 협업을 하고 있다.

✿ 미래 끊임 없는 자기 창조적 파괴

세금 소프트웨어 제작사 인튜이트(Intuit Inc.)가 정상을 유지하는 비법은 비즈니스 모델을 끊임없이 다시 생각하고 모든 직원을 창조적 파괴에 가담시키는 것이다. 인튜이트 CEO 브래드 스미스(Brad Smith)의 사무실 바깥 벽면에는 이사회 멤버들이 작성한 성과평가 원본이 붙어있다. 성격 분석, 임원진의 피드백, 스케줄표도 함께 붙어있는데, 대부분은 칭찬이지만 아닌 것도 있다. 인튜이트는 포춘이 새롭게 선정한 '미래 유망 기업 50(Future 50)' 리스트 8위에 올랐다. 1983년 창업한 인튜이트는 매출은 168억 달러, 직원 9,000여 명으로 업계에서 가장 오래된 기업이다. 따라서 적극적인 고객 연구를 한다면 중요한 통찰력을 얻어 고객의 욕구를 충족하고 판매를 신장하여 기업은 성장할 것이다.

CHAPTER 04 비즈니스 모델의 혁신

01 비즈니스 모델

신제품의 개발로만 창업을 하는 것은 아니다. 기존 기업들의 사업 방식을 변경하거나 응용할 수 있다. 이것이 바로 비즈니스 모델이다. 고객의 문제를 이해하는 것이 사업을 시작할 때 가장 큰 과제이다. 고객은 적합한 제품을 원하고 제품은 실제 문제를 해결해야 한다. 제품이 시장의 요구에 부합하는지 확인하는 것은 성공적인 사업을 시작하는 한 부분이다. 또 다른 핵심 요소는 어떻게 수익을 창출할 것인지 파악하는 것이다. 이것이 바로 비즈니스 모델이 필요한 이유이다. 비즈니스 모델은 사업 방법, 제품 및 서비스의 전달 방법, 이윤을 창출하는 방법을 나타낸 사업계획도이다. 비즈니스 모델은 기업이 지속적으로 이윤을 창출하기 위해 제품 및 서비스를 생산하고, 관리하며, 판매하는 방법을 표현한 것이다.

(1) 비즈니스 모델의 이해

인터넷의 출현으로 사업의 새로운 형태를 개발하기 위해 비즈니스 모델이라는 용어가 널리 사용된다. 아마존, 이베이, 델과 맥도날드와 같은 회사들은 가치창조의 기존 논리를 파괴하고, 그들의 산업영역을 사로잡는 혁신적인 모델로 세계적으로 알려지게 되었다.[1] 이러한 기업들은 가치창조와 가치포착의 특별한 방법을 시도한 기업들이다. 아마존의 혁신적인 비즈니스 모델은 도서 소매부문에서 기존의 소매회사와 다른 온라인 소매업 기업의 새로운 유형을 창조하였다. 비즈니스 모델은 새로운 서비스와 제품을 조사하는 체계적이고 구조화된 방식을 제시한다.

---

1   Sabatier., Mangematin & Rousselle (2010).

1) 비즈니스 모델의 개념

비즈니스 모델(business model)은 어떤 제품이나 서비스를 어떻게 소비자에게 제공하고, 어떻게 마케팅하며, 어떻게 돈을 벌 것인가에 관한 계획이나 사업 아이디어다. 비즈니스 모델은 새로운 서비스나 제품이 제공하는 가치의 개발, 도입과 촉진 등과 관련된 요인들을 이해하는 체계적이고 구조화된 방식이다. 기업은 비즈니스 모델을 사용함으로써 새로운 서비스나 제품의 개발, 도입과 촉진에 있는 위험을 잘 통제할 수 있고, 제품이나 서비스의 성공기회를 창조할 수 있다. 따라서 비즈니스 모델은 기업이 가치를 어떻게 창조하고 유지하는지에 관한 논리를 일관성 있게 설명한다. Moingeon과 Lehmann-Ortega에 따르면 비즈니스 모델은 고객에게 가치제안, 가치구성 과 수익등식을 통해서 가치를 창조하는 구조이다.

- 가치제안(value proposition): 가치제안은 고객세분화와 고객에게 제공되는 제품이나 서비스를 포함한다. 고객은 회사로부터 가치를 제공받을 사람이고, 가치제안은 회사가 고객에게 가치를 제공하는 것을 뜻한다.
- 가치구성(value architecture): 가치구성은 고객에게 가치를 어떻게 전달하고, 가치를 달성하기 위해 사용되는 활동과 자원을 뜻한다. 이러한 요소는 가치사슬의 결합이다.
- 수익등식(profit equation): 수익등식은 가치제안과 가치구성의 결합으로 얻는 결과이다. 수익등식은 판매수입, 비용구조와 자본에 영향을 준다.

그림 4-1 비즈니스 모델

가치제안		가치구성		수익등식
• 고객 • 상품과 서비스	+	• 내부 가치사슬 • 가치 네트워크	=	• 판매수입 • 비용구조 • 자본

2) 비즈니스 모델의 분류기준

사업 방식들은 매우 다양하다. 비즈니스 모델은 공급자, 회사, 고객과 협력자로 구성되는 가치사슬 흐름에 근거한다. 이러한 비즈니스 모델의 주요 기준은 거래품목, 소유권 관계와 수익으로 구분된다. 고객, 공급자와 협력자는 비즈니스 모델의 구성원들에게 주어진 특정한 역할이 있다. 어떤 회사는 다른 회사를 위해 고객의 역할을 하지만, 이것은 자신의 고객을 위해 공급자로서 행동하는 것을 의미한다.

표 4-1 비즈니스 모델 분류기준

거래품목			소유권 관계			수익		
서비스	상품	보조제품	생산	콘텐츠	중개	직접수익	수수료	구독료

---

① 거래품목

모든 비즈니스 모델에서 고객, 공급자와 협력자들은 어떤 품목의 교환을 통해서 서로 거래한다. 거래품목(traded items)은 수익을 얻기 위해 고객에게 제공된 제품이다. 이 기준은 서비스, 상품과 보조제품이 있다. 서비스(service)는 고객지원, 구매자와 판매자 간의 연결과 같은 서비스이다. 상품(goods)은 유형제품이고, 보조제품(supplementary product)은 기업의 핵심 서비스나 상품이 아니라 서비스나 상품의 구매를 촉진하는 제품이다.

② 소유권 관계

제공된 상품이나 서비스의 소유권(ownership)은 생산, 콘텐츠와 중개로 구분된다. 생산(production)은 회사가 생산한 품목이다. 콘텐츠(contents)는 대중매체나 관련 미디어 활동에 게재된 구조화된 메시지이다. 콘텐츠는 사용자들 간의 상호작용 없이 생산될 수 없다. 중개기관(intermediation)은 상품과 서비스를 사용자와 연결하는 플랫폼을 제공하는 것이다.

③ 수익

수익(revenue)은 직접 수익, 수수료와 구독료가 있다. 직접 수익(direct revenue)은 비즈니스 모델의 소유자로서 사용자나 고객에게 상품이나 서비스를 제공함으로써 수익을 얻는 것이다. 수수료(commission)는 e-커머스 회사의 주된 수입으로 서비스의 사용자들이 지불하는 돈이다. 구독료(subscription fee)는 사용자들로부터 받는 수수료로 임대의 형태로 얻게 된다. 이 수수료는 고정, 기간이나 사용량 기준으로 부과된다.

(2) 비즈니스 모델의 분류

비즈니스 모델은 나날이 진화하고 있다. 많은 학자들이 비즈니스 모델의 유형을 분류하였다. Michael Rappa는 일반적인 9가지 비즈니스 모델을 제안하였고, 각 유형별로 사업운영 방식에 따라 보다 구체적인 모델들을 제시하였다. 그러나 비즈니스 모델은 아직도 다양한 방식으로 개발되고 정의되고 분류되고 있다. 인터넷 비즈니스는 계속 진화하기 때문에 제시된 분류는 완전하지는 않지만, 새로운 비즈니스 모델을 혁신하는 데 유용하다.

표 4-2 비즈니스 모델의 분류

모델 유형	설명
중개모델	중개인은 다른 관계자들에게 서비스를 제공하고 대가를 받는다.
광고모델	상품과 서비스의 광고를 제공하는 모델이다.
정보중개모델	고객정보를 수집하여 기업에 판매하는 모델이다.
판매자모델	상품과 서비스의 도매상과 소매상의 온라인 상점이다.
생산자모델	생산자가 직접 판매하는 모델이다.
제휴모델	상품구매를 촉진하기 위해 파트너 사이트와 제휴하고 재무 인센티브를 제공한다.
공동체모델	유사한 흥미를 가진 사람들끼리 서로 정보를 공유한다.
구독료모델	사용자들은 서비스를 사용하기 위해 주기적으로 사용료를 지불한다.
사용량모델	사용량에 따라 사용료를 지불한다.

1) 중개모델

중개모델(brokerage model)은 중개인(broker)이 다른 관계자들에게 서비스를 제공하고, 대가로 요금을 부과하는 모델이다. 제품은 중개인의 소유가 아니다. 서비스에 따라 중개인은 수익을 창출하고, 서비스의 양에 따라 수수료(commission)를 부과한다. 그러나 다른 회사가 생산한 상품이나 서비스의 소유권을 갖는 경우도 있다. 중개인은 시장조성자로서 직접적 수익을 창출한다. 중개인은 판매자도 되고 구매자도 되어 거래를 촉진한다. 중개인은 B2B, B2C, C2C에서 다양한 역할을 수행하고, 이러한 거래 수행에 대해 수수료를 사용자에게 부과한다. 새로운 비즈니스 모델의 계속적인 출현으로 수수료 부과 방식은 매우 다양하다.

- **교환**(exchange): 시장평가, 협상과 주문처리까지 서비스의 전체 범위를 제공한다. 교환은 독립적으로 또는 컨소시엄에 의해서 지원된다.
- **구매와 판매 처리**(buy · sell fulfillment): 상품이나 서비스를 구매하거나 판매하기 위해서 고객의 주문을 처리한다.
- **경매 중개인**(auction broker): 중개인이 판매자를 위해서 경매를 수행한다. 중개인은 판

매자에게 거래의 가치에 따라 등록 수수료나 거래 수수료를 부과한다.

- **역경매 시스템**(demand collection system): 잠재구매자가 특정한 상품을 최종적으로 가격을 제시하여 입찰하고 중개인이 주문을 처리한다. 구매자 가격 지정제(name - your - price) 모델로서 구매자가 요구하는 가격과 조건을 제시하면 조건에 맞는 상품을 공급한다.
- **거래 중개인**(transaction broker): 구매자와 판매자 간의 거래를 해결하고 수수료를 받는다.
- **유통업자**(distributor): 중개인은 구매자와 판매자 간의 거래를 촉진하지만, 유통업자는 직접 상품을 제조업자로부터 구매하여 소매업자에게 판매하는 상인이다.
- **가상시장**(virtual marketplace): 가상시장이나 가상몰은 사이트를 구축하고, 상품이나 서비스 등록 수수료와 거래 수수료를 부과하는 온라인 상인을 위한 호스팅 서비스이다.

2) 광고모델

광고모델(advertising model)은 e-커머스 회사가 상품과 서비스의 광고를 제공하는 모델이다. 수익방법은 제공된 상품과 서비스에 따라 다양하다. 회사가 웹 사이트에 광고를 게시하고, 수수료를 부과한다. 광고회사는 콘텐츠와 배너광고 형태의 광고 메시지가 결합된 서비스를 제공한다. 배너광고는 광고회사를 위한 수입의 주요 원천이다. 광고회사는 콘텐츠 제작자나 유통자이다. 방문이 많거나 사이트가 전문화될 때 광고모델은 가장 효과적이다.

- **포털**(portal): 다양한 콘텐츠나 서비스를 포함하는 검색엔진이다. 웹에 최초 들어갈 때 거치는 현관문이다. 많은 사용자의 방문은 광고의 수익성이다.
- **항목별 광고**(classifieds): 판매나 구매를 원하는 품목이나 구인·구직광고를 목록으로 보여준다. 등록 수수료가 일반적이지만 회원 수수료도 있다.
- **사용자 등록**(user registration): 사용자가 인구통계 자료를 등록하고 제공한다. 등록은 표적광고 캠페인에 잠재적 가치가 있는 자료를 산출한다.
- **검색어 기반 유료 게재**(query-based paid placement): 사용자 검색어에 맞춘 광고를 판매한다. 오버추어(overture)는 이용자가 클릭하고 광고주의 웹사이트로 유입되었을 때만 광고비용을 지불하는데 이를 성과별 지급 프로그램(Pay for performance:)이라고 한다.
- **맥락광고 · 행동 마케팅**(contextual advertising·behavioral marketing): 프리웨어(freeware)는 누구나 무상사용이 가능한 소프트웨어이고, 애드웨어(adware)는 특정 소프트웨어를 실행할 때 또는 자동으로 활성화되는 광고 프로그램으로 advertisement와 software의 합성어이다. 맥락광고는 개별 사용자의 인터넷 검색활동에 근거한 표적광고를 판매한다. 프리웨어(freeware) 개발자들은 자신들의 제품에 광고를 삽입한다. 예를 들면, 자동

인증이나 등록할 때 뜨는 팝업이나 링크 광고를 함께 전달한다.

- 콘텐츠 표적광고(contents-targeted advertising): 콘텐츠에 따라 매체도구를 선택하는 광고로 광고의 정확성이 장점이다. 구글은 사용자가 웹 페이지를 방문할 때 관련된 광고를 자동적으로 전달한다.

3) 정보중개모델

정보중개모델(infomediary model)은 인터넷에서 고객정보를 수집하여 기업에 판매하는 모델이다. 고객정보는 다양한 방법을 통해 수집·가공되어 데이터베이스한다. 특정 시장에서 소비자, 생산자 및 제품을 이해할 수 있도록 정보중계를 제공하여 수익을 창출한다. 회사가 사업 파트너에게 제공되는 제품이나 서비스에 근거하여 대가를 받기 때문에 비즈니스 모델에서 만들어지는 수익은 직접적인 형태에 근거한다. 정보가 신중하게 분석되고 표적 마케팅 캠페인에 사용될 때 소비자와 소비 습관에 관한 자료는 가치가 크다. 독립적으로 수집된 제조자와 제품에 관한 자료는 구매를 고려할 때 소비자들에게 유용하다.

- 고객측정 서비스(audience measurement services): 온라인 시장조사하는 서비스이다.
- 인센티브 마케팅(incentive marketing): 구매 시 할인 포인트나 쿠폰을 제공하는 고객충성도 프로그램이다. 이용자들로부터 수집된 데이터는 표적광고를 위해 판다.
- 메타중개(metamediary): 제품이나 서비스의 실제적인 교환에 관여하지 않고 포괄적인 정보와 부수적인 서비스를 제공함으로써 구매자와 판매자 간의 거래를 촉진한다. 예를 들면, 공동 구매 정보, 선호 순위나 가격 비교 등을 제공한다.

4) 판매자모델

판매자모델(merchant model)은 상품과 서비스의 도매상과 소매상의 온라인 상점이다. 즉, 아마존닷컴, 예스24처럼 오프라인 비즈니스 모델을 온라인으로 옮겨놓은 것이다. 판매자 모델에서 주된 수입은 판매이윤으로 직접적이다. 판매는 표시가격이나 경매에 근거한다.

- 가상상인(virtual merchant): 웹에서만 운영하는 소매상인이다.
- 카탈로그 상인(catalog merchant): 웹을 통해 메일, 전화와 온라인 주문을 받는다.
- 온·오프라인 겸업 소매상(click and mortar): 온라인과 오프라인 소매 겸업 형태이다.
- 비트 공급업자(bit vendor): 디지털 상품과 서비스를 거래하며 판매와 배송 모두 웹상에서 이루어지는 모델이다. 예를 들면, 애플 아이튠 음악판매이다.

5) 생산자모델

생산자모델(manufacturer model)은 생산자가 제품을 직접 판매하는 모델로 직접 구매자에게 접촉하는 모델이다. 생산자는 제품의 완전한 소유권을 갖고 제품을 제공한다. 생산자가 제품을 생산하고, 직접 구매자에게 판매하여 기존 유통망을 생략하는 모델이다. 델 컴퓨터가 인터넷과 전화를 사용해 제품을 직접 판매하는 대표적인 사례이다. 생산자모델은 생산의 효율성, 개선된 고객 서비스와 고객선호도의 이해가 중요하다.

- 판매(selling): 소유권을 구매자에게 이전하는 제품판매이다.
- 리스(lease): 리스료의 지급계약으로 제품을 사용할 권리를 받는다. 임차인은 리스계약의 만기에 제품을 판매자에게 반환한다. 리스 만기에 구매권을 포함할 수 있다.
- 라이선스(license): 지식재산권을 계약조건에 따라 사용을 허용하는 행위이다.
- 브랜드 통합 콘텐츠(brand integrated contents): 작품 속 광고(product placement: PPL)이다. 영화나 드라마 속에 소품으로 등장하는 상품광고 형태로 브랜드명이 보이는 상품, 이미지, 명칭 등을 노출시켜 고객들에게 홍보하는 광고이다.

6) 제휴모델

제휴모델(affiliate model)은 웹 사이트 발행자(publisher)가 그의 노력에 의해 파트너의 웹 사이트에 방문자, 회원, 고객의 수나 매출을 기준으로 소정의 보상을 받는 수익모델 기법이다. 제휴모델을 통해 판매자에게는 판매기회가 발생한다. 변형 형태는 배너교환, 클릭당 광고료 지불과 수익 공유 프로그램 등이 있다.

- 배너교환(banner exchange): 제휴 사이트의 네트워크에 배너를 배치한다.
- 클릭당 광고료(pay-per-click): 사용자 클릭에 대해 제휴사에 보상을 지불한다.
- 수익공유(revenue sharing): 사용자의 제품구매를 기준으로 판매 수수료를 제공한다.

7) 공동체모델

공동체모델(community model)은 온라인을 통해서 유사한 흥미를 가진 사람들끼리 서로 정보를 공유할 수 있게 한다. 공동체 비즈니스 모델의 경우 주로 전문적인 문제해결에 기여한 사람에게 제공된다. 기여자의 성격은 동일하고, 서비스의 소유권은 콘텐츠 소유권이다. 회사가 고객이나 파트너의 활동을 지원하기 위해 어떤 도구나 제품을 제공한다면, 거래품목은 보조적이고 생산자 소유권이 된다. 콘텐츠 소유권자는 웹 페이지에 방송광고에 대한 수수료를 받는다. 수익은 보조제품의 판매나 자발적인 기여에 근거할 수 있다. 인터넷은 공동체 비즈니스 모델에 적당하고 개발 영역이 크다.

- **오픈 소스**(open source): 오픈 소스는 무상으로 공개된다. 즉, 코드를 공개적으로 공유하는 프로그래머들이 협력적으로 개발한 소프트웨어이다. 오픈 소스는 시스템 통합, 제품지원, 개별지도와 사용자 문서와 같은 관련된 서비스로부터 수익을 창출한다.
- **오픈 콘텐츠**(open contents): Wikipedia처럼 자발적으로 작업하는 기여자들에 의해 협력적으로 개발된 공개적으로 접근할 수 있는 콘텐츠이다.
- **공영방송**(public broadcasting): 웹으로 확장된 비영리 라디오와 텔레비전 방송에 의한 사용자 지원 모델이다. 사용자의 공동체는 자발적인 기여를 통해서 사이트를 지원한다.
- **소셜 네트워킹 서비스**(social networking services): 직업, 취미, 연애와 같이 공통된 관심 중에 다른 개인들과 연결하는 능력을 제공하는 사이트이다.

8) 구독료모델

구독료모델(subscription model)은 사용자들이 서비스를 사용하기 위해 주기적으로 사용료를 지불하는 모델이다. 거래품목은 서비스이다. 회사는 콘텐츠 소유권을 갖고 있고, 사전에 돈을 받고 어떤 전문제품을 제공한다면, 제공된 서비스나 자료는 제품으로 간주된다. 수익은 구독료에 따라 발생된다. 회사가 웹 사이트 광고를 게시한다면 수익의 위임 형태이다.

- **콘텐츠 서비스**(contents services): 사용자들에게 문자, 음성이나 영상 콘텐츠를 제공하고, 수수료를 받는다.
- **P2P 서비스**(person-to-person networking services): P2P는 인터넷을 사용한 개인과 개인 사이의 통신을 의미한다. 사용자 제공 정보의 유통이다.
- **신뢰서비스**(trust services): 공증 서비스나 인증 서비스를 제공하는 모델이다. 윤리강령을 준수하는 회원 연합의 형태이고, 회원들은 구독료를 지불한다.
- **인터넷 서비스 제공자**(internet services provider): 월간 구독으로 네트워크 연결과 관련 서비스를 제공한다.

9) 사용량모델

사용량모델(utility model)은 수도요금, 전기요금이나 전화요금처럼 사용량만큼 지불하는 방식이다. 서비스는 동일한 유형의 고객들에게 제공되고, 회사는 정보의 콘텐츠 소유권을 갖는다. 이용자의 요구에 따라 네트워크를 통해 필요한 정보를 제공하는 방식이다. 구독자 서비스와 달리 측정된 서비스는 실제 사용률에 근거한다. 인터넷 서비스 제공자는 주로 연결된 시간 동안 고객에게 요금을 부과한다. 사용량모델은 서비스 이용률이 높을 때 유지 가능한 모델이다.

- **종량제**(metered usage): 서비스의 실제 사용량을 측정하여 요금을 부과한다.
- **가입형 종량제**(metered subscriptions): 정해진 양의 서비스를 이용할 수 있다.

02 비즈니스 모델 캔버스

비즈니스 모델은 수익을 창출하는 방법에 대한 설명이다. 즉, 적절한 비용으로 고객에게 가치를 제공하는 방법이다. 새로운 사업 운영 방식을 문자나 말로 기술하면 파악하기 힘들다. 이것을 시각화하면 이해하기 훨씬 쉽다. 비즈니스 모델을 시각화한 것이 바로 비즈니스 모델 캔버스(business model canvas)이다. 이러한 도구를 통해 기업가는 비용과 수익 흐름을 실험하고 검토할 수 있다. 기업가는 비즈니스 모델을 가상으로 신속하게 창조하거나 변경하고 이러한 창조나 변경이 현재와 미래의 사업에 어떤 영향을 미칠지 즉시 확인할 수 있다.

(1) 비즈니스 모델 캔버스의 개념

비즈니스 모델은 설계할 때 많은 요인들이 고려되어 매우 복잡하다. 설계과정을 용이하게 하기 위해 일반적으로 알렉스 오스터왈더가 창안한 시각 도구를 사용한다. 도구의 시각 구성요인은 사업의 다양한 구성요소가 상호 간에 어떻게 영향을 주는지를 이해함으로써 설계과정을 단순화한다. 비즈니스 모델 캔버스는 9개의 상호 관련된 영역으로 구성되고, 이것은 각 영역이 설명되는 순서에 따라 간단하게 기술된다. 각 영역의 내용과 관련된 영역 간의 흐름과 친숙해지면 비즈니스 모델 캔버스는 사용하기 더욱 쉬워진다. 진단도구로서의 역할을 하고, 시나리오 계획에 도움이 되기 때문에 비즈니스 모델 캔버스는 다목적이다.

1) 비즈니스 모델 캔버스의 개념

비즈니스 모델 캔버스는 회사가 가치제안을 창조하고, 고객에게 전달하고, 거래로부터 수익을 얻는 방법을 기술하는 기법이다. 즉, 어떤 제품이나 서비스를 어떻게 소비자에게 편리하게 제공하고, 어떻게 마케팅하며, 어떻게 돈을 벌겠다는 아이디어를 기술한다. 캔버스는 조직이 어떻게 가치를 창조하고, 전달하고, 포착하는 원리를 효과적으로 기술한 것이다. 이것은 사업계획에서 기대되는 모든 세부사항과 깊이를 포착하려는 의도가 아니라 아이디어가 사업으로 어떻게 전환되는지에 관한 명확한 통찰력을 전달한다. 알렉스 오스터왈더(Alex Osterwalder)와 예스 피그누어(Yves Pigneur)는 비즈니스 모델을 9개 요소로 분해한다.

표 4-3 비즈니스 모델 9개 영역

영역 구축		설명
제품	가치제안(value propositions)	제공된 상품과 서비스의 독특한 강점
기반관리	핵심활동(key activities)	가치제안을 실행할 때 가장 중요한 활동
	핵심자원(key resources)	고객을 위한 가치를 창조하는 데 필요한 자원
	핵심파트너(key partners)	가치제안을 수행하는 데 필요한 파트너 관계
고객접점	고객세분화(customer segments)	제공하려는 특정한 표적시장
	유통경로(channels)	유통의 제안된 경로
	고객관계(customer relationship)	고객과 함께 회사가 원하는 관계의 유형
재무측면	비용구조(cost structure)	비용구조의 특징
	수익원(revenue streams)	회사가 돈을 버는 방법과 가격결정 방법

출처: Osterwalder, & Pigneur (2010), Business Model Generation: A Handbook for Visionaries, Game Changers and Challengers, Wiley.

2) 비즈니스 모델 캔버스의 구조

오스터왈더(Osterwalder)는 기업이 사업기회를 활용하기 위해 고객에게 가치를 어떻게 제공하는지를 충분히 기술하기 위해 9개 차원을 사업 의사결정이라고 제안한다. 또한 이해, 창의성, 토론과 분석을 촉진하기 위한 실제적이고, 직접 해보는 도구로서 캔버스(canvas)를 제안한다. 이 모델 캔버스는 대안을 평가하고, 기록하고, 평가하기 위한 구조를 제공한다.

- 고객세분화(customer segments): 고객은 누구인가?
- 가치제안(value propositions): 제공할 핵심가치는 무엇인가?
- 유통경로(channels): 핵심가치를 어떻게 전달할 것인가?
- 고객관계(customer relationships): 고객들과 어떤 관계를 맺을 것인가?
- 수익원(revenue streams): 이윤을 어떻게 창출할 것인가?
- 핵심자원(key resources): 보유하고 있는 핵심자원은 무엇인가?
- 핵심활동(key activities): 어떤 핵심활동을 수행해야 하는가?

- **핵심파트너**(key partnerships): 어떤 파트너십을 가져야 하는가?
- **비용구조**(cost structure): 모든 활동을 수행하기 위한 비용구조는 어떠한가?

그림 4-2 Osterwalder의 비즈니스 모델 캔버스 구조

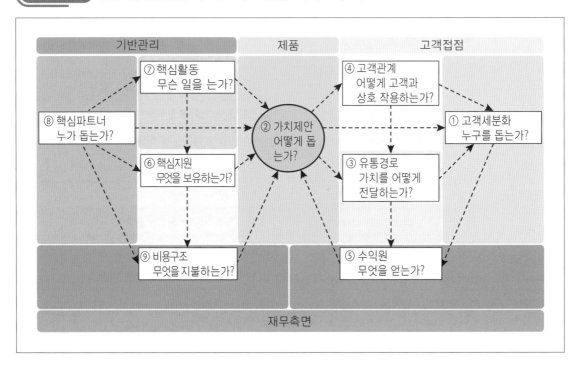

(2) 비즈니스 모델 캔버스의 구성

오스터왈더와 피그누어는 비즈니스 모델을 설명하고, 모델이 9개 영역에서 각각 혁신될 수 있는 방법을 제안하였다. 비즈니스 캔버스의 구조는 가치제안과 다른 8개 영역을 통해 고객에게 어떻게 이용될 수 있는지에 집중된다. 이러한 구조의 강점은 혁신이 발생하는 모델의 다양한 영역을 제안하고 깊이 조사하는 것이지만, 단점은 자신의 모델을 경쟁자의 것과 비교할 수 없다는 점이다. 따라서 경쟁자의 비즈니스 모델을 구성하여 비교할 필요가 있다.

1) 고객세분화

고객세분화는 상품과 서비스를 제공할 고객집단을 확인하는 것이다. 수익원은 고객들로부터 발생하기 때문에 고객들은 모든 기업들의 핵심이다. 성공적인 기업들은 고객을 이해하고, 고객을 위한 가치창조를 인식하고, 고객의 욕구를 충족하는 적절한 제공물을 제공한다. 기업들은 서로 다른 욕구와 특성을 갖고 있는 독특한 고객집단을 이해해야 한다.

고객이 누구인지를 확인하기 위한 핵심질문을 함으로써 비즈니스 모델을 기술한다. 이러한 질문에 답하고, 비즈니스 모델이 제공하는 다른 고객집단을 확인하고, 각각의 고객을 상세하게 기술한다. 이러한 기술은 인구통계, 지리적 정보, 핵심욕구와 열망과 같은 다양한 특성을 포함한다. 상이한 고객집단의 기술을 완성한 후 확인된 집단에서 기존고객을 분류한다. 기존고객의 수, 수익성이나 성장잠재력과 같은 통계적인 정보를 추가한다.

그림 4-3 고객세분화 설계

고객세분화의 종류

- 대량시장(mass market): 소비재
- 틈새시장(niche market): 사치재, 전문품
- 다각화 시장(diversified market): Amazon, 인터파크
- 다면시장(multi-sided markets): 신용카드나 SNS, 검색엔진

→ ① 고객세분화
누가 고객인가?

고객세분화를 위한 질문

- 누구를 위해 가치를 창조하는가?
- 누가 가장 중요한 고객인가?
- 고객들은 어디에 사는가?
- 고객들은 나이가 어떻게 되는가?
- 고객들은 수입이 어느 정도인가?
- 고객들은 어디에서 시간을 보내는가?
- 고객들은 제품과 어떻게 상호작용할 것인가?

표적고객을 기술하는 것은 고객세분화 영역이다. 고객 세분화의 주요 기준은 고객들이 독특한 제공물을 요청하는 욕구이다. 이것은 유통경로나 관계의 다른 형태를 통해서 구별될 수 있다. 고객들은 비즈니스 모델의 중심이고, 고객 없이 어떤 기업도 수익을 얻을 수 없다. 고객에게 더 잘 제공하기 위해 회사는 공통적인 욕구, 행동이나 다른 속성을 특징으로 하는 세분시장으로 집단을 분류한다. 이러한 세분시장은 대량시장, 틈새시장, 세분시장과 다각화 시장이 있다.

- **대량시장**(mass markets): 가치제안, 유통경로와 고객관계 모두가 동일한 욕구와 문제를 해결하는 시장 관점이다.

- **틈새시장**(niche markets): 경쟁사가 접근하지 않고, 특정한 고객세분화를 위해 제공하는 시장으로 고객의 특정한 요구에 맞춘다.
- **세분시장**(segmented markets): 상이한 욕구와 문제를 갖고 있는 전체 시장을 비교적 동일한 욕구를 가진 고객의 집단으로 나누는 것이다.
- **다각화 시장**(diversified markets): 매우 상이한 욕구와 문제를 갖고 있는 비관련된 고객세분 시장에 새로운 제품이나 서비스를 제공하는 것이다.
- **다면시장**(multi-sided markets): 욕구가 다른 고객군을 상호 연계해 거래 상대를 찾게 해주고, 고객군 간에 가치를 교환할 수 있는 제품이나 서비스를 제공하여 부가가치를 창출하는 시장으로 플랫폼이라고 한다. 신용카드나 SNS, 검색엔진 등이 있다.

2) 가치제안

가치제안은 특정한 고객집단의 욕구를 만족시키기 위해 가치를 창조하는 상품과 서비스이다.[2] 제공물이 기존 제공물과 동일하더라도 특징과 속성을 추가한 것이다. 우수한 가치제안은 고객을 위해 특정한 상황에 있는 중요하거나 기본적인 문제를 해결한 것을 뜻한다. 이러한 가치제안은 가격, 성능, 서비스의 속도와 같은 양적 요소와 새로움, 디자인, 편의성, 사용성, 신분, 고객경험과 같은 질적 요소가 있다.

어떤 시장이나 고객을 위해 가치제안을 창조하는가? 고객들에게 제공하는 상품과 서비스의 다발을 기술함으로써 특정한 고객집단을 위해 창조하는 가치를 확인한다. 가치제안은 캔버스의 중앙에 위치한다. 따라서 가치제안을 구축할 때 고객경험, 제공물, 제공편익, 대체품과 차별화와 증거를 고려한다.

- **고객경험**: 고객들은 무엇을 가장 가치 있게 생각하는가?
- **제공물**: 어떤 제품이나 서비스를 제공하는가?
- **제공편익**: 고객들이 제품이나 서비스로부터 얻는 편익은 무엇인가?
- **대체품과 차별화**: 고객들은 제품이나 서비스에 어떤 대체적 선택을 갖는가?
- **증거**: 가치제안을 구체화하기 위해 어떤 증거가 있는가?

---

2   Osterwalder & Pigneur(2010).

그림 4-4 가치제안 설계

가치제안의 종류

- 새로움(newness)
- 성능(performance)
- 개인화(customization)
- 과업완수(getting the job done)
- 가격(price)
- 위험 · 비용절감(risk · cost reduction)
- 디자인(design)
- 편의성 · 사용성(convenience · usability)
- 접근성(accessibility)

→ ② 가치제안
어떻게 돕는가?

가치제안을 위한 질문

- 고객들에게 어떤 가치를 전달할 것인가?
- 고객들의 어떤 문제를 해결하는가?
- 회사의 경쟁우위는 무엇인가?
- 고객들의 어떤 욕구를 만족시키는가?
- 고객들에게 어떤 상품이나 서비스를 제공할 것인가?

3) 유통경로

유통경로는 회사가 가치제안을 전달하기 위해 고객집단에 어떻게 커뮤니케이션하는지를 기술하는 영역이다. 회사는 다양한 커뮤니케이션과 유통경로를 통해서 고객에게 접근한다. 커뮤니케이션과 유통경로는 회사, 가치제안과 고객들 간의 상호작용을 전달한다. 이러한 고객접점은 광고, 소매점, 판매팀, 웹 사이트, 회견이나 판매제휴를 포함한다.

우수하고 통합된 경로 디자인은 차별화와 경쟁우위를 위한 강력한 도구이다. 유통경로 영역에 회사가 고객에게 어떻게 커뮤니케이션하고, 유통하고, 판매하는가를 기술한다. 경로의 목적은 고객인지를 높이고, 고객이 제공물을 평가하는 것을 돕고, 상품과 서비스를 구매하고, 구매 후 고객지원을 제공한다. 유통경로는 다음과 같은 마케팅 기능이 있다.

- 상품과 서비스의 인지 향상
- 고객의 가치제안 평가 조력
- 고객에게 상품과 서비스의 구매 허용

- 고객에게 가치제안 전달
- 구매 후 고객지원 제공

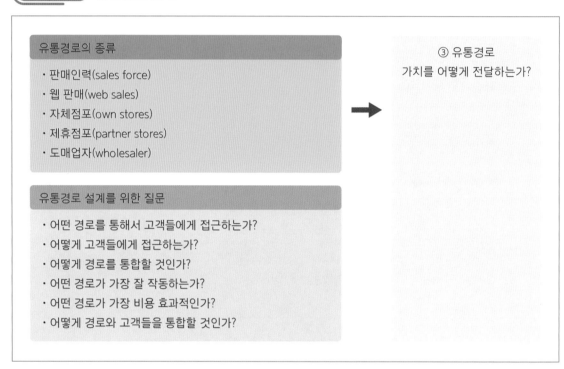

그림 4-5 유통경로 설계

유통경로의 종류

- 판매인력(sales force)
- 웹 판매(web sales)
- 자체점포(own stores)
- 제휴점포(partner stores)
- 도매업자(wholesaler)

유통경로 설계를 위한 질문

- 어떤 경로를 통해서 고객들에게 접근하는가?
- 어떻게 고객들에게 접근하는가?
- 어떻게 경로를 통합할 것인가?
- 어떤 경로가 가장 잘 작동하는가?
- 어떤 경로가 가장 비용 효과적인가?
- 어떻게 경로와 고객들을 통합할 것인가?

③ 유통경로
가치를 어떻게 전달하는가?

4) 고객관계

회사는 어떻게 고객과 상호작용하는가? 고객관계는 회사가 특정한 고객집단과 구축하는 관계의 종류를 기술하는 영역이다. 고객관계는 고객확보, 고객유지와 판매촉진을 목적으로 한다. 고객관계의 본질은 가치제안에서 직접적으로 온다. 예를 들면, 고객들이 보안 프로그램을 구입하면 필요시 갱신을 제공할 것이라고 기대한다. 따라서 회사는 인적 상호작용, 자동적인 셀프 서비스, 공동체와 공동창조 등을 활용하여 고객관계를 강화한다.

- 개인적 상호작용: 회사는 고객에게 판매 과정과 판매 후에 도움을 주기 위해 커뮤니케이션한다. 콜 센터, 이메일, 블로그나 소셜 미디어 등을 통해 커뮤니케이션한다.
- 특별한 지원: 직원과 고객 간의 상호작용과 특별한 지원은 고객유지에 필수적이다.
- 자동적인 셀프 서비스: 셀프 서비스 고객을 위한 방법을 제공한다. 이것은 고객 셀프

서비스와 자동화된 과정을 통합하는 형태이다.
- 고객 커뮤니티: 회사는 사용자들이 지식을 교환하고, 공통의 문제를 해결하게 하는 온라인 공동체를 창조할 수 있다. 회사는 고객기대를 더 잘 관리할 수 있다.
- 공동창조: 회사가 고객과 함께 가치를 창조한다. 예를 들면, 고객들이 선호하는 상품에 대해 후기를 쓰고 가치를 창조할 수 있도록 장려한다.

그림 4-6 고객관계 설계

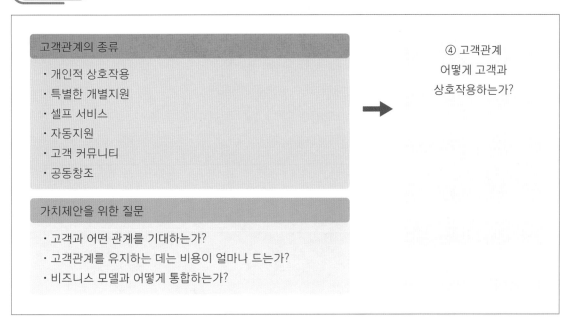

5) 수익원

비즈니스 모델의 지속가능성은 가치창조와 고객 대면활동으로부터 획득하는 수익에 달려 있다. 수익원(revenue streams)은 고객에게 성공적으로 제공되는 가치제안의 결과이다. 수익원은 고정정가, 염가판매, 경매, 시장 의존, 판매량 의존이나 수율관리와 같은 상이한 가격구조이다. 수익원은 제공물을 얻기 위해 가치에 기꺼이 지불하는 고객들로부터 발생된다.

고객은 수익의 중심이 되는 비즈니스 모델의 핵심이다. 수익원은 가격결정 방식으로부터 온다. 예를 들면, 수수료, 구독료, 임대료, 리스료, 중개수수료와 광고수수료 등이 있다. 고객들이 어떤 가치에 기꺼이 가격을 지불하는가? 어떻게 현재 지불하고, 그렇게 하는 것에 만족을 느끼는가? 수익원은 전체 수익과 이익에 기여하는가?

- **판매**: 소유권은 실제 제품으로 판매된다. 아마존은 책, 음악, 가전제품 등을 온라인으로 판매한다. 현대자동차는 구매자가 운전, 재판매 또는 처분할 수 있는 차를 판매한다.
- **구독료**: 서비스에 대한 연속적 또는 반복적인 액세스가 판매된다. 체육관은 회원들에게 운동 시설을 이용할 수 있는 월간 또는 연간 회원권을 판매한다.
- **사용료**: 서비스의 실제 사용량이나 정해진 양의 서비스에 따라 사용료를 받는다.
- **임차와 리스**: 고정된 기간 동안 특정한 자산에 대한 독점권을 제공함으로써 수익원이 창출된다. 대여자는 반복적인 수입을 받고, 임차인은 소유권의 전체 비용 중 일부를 지불하고 일정 기간 동안 사용한다.
- **저작권 사용**: 컨텐츠 소유자는 제3자에게 저작권 사용을 허용하지만 저작권을 보유한다.
- **중개수수료**: 수익은 두 사람을 위해 수행된 중개 서비스이다. 중개인은 구매자와 판매자를 성공적으로 일치시킬 때마다 수수료를 번다.
- **광고료**: 특정 상품, 서비스나 브랜드 광고 수수료 등이 있다.

그림 4-7 **수익원 설계**

수익원의 종류

- 사용료
- 임차료
- 라이센싱
- 중개수수료
- 광고료

⑤ 수익원
무엇을 얻는가?

수익원 설계를 위한 질문

- 고객들은 현재 어떤 가치에 기꺼이 지불하는가?
- 고객들은 장차 어떤 가치에 기꺼이 지불할 것인가?
- 고객들은 현재 어떻게 지불하는가?
- 고객들은 어떻게 지불하는 것을 선호하는가?
- 수익원은 전체 수익에 어느 정도 기여하는가?

6) 핵심자원

핵심자원은 비즈니스 모델에서 가장 중요한 자산을 기술하는 영역이다. 즉, 가치제안과 수익을 창출하는 데 필요한 핵심자원이다. 회사는 비즈니스 모델을 실행할 핵심자원이 있어야 한다. 핵심자원은 물적자원, 지식자원, 인적자원과 재무자원을 포함한다. 즉, 핵심자원은 비즈니스 모델에 필요한 가장 중요한 자산으로 사람, 기술, 제품, 시설, 장비, 경로와 브랜드 등이다.

- **물적자원**: 생산시설, 건물, 차량, 장비, 기계, 시스템, 유통 네트워크
- **인적자원**: 창의적이고 지식이 높은 직원
- **지식자원**: 브랜드, 독점적 지식, 지식재산권, 동업자와 고객 데이터베이스
- **재무자원**: 금융기법과 보증

그림 4-8 핵심자원 설계

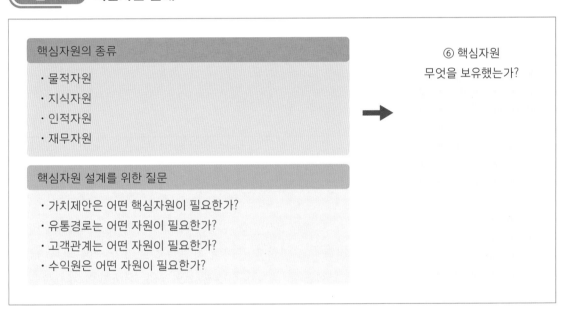

7) 핵심활동

핵심활동은 기업이 사업을 성공적으로 운영하기 위해 수행해야 할 가장 중요한 조치이다. 비즈니스 모델을 실행하기 위해 회사는 많은 핵심활동을 수행한다. 이것은 파트너의 네트워크를 통해서 수행되거나 자체로 수행한다. 핵심활동은 제품생산, 문제해결, 플랫폼과 네트워크가 있다.

- **제품생산**: 충분한 규모로 제품을 설계하고, 제조하고, 전달한다.
- **문제해결**: 경쟁우위를 차지하는 핵심활동이 되는 문제해결

• 플랫폼 네트워크: 페이스북이나 아마존 등의 비즈니스 모델에서 플랫폼이나 네트워크를 개발하고 유지하는 것은 핵심활동이다.

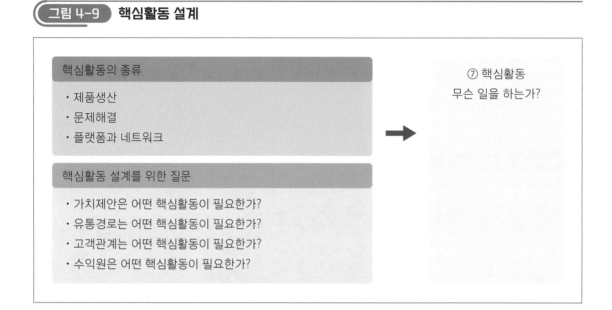

그림 4-9　핵심활동 설계

핵심활동의 종류

· 제품생산
· 문제해결
· 플랫폼과 네트워크

핵심활동 설계를 위한 질문

· 가치제안은 어떤 핵심활동이 필요한가?
· 유통경로는 어떤 핵심활동이 필요한가?
· 고객관계는 어떤 핵심활동이 필요한가?
· 수익원은 어떤 핵심활동이 필요한가?

⑦ 핵심활동
무슨 일을 하는가?

8) 핵심파트너

핵심파트너 영역에서 비즈니스 모델을 운영하는 공급자와 협업자의 네트워크를 기술한다. 회사는 비즈니스 모델을 최적화하고 위험을 줄이며 자원을 확보하기 위해 파트너십을 구축한다. 파트너는 가치제안을 보완하고 전문가 역량을 추가한다. 기업들은 자신의 비즈니스 모델과 수익성을 최적화하고, 위험을 감소하거나 자원을 확보하기 위해 제휴한다. 최적화는 비용을 절감하기 위해 모든 자원을 소유하지 않고, 모든 활동을 회사 내에서 수행하지 않는다. 위험과 불확실성의 감소는 전략적 제휴를 통해서 이루어질 수 있다.

그림 4-10 핵심파트너 설계

핵심파트너의 동기부여

- 비경쟁업체와 전략적 제휴
- 경쟁자와 협력적 파트너십
- 신사업을 개발하기 위한 합작투자
- 신뢰할 수 있는 공급을 위한 구매자와 공급자 관계

⑧ 핵심파트너
누가 돕는가?

핵심파트너 설계를 위한 질문

- 누가 핵심파트너인가?
- 누가 핵심공급자인가?
- 파트너로부터 어떤 핵심자원을 얻는가?
- 파트너는 어떤 핵심활동을 수행하는가?

9) 비용구조

비용구조는 비즈니스 모델에 포함된 모든 비용이다. 즉, 원가구조로 직접비, 간접비, 규모와 범위의 경제를 포함한다. 원가구조는 핵심자원, 핵심활동과 파트너십의 비용이다. 핵심 비용구조는 비용중심과 가치중심이 있다. 비용중심은 고정비, 변동비, 규모의 경제(economy of scale)[3]와 범위의 경제(economy of scope)[4]로 비용의 최소화이다. 가치중심은 높은 개인화된 서비스 제공으로 고급 가치제안에 집중한다.

---

3   생산량의 증가에 따라 단위당 생산비가 감소하는 현상.

4   기업이 여러 제품을 함께 생산할 경우 각각 생산하는 경우보다 생산비용이 적게 드는 현상.

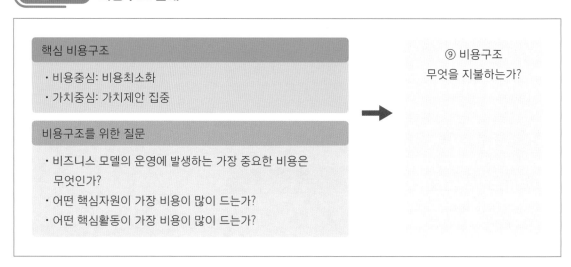

그림 4-11 비용구조 설계

핵심 비용구조

• 비용중심: 비용최소화
• 가치중심: 가치제안 집중

비용구조를 위한 질문

• 비즈니스 모델의 운영에 발생하는 가장 중요한 비용은
  무엇인가?
• 어떤 핵심자원이 가장 비용이 많이 드는가?
• 어떤 핵심활동이 가장 비용이 많이 드는가?

⑨ 비용구조
무엇을 지불하는가?

03 비즈니스 모델 혁신

창조하는 것보다 모방하는 것은 더 쉽고, 모방은 사업위험을 줄여줄 수 있다. 그러나 모방하되 새롭고 좋고 다르고 유용하게 모방하는 것이 전제이다. 기업들에게 혁신은 매우 중요하지만 혁신은 제품 또는 기술개선과 관련이 있다. 고객 행동, 세계화 및 기술의 변화는 새로운 비즈니스 모델을 위한 기회의 창을 만든다. 비즈니스 모델은 기업이 가치창출 방식에 대한 논리적 맥락을 전체적으로 설명한다. 비즈니스 모델은 혁신의 시작점을 체계적으로 식별하는 분석 단위이다. 따라서 회사는 비즈니스 모델의 일부를 변경하여 경쟁우위를 얻을 수 있다.

(1) 비즈니스 모델 혁신

비즈니스 모델 혁신은 기존 비즈니스 모델의 요소를 새롭게 수정하는 것이다. 즉, 회사가 경쟁하는 상품과 서비스 시장의 기존 비즈니스 모델이나 활동을 새롭게 재형성하는 것이다. 혁신은 기존 지식을 수정하거나 발전시키는 것을 의미한다. 기술개발은 많은 비용이 들고, 회사는 과거보다 더 빠르게 상업화하기 위해 새로운 기술을 개발해야 한다. 그래서 기업이 비즈니스 모델의 혁신에 집중해야 하는 이유이다. 따라서 우수한 비즈니스 모델은 우수한 아이디어나 제품을 산출하며 기업의 수익에 기여한다.

1) 비즈니스 모델 혁신의 개념

비즈니스 모델 혁신(business model innovation)은 회사가 경쟁하고 있는 상품과 서비스 시장에 새로운 비즈니스 모델을 재구성하는 것이다. 즉, 새로운 방식으로 고객들과 사용자들을 위해 가치를 창조하는 9개 구성요소의 하나 이상을 새롭게 하는 것이다. 혁신과정은 고객면접, 고객관찰이나 고객참여를 포함한다. 가치를 창조하고, 포착하는 새로운 방법으로서 비즈니스 모델 혁신은 하나 이상의 구성요소를 변경함으로써 달성된다. Giesen 등(2007)에 따르면 비즈니스 모델 혁신은 다른 형태의 혁신보다 수익과 더 높은 상관관계 가 있다.

- 산업모델 혁신: 새로운 산업으로 이동을 통한 산업 가치사슬 혁신
- 기업모델 혁신: 네트워크, 공급자, 고객 등의 재형성을 통한 가치사슬 혁신
- 수익모델 혁신: 제공물의 재구성과 가격결정 모델을 통한 수익모델 혁신

그림 4-12 비즈니스 모델 혁신의 분류

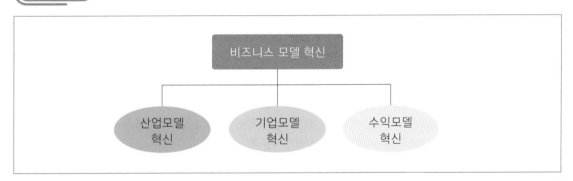

출처: Giesen, E., Berman, S. J., Bell, R., & Blitz, A.(2007), "Three Ways to Successfully Innovate your Business Model," *Strategy & Leadership*, 35(6), 27-33.

2) 비즈니스 모델 혁신의 중요성

혁신적인 비즈니스 모델은 역동적인 기업환경에서 경쟁력을 유지하는 도구이다. 미국의 54% 기업들이 새로운 상품과 서비스에 대한 새로운 비즈니스 모델을 미래 경쟁우위의 원천으로 선호하고 있다.[5] 혁신적인 비즈니스 모델은 새로운 시장을 창조하거나 기업이 기존시장에서 새로운 기회를 이용할 수 있는 도구이다. 기술 발전 자체가 혁신적인 비즈니스 모델의 사용을 통해서 커다란 상업적 가치를 가지지 못한다.[6] 예를 들면, Xerox는

---

5   Raphael Amit and Christoph Zott(2012).

6   Chesbrough(2010).

Ethernet[7] 기술을 최초로 발명했지만, 3Com은 IBM 개인용 컴퓨터에 네트워크 능력을 제공하는 부속 프로그램 설계로 이용하였다. 심지어 독특한 기술이 없어도 새로운 비즈니스 모델은 사업성공을 보장하는 핵심적인 요소가 된다. 예를 들면, Dell은 PC의 디자인 개선 대신에 최종사용자에게 강력한 편익을 전달하는 공급사슬 모델로 혁신하였다.

3) 비즈니스 모델 혁신의 영향요인

기업은 비즈니스 모델 혁신을 원하지만 달성하기가 어렵다. 비즈니스 모델의 혁신은 현재 사업과 자주 모순되고, 경영자들이나 관리자들은 비즈니스 모델을 새롭게 하려고 하지 않는다. 또한 경영자들은 현재 비즈니스 모델의 성공으로 새로운 비즈니스 모델에 관심이 없다. 새로운 비즈니스 모델은 초기 단계에서 회사에 많은 가치를 제공하지 않고, 이익이나 성장이 회사가 기대하는 것보다 초기 단계에서는 낮다. 변화에 대한 욕구를 방해하는 장벽이 있고, 그래서 대안적인 비즈니스 모델의 선택은 복잡하다.

표 4-4 비즈니스 모델 혁신의 영향요인

주제	장벽
조직구조	• 조직 분리는 도전을 야기한다. • 내부 시스템은 발견을 받아들이는 보상책이 없다. • 그래서 경영자의 직무를 순환하고, 다른 사업단위의 전략적 운영에 변화를 주고, 조직의 노출위험을 변경함으로써 비즈니스 모델 혁신의 장벽을 제거할 수 있다.
조직문화	• 새로운 사업집단은 위험으로 인식된다. • 현재 경영자와 관리자는 친숙하고, 반복되는 현재 비즈니스 모델에 접근한다. • 변화하려는 어떠한 증거도 없다. • 그래서 발견을 추진하는 방법을 수용하기 위한 보상책을 제공한다.
측정지표	• 새로운 비즈니스 모델은 과거 모델과 동일한 기준으로 측정된다. • 새로운 비즈니스 모델이 성공을 보장하지 않는다. • 그래서 현재 사업과 새로운 사업을 동일하지 않게 평가한다.

① 조직구조

회사의 조직구조는 매우 복잡하고, 큰 조직구조는 비즈니스 모델 혁신을 방해한다. 현재 기업운영에 맞추어진 조직구조, 절차와 관례는 회사가 다른 기회를 채택하고 혁신하는 것

---

7   특정구역 내 정보통신망인 LAN(local area network)에 사용되는 네트워크의 모델.

을 기피하는 경향이 있다. 텔리스(Gerard Tellis) 교수는 『중단 없는 혁신(Unrelenting Innovation)』
이란 책에서 업계 1위에 오른 기업은 성공이 가져다 주는 무기력과 과신에 빠져 혁신을 중
단하는 경향에 빠지기 쉽다고 지적한다. 챔피언의 저주(incumbent's curse)는 현재 성공적인
기업이 이미 생산기술에 막대한 투자를 했기 때문에 새로운 기술에 투자하지 않고, 그래서
결국 혁신을 기피하게 된다. 따라서 비즈니스 모델 혁신은 장래 가치에 위협이 된다고 생각
하는 관리자와 충돌하기 때문에 조직구조와 관례는 관리 저항에 이르는 길이 된다.

② 조직문화

조직문화는 새로운 비즈니스 모델을 수용하고 지원해야 하고, 새로운 모델이 기존 모델
을 완전히 대체할 때까지 동시에 기존 비즈니스 모델을 유지해야 한다. 조직문화는 강력한
커뮤니케이션이 필요하고, 새로운 시스템을 지지하여 사업을 수행하는 개방적 방식을 촉
진해야 한다. 따라서 비즈니스 모델의 혁신에는 새로운 비즈니스 모델을 이용하고, 변화를
이끄는 책임을 지는 리더십이 필요하다.

③ 측정지표

측정지표는 새로운 비즈니스 모델의 이점을 보여주어야 한다. 그러나 경영자들은 새로
운 비즈니스 모델을 과거 모델과 동일한 기준으로 측정하는 경향이 있다. 기회가 상실될 수
있다는 관점에서 새로운 모델을 수용하려 하지 않는다. 경영자들은 혁신이 장기적으로 성
과가 난다는 것을 설명하고 확신시킬 필요가 있다. 적절한 측정지표는 최고경영자가 성과
에 근거하여 보상을 받고, 기업이 성장하는 능력을 보여주는 다양한 순환을 창조한다.

4) 비즈니스 모델 혁신의 유형

보스턴 컨설팅 그룹의 Lindgardt 등은 비즈니스 모델 혁신을 가치제안, 운영모델과 비
즈니스 시스템 구성으로 분류한다. 기업이 새로운 수익원을 창출하기 위한 비즈니스 모델
을 혁신하려면 비즈니스 모델에 적어도 한 요소를 변경하는 것이 필요하다.

홍콩에서 태동한 세계 최대 무역회사 리앤펑(Li & Fung)
은 자체 공장을 하나도 보유하고 있지 않지만, 매출은 250
억 달러가 넘는 글로벌 기업이다. 이익창출을 위해 공급사
슬관리(Supply Chain Management: SCM) 시스템을 구축한 후 자
체 생산설비 없이 공급업체와 고객을 조정하는 역할만 수행
하면서 매출 250억 달러를 올리는 세계적인 의류회사이다.
M&A를 통해 확보한 공급자 네트워크를 통해 고객협력사에 빠르고 안정적이고 높은 품

질의 제품을 납품한다. 리앤펑은 전 세계 40개국에 약 1만 5,000개 이상의 공급자 네트워크(공장), 200만 명 이상의 관련 업체직원, 70여 개의 조달사무소를 두고, 전문화된 생산, 배송능력이 있는 회사들과의 협업을 통해 고객의 욕구를 충족시킨다. 이와 달리 자라(Zara)는 제품의 50% 정도를 자체 공장에서 생산하는 회사이다. 원자재부터 염료, 가공, 재단, 봉재 등의 과정은 수직계열화이다. 자라의 경영자들은 생산시설에 투자하는 것이 조직의 유연성 증가, 일정과 생산능력에 대한 통제가 가능하다고 생각한다.

표 4-5 비즈니스 모델 혁신의 유형

모델	제공물			
가치제안	상품과 서비스	경험	신뢰	무료
	GE	Apple	Whole Foods	Google
운영모델	가치사슬 해체	가치사슬 통합	저원가	직접유통
	리앤펑	Zara	Tata Motors	Nestle Nespresso
비즈니스 시스템 구성	개방	대면	인접 수요 확장	연속
	Facebook	Paypal	Ikea's mega mall division	Virgin

출처: Lindgardt, Reeves, Stalk, and Deimler.(2009).

(2) 비즈니스 모델 혁신 과정

비즈니스 모델 혁신은 고객과 조직 자체 모두에게 더 많은 가치를 제공하는 시스템을 만들기 위해 다양한 요소를 결합하는 새로운 방법이다. 가치를 창조하고, 포착하는 독창적인 방법인 비즈니스 모델 혁신은 비즈니스 모델에 있는 하나 또는 복수의 구성요소의 변화를 통해서 달성된다.[8] 창의적인 아이디어를 창출하는 것이 어렵지 않지만, 대부분의 사람들과 조직들은 이를 실행하는 것이 서투르다. 그러나 창의적 아이디어를 실행하고, 이것을 시장에서 성공적인 혁신으로 전환하는 것은 더욱 어렵다. 이것은 많은 회사들이 경쟁하고 있는 환경에서 새로운 발상과 실천전략이 필요하기 때문이다.

경영자들과 기업가들은 경제적 변화의 시기에 맞춰 가치를 창조하는 방법으로서 비즈니

---

[8] Karolin Frankenberger, Tobias Weiblen, Michaela Csik and Oliver Gassmann(2013).

스 모델 혁신을 강조한다. 수정이나 새로운 활동시스템을 설계하는 비즈니스 모델 혁신은 회사와 파트너의 기존 자원을 재결합하는 것이다. Mitchell과 Coles는 비즈니스 모델의 혁신 과정을 비즈니스 모델 수정, 채택, 개선 및 재설계의 네 단계로 구분하였다.

- 비즈니스 모델 수정: 가치제안을 제외하고 비즈니스 모델 요소의 하나만을 변경하는 것이다. 예를 들면, 고객관계, 경로 등의 수정이다.
- 비즈니스 모델 채택: 주로 경쟁업체와의 경쟁에 중점을 둔 가치제안의 변화이다. 이것은 상품과 서비스를 변경하는 것이 필요하다.
- 비즈니스 모델 개선: 대부분의 비즈니스 모델의 구성 요소를 변경하지 않고 개선한다. 이것은 주요 요소의 동시변경이다.
- 비즈니스 모델 재설계: 완전히 새로운 가치제안으로 비즈니스 모델을 재설계한다. 재설계는 기본적인 사업구조를 대체하고, 새로운 상품, 서비스나 시스템을 제공한다.

(3) 비즈니스 모델의 사례

e-커머스 비즈니스 모델은 기업이 수익을 온라인을 통해서 창출하는 데 사용하는 방법이다. 회사는 제품이나 서비스를 생산하고, 고객들에게 판매한다. 모든 것이 잘 진행된다면 판매로부터 얻는 수입은 운영비용을 초과하고 기업은 수익을 실현한다. 기술이 발전하고 기업이 수익을 창출하기 위해 새롭고 창의적인 방법을 찾기 때문에 새로운 모델이 계속적으로 출현한다.

e-커머스의 이점은 낮은 사업비용, 높은 접근성, 강력한 고객 서비스의 잠재성, 틈새제품 출시능력, 세계시장 진출능력, 대량주문화와 높은 고객충성도이다. 그러나 e-커머스의 위험은 보안과 개인정보 보호, 지식재산권 침해, 법적 책임, 제품실패, 고객불만족 등이 있다. 비즈니스 모델은 사업계획의 중심이기 때문에 모델을 신중하게 설계해야 한다. 따라서 성공적인 모델을 구축하려는 회사는 비즈니스 모델의 핵심요소를 설명할 수 있어야 한다.

1) 모바일 스포츠

모바일 스포츠(Mobile Sports)는 선호하는 스포츠, 선수나 이벤트를 어느 때, 어느 장소에서 추적할 수 있는 모바일 폰을 위한 서비스와 앱이다. 이것은 득점 상황, 팀 순위, 뉴스, 통계, 이미지, 영상 등과 같은 정보를 실시간으로 제공한다. 스포츠 팬은 모바일 스포츠를 위한 최종 사용자의 중요한 고객집단이다. 스포츠 팬은 특정한 경기, 팀, 스포츠의 열성자일 수 있고, 스포츠 이벤트에 참여하거나 TV로 시청하고, 신문, 인터넷 웹 사이트, 모바일 앱을 통해서 뉴스를 추구한다. 따라서 모바일 스포츠는 스포츠 팬을 위한 이상적인 경로일 수 있다.

모바일 스포츠는 모바일 기구에 전달되는 스포츠 영상에 대한 사용권을 처리해야 한다. 불법복사, 해킹과 바이러스에 대한 보호책이 있어야 한다. 상호작용하는 스포츠 모바일 TV는 운영자가 추가적인 수입을 자극하는 기회이다. 모바일 스포츠 운영자들은 스포츠와 건강에 가까운 광고와 같은 다른 영역으로 협업을 확장해야 한다.

그림 4-13 M-Sports 캔버스

⑧ 핵심파트너	⑦ 핵심활동	② 가치제안	④ 고객관계	① 고객세분화

• 콘텐츠제공자
• 광고업자
• 인프라제공자
• 장비업자
• 이동통신업자
	• 콘텐츠관리
	• 광고
	• IT관리
		• 언제, 어디서나
		  스포츠 정보와
		  서비스 제공
			• 자동화
			• 가입
				• 스포츠 팬

	⑥ 핵심자원 • 인프라 • 자금		**③ 유통경로** • 스마트 폰 • 태블릿	

⑨ 비용구조	⑤ 수익원
• 자료제작과 공급 • 업데이트 비용	• 사용료 • 가입비 • 광고료

2) 모바일 커머스

모바일 커머스(Mobile Commerce)는 정보, 서비스나 제품의 교환을 위해 무선기구와 자료연결을 사용하는 거래이다. 즉, 모바일 커머스는 이동단말기를 통하여 수행되는 모든 형태의 상거래를 의미한다. 모바일 폰에 의한 상거래는 은행거래, 게임, 티켓 구매, 쇼핑 등과 같은 서비스를 포함한다. 모바일 커머스를 위한 상호 정보교환이 가능한 표준적인 생태계 구축이 중심이다. 이러한 방식으로 모든 관계자는 구축된 시스템으로부터 혜택을 얻을 수 있다. 상호 정보교환과 개방성을 지원하기 위해 서비스 공급자를 선택한다. 모바일 네트워크는 많은 양의 트래픽을 고속으로 처리할 수 있어야 한다. 따라서 이러한 기술의 이용성은 모바일 성공에 중요하다. 또한 소비자 권리와 개인정보 보호를 존중해야 하고 보장해야 한다.

그림 4-14 M-Commerce 캔버스

⑧ 핵심파트너	⑦ 핵심활동	② 가치제안	④ 고객관계	① 고객세분화
• 프로그램 개발 • 소매업자 • 모바일 조작 • 은행 • 서비스 관리자 • 통신사업자	• 모바일 앱 개발 • 대금결제	• 정보탐색 • 쇼핑 • 대금결제 • 커뮤니케이션	• 자동화 • 커뮤니케이션	• 상품 • 서적 • 음악 • 여행 • 영화
	⑥ 핵심자원		③ 유통경로	
	• 보안 • 포털		• 상품제조사 • 모바일 결제 • 택배사	

⑨ 비용구조	⑤ 수익원
• 모바일 네트워크 비용 • 상품구매 비용 • 택배 수수료	• 판매수입 • 판매수수료 • 가입비

04 플랫폼 비즈니스

혁신 모델을 주도하는 플랫폼 비즈니스 모델은 공동 작업환경을 조성하며 생태계 가치 창출을 가능하게 한다. 이것은 제품, 서비스 및 아이디어를 연결시키는 기술을 사용하는 비즈니스 모델이다. 플랫폼(platform)은 두 개 이상의 상호 의존적인 집단, 즉 소비자와 생산자 간의 교류를 촉진함으로써 가치를 창출하는 비즈니스 모델이다. 플랫폼은 사용자가 상호작용하고 거래할 수 있는 네트워크 효과로 커뮤니티 및 시장을 창출한다.

(1) 플랫폼 비즈니스의 구조

플랫폼 비즈니스 모델(platform business model)은 소비자와 생산자 또는 서비스 제공자라는 두 개 이상의 상호 의존적인 집단 간의 교환을 용이하게 하는 비즈니스 모델로 중간에 중개인이 있다. Apple, Google, Airbnb, eBay는 모두 플랫폼 모델을 사용하여 시장의 양면을 결합하는 회사이다. 예를 들어, Apple은 소비자 및 응용 프로그램 개발자라는 두 개의 큰 고객집단이 있다. 애플은 중간에 플랫폼을 제공하지만, 가치의 대다수는 응용 프로그램 개발자에 의해 생성된다. 애플은 돈을 지불하는 것이 아니라 오히려 앱 개발자들로부터 돈을 받는다. 이 돈은 소비자가 제품을 이용하는 대가로 지불하는 돈이다. 애플은 거래 장터인 플랫폼을 제공하고 양쪽으로부터 모두 돈을 받는 플랫폼을 운영한다.

플랫폼 비즈니스는 생산수단을 소유하지 않고 대신 연결수단을 제공한다. 성공적인 플랫폼은 거래비용을 줄이고 교환을 촉진한다. 플랫폼은 소비자와 생산자를 하나로 모아 가치를 창출하는 비즈니스 모델이다. 그러나 플랫폼 비즈니스 모델은 새로운 것이 아니다. 실제로 고대 로마의 초기 시장, 바자회 및 경매장으로 거슬러 올라간다.

1) 핵심거래의 단계

플랫폼은 궁극적으로 거래를 촉진하여 가치창출을 가능하게 한다. 전통적인 사업은 제품 또는 서비스를 제조하여 가치를 창출하지만 플랫폼은 연결을 구축하고 거래를 제조함으로써 가치를 창출한다. 핵심거래 권한을 얻는 것은 플랫폼 디자인에서 가장 중요하다. 핵심거래는 플랫폼의 공장, 즉 사용자를 위해 가치를 창출하는 방식이다. 잠재적 연결을 거래로 변환하는 프로세스이다. 플랫폼 비즈니스는 사용자가 프로세스를 반복하여 가치를 창출하고 교류하기 때문에 핵심 거래 권한을 얻는 것이 플랫폼 설계의 중요한 부분이다.

그림 4-15　핵심거래의 단계

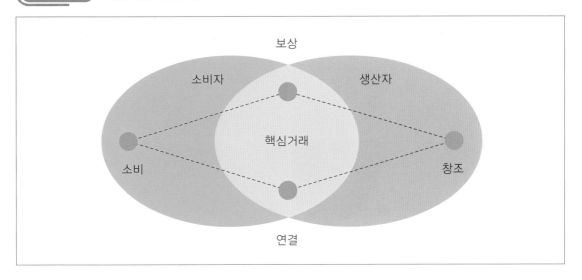

- **창조**: 가치를 창출하고 플랫폼을 통해 사용 가능하게 만든다.
- **연결**: 생산자가 플랫폼에 연결하는 작업을 수행한다.
- **소비**: 사용자가 생산자가 만든 가치를 소비한다.
- **보상**: 사용자는 소비한 것에 대하여 생산자에게 가치를 지불한다.

2) 플랫폼의 핵심 기능

플랫폼의 과제는 수백만 명의 사람들을 원하는 방식으로 행동하게 하는 것이다. 먼저 사용자를 유치해야 하고, 그런 다음 신뢰를 구축하고, 품질을 유지하기 위해 거래를 촉진하고, 네트워크를 관리하는 규칙을 수립하는 기술을 제공하여 이들을 서로 조화시킨다. 플랫폼의 핵심기능이 사용자의 공감을 얻을 때 플랫폼은 원활하게 작동될 수 있다. 플랫폼의 네 가지 핵심기능은 거래 장터, 중개, 도구 및 서비스 제공, 규칙 및 표준 설정이다.

그림 4-16 플랫폼의 핵심기능

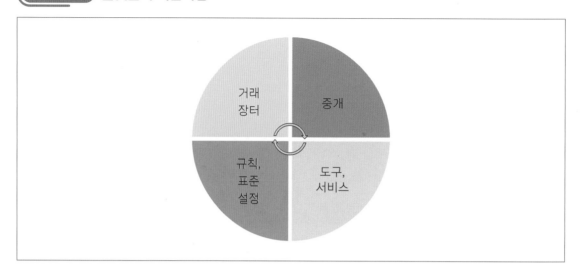

① 거래 장터

플랫폼은 네트워크에서 잠재적 연결을 사용하여 거래로 변환하는 방법이다. 플랫폼에 사용자와 생산자가 들어올 수 있는 연결되는 공간이 거래 장터이다. 거래 장터는 거래를 하는 사용자와 생산자를 연결하는 공간이다.

② 중개

모든 거래에는 생산자와 사용자가 필요하다. 생산자 또는 사용자는 다양한 특성이 있다. 사용자 집단은 서로 다른 동기, 욕구 및 필요를 가지고 있다. 생산자는 사용자가 선호할 수 있는 가치를 극대화하는 방법을 파악한다. 예를 들면, Uber는 소비자에게 위치 및 이용성을 기반으로 운전자를 연결하는 거래 장터이다.

③ 도구 및 서비스 제공

플랫폼은 기술을 구축하여 올바른 종류의 가치창출에 집중할 수 있다. 이 기술은 적절한 가격으로 플랫폼을 통해 충분한 교환해야 한다. 예를 들면, Airbnb는 생산자가 예약, 이용성, 통신 및 지불을 쉽게 관리할 수 있게 해주는 소프트웨어를 제공한다. 수입에 대한 세금 계산에도 도움을 주고 고객을 다루는 보험을 제공한다.

④ 규칙 및 표준 설정

플랫폼 비즈니스는 가치교환을 촉진하기 위해 기술을 사용하여 다른 집단 간의 접근 및 사용을 차단한다. 플랫폼은 규칙을 만들어서 올바른 성장을 장려하고 희망적으로 유도할 수 있는 마을의 시장으로 생각해야 한다. 예를 들면, 트위터는 140자 제한을 설정한다.

(2) 플랫폼 비즈니스의 유형

모든 플랫폼은 유형이 다르다. 플랫폼 비즈니스 유형들은 플랫폼의 핵심거래에서 교환되는 가치 유형별로 구성된다. 각 유형에는 교환되는 특정 유형의 가치를 중심으로 하는 핵심거래가 있다. 거래비용 절감에 중점을 두는 플랫폼도 있고, 사용자가 실제로 만들 수 있는 기본 인프라를 제공하는 플랫폼도 있다. 교환 플랫폼은 직접 일대일 연결을 지원한다. 플랫폼 유형은 대체로 핵심거래를 정의하는 가치교환의 유형이다.

① 교환

- 서비스 시장: 서비스
- 제품 마켓 플레이스: 실제 제품
- 결제 플랫폼: 결제(P2P 또는 B2C)
- 투자 플랫폼: 투자/금융 수단(금융상품으로 교환되는 돈, 지분, 대출)
- 소셜 네트워킹 플랫폼: 소셜 상호작용 네트워크
- 커뮤니케이션 플랫폼: 직접적인 사회적 커뮤니케이션
- 소셜 게임 플랫폼: 경쟁/협력을 통해 다수 사용자가 참여하는 게임 상호작용

② 제작자

- 콘텐츠 플랫폼: 핵심거래가 다른 사람들의 발견과 상호작용에 초점을 맞추는 소셜 플랫폼, 미디어 발견 및 상호작용에 초점을 맞춘 미디어 플랫폼
- 개발 플랫폼: 소프트웨어 프로그램

모바일 게임으로 유명한 기업 슈퍼셀의 공동 창업자이자 최고경영자(CEO)인 일카 파나넨(Ilka Paananen)은 미니멀리즘 리더십의 대표 주자다. 슈퍼셀(Supercell)은 2010년 핀란드 헬싱키에 설립된 모바일 게임 개발 회사이다. 그는 창업 이후 줄곧 "내 목표는 세계에서 가장 권력이 적은 CEO가 되는 것"이라고 말해 왔다. 파나넨은 재능 있는 직원을 영입하고 터무니없이 야심찬 목표를 제시한 다음 어떤 제품을 만들지 스스로 결정하도록 내버려 두는 것이 히트작을 만드는 비결이라고 믿는다. 파나넨의 이 같은 믿음과 경영 덕분에 슈퍼셀은 2010년 회사 설립 이후 10년 만에 20억 달러 규모의 회사로 성장했다.

파나넨은 카리스마를 발휘하거나 위에서 지시하는 것이 아니라 모든 직원이 최선을 다할 수 있도록 지원하는 데 중점을 두는 서비스 지향적 리더십을 실천한다. 이런 리더십은 전통적인 리더십보다 더 나은 성과와 더 높은 참여도를 가져온다는 과학적 증거와 재무 성과를 거둔 기업이 많아지고 있다. 미니멀리즘을 실천하는 CEO는 눈에 잘 띄지 않고 관심의 중심이 되지 않으려 노력하며 통제력을 덜 행사한다. 이들은 직원들을 빛나게 하고 자신보다 회사의 이익을 우선시하며 결국 더 강력하고 혁신적인 비즈니스를 구축한다. 슈퍼셀이 13년 동안 전 세계에 출시한 게임은 5개에 불과하지만 5개의 게임 중 4개의 게임이 10억 달러 이상의 매출을 기록하면서 집중적인 접근 방식이 성과를 내고 있다.

메모

지식은 인류의 것이고 세계를
비추는 횃불이기 때문에 과학은
한 국가에만 한정된 것이 아니다
- Louis Pasteur -

CHAPTER

05

고객욕구 선정활동

인재제일의 이병철 회장과 창의와 도전의 정주영 회장

✿ 인재제일과 사업보국의 이병철 회장

삼성그룹 창시자인 이병철 회장((1910~1987)은 부모의 일본 유학 반대로 일본유학 경비 500원을 효성그룹의 창업주인 조홍제에게 빌려 그와 함께 1929년에 와세다대학교 정치경제학과에 입학했다. 유학 초기 한동안 책에 빠졌다가 공장을 방문해서 일본 공업의 실상을 파악하였다. 대학 1학년 때 건강 악화로 자퇴하고 귀국하였다. 회한과 두려움에 며칠 꼬박 새웠으나 자신에게 맞는 사업을 구상하기 시작했다. 사업을 하겠다고 결심을 굳힌 그는 며칠 후 아버지에게 자신의 생각을 말했다. 그러자 아버지는 아들에게 선선히 사업자금을 내주었다. 그는 장사할 곳으로 경성부터 부산, 대구 등지를 직접 물색하여 생각해 보았으나 고향 인근의 항구 마산이 떠올랐다. 쌀을 생각한 그는 마산은 조선 각지에서 생산한 쌀을 수집하여 도정해서 일본으로 보내는 도정공장이 있는 것을 알아냈고, 바로 마산에서 1936년 고향 친구인 정현용, 박정원과 동업으로 도정공장과 협동정미소를 운영하기 시작했다. 그러나 중일전쟁의 여파로 사업이 부진하여 이병철 회장은 정미소, 자동차 회사와 김해 땅을 모두 팔아 은행 빚을 갚고 나니 잔여재산이 거의 없었다. 그러나 정미소와 운수회사의 실패는 귀중한 교훈이었다.

이병철 회장은 1938년 3월 29세에 3만 원의 자본금으로 대구에 삼성상회를 창업하고 1941년에 주식회사로 전환하였다. 청과류와 어물 등을 생산자로부터 공급받아 도소매와 중국 수출로 사업을 확장하고, 1942년 조선양조를 인수하고, 1947년 경성으로 상경하여 다음 해 삼성물산공사를 창설하고, 무역업을 확대하였다.

그는 1950년 초 일본공업시찰단원의 한사람으로 선정되어 출국하였다. 일본 제조업, 수공업과 전후 공업시설 복구현장을 직접 시찰하고 귀국하였으나, 서울에서 6·25전쟁을 맞았다. 부산으로 피난을 떠나 부산에서 1951년에 다시 삼성물산을 설립하여 무역업을 시작하고, 홍콩 등지에서 비료와 설탕을 수입해 국내에 팔았다. 이때 벌은 수익을 1953년 전쟁으로 미래가 불확실한 상황에서도 제조업에 투자하였다. 이병철 회장은 사업보국의 뜻을 펼치기 위해 제일제당과 제일모직을 설립하여 수입대체산업 육성에 주력했다. 제일모직을 설립한 지 3년 만인 1957년에 골덴텍스라는 브랜드를 출시하였다. 제일모직은 이후 모직의 본고장인 영국에 양복을 수출하면서 전국 납세액 4%를 감당하는 대한민국 최고의 기업이 되었고, 이때 삼성이라는 새로운 재벌이 탄생했다.

제일모직이 성장하면서 1972년 7월 제일모직 경산공장을 분리하면서 합성섬유를 제조하는 시설을 갖추어 제일합섬을 설립하고, 1969년 삼성전자와 삼성전기를 잇따라 설립하여 삼성그룹 육성의

도약대를 만들었다. 1974년 삼성석유화학, 삼성중공업을 설립하여 중화학공업에 진출하고, 수출위주 경제 성장 정책에 맞추어 전자제품, 화학제품과 중공업 등의 대량 해외 수출을 통해 막대한 부를 축적하여 대기업으로 성장시키는 발판을 마련했다. 1980년대에는 전자, 항공, 정밀, 화학 등 기술산업의 육성을 통하여 한국의 기간산업을 발전시켰다. 삼성전자의 라디오, 세탁기, 텔레비전 등은 항상 금성에 뒤진 만년 2위였다. 항상 1등 제품을 만들고자 했던 이병철 회장은 자존심이 상했다. 비협조적인 합작투자사인 산요전기와의 합작을 청산하고, 단독으로 텔레비전을 생산하여 미국에 성공적으로 수출했다. 1973년 말 삼성텔레비전의 국내 시판이 허용되면서 이익이 발생하기 시작했다. 다른 업체들이 흑백텔레비전에 집중할 때 삼성은 컬러텔레비전을 개발하여 1974년 국산 컬러텔레비전 1호를 생산해내는 데 성공했다. 1981년 컬러텔레비전 방송이 시작되면서 삼성은 상승세가 시작되어 1984년 국내텔레비전 시장점유율 1위를 차지하였다.

이병철 회장은 나이 73세인 1983년에는 반도체를 국가적 사업이고 미래 산업이라고 판단하여 도쿄에서 대용량 메모리 반도체 사업에 투자하는 결단을 내렸다. 앞을 내다보는 탁월한 개척 정신과 기회를 포착하는 능력으로 기업가 정신을 발휘하였다. 이병철의 결단으로 가전제품 제조업체였던 삼성이 반도체 산업을 선택했을 때 주변의 반응은 냉담했지만, 삼성은 담담하게 반도체 사업을 추진하여 그해 64KD 램을 개발하였다. 미국과 일본에 이어 세계에서 세 번째 개발이었다. 10년 뒤인 1992년 삼성은 256 메가비트 메모리 장치를 생산하면서 세계 반도체 1위에 올랐다. 국내 기업가 정신의 창시자인 이병철 회장은 한국 근대사이면서 발전사였다. 이병철 회장은 사업보국, 인재제일, 합리주의와 모험정신이라는 경영철학으로 미래를 개척하여 글로벌 기업으로 성공한 기업가였다.

⚙ 이봐, 해봤어, 현대그룹 정주영 회장

현대그룹의 창업자인 정주영 회장(1915~2001)은 가진 것도 배운 것도 없이 신용, 창의성과 도전정신으로 기업을 창업하여 세계적인 기업으로 성장시킨 한국경제의 성장에 공헌한 위대한 기업가이다. 정주영 회장은 어려서 할아버지에게 한문을 배웠고, 송전소학교를 졸업한 후 16세에 소 판 돈 70원을 갖고 상경했다. 아버지의 설득으로 다시 농촌생활을 했으나 이후에도 두 번이나 가출하여 스스로의 운명을 개척해 나아갔다. 그는 빈곤한 농부의 자식, 송전소학교, 가출

인재제일의 이병철 회장과 창의와 도전의 정주영 회장

소년, 부두노동자와 쌀가게 배달원으로 시작하여 현대건설, 현대자동차, 현대중공업, 현대제철, 현대상선 등 수없이 많은 기업을 창업하여 세계적인 회사로 성장시킨 기업가이다. 과감한 도전정신과 창의력으로 사업성공을 이끈 정주영 회장이 창업한 1960년대는 국민 1인당 소득이 80달러에 불과하여 자본, 기술, 경험 등이 거의 없는 절대빈곤의 국가였다.

1933년 18세 때 가출하여 인천 부두, 신축 공사장 등지에서 막노동 생활을 하고 풍전 엿공장에서 일하던 정주영은 마침내 첫 직장으로 쌀가게인 복흥상회에 취업하게 되었다. 쌀가게에 취업하여 쌀 배달을 하면서 신용과 근검이 가장 큰 자산이라는 생각으로 밤에는 자전거 타기 연습, 경리장부 정리, 곡물분류와 정리로 쌀가게 주인의 신임을 얻었다. 쌀가게 주인이 아들이 있는데도 불구하고 신용과 근면성을 인정하여 쌀가게를 정주영에게 넘겨주었다. 쌀가게를 인수해 경일상회를 개업하게 되었고, 이때 정주영 회장은 자동차와 인연을 맺게 된다. 정주영 회장은 트럭을 한 대 구입하여 농촌에서 직접 쌀을 구입해 도매를 겸했다. 그러나 불행하게도 1939년 일제의 전시 체제령으로 쌀 배급제가 실시되어 경일상회를 폐쇄할 수밖에 없었다.

어느 날 트럭을 단골로 정비해 주던 정비사 이을학 씨를 만나 새로운 사업에 도전하게 되었다. 그 당시 서울에서 가장 컸던 정비업체인 경성모터스에서 일하던 이을학 씨의 권유로 1940년 25세 때 서울 북아현동에 있던 아도서비스(Art Service)라는 작은 자동차 정비공장을 당시 돈으로 3천 5백 원을 주고 인수하였다. 그러나 자동차정비업체를 운영한 지 4년 만인 1943년 이마저도 일제에 의해 포기하게 된다. 이러한 좌절에도 불구하고 해방 이후 1946년에 현대자동차공업사를 설립해 운영하고, 일 년 후 1947년 5월 현대토건사를 설립하였다. 현대토건사는 6·25 동란으로 인한 전후 복구사업을 수행하였으나 물가상승으로 거액의 손해가 발생하였는데, 그 공사가 바로 고령교 공사였다. 그러나 손해

를 감수하면서 공사를 계약대로 해냈다. 결국 그는 친척들의 집까지 팔아 자금을 충당하여 신용을 지킨 덕에 후일 한강교 복구공사를 완성하였다. 정주영 회장은 자본이 아니라 신용을 쌓아놓지 못하는 것을 두려워하라고 했다. 정주영 회장은 신용을 잃으면 모든 것을 잃는다는 자신의 신념이 확고했기 때문이었다.

현대건설은 1965년 9월 '태국 파티니 나라티왓'고속도로 건설공사를 수주했다. 이 공사는 국내건설업 사상 최초의 해외진출로 현대는 물론 국가의 경사로 기록되었다. 물론 이 공사에서도 현대는 2억 8천 8백만 원이라는 큰 적자를 내었다. 결국 경험의 부족으로 비싼 대가를 치렀다. 그 후 중동, 알

라스카, 괌, 호주 등 해외시장을 개척하였고, 자동차, 조선, 반도체, 항공 등으로 도전하여 새로운 사업영역을 개척하였다.

1971년 울산 허허벌판 모래사장에 세계 최대의 조선소 건설을 계획하였다. 정주영 회장은 미포만 해변 사진 한 장과 외국 조선소에서 빌린 유조선 설계도 하나 들고 유럽을 돌았다. 차관을 받기 위해서였다. 부정적인 반응만 받다가 1971년 9월 영국 바클레이은행의 차관을 받기 위한 추천서를 부탁하기 위해 A&P 애플도어의 롱바톰 회장을 만났지만 거절당하자 이때 정주영은 우리나라 5백 원짜리 지폐를 꺼내 거기 그려진 거북선 그림을 보여줬다. "우리는 영국보다 300년이나 앞선 1500년대에 이미 철갑선을 만들어 외국을 물리쳤소. 비록 쇄국정책으로 시기가 좀 늦어졌지만, 그 잠재력만큼은 충분하다고 생각하오"라며 설득해 결국 차관 도입에 성공할 수 있었다. 조선소 청사진과 이순신 장군의 거북선이 있는 지폐로 26만 톤급의 대형 선박 수주, 조선소가 완공되기도 전에 수주선박의 진수식, 자체 개발하여 수출하였다.

현대자동차는 조랑말을 뜻하는 첫 국산 고유모델 자동차 포니(pony)를 1975년에 생산하였다. 현대자동차그룹이 2023년에 일본 도요타, 독일 폭스바겐에 이어 전 세계 판매량 3위 완성차그룹에 올라섰다. 현대차그룹의 '빅3' 진입은 처음으로, 2010년 포드를 제치고 5위를 차지한 후 12년 만에 이룬 성과다. 정주영 회장은 유조선 공법으로 서산의 대단위 농지확보 등은 창의력, 도전과 신념의 결과이다.

고려시대의 간척사업은 몽골침입으로 인한 강도시대(江都時代)가 열리면서 도성 이주민들의 자급자족을 위해 시작되었다. '고려사'에 의하면 고종대에 강화도의 제포(梯浦)와 와포(瓦浦)를 막아 좌둔전을 만들었다. 전시의 군량미 확보를 위한 둔전(屯田)의 개발을 목표로 간척사업이 시행된 것이다. 현대에 들어 정주영 회장은 유조선 공법으로 대한민국 지도를 바꿨다. 서산간척지는 '창조적 예지', '적극 의지', '강인한 추진력'으로 한국 경제 발전의 원동력이 되어온 '현대정신'의 결정체이다. 바다를 육지로 개척하여 국토를 확장한 역사적인 서산 간척 사업은 끊임없는 도전과 개척정신으로 무에서 유를 창조하며 불가능한 것을 가능한 것으로 만들어 놓은 인간승리의 현장이다.

정주영 회장의 기업가 정신은 적극성, 근검, 창조성과 불굴의 개척정신이다. 현대그룹의 성공은 미래를 보는 통찰력, 새로운 방법을 생각해내는 창의력, 도전정신, 개척정신, 손해를 감수하는 신용과 특유의 근검, 미래의 번영을 생각하는 정주영 회장의 창조적 개척정신의 리더십이다.

인재제일의 이병철 회장과 창의와 도전의 정주영 회장

⚙ 혁신기업가의 어록

▶ 이병철

- 부자 옆에 줄을 서라. 산삼 밭에 가야 산삼을 캘 수 있다.
- 남의 잘됨을 축복하라. 그 축복이 메아리가 되어 나를 향해 돌아온다.
- 자꾸 막히는 것은 우선 멈춤 신호이다. 멈춘 다음 정비하고 출발하라.
- 써야 할 곳과 안 써도 좋을 곳을 분간하라.
- 깨진 독에 물을 붓지 말라.
- 요행의 유혹에 넘어가지 말라. 요행은 불행의 안내자이다.
- 돈은 거짓말을 하지 않는다. 돈 앞에서 진실하라.
- 장사꾼이 되지 말라. 경영자가 되면 보는 것이 다르다.

▶ 정주영

- 이봐, 불가능하다구? 해보기나 했어?
- 길을 모르면 길을 찾고, 길이 없으면 길을 닦아라.
- 시련은 있어도 실패는 없다.
- 사업은 망해도 일어설 수 있지만 신용은 한번 잃으면 끝이다.
- 나는 생명이 있는 한 실패는 없다고 생각한다.
- 스스로 운이 나쁘다고 생각하지 않는 한은 나쁜 운이란 건 없다.
- 시간이란 한순간도 정지라는 것이 없다.
- 모든 일은 가능하다고 생각하는 사람만이 해낼 수가 있다.

CHAPTER
05

고객욕구 선정활동

　　고객의 욕구를 파악하는 것은 고객의 문제를 진정으로 설명하는 제품을 개발하는 기업의 사명이다. 시장에서 브랜드를 현명하게 포지셔닝하는 가장 쉬운 방법은 고객의 욕구를 발견하는 것이다. 잠재고객 면접을 수행하거나 고객 또는 소셜 미디어의 의견을 경청하거나 키워드 조사를 수행하는 등 다양한 방법으로 고객의 욕구를 확인한다. 고객의 욕구를 파악하는 것은 말처럼 쉽지 않다. 그러나 고객이 필요로 하는 사항에 대한 통찰력을 얻을 수 있는 방법이 있다.

(1) 욕구의 의미

　　욕구(needs)는 현재 상태와 이상적 상태 간의 차이 또는 불일치이다. 욕구는 본원적 욕구로 어떤 기본적인 것이 결핍된 상태이다. 필요(wants)는 욕구를 만족시킬 수 있는 구체적인 제품이나 서비스에 대한 바람이다. 욕구는 현재까지 충족된 상태가 아닐 뿐만 아니라 분명한 해결책을 갖고 있지도 않을 수 있다. 예를 들면, 욕구는 "배가 고프다"처럼 막연한 결핍 상태이나, 필요는 "밥 이 먹고 싶다"처럼 구체적인 희망을 의미한다.

그림 5-1　욕구의 의미

욕구 (needs)	=	이상적 상태 (desired state)	-	현재 상태 (current state)

욕구는 고객의 행동을 유발시키는 동기의 직접적인 원인이 된다. 즉, 욕구가 내·외적 자극을 받아서 활성화되면 동기가 된다. 욕구는 자극을 받아 동기가 되고, 동기는 특정 행동의 원인이 된다. 고객의 욕구는 고객이 제품을 통해 해결되기를 원하는 문제로 상품이 제공하는 편익(benefits)을 통해서 충족될 수 있다. 고객의 욕구는 단순히 제품이나 서비스의 물리적 또는 기능적 실체뿐만 아니라 고객이 제품을 사용하는 전 과정과 관련된다. 따라서 욕구는 결핍 상태로 시장을 정의할 때, 필요는 바라는 상태로 제품 포지션할 때 활용된다.

표 5-1 욕구의 의미

욕구(needs)	필요(wants)
결핍상태	희망상태
본원적 욕구	구체적 욕구
시장정의	제품 포지션

(2) 욕구의 유형

사람들은 무언가를 수리하려고 할 때 공구나 도구를 구매한다. 이처럼 욕구는 거의 항상 현재 상황에 대한 문제 또는 불만족으로부터 시작된다. 필요성이 명확하고 명확할수록 구매자가 구매할 가능성이 높아진다. 잠재고객은 자신에게 해결할 문제가 있음을 인식하고 무언가를 원하거나 필요로 할 때 그는 구매 영역에 들어간다.

1) 기본적 욕구

기본적 욕구(basic needs)는 어떤 제품이나 서비스가 충족하여 줄 것이라고 기대하는 욕구이다. 제품이 고객을 만족시키는 가장 기본적이고 본질적인 욕구이다. 예를 들면, 세탁세제는 의류에 있는 때나 먼지를 제거해 주는 것이다. 샴푸는 두발을 깨끗이 해준다. 기본적인 욕구만으로 제품이나 서비스를 차별화하기는 매우 어렵지만, 제품이 기본적으로 충족해야할 최소한의 당연적 욕구이다. 따라서 기본적 욕구는 제품의 사용목적과 관련이 있는 제품 범주 욕구이다.

2) 표현된 욕구

표현된 욕구(articulated needs)는 고객이 구체적으로 비교적 쉽게 말로 표현할 수 있는 욕구이다. 고객이 현재 느끼는 욕구 중에서 일부 충족되지 못한 부분이다. 이러한 욕구는 고객들이 기존제품으로 일부 충족하고 있거나 적어도 기존시장에서 충분히 충족이 가능한 욕구이다. 예를 들면, 열고 닫기에 좀 더 편리한 양문형 냉장고가 있다.

3) 잠재적 욕구

잠재적 욕구(latent needs)는 구체적으로 표현되지 않고, 고객의 마음속에 잠재되어 있는 욕구로 고객들이 보고 경험하기 전까지 욕구를 갖고 있다고 인식하지 못하고 깨닫지 못하는 욕구이다. 잠재적 욕구는 고객들이 기존제품으로 만족하고 있지 않으며 인식하고 있지도 않은 욕구이다.

잠재적 욕구는 미충족 욕구, 미제공 및 과소제공 욕구 등으로 제품범주를 창출할 수 있다. 미제공 욕구(unserved needs)는 고객들의 욕구와 기대가 존재하지만 기업들이 시장에 제공하지 못할 때 발생하는 욕구나 기대이다. 기술부족, 수요부족 예상, 집중화, 시장세분화, 자원의 한계나 기타 사유로 시장에 제공하지 못하는 경우이다. 미제공 욕구의 상품화는 새로운 시장을 창출하는 제품범주 창출전략으로 시장선도전략이 될 수 있는 신제품과 신시장이다. 과소제공 욕구(underserved needs)는 제품이나 서비스의 기능을 제공하지만 뭔가 부족한 부분이 있는 욕구이다. 완전한 문제해결책을 제공하지 못한 제품들은 시장에 비교적 많다. 이러한 욕구는 제품이나 서비스의 불충분한 제공으로 고객들이 만족하지 못하는 욕구로 불완전한 만족이 발생한다.

그림 5-2 **잠재욕구의 종류**

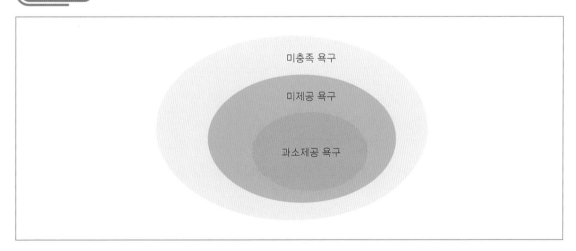

4) Kano 모형에 의한 욕구 유형

고객욕구는 고객이 제품이나 서비스로부터 얻는 편익의 언어적 기술(verbal statements of benefits)이다. 예를 들면, 고객은 안전한 차, 해상도가 선명한 모니터, 주름이 잘 가지 않는 바지 또는 살이 찌지 않는 음식을 원한다. 그래서 개발팀은 제품을 설계하기 위해 이러한 욕구를 제품특징으로 면밀히 계획한다.

Kano 모형은 제품의 품질요소에 따라 소비자의 만족에 차이가 나타나는 것을 설명하는 모형이다. 품질요소를 욕구로 변경하여 설명한다. 소비자의 욕구를 충족한다고 해서 반드시 소비자는 만족하는 것은 아니다. 따라서 매력적인 욕구를 탐색하여 소비자들이 중요하다고 생각하는 속성을 찾는 것이 바람직하다.

> **그림 5-3** Kano diagram[1]

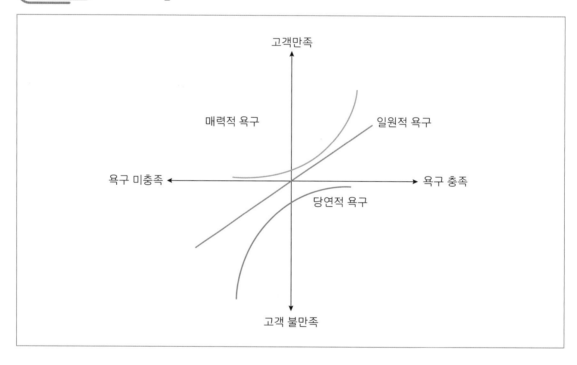

① 당연적 욕구

당연적 욕구(must-be needs)는 제품에 당연히 있을 것으로 기대하는 욕구이다. 고객은 욕구가 충족되지 않는다면 매우 실망하지만, 충족되어도 고객은 당연한 것으로 받아들여 만

---

1   Bayus(2008).

족이 증가하지 않는다. 예를 들면, 스마트폰의 통화품질이 양호하더라도 고객들은 통화품질만으로는 만족하지 않지만, 통화품질이 불량이라면 대단히 실망한다. 따라서 만일 당연적 품질조건이 충족되지 않는다면 고객은 제품에 매력을 느끼지 않는다.

② 일원적 욕구

일원적 욕구(one-dimensional needs)는 욕구가 충족되면 고객은 만족하고, 충족되지 않는다면 불만족하는 욕구이다. 충족의 수준이 높을수록 고객만족은 더욱 높다. 이런 욕구를 충족하면 기업은 고객 충성도를 얻을 수 있다.

③ 매력적 욕구

매력적 욕구(attractive needs)는 제공되는 제품속성으로 고객만족에 높은 영향을 미치는 제품 기준이다. 고객은 품질요건을 기대하지는 않으나 충족되면 만족이 크지만 충족되지 않아도 불평하지 않는다. 매력적 품질욕구는 제품을 경쟁자와 차별화할 수 있는 요소이지만, 경쟁자들이 충족하면 이는 당연적 품질욕구나 일원적 욕구 수준으로 떨어지게 된다.

④ 무관심 욕구

무관심 욕구(indifferent needs)는 고객은 기업이 제공하는 제품속성에는 관심이 없으며 그것의 유무에도 관심이 없는 욕구이다. 기업은 자원과 시간을 투입하여 개발한 제품의 고객의 만족에 아무런 영향을 미치지 않는다면 낭비요소가 되기 때문에 이는 자원과 시간을 다른 부문으로 재할당하는 것이 더 현명하다.

⑤ 역품질 욕구

역품질 욕구(reverse needs)는 고객이 제품속성을 바라지도 않고 오히려 그 반대를 기대하는 욕구이다. 예를 들면, 일반적으로 고객들은 주택의 창문이 큰 것을 선호하지만 어떤 고객은 오히려 에너지 절약으로 작은 창문을 원하는 경우이다. 최근에 실버 폰이 인기를 얻는데 이는 어떤 실버 고객은 다양한 기능의 제공보다 오히려 경제성과 사용성이 더 중요하다. 하이테크 제품은 기술집약적으로 고객에게 사용의 어려움을 준다. 제품 사용성(usability)을 높이고 기술의 복잡성으로 인한 소비자의 기술저항을 극복하는 것이 필요하다.

(3) 고객욕구의 발생원천

소비자들의 욕구는 만족하지 못해서 무언가를 채우고 싶은 상태로 내적 요인과 외적 요인에 의해 발생된다. 욕구는 자극에 의해 동기를 유발하고, 동기는 행동의 원인이 된다. 따라서 행동의 원인을 파악하기 위해서는 소비자들의 욕구를 파악하는 것이 중요하다. 욕구는 단일의 동기에서 발생하는 것이 아니라 복합적인 동기에 의해서 발생하는 다차원적인 개념이다. 욕구의 발생원천은 기능적 욕구, 경험적 욕구와 상징적 욕구로 구분한다.

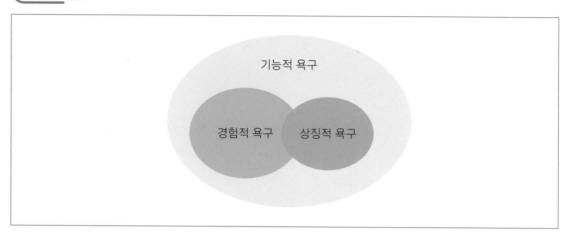

그림 5-4 | 욕구의 종류

1) 기능적 욕구

기능적 욕구(functional needs)는 실용적 욕구라고도 하며, 제품의 구매나 사용으로부터 기능적인 편익을 추구하고자 하는 욕구이다. 제품의 기본적인 속성과 밀접한 관련이 있지만, 안전과 위험회피 욕구 등과 같은 기본적인 동기와 관련이 있다. 예를 들어, 자동차를 구매할 때 엔진의 출력, 주행성, 가격, 안전성과 연비를 비교하여 구매하는 경우가 해당된다. 두통을 완화해주는 아스피린, 코로나를 치료해주는 코로나 치료약 등이 있다.

2) 경험적 욕구

경험적 욕구(experiential needs)는 쾌락적 욕구라고도 하며 제품이나 서비스를 사용함으로써 느끼는 쾌감, 환희, 즐거움과 관련된 욕구이다. 사람들은 인지적 자극과 다양성을 포함한 감각을 통해 즐거움을 추구한다. 경험적 욕구는 오감으로 느끼는 감각적인 즐거움, 지적 호기심, 다양성 추구 등 영화, 콘서트, 뮤지컬, 여행 등이 있다.

3) 상징적 욕구

상징적 욕구(symbolic needs)는 제품이나 서비스의 소비를 통해 얻을 수 있는 비상품 관련 속성에 관한 욕구이다. 자아 존중감, 자아 이미지, 차별성, 사회적 연대감, 사회적 존경이나 인정 등을 얻기 위한 욕구이다. 상징적 욕구는 사회생활의 결과로 배운 욕구이며 존중에 대한 욕구, 자기 향상, 바람직한 집단과의 동일시 등을 포함된다. 고객들이 사회적 신분, 유대, 소속, 성취 등을 충족하기 위해 명품, 고급세단, 고급 레스토랑을 이용하는 경우이다.

<h2>02   고객욕구의 확인</h2>

고객욕구의 확인은 표적시장의 고객에 대한 정보를 정확하게 수집·분석하여 고객의 미충족 욕구, 숨겨진 욕구, 과소제공이나 미제공 욕구를 확인하여 시장기회를 찾는 과정이다. 고객과 직접 대면하는 심층면접과 집단을 대상으로 하는 표적집단면접은 정성적 방법이다. 사전에 설문지를 작성하여 개인별로 면접하는 개인면접, 인터넷이나 전화조사는 정량적 방법이다. 고객욕구 확인은 제품 사명선언문에 근거하여, 시장과 고객에 관한 자료수집, 자료분석, 욕구분류, 상대적 중요도 추출과 아이디어추출 과정으로 이어진다.

그림 5-5   고객욕구의 확인과정

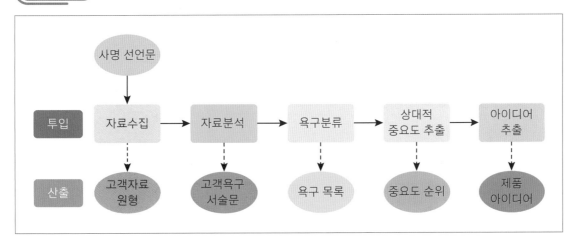

(1) 자료수집

제품개발을 위한 특정한 제약과 목적을 제품개발 전에 제시하는 정보를 제품 사명선언문(product mission statement)이라 한다. 이것은 제품계획의 진행 방향을 구체적으로 명시한 것으로 제품개발의 지침이 된다. 즉, 제품과 관련된 기능 부문, 제품개발 전략, 제품개발 활동과 조직, 제품개발 목표를 회사와 일치시키는 내용을 서술한 것이다.

고객욕구와 필요, 시장의 경쟁상황을 철저하게 이해하는 것이 제품성공에 필수적이다. 고객에게 강력하게 집중하는 것은 제품의 성공률과 수익성을 향상할 뿐만 아니라 제품개발 출시기간을 감소시킨다. 시장과 고객의 정보를 정확하고 적시에 수집하여야 한다. 고객에 관한 원자료 수집은 고객의 제품사용 경험과 고객접촉에 관한 자료를 수집하는 절차이다. 자료수집 방법은 관찰법, 실험법과 설문법 등으로 단독 또는 결합하여 사용한다.

(2) 조사대상

새롭고 독창적인 제품은 기업이 극심한 경쟁시장에서 생존과 성장에 필수적이다. 제품성공의 중요한 요인은 고객욕구의 충족이다. 고객의 소리(voice of the customer: VOC)는 고객의 인식, 욕구나 불만을 나타낸다. 고객의 소리는 고객에 의해 분류되고 우선시하는 고객욕구의 집합이다. 고객욕구를 알아내기 위해서 신제품개발 초기 단계에서 고객의 소리가 무엇인지를 파악한다. 고객의 소리 조사는 고객 통찰력을 얻고 제품의 문제를 개선하여 고객 경험과 고객만족도를 높이는 데 중요하다. 따라서 표적대상과 선도사용자, 숨겨진 욕구, 제품구매와 소비맥락, 제품선호·사용과 유사점·차이점, 사용추세, 그리고 대체품과 대안품 등을 조사한다.

그림 5-6 **고객욕구의 조사대상**

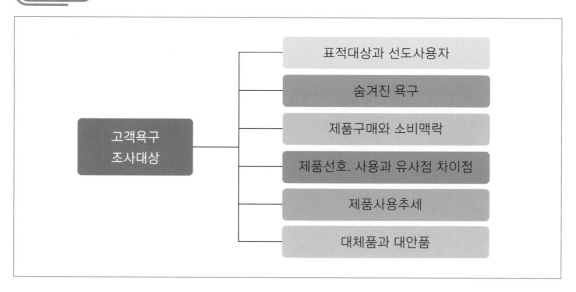

1) 표적대상과 선도사용자

주된 사용자들을 탐색하고, 그들의 욕구를 충족하는 것은 제품성공에 이르는 길이다. 표적대상자에 따라 가치, 선호, 구매방식, 사용장소, 사용량과 사용빈도 등이 매우 다르다. 표적 소비자를 대상으로 고객욕구를 조사한다. 신제품의 확산을 위해서는 선도사용자 확인이 필요하다. 선도사용자(lead users)들은 중요한 시장추세의 최첨단에 있다. 그들은 최첨단에서 만나는 신기한 욕구(novel needs)에 대한 해결안을 찾는 데도 강한 자극을 갖고 있다.

2) 숨겨진 욕구

경쟁자와 차별하기 위해서는 소비자의 숨겨진 욕구(hidden needs)를 발견하는 것이다. 이러한 욕구를 발견하려면 필요한 욕구의 형태와 욕구의 표현에서 몇 가지 특징을 이해해야 한다. 표현한 욕구는 고객이 말로 직접 표현할 수 있는 욕구이다. 이러한 욕구는 단기적 문제에 대한 해결안과 기술적 특징으로 해결된다. 전통적인 시장조사방법은 이러한 욕구를 수집하는 데는 적합하지만, 고객이 직접적으로 표현하는 것만을 욕구라고 인식하는 것은 매우 적절하지 않다.[2] 중요한 것은 표현하지 않은 욕구를 고려해야 한다.[3] 조사자들의 중요한 과업은 소비자의 숨겨진 또는 잠재적 욕구를 포착하는 것이다.

3) 제품구매와 소비맥락

소비맥락이란 소비자들이 소비 행동에 의미를 부여하는 주변 상황이다. 소비자들은 사회적, 문화적 및 상황적 맥락에 많은 영향을 받기 때문에 브랜드나 제품에 대한 사용상황은 마케팅에서 중요하다. 예를 들면, 응답자가 막힌 코를 치료하기 위해 사용하는 제품은 초기, 중기, 치료 중 또는 낮이나 밤에 욕구가 발생할 수 있다. 남들이 보는 제품의 구매, 선물 제품과 집에서 사용하는 제품의 구매는 상황적 요인이 많이 다르다. 브랜드나 제품은 효과적인 포지션과 광고에 중요한 사용상황과 관계가 있다. 따라서 욕구가 발생하는 상황을 탐색하고 분석한다.

4) 제품선호 · 사용과 유사점 · 차이점

제품선호도나 사용은 주된 구매자나 사용자의 생활양식, 가치관, 신념, 문화, 사회적 신분과 소득에 따라 매우 다르다. 고객들이 제품을 사용하는 이유와 비사용자들이 제품을 사용하지 않는 이유는 각각 다르다. 또한 경쟁제품과의 유사점이나 차이점은 브랜드를 구분

---

3 Koners, Goffin, & Lemke(2010).

하는 직접적인 방법이기도 하다. 유사점은 제품의 본래 기능인 제품범주를 나타내고, 차이점은 경쟁자 제품에 비해 강력하고, 독특하고, 신기한 속성을 말한다. 중요한 속성과 결과는 고객의 선호도나 사용률을 증가하여 더 높은 시장성과로 가는 길이 된다.

5) 제품사용추세

제품의 과거 사용과 기대된 미래 사용 간의 관계는 신제품의 성장성을 예측할 수 있는 지표이며, 소비자의 사용추세는 기업의 수익성과도 관련이 있다. 예를 들면, 이 제품이 과거에 사용했던 것보다 더 자주, 더 적게 혹은 동일하게 사용하느냐고 사용빈도를 질문할 수 있다. 증가, 감소나 동일한 사용은 이유가 각각 다르다.

6) 대체품과 대안품

대체품(subsititutes) 분석은 사용과 관련된 지각된 속성의 유사성 정도를 끌어낸다. 친근하지 않은 브랜드에 대해서 응답자들에게 브랜드를 시용구매하거나 브랜드를 어떻게 대체할 것인지를 설명하도록 요청할 수 있다. 대체 브랜드가 선택 집합에 있거나 없는지와 이유를 응답자에게 질문할 수 있다. 어떤 경우에 특정 브랜드를 사용하는지, 특정 브랜드 사용으로 무엇을 얻는지 알아낸다. 특정 브랜드가 새로운 환경에 적합한 긍정적인 이유와 적합하지 않은 부정적인 이유를 끌어내고 세분시장을 확인한다.

김위찬과 르네 마보안이 언급한 대안상품(alternatives)은 대체품보다 훨씬 광범위하며, 형태는 달라도 동일한 기능이나 편익을 제공하는 제품 및 서비스이다. 예를 들면, 영화관과 레스토랑은 물리적 특성이나 기능은 다르지만, 저녁 외출을 즐긴다는 점에서 이 둘은 대안상품이다. 혁신기업의 성공에서 주목할 점은 경쟁사보다 나은 상품개발이나 기존고객에 집중하기 보다는 기존시장의 대안상품과 비고객으로 전환한다. 새로운 시장의 개척은 새 제품을 개발해서 기존 레드오션에 있는 고객들을 끌어 모으는 것이 아니라 대안상품을 개발해서 잠재고객 혹은 비고객들을 수요자로 유인한다. 새로운 기술을 개발하여 제품을 개발하는 것은 아니고 구매자의 특성을 분석해서 새로운 수요를 창출한다.

○○○ SENSE Q **데이터 자체보다 고객의 욕구에 눈 돌려야**

포드의 고급 자동차 브랜드 링컨은 80년 이상 전 세계인의 사랑을 받고 있다. 하지만 링컨도 한때 벤츠와 BMW 같은 신흥 브랜드가 시장을 잠식하면서 큰 위기를 겪었다. 탁월한 엔지니어링 기술을 활용해 각종 부품의 사양을 높여 봤지만 고객의 마음을 돌릴 순 없었다. 왜냐하면 과거와 달라진 운전자들의 '경험'과 '욕구'를 충족시키지 못했기 때문이다.

전략 컨설턴트이자 '센스메이킹'의 저자인 크리스티안 마두스베르그(Christian Madsbjerg)는 이 문제를 해결하기 위해 반년에 걸쳐 전 세계 대도시 거주자 60명의 운전 경험을 조사했다. 심층 인터뷰와 꼼꼼한 현장 기록을 통해 사람들이 차에서 실제 어떤 경험을 하는지 분석한 결과 흥미로운 사실을 발견했다. 운전자들은 차에서 운전 자체보다 운전 외의 즐거움과 생산성을 훨씬 더 많이 기대한다는 점이었다. 예컨대 순간 속도를 올리는 엔진 기술보다 편안한 느낌을 주는 가죽 시트의 결을 더 중시하는 식이었다. 이 같은 통찰을 기반으로 링컨은 주행 관련 기술 개발에 몰두하기보다 고급스러운 운전 경험을 뒷받침하는 기술을 탐구하는 쪽으로 신차 구상 방식을 바꿨다. 그 결과 링컨은 고급차 타깃 고객층의 경험에 더욱 가까워질 수 있었고, 성공적으로 위기를 극복했다.

데이터를 무조건 많이 모으고 객관적으로 분석해야 소비자 욕구를 정확히 파악할 수 있다고 생각할 수 있다. 하지만 고객은 굉장히 주관적이며 소비자 경험은 매우 복합적이다. 이는 특정 상황에 처한 고객들이 어떻게 행동하는지에 대한 맥락적 데이터가 피상적인 수치나 모형보다 더 유용할 수 있다. 가령, 신발 회사의 최고경영자(CEO)라면 매장의 월 목표 판매량에 대한 보고서보다 실제 매장 내 고객의 쇼핑 패턴을 관찰해 얻은 통찰이 더 중요한 판단 준거가 될 수 있다. 첨단기술의 발전 속도가 빨라지면서 기업들의 기술 의존성은 날로 커지고 있다. 하지만 링컨의 사례는 기업들이 혹여 기술에만 집착한 나머지 시시각각 변하는 고객들의 욕구를 놓치고 있진 않은지 돌아보게 한다. 데이터 자체보다는, 데이터로부터 의미를 도출해 내려는 노력이 그 어느 때보다 필요하다.

출처: 동아일보 기사 정리

(3) 고객욕구의 포착

숨겨진 고객욕구의 포착은 통찰력을 창출하고 숨겨진 욕구를 확인하기 위해 원자료를 수집하고 분석하는 것이다. 원자료를 수집할 때 방법의 결합 사용을 권장한다. 복합적인 자료수집 방법은 숨겨진 욕구를 포착할 기회를 증가하고, 조사결과의 신뢰성을 향상한다.[4] 고객욕구와 신뢰성에 영향을 주는 요인은 조사에 관여된 고객의 수이다. 따라서 숨겨진 욕구 포착 방법은 체계적 관찰법, 맥락적 면접, 감정이입구축법, 감정이입 선도사용자, 개인적 경험, 친구, 친척과 전문가 활용, 고객좌절과 같은 다양한 경험이다.

---

4   Goffin & Mitchell(2010).

1) 민족지학 조사법

민족지학(ethnography)은 민족학 연구와 관련된 자료를 수집·기록하는 학문으로 한 지역에 거주하는 민족, 주로 미개민족의 문화·사회 조직·생활양식 따위를 실지 조사를 바탕으로 체계적으로 기술하는 학문이다. 이에서 유래한 민족지학 관찰조사법은 주로 고객을 감정이입하여 고객욕구를 탐구하는 방법이다. 고객과 함께 시간을 보내면서 욕구를 탐색하고 고객을 심층 이해하는 것이다. 이러한 민족지학 조사법은 체계적 관찰법, 맥락적 면접법과 감정이입구축법이 있다.

그림 5-7　민족지학 조사법

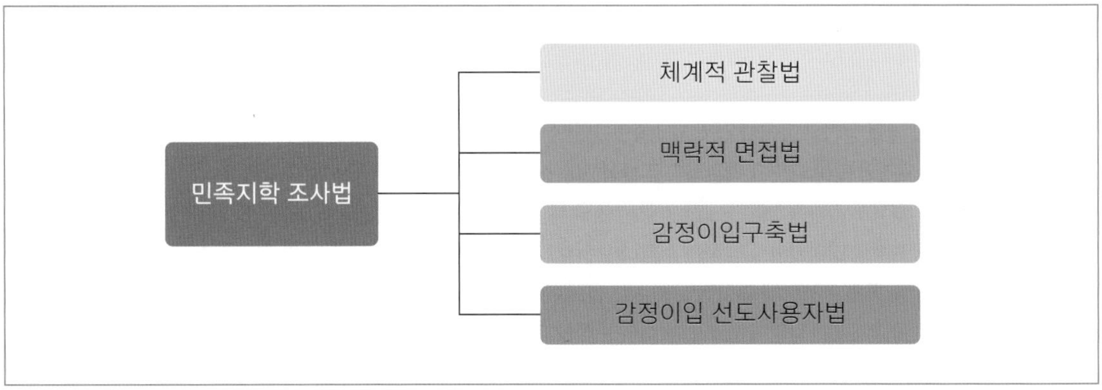

① 체계적 관찰법

체계적 관찰법(systematic observation)은 고객들이 말하는 것을 신뢰하지 않고, 대신에 고객이 실제로 제품을 사용하는 행동을 체계적으로 관찰하고 녹화하는 것이다. 관찰하는 동안 관찰자는 다량의 원자료를 산출하는 고객행동을 녹화한다. 이때 각 행동에 대해 관찰받는 것을 느끼지 않도록 하는 것이 중요하다. 시간이 많이 소모되고 자료가 분석하기에 복잡하더라도 이 방법은 숨겨진 고객욕구를 발견하는 데 매우 효과적이다.

② 맥락적 면접법

맥락적 면접법(contextual interview)은 체계적 관찰법의 보완으로 관찰, 질문과 녹화를 겸한다. 제품을 사용하는 고객을 관찰하고 질문하고 녹화하는 방법이다. 고객이 제품을 사용하는 동안 조사자에게 매우 귀중한 암묵적 지식을 드러내 보이도록 조사자는 고객이 어떤 방법으로 제품을 사용하는지를 탐구하기 위해 질문을 할 수 있다. 면접지침은 활동과 관련된

주요 질문이다. 그러나 지침은 추가적인 질문이 요청될 수 있다.[5]

③ 감정이입구축법

감정이입구축법(empathy building)은 조사자나 개발자가 고객이 되어, 고객의 입장으로 들어가서 사용자 경험을 하는 것이다. 다른 사람의 처지에서 생각하라는 역지사지(易地思之)이다. 다른 사람의 신체적 상황을 자신의 신체로 체험한다. 조사자나 개발자가 고객과 함께 활동을 실천하는 기업도 있고, 기업의 시설 내에 동일한 환경의 활동을 재구축하는 기업도 있다. 예를 들면, Ford Focus 차를 설계할 때 제품설계자들은 자동차 안으로 기어 들어갈 때 연장자들이 직면하는 문제를 탐지하기 위해 두꺼운 옷을 입는다.

④ 감정이입 선도사용자법

감정이입 선도사용자법(empathic lead users)은 잠재적 욕구를 확인하기 위한 방식으로 제품설계자나 고객이 선도사용자가 되어 제품을 직접 경험하는 기법이다. 사용자가 직접 제품경험을 통해 매우 혁신적인 신제품을 제안하도록 하는 방법이다. 이 방법을 사용하면 잠재적 욕구를 훨씬 더 많이 발견한다. 그러나 단점은 실제 환경에서 사용될 수 있는 제품을 필요로 하고, 일반 사용자를 선도사용자로 변환해야 하는 점이다.

2) 다양한 경험 활용법

개인적인 관찰은 유용한 정보를 제공한다. 많은 발명은 개인적인 경험에서 나온다. 개인적 경험, 친구, 친척과 전문가 활용이나 고객으로부터 직접 듣는 고객좌절 등은 직접적이고, 생생하고, 적절한 정보를 제공한다. 이러한 자료를 토대로 사업기회를 찾은 사례들이 매우 많다.

그림 5-8 다양한 경험 활용법

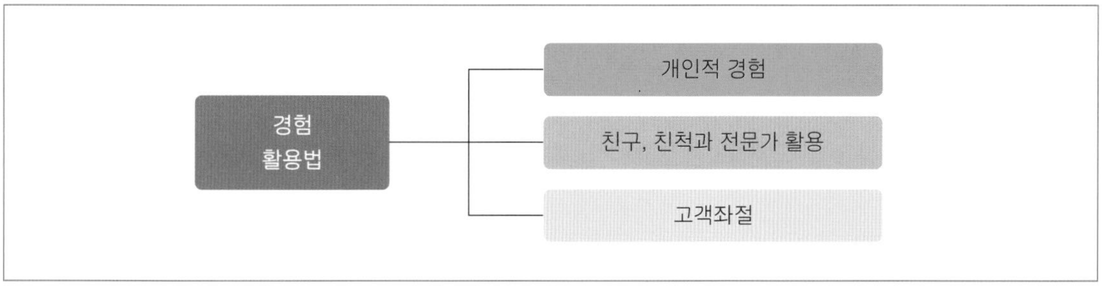

---

[5] Ulrich & Eppinger(2012).

① 개인적 경험

제품과 기업은 기업가가 경험한 상태에 대한 불만족으로 창조되었다. 개인적 경험은 사업의 좋은 기회가 된다. 예를 들면, 이디야 커피 문창기 회장은 고객이 합리적인 가격으로 쉴 문화공간이 없는 것을 경험했다. 이처럼 개인적 경험은 사업 아이디어로 훌륭한 원천이 된다. 욕구가 많은 고객집단이 존재하더라도 새로운 해결안을 수용하는 데는 많은 차이가 있다.

○○○ **SENSE** 🔍 **개인적인 경험은 훌륭한 사업 아이디어의 원천**

물류 업계 1위인 FedEx의 창립자인 프레드 스미스(Fred Smith)는 편지가 하루 안에 전달되지 못하는 이유를 이상하게 생각했다. 이것이 물품을 하루 안에 배달할 수 있는 회사를 창업한 이유이다.

이탈리아 여행 중에 스타벅스 회장인 하워드 슐츠(Howard Schultz)는 유럽풍 카페가 미국에 없는 이유를 의아하게 느꼈다. 단순히 커피 제품만을 파는 곳이 아니라 이국적 분위기, 친절한 서비스, 재즈 음악을 제공하면서 소비자들에게 감성적 체험을 제공하는 곳이 스타벅스이다.

② 친구, 친척과 전문가 활용

친구, 친척이나 준거집단이 어떤 상품과 서비스를 구매하는지와 구매하는 이유를 알아본다. 그러면 그들이 어떤 문제를 해결하기를 원하는지를 탐색할 수 있다. 또한 전문가, 컨설턴트, 미래학자 등은 틈새를 발견하는 데 도움을 준다. 전문가들은 관련 산업에 대한 지식, 경험과 정보가 풍부하고, 항상 새로운 정보에 정통해 있다. 이들을 통한 기회의 발견은 새롭고 참신한 아이디어를 얻는 데 유용하다.

③ 고객좌절

고객들은 제품사용 중에 작동이 잘 안 되어 마음이 상하는 좌절을 경험한다. 고객좌절(customer frustrations)을 이해하면 기회가 된다. 제품이나 서비스에 좌절을 느끼는 소비자들은 반복구매를 기피하고, 다른 사람들에게 회사를 비판하는 경향이 있다. 자신이 겪은 불편, 불만이나 분노를 고객도 동일하게 느끼는지를 고객에게 묻고, 직원들이 고객에게 동일한 실수를 하는지를 점검한다. 잘못된 것을 반복적으로 허용하는 것은 사업에서 현실적인 변화를 거부하는 것이다. 사업을 향상하는 데 도움이 되는 해결안은 각 상황 안에 있다.

(4) 조사과정

욕구조사는 고객의 욕구를 이해하여 설계규범과 제품해결책을 창출하는 것이다. 설계규범은 고객욕구를 해결함으로써 고객에게 실제 가치를 제공하는 당연적 품질특징이나 성능의 높은 수준을 말한다. 제품해결책은 실제 사용자 욕구를 충족하고, 직접적으로 설계규범을 따르는 컨셉, 제품과 원형제품이다. 고객의 욕구를 밝혀내어 제품 아이디어로 연결하기 위한 조사과정은 구상과 준비, 관찰과 기록, 그리고 해석과 재구성으로 이루어진다.

그림 5-9 **조사과정**

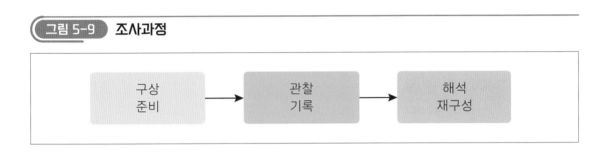

1) 구상과 준비

조사문제, 범위, 목적, 표적고객이나 고객집단을 결정한다. 질문의 유형과 찾을 정보를 사전에 구상하는 단계이다. 다음 단계로 넘어가기 전에 이차자료와 기타 조사를 이해한다. 이미 이루어진 조사를 다시 반복할 필요는 없다. 조사를 시작하기 전에 준비할 사항이 있다.

- 조사문제를 구성하고 조사목적을 결정한다.
- 모집단을 정의한다.
- 표적시장을 확인하고 고객과 시장을 일치시킨다.
- 주제에 근거한 설정된 자료를 조사한다.

2) 관찰과 기록

고객의 행동과 그들이 직면하는 문제를 발견한다. 고객들이 문제라고 전혀 깨닫지 못하거나 지각하지 못하는 것도 문제이다. 고객의 행동을 방해하지 않고 고객이 관찰받는다는 것을 알지 못하는 자연스런 환경을 조성한다. 다음은 고객을 관찰할 때 고려할 사항이다.

- 자연스런 행동을 유지하도록 행동을 강요하지 않는다.
- 적절한 기록 방법을 사용한다.

3) 해석과 재구성

이전 단계에서 얻은 자료를 해석하고 처리한다. 제품개발과정은 욕구발견과정과 병행하여 계속 진행할 수 있다. 고객의 입장에서 고객의 언어로 수집한 정보를 해석한다. 고객의 상황을 개선하기 위해 문제를 해결해야 한다는 것을 기억한다.

- 욕구 서술문을 만든다.
- 욕구를 분류하고 우선순위를 정한다.
- 조사를 재구성한다.

03 고객욕구의 분류

개발팀의 욕구 분류를 토대로 조사한 잠재고객의 욕구를 분류하고, 양자를 비교하여 유사점과 차이점을 분석하고 재구성한다. 양자가 보는 시각과 정보의 차이가 크기 때문에 잠재고객이 오해하거나 이해하지 못한 부분이 나타날 수 있다. 고객욕구의 분석은 분류, 서열화와 포괄적 방법이 있다. 고객들은 대체로 제품의 특징과 기능에 따라 제품을 분류한다.

(1) 고객욕구 서술문

1) 고객욕구 서술문의 의미

원자료를 고객욕구 서술문으로 변환한다. 고객욕구 서술문(need statements)은 고객이나 고객집단으로부터 얻은 명확하고 정확한 욕구서술이다. 고객욕구 서술문을 구성할 때 사실에 근거하고, 편견이 없어야 하고, 제조방법이 아니라 제품 수행 기능으로 작성한다. 고객욕구 서술문은 정보 손실을 막기 위해서 원자료처럼 구체적이고 명확해야 한다. 고객욕구 서술문은 제품사양으로 전환하기 위해 제품속성으로 기술하고 고객의 언어를 유지한다.

2) 고객욕구 서술문의 활용

고객욕구 서술문은 고객욕구를 명확하고 정확하게 표현한 서술문이다. 이러한 고객욕구 서술문은 조사자들이 처리해야 할 욕구가 무엇인지에 대한 질문을 간단하게 설명한다. 문제가 너무 좁거나 해결책의 범위가 너무 제한적이라면 해결책의 창의성과 혁신은 억제될 것이다. 적절한 해결책은 실천가능한 해결책에 대한 간단한 이론적 근거와 주장을 포함한다. 고객욕구 서술문은 5W 1H로 설명한다.

① 누가 제품을 구매하고 사용하는가?

표적고객이 누구인가를 정확히 아는 것은 매우 중요하다. 욕구 발동자, 구매 영향력 행사자, 구매결정자, 구매자와 사용자처럼 구매과정에서 상이한 행위자의 역할을 이해할 수 있다. 고객을 유사한 특성을 기준으로 동일한 집단으로 분류하여 시장세분화를 포함한다.

② 고객이 무엇을 구매하고 어떻게 사용하는가?

고객이 제품으로부터 얻는 가치가 무엇인지 이해하는 것은 중요하다. 구매빈도, 고객생애가치와 제품에 소비한 지갑점유율(share of wallet)[6]을 이해할 수 있다.

③ 고객은 어디서, 언제 구매하는가?

고객이 제품을 구매하는 장소, 시점이나 시기를 파악할 수 있다. 고객이 선호하는 유통경로와 이러한 선호가 어떻게 변경되는지를 알 수 있다. 고객이 구매하는 시점에 관하여 수요나 계절성을 이해하고 판매촉진과 가격파괴가 구매촉진결정에 효과적인지를 이해한다.

④ 고객이 어떻게 선택하는가?

고객의 구매행동을 설명하는 모델이 있다. 다속성 모델은 소비자들이 제품속성과 그 속성에 대한 중요도, 즉 개인의 주관적 신념에 따라 특정 제품을 구매할 수 있다고 설명한다. 다속성 모델은 제품을 속성의 집합으로 본다. 고객은 제품속성에 따라서 중요도를 다르게 놓고, 그것은 구매결정에 직접적인 영향을 미친다. 고객은 선호도를 개발하는 과정에서 제품속성과 중요도의 지각을 결합한다.

표 5-2 ┃ 고객욕구의 수집

Who	What	Why	When/Where	How		
표적고객	제품편익	고객욕구	구매시간, 장소	선택방법	선택과정	선택이유

(2) 욕구의 계층적 분류

다수의 고객욕구 서술문을 추출하고, 그것들을 1차, 2차와 3차 욕구로 계층적으로 분류한다. 1차 욕구(primary needs)는 하위수준 욕구의 제목으로 사용한다. 분류 전에 불필요한 서술을 확실히 제거한다. 이 분류과정은 개발팀이나 고객에 의한 2가지 방법으로 실행한다.

---

6 한 소비자의 총 지출 중에서 특정 제품에 사용된 지출 비율

개발팀은 고객들이 제품을 어떻게 보는가에 근거하여 서술문을 분류하는 것이 유용하다는 것을 기억해야 한다. 고객들이 특정 서술문이 독특한지, 감동적이거나 기대하지 않은 것인지를 체크하도록 요청받는 점수표에 1~5점 사이의 숫자를 할당함으로써 서술문을 평가한다.

욕구의 위계적 분류작업은 친화도를 활용하면 쉽다. 친화도(af nity diagram)는 일본의 인류학자인 카와키타 지로(Kawakita Jiro)가 개발한 방법으로 방대한 자료에서 의미 있는 결론을 이끌어내는 데 효과적이다. 수집한 방대한 자료로부터 의미 있는 결과를 도출하는 기술로 이를 이용하면 다양한 아이디어를 몇 개의 연관성 높은 집단으로 분류하고 파악할 수 있어 문제 해결안을 도출할 수 있다.

다량의 아이디어를 유사성에 따라 군집화한다. 친화도는 고객욕구를 설계 요구조건으로 변환할 때, 아이디어를 새로운 관점에서 다룰 때, 문제의 속성을 정의할 때, 개발팀에게 문제해결, 공정개선이나 신제품 개발의 방향을 제시할 때 활용된다. 다음은 아이디어를 분류하는 친화도를 작성하는 절차이다.

① 각자 아이디어를 카드에 따로 기록한다.
② 카드를 모아서 탁자에 섞어서 펼쳐놓는다.
③ 전체 참석자들이 카드 주위에 모인다.
④ 서로 관련된 아이디어가 적힌 카드들을 가까이 모아서 놓는다. 이때는 대화가 허용되지 않는다.
⑤ 모든 아이디어의 군집화가 끝나면 각 집단의 표제가 될 만한 아이디어를 골라서 그 카드를 해당 집단의 상단에 놓는다.
⑥ 표제어로 쓸 적당한 카드가 없으면 새 카드에 표제를 쓴다. 이때는 대화가 허용된다.
⑦ 집단 간의 결합이 적절하다고 판단되면 집단을 합할 수 있다.

예를 들면, 스마트폰에 관한 욕구에 해당하는 단어를 각각 카드에 적어서 제출하라고 했을 때 "사용성, 심미성, 품목의 다양성, 터치의 반응속도, 메뉴의 복잡성, 외관 스타일, 다른 화면 표시" 등 3차 욕구를 기재한 카드를 수거한다. 그런 다음에 수거한 카드를 탁자에 무작위로 섞어놓은 다음 유사한 것끼리 모아놓는다. 마지막으로 세 개의 집단에 가장 적합한 표제어를 1차 욕구, 2차 욕구와 3차 욕구 카드에 써서 집단 위에 놓는다.

그림 5-10　친화도에 의한 분류의 사례

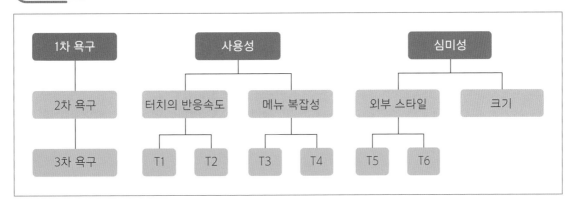

표 5-3　친화도에 의한 분류의 사례

대분류	중분류	소분류	평점
1차 욕구	2차 욕구	3차 욕구	
사용성	터치의 반응속도	화면이 열리는 데 오래 걸림	
		터치를 잘 인식하지 못함	
		다른 화면 표시	
		영상 해상도가 깨지기도 함	
		화면 회전이 너무 잘 됨	
	메뉴의 복잡성	분류의 연관성이 부족	
		사용빈도 배열순서가 아님	
		메뉴구성의 가시성이 떨어짐	
		메뉴 길이가 길다.	
심미성	외부 스타일	색상이 단조로움	
		기능성에 어울리지 않는 디자인	
	크기	크기가 크다.	
품목의 다양성	구성이 협소	품목이 너무 단순하다.	
	기타	품목 간의 차이성이 크지 않다.	

고객은 욕구를 충족하는 브랜드를 거절하지 않는다. 고객의 욕구를 예측하는 중요성은 아무리 강조해도 지나치지 않다. 고객의 욕구를 예측함으로써 새로운 기능, 서비스 또는 해결안을 고객이 먼저 요청하기 전에 제공할 수 있다. 그렇다면 고객의 요구를 어떻게 충족하는가? 제품의 새로운 측면을 계획, 구축 및 실행할 수도 있다. 기업은 고객의 요구를 파악하고 이해하고 충족할 수 있는 탐지방법을 구축해야 한다.

(1) 고객문제의 탐지방법

고객의 불평은 개선해야 할 고객문제이다. 불평이나 골칫거리인 고객의 핵심문제에 대한 탐지에는 역 브레인스토밍(reverse brainstorming)을 일반적으로 사용한다. 문제탐지 절차는 제품 사용자를 통해서 현재 사용 중인 제품의 핵심문제 목록을 만들고, 목록을 분류하고, 골칫거리를 추출하여 서열화하는 것이다. 고객문제를 탐지할 제품을 결정하고 사용자 집단을 확인하고, 그런 다음 골칫거리(bothersomeness)와 발생빈도(frequency)를 사용하여 문제를 탐지한다. 다음은 고객욕구나 고객문제의 탐지과정이다.

㉮ 고객문제를 탐지할 제품을 결정하고 사용자 집단을 확인한다.

고객문제를 탐지할 제품을 결정하고, 결정한 제품의 다량 사용자 집단을 확인한다. 다량 사용자는 문제를 많이 이해하고, 대부분의 시장에서 많은 구매력이 있는 사람들이다. 또한 해결할 수 있는 문제가 시장 밖에 있는지를 알아보기 위해 비사용자를 조사한다.

㉯ 제품과 관련된 문제를 다량 사용자나 보통 사용자로부터 수집한다.

제품으로부터 원하는 편익과 그들이 얻는 편익을 순위화한다. 이들 간의 차이는 고객문제이다. 고객이 기대한 편익과 제품이 제공하는 편익의 중요도(importance)를 순위화하여, 고객이 기대한 편익의 중요도가 높은 것이 고객문제가 된다.

㉰ 골칫거리와 발생빈도를 사용하여 고객문제를 탐지한다.

골칫거리(bothersomeness)는 현재 사용자 인식으로 사용자가 제품을 사용할 때 가장 문제가 된다고 생각하는 기능이나 속성이다. 이것은 사용자들에게 중요하고 현재 해결안이 없는 문제가 된다. 문제 발생빈도의 척도는 5점으로 "전혀 발생하지 않는다, 조금 발생하지 않는다, 그저 그렇다, 조금 발생한다, 매우 자주 발생한다"로 묻고 그 응답 결과를 기록한다. 골칫거리의 척도도 5점으로 "전혀 골칫거리가 아니다, 조금 골칫거리가 아니다, 그저 그렇다, 조금 골칫거리이다, 매우 골칫거리이다"로 묻고 그 응답결과를 기록한다. 골칫거리(A)와 문제 발생빈도(B)를 곱(AxB)하여 기록하고 점수가 가장 높은 것이 고객의 가장 큰 문제이고 이것이 바로 고객의 미충족 욕구로 시장의 기회가 된다.

고객의 골칫거리를 해결하면 신제품이 된다. [표 5-4]에서 가장 골칫거리는 배터리 사용 시간이다. 그 다음은 터치의 반응 속도이다. 이와 같이 고객이 가장 골칫거리로 생각하는 부분을 파악할 수 있다. 기타 제품의 중요도나 제품의 만족도를 조사하여 고객의 욕구와 비교분석하면 의사결정에 더욱 유용하다.

표 5-4 **골칫거리와 발생빈도에 의한 문제탐지**

항목	골칫거리(A)	문제발생 빈도(B)	A x B	순위
터치의 반응 속도	3	4	12	2
메뉴 복잡성	3	3	9	3
화면 해상도	2	4	8	4
배터리 사용 시간	4	5	20	1

(2) 고객욕구의 서열화

고객의 욕구는 모두 동일하지 않거나 중요도가 다르지만 어느 정도 단계적이다. 고객에 따라서 욕구가 과소나 과도하기 때문에 고객들은 더 매력적으로 느끼는 제품에 상대적 가중치를 주는데, 이것이 고객욕구를 서열화하는 것이다.

어떤 욕구가 얼마나 중요하고 만족되었는지를 고객이 평가하는 방법이 있다. 예를 들면, 중요도와 만족도를 측정한 결과 [그림 5-11]과 같다. 4분면에 고객이 평가한 두 항목을 배치한다. 중요도에 높은 평점과 만족에 낮은 평점을 받은 욕구(B)는 노력이 집중되어야 할 욕구이다. 낮은 중요도와 낮은 만족의 결합(E)은 처리할 수 있는 숨겨진 기회이다. 어떤 욕구가 중요한 것으로 고려되지 않았지만 매우 만족했다면(C) 다른 특징에 자원을 재할당하면 돈을 절약할 수 있다. 만족과 중요도가 높게 평점을 받은 욕구(D)는 현재 수준에서 유지한다.

그림 5-11 중요도와 만족도

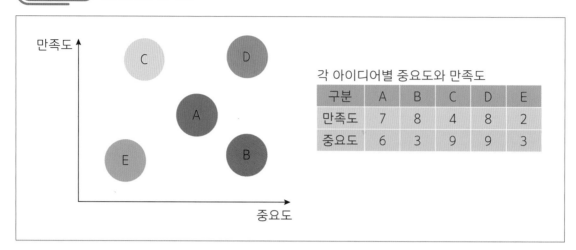

각 아이디어별 중요도와 만족도

구분	A	B	C	D	E
만족도	7	8	4	8	2
중요도	6	3	9	9	3

비즈니스에는 마케팅과
혁신이라는 두 가지 기능만 있다
- Milan Kundera -

CHAPTER
06

가치제안의 이해와 구성

인간의 무의식을 과학적으로 분석하는 뉴로 마케팅

⚙ 블라인드 테스트에서 펩시가 코카콜라를 앞서

콜라 시장에서 두 라이벌의 승부만큼 마케터들의 골치를 아프게 한 것도 많지 않을 것이다. 1980년대 중반 펩시가 전 세계 수십만 명을 대상으로 수행한 블라인드 테스트(눈을 가리고 시음)에서 펩시가 코카콜라를 앞서는 것으로 나타났음에도 불구하고 시장에서는 열세였기 때문이다. 이런 결과가 나온 원인을 브랜드 파워로 설명했다. 소비자들은 콜라의 맛 이상으로 브랜드를 중요하게 생각하고 실제로 코카콜라가 펩시보다 강력하고 호의적인 브랜드 이미지를 가지고 있다는 것이다. 설문조사나 포커스 그룹 인터뷰 등과 같은 전통적인 조 사기법으로는 충분한 해답을 얻기가 쉽지 않은 것이 현실이다.

⚙ 뇌가 코카콜라를 인식할 때 펩시에 비해 보다 더 강력하게 반응

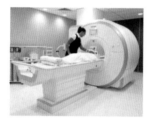

미국 마케팅 학자들과 뇌과학자들이 코카콜라와 펩시를 구매하는 소비자들의 뇌 반응을 기능성 자기공명영상장치(fMRI)로 연구해 브랜드에 얽힌 수수께끼를 풀었다. 연구팀은 먼저 블라인드 테스트(blind test)를 실시했다. 본인이 마신 콜라가 어떤 브랜드인지 모르는 상태에서 콜라를 마시게 하자 양쪽 모두 동일한 뇌 영역이 활성화됐다. 그 중에서도 특히 보상 반응을 담당하는 전두엽이 활성화됐다. 하지만 브랜드를 알려주면서 콜라를 제공하자 그 즉시 뇌영상이 달라졌다. 코카콜라를 음미할 때는 전두엽 외에도 중뇌와 대뇌에 있는 정서 및 기억을 담당하는 또 다른 영역(전전두엽과 해마)이 활성화됐지만 펩시를 마실 때는 그렇지 않았다. 소비자의 뇌가 코카콜라 브랜드를 인식할 때 펩시에 비해 보다 더 강력하게 반응했다.

⚙ 뉴로 마케팅이란 무엇인가

뉴로 마케팅(neuro marketing)은 뇌영상 촬영, 뇌파측정, 시선추적 등 뇌과학 기술을 이용해 소비자의 뇌세포 활성화나 자율신경계 변화를 측정해 소비자 심리 및 행동을 이해하고 이를 마케팅에 활용하려는 시도이다. 소비자 구매행동의 상당 부분은 자신도 모르게 내재돼 있는 잠재의식에 의해 이뤄진다는 관점이다. 포천은 뉴로 마케팅을 미래 10대 기술로 선정했다. 뉴욕타임스, 뉴스위크 등은 음료, 식품, 화장품, 패션, 정보기술(IT), 자동차, 영화 등 다양한 산업에서 뉴로 마케팅이 활용되고 있다고 소개했다. 코카콜라, P&G, 유니레버, 로레알, 켈로, 나이키, 루이비통, HP, 혼다, 20세기폭스 등이 뉴로 마케팅을 활용하는 대표적 기업이다. 최근 뇌신경 과학의 연구성과가 급속히 발전하고 이를 기반으로 화장품, 이동통신, 인터넷 포털 서비스 분야의 대표 기업을 중심으로 뉴로 마케팅이 확대되는 추세다. 뉴로 마케팅의 핵심은 소비자가 무의식적으로 느끼는 감성의 측정에 있다. 감성 마케팅은 시각, 청각, 촉각, 후각, 미각 등 인간의 신체감각을 통해 브랜드를 경험하도록 하는 마케팅 활동이다. 요즘 휴대전화 업체들은 디자인을 통해 소비자의 오감을 공략한다. 뉴로 마케팅은 오감의 자극을 받은 소비자들의 뇌 영역에서 일어나는 뇌세포 활성 정도를 보여주고 자율신경계의 변화 상태를 측정해 소비자의 흥분이나 집중·각성 등의 감성을 알려주는 것이다.

⚙ 뉴로 마케팅이 부상하는 배경

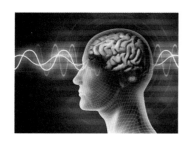

첫째, 뉴로 마케팅은 전통적 소비자 조사의 한계를 극복하기 위한 수단으로서 유용하다. 설문조사나 포커스 그룹 인터뷰와 같은 전통적 조사기법들은 기업이 투입 비용과 시간에 비해 만족할 만한 성과를 내지 못할 때가 종종 있다. 남의 눈을 의식해 자신의 속마음과 다르게 말하는 사람들도 흔하고, 소비자 스스로도 자신이 무엇을 원하는지 정확히 알지 못할 때도 많다. 기존의 조사방법으로는 소비자 스스로도 의식하지 못하고 있는 부분에 대해서는 알아낼 수 없다. 둘째, 뇌영상 기술의 발달이다. 뇌영상 장치는 뇌의 특정 부위가 활동하면서 혈액이 모이는 현상을 마치 불이 켜지는 것처럼 보여준다. 자극을 주고 동시에 뇌영상을 촬영하면 소비자의 무의식적 반응을 파악 할 수 있다. 또한 뇌파조사(EEG), 시선추적(Eye tracking), 피부 전도도 반응(GSR) 등과 같은 자율신경계 반응 조사기술의 발달도 뉴로 마케팅의 부상을 견인하고 있다. 셋째, 뇌신경 과학과 다양한 학문들의 융합이다. 통섭이란 말로 통칭되는 지식 간 융합과 통합이다. 의학 생물학의 분야를 넘어 정치, 경제, 정보기술, 마케팅, 심리학 등 다양한 학문들이 뇌를 중심으로 서로 통합되고 융합 연구가 가속화하고 있다.

⚙ 제품개발, 디자인 개선 등에 활용 가능

뉴로 마케팅은 의학 생물학 마케팅 심리학의 융합 연구로 볼 수 있다. 뉴로 마케팅이 활용 가능한 분야는 크게 제품개발, 디자인 개선, 광고효과 측정, 매장 동선 및 디스플레이 개선, 웹사이트 사용자 환경(UI) 개선 등으로 구분할 수 있다. 먼저 제품개발에서 활용된다. 뇌영상 촬영, 뇌파 조사 등에 의한 뇌 반응을 통해 신제품개발 콘셉트의 아이디어를 얻을 수 있다. 디자인도 개선할 수 있다. 기업은 뇌영상 촬영, 시선추적 등에 의한 뇌 반응을 통해 디자인 개선 아이디어를 얻을 수 있다. 한 가전 업체는 냉장고를 보는 소비자 의 시선을 추적해 제품의 디자인 가치를 높이기 위한 시도를 했다. 소비자가 냉장고를 보는 시선은 다양한 방식으로 분석될 수 있다.

인간의 무의식을 과학적으로 분석하는 뉴로 마케팅

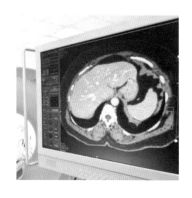

가전 업체는 소비자의 시 선이 제품의 어느 부분에 분포돼 있는지, 각 영역별로 소비자가 집중해 본 부분은 어디인지, 시선을 가장 먼저 끄는 곳은 어디인지 등을 분석했다. 이러한 결과를 종합적으로 분석해 디자인의 효과를 극대화하기 위해 제품을 개선했다. 광고효과 분석도 가능하다. 소비자에게 광고 호감도 등을 질문하는 방식으로 수행하는 기존 조사 방식으로는 순간의 느낌이 중요한 광고의 효과를 제대로 알기가 어렵다. 하지만 기업은 뇌영상, 뇌파 조사, 시선추적 등을 통해 광고를 보는 동안 소비자의 감정 변화를 어느 정도 알 수 있다. 기업 은 뉴로 마케팅을 활용해 매장 내 고객경험을 개선할 기회를 마련할 수 있다. 특히 시선추적은 고객이 편하게 쇼핑할 수 있도록 매장 동선을 개선하고, 물건이 더 잘 팔릴 수 있도록 디스플레이 방식을 변화시킬 수 있는 아이디어를 제공한다. 한 업체는 시선 추적 방식을 통해 매장동선 및 디스플레이 방식을 변경해 성공을 거뒀다. 이 업체는 쇼핑객에게 카메라가 달린 안경을 끼도록 하고 매장을 자유롭게 쇼핑하도록 했다. 쇼핑객이 동선을 따라 걸을 때 느끼는 편안함의 정도를 파악하고, 디스플레이를 바라보는 시선의 방향을 분석했다. 이 업체는 실험 결과에 따라 하나의 매장을 대폭 변경했고, 변경 이후 매장의 매출이 다른 매장에 비해 무려 21%나 늘었다는 사실을 확인했다.

출처: 한경비즈니스 제1100호

CHAPTER
06

가치제안의 이해와 구성

01 ## 고객가치

경쟁사보다 먼저 고객의 욕구를 충족할 때 기업은 성공한다. 고객의 욕구 사항이 충족되었는지 확인하기 위해 마케팅팀은 조직의 다른 내부팀과 협력한다. 전체 조직이 고객의 욕구를 예측, 식별 및 충족하는지를 주기적으로 확인한다. 고객가치는 항상 변한다. 기업은 고객가치의 변화에 선제적으로 대응해야 한다.

(1) 고객가치의 이해

환경이 역동적으로 변하고 있고, 회사는 이러한 변화에 신속하게 대처하고, 고객가치와 만족을 충족하고, 고객만족을 위한 전략을 효과적으로 수립해야 한다. 기업들은 자금, 혁신, 품질, 가치, 이미지, 고객지식, 기술, 제품과 시장을 이해해야 한다. 제품이나 서비스의 독특성을 유지하고, 경쟁우위를 갖는 것은 회사가 가치제안을 어떻게 전달하는가이다. 고객가치의 설계와 전달은 경쟁자보다 더 우수해야 하지만, 이것은 고객중심 철학과 문화를 개발하지 않고는 쉽게 성취될 수 없다.

1) 고객가치의 개념

가치(value)는 인간행동에 영향을 주는 바람직한 것이나 인간의 지적·정서적·의지적인 욕구를 만족시킬 수 있는 대상이나 성질을 의미한다. 즉, 가치는 어떤 대상의 중요성이나 유용성을 뜻한다. 고객가치(customer value)는 소비자가 제품으로부터 얻는 것과 제품을 얻기 위해 주는 것과의 차이이다. 고객들은 고객가치의 본질인 제품품질, 서비스 품질, 이미지와 가격에 의해서 가치를 평가한다.[1] 고객의 욕구, 필요와 기대를 충족시킴으로써 편익 측면에

---

1   Weinstein(2012).

서 고객가치가 구성된다. 따라서 고객가치는 고객만족, 회사성과, 시장점유율, 회사성공과 생존에 영향을 미친다. 대부분의 회사가 특정한 제품을 생산할 동일한 능력을 갖고 있기 때문에 제품품질, 서비스 품질, 이미지와 가격 등은 차별화의 중요한 요소이다.

- **제품품질**: 고객이 평가하는 제품의 물리적 특징
- **서비스 품질**: 지식, 정보, 지원, 불만처리 등 제공되는 무형적 가치
- **이미지**: 상호작용하는 회사에 대한 고객의 인식
- **가격**: 고객들이 제품을 구매하는 화폐금액

그림 6-1 고객가치의 구성요소

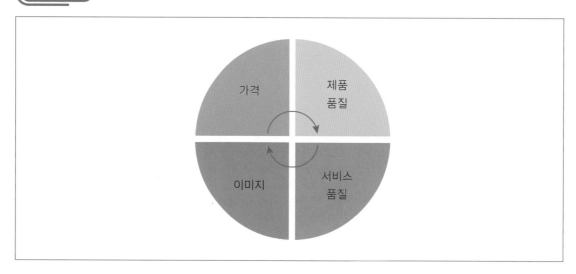

2) 고객가치와 고객편익과의 관계

고객들은 제품이나 서비스로부터 받는 편익(benefits)과 이것을 얻는 것과 관련된 비용(costs)의 차이를 경쟁제품과 비교·평가한다. 편익이 비용보다 클수록 고객가치는 더 높다. 지각된 편익(perceived benefits)은 기업 입장에서는 가치제안으로 제품편익, 제품품질, 서비스, 경험과 가격으로 구성된다. 가치제안(customer value proposition)은 기업이 제품이나 서비스의 구매이유를 상세하게 설명한 마케팅 진술이다. 제품편익은 고객의 욕구나 필요를 만족시키는 비용 효과성, 디자인, 성능 등의 실제적 요인과 이미지, 인기나 평판 등의 지각된 요소로 구성된다. 고객 경험은 제품을 소비하는 과정에서 보고 느끼는 행복, 즐거움과 환상 등의 감각적·정신적 흥분이다. 지각된 가치를 이해하는 것이 제품의 매력을 극대화하고,

고객을 유지하는 데 필수적이다.

그림 6-2 **지각된 편익의 구성요소**

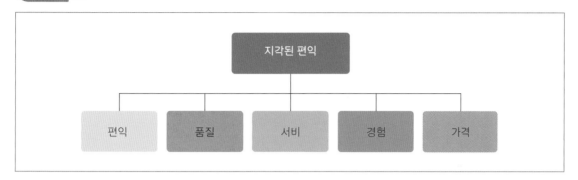

지각된 비용은 고객이 돈, 시간, 에너지와 심리비용을 포함한 제품을 평가, 획득, 사용과 처분할 때 또는 서비스를 사용할 때 발생할 것으로 예상하는 비용이다. 고객가치는 고객이 얻는 것과 포기해야만 하는 것의 차이이다. 회사가 경쟁자에 비해 고객가치를 극대화한다면 성공할 것이나 제품이 고객가치보다 적다면 회사는 궁극적으로 실패할 것이다. 따라서 고객가치는 개인들이 어떤 제품의 지각된 편익을 평가한 후 제품를 얻는 지각된 비용과 비교한 것이다. 고객은 편익이 비용보다 크다고 느끼면 제품이나 서비스는 매력적이다.

• 고객가치= 지각된 편익 – 지각된 비용

그림 6-3 **지각된 편익과 지각된 비용**

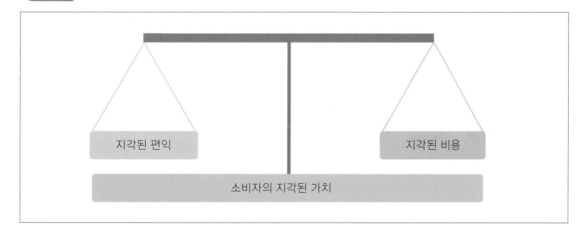

3) 고객가치의 중요성

우수한 고객가치가 왜 필요한가? 고객가치가 우수하지 않다면 회사는 고객들에게 무엇을 제공해야 하는가? 고객들을 감동시킴으로써 고객기대를 초과하여 전달하는 회사는 경쟁자보다 앞설 수 있고, 매우 큰 수익과 시장점유율을 확보할 수 있다. 조직이 우수한 가치를 전달한다면 소비자들은 가치를 얻기 위해 더 많은 소비를 기꺼이 한다.

고객은 아이디어를 개발하고 추진하는 출발점이다. 고객의 욕구와 필요를 충족하기 위해 기업은 존재한다. 고객들과의 상호작용 접점은 우수한 가치를 설계하고 전달하는 회사의 능력에 영향을 준다. 기업은 조직의 운영, 성과, 성장과 성공을 위한 기반으로서 고객가치를 전략적으로 창조한다. 다음은 기업이 제공해야 할 고객가치의 중요성이다.

- 시장은 가치를 평가하는 곳이다.
- 우수한 고객가치의 설계와 제공은 성공적인 기업전략의 핵심이다.
- 고객들은 제품의 가치보다 더 많이 지불하지 않는다.
- 고객중심 문화는 기업에 고객집중과 방향을 제공한다.
- 우수한 고객가치의 제공은 경영자에게 의무이다.
- 고객에게 적절한 가치를 제공하지 않는 회사는 사라질 것이다.
- 고객가치는 경쟁우위를 구축하는 핵심요소이다.
- 고객은 매우 영리하고 박식하다.

○○○ SENSE ○ 활명수의 장수 비결…끊임없는 진화

동화약품의 초대 사장인 민강 선생은 일제 강점기에 활명수를 판매한 돈의 일부를 모아 대한민국 임시정부 군자금으로 보탰다. 1919년 3·1운동 직후 체계화한 독립운동을 위해 중국 상하이에 세워진 대한민국임시정부와 국내 간 비밀 연락망인 서울연통부를 동화약품 사옥 내에 설치해서 운영하였고, 서울연통부 책임자로서 대동청년당을 결성해 적극적으로 독립운동에 헌신하는 등 나라를 구하기 위해 힘썼다.

난 1897년생 활명수(活命水)야. 내 이름은 '생명을 살리는 물'이란 뜻이야. 한국인이라면 한 번쯤은 내 이름을 들었거나 마셔봤을 거야. 지난 122년 동안 하루도 쉬지 않고 한국인의 막힌 속을 뻥 뚫어주는 역할을 해 왔으니까. 100년 넘게 한국인의 급체나 토사곽란(갑자기 토하고 설사를 하는 위장병)을 해결해 온 난 다양한 수식어를 갖고 있지. 국내 최초의 신약, 최장수 의약품, 액상 소화제 매출 1위 브랜드, 한국인이 사랑한 브랜드 1위 등등. 지금까지 국내에서 생산된 내 형제들은 85억 병에 달해. 전 세계 인구 65억 명이 1병 이상 마시고도 남고, 대한민국 국민(4,800만 명) 1인당 175병씩 마실 수 있는 엄청난 양이야. 지난 해 내 몸값은 580억 원. 난 국내에서만 활동했으니까. 오래 살았던 만큼 우여곡절도 많았지만, 꾸준히 사랑받으면서 살아남은 비결이 있지. 잠깐 옛날 감상에 젖었네. 이제 122살 장수 비결을 공개할게. 비결은 뭐 약효지. 바로 끊임없는 진화야. 67년쯤인가, 원래 내 모습에 탄산을 첨가해 청량감을 보강한 동생 '까스 활명수'가 세상에 나왔지. 91년엔 '까스 활명수-큐'로 동생 모습에 변화를 좀 줬어.

출처: 중앙일보와 전자신문 정리

(2) 고객가치의 유형

고객들은 제품속성, 제품사용의 결과와 바라는 목적의 달성 여부에 의해서 가치를 지각한다. 고객가치를 창출하기 위해서 회사는 먼저 잠재고객들이 추구하는 가치를 확인한 다음 편익을 제공하기 위해 선제적인 전략을 개발한다. 가치창출 전략은 고객들이 지각하는 가치에 따라 다양한 차원에 집중한다. 가치창조의 원천은 기능적 가치, 경험적 가치, 상징적 가치, 비용·희생가치가 있다.[2] 설득력이 있는 가치제안을 위해 기업은 고객들이 가치를 어떻게 지각하는지를 확인해야 한다. 확인된 가치의 원천은 제품이 사용되는 맥락에 적절해야 하고, 적용할 수 있어야 한다. 따라서 기업의 가치창조 전략은 기능적 가치, 경험적 가치, 상징적 가치, 관계가치, 비용 가치, 가격가치, 공동창조가치와 브랜드가치가 있다.[3]

- **기능적 가치**(functional value): 제품 자체의 속성이다. 제품이 유용하고, 고객이 바라는 목적을 충족할 수 있는 정도이다. 제품속성과 속성의 성능과 관련된 성능가치이다. 품질, 신뢰성, 안전, 성능과 가격 등이 해당된다.
- **경험적 가치**(experiential value): 제품이 적절한 경험, 느낌과 정서를 창출할 수 있는 정도이다. 제품사용의 환희, 오감으로 느끼는 감각적인 즐거움, 지적 호기심, 다양성 추구 등 영화, 콘서트, 뮤지컬, 독서, 여행 등이 있다.
- **상징적 가치**(symbolic value): 고객들이 제품에 애착을 갖거나 심리적 의미를 연상하는

---

2   Smith, J. B., & Colgate, M.(2007).

3   Aron O'Cass and Ngo(2011).

정도이다. 자아존중감, 자아 이미지, 차별성, 사회적 연대감, 존경이나 인정 등이다.

- 관계가치(relationship value): 고객이 공급자와 상호작용을 하는 동안 갖는 전반적인 고객경험이다. 제품품질, 서비스 지원, 배달성과, 공급자 노하우, 출시시간, 개인적 상호작용, 가격과 공정비용과 같은 차원에 따라 관계가 증가될 수 있다.
- 비용/희생가치(cost value): 제품사용과 관련된 비용이나 희생이다. 고객가치 인식은 고객이 주는 것에 대한 대가로 받는 것의 평가이다. 지불한 비용은 화폐적 금액, 시간, 노력 등이다.
- 가격가치(pricing value): 제품편익에 대해 공정한 가격을 지불한다고 믿는 것이다.
- 공동창조가치(co-creation value): 독특한 생산과 소비경험을 공동창조하기 위해 기업에 영향을 주는 것이 유익하다고 고객이 발견할 때 추가되는 가치이다.
- 브랜드가치(brand value): 고객들이 브랜드 자체를 인식하는 가치이다.

1) 고객비용의 유형

고객들은 제품이나 서비스를 구매할 때 고객가치를 경쟁제품과 비교·검토한다. 이때 고객들이 제품이나 서비스의 구매비용보다 가치가 더 크다는 것을 인식해야 구매가 이루어진다. 고객가치는 지각된 편익과 지각된 비용 간의 차이이다. 고객의 지각된 비용은 다차원적이고, 지각의 정도는 고객과 상황에 따라 다르다. 따라서 지각된 비용(perceived cost)은 화폐비용, 시간비용과 심리비용으로 볼 수 있다.

그림 6-4 고객비용의 구성요소

화폐비용	시간비용	심리비용
제품이나 서비스의 구매가격 제품이나 서비스의 운영비용 서비스 비용 전환비용 기회비용	제품이나 서비스에 대한 정보탐색 제품이나 서비스의 확보 시간 학습곡선 전환비용	제품이나 서비스의 탐색 노력 제품이나 서비스의 사용 노력 제품이나 서비스의 위험 전환비용

2) 화폐비용

지각된 가치의 화폐비용(monetary cost)은 제품이나 서비스의 구매가격이다. 화폐비용에는 구매비용, 운영비용, 전환비용과 기회비용이 있다.

운영비용(operating cost)은 기능을 수행하는 데 투입된 현금이나 이와 동등한 액수의 총지불경비를 의미한다. 유선케이블회사는 설치에 매우 저가격으로 출시기념을 촉진한다. 고객들은 케이블 서비스의 월별 지불액을 고려한다. 특히 숨겨진 비용이 있다면, 그때 고객들은 가치가 상대적으로 적다는 것을 알게 된다.

전환비용(switching cost)은 다른 사업자로 이동하는 것과 관련된다. 기계장치나 소프트웨어 같은 경우는 다른 제품으로 이동하기 어렵다. 기회비용(opportunity cost)은 대안구매와 관련된다. 고객들은 부인을 위해 구매하기를 원하는 고가의 보석을 찾을 수 있다. 어떤 고객이 보석을 구매한다면 신형 TV를 포기해야 한다. 이때 보석은 TV에 대한 기회비용이다. 마찬가지로 TV는 보석에 대한 기회비용이다.

3) 시간비용

시간비용(time cost)은 의사결정과정에서 중요하다. 고객들은 제품이나 서비스의 특성 정보를 획득하거나 경쟁상품을 비교하기 위해서 시간을 소비해야 한다. 이것은 상품이나 판매점을 알아내는 것과 관련이 있다. 상품이나 점포로 이동하는 데 소비하는 시간이나 상품이 고객에게 전달되는 데 들어가는 시간을 포함한다. 또한 상품을 사용하는 방법을 학습하는 데 필요한 시간을 고려한다. 많은 구매장소를 제공하고 제품사용이나 설명서의 단순한 이해는 구매시간을 단축하고 제품사용을 쉽게 해 시간비용을 절약한다.

4) 심리비용

심리비용(psychic cost)은 고객들에게 제품의 발견, 평가, 구매나 사용상에서 스트레스를 유발하는 요인과 관련된다. 제품의 발견이나 평가와 관련된다. 사용하는 데 어렵거나 사용법을 배우는 데 오랜 시간이 필요한 제품이나 서비스는 고객들에게 스트레스를 야기한다.

표 6-1 지각된 비용의 요소

요소	의미	마케팅 조치
화폐비용	구매가격	탁월한 설계
	운영비용	운영 효율성과 비용 억제
	보수비용	품질관리와 보증
	기회비용	쉬운 구매

요소	의미	마케팅 조치
시간비용	탐색시간	넓은 유통경로
	구매시간	웹 기반 구매옵션
	학습곡선	탁월한 설계와 웹 기반 정보 제공
심리비용	간단한 사용	탁월한 설계와 사용의 용이성
	편안한 느낌	명확한 설명서 작성 능력

○○○ SENSE 🔍 **LG가 더 나아갈 방향은 고객**

LG 구광모 회장은 "고객들의 눈높이가 높아지고 기업들의 생존 경쟁이 치열한 상황이다"며 "이러한 상황에서 최고의 고객경험 혁신기업으로 도약하기 위해서는 차별적 고객가치에 대한 몰입'이 필요하다"고 강조했다. 그는 '남들과 다르게'의 수준을 넘어, 새로운 생활 문화의 대명사가 되는 가치를 '차별적 고객가치'라고 정의했다. 이어 "고객을 WOW하게 만드는 감동을 주고, 미래의 고객들에게 전에 없던 새로운 생활 문화를 열어 줄 수 있어야 한다"며 "이런 가치들이 만들어지고 쌓여갈 때, LG가 대체불가능한 Only One의 차별적 가치를 제공하는 기업으로 자리잡을 것"이라고 강조했다.

(3) 수단-목적 사슬 접근법

속성, 결과와 가치는 위계적인 단계로 이루어진다. 예를 들면, 스타벅스는 커피를 판매하는 장소보다는 편안한 장소, 음악과 향기가 있는 분위기와 즐거운 대화를 할 수 있는 곳이다. 커피라는 속성을 토대로 편안한 장소, 음악과 향기가 있는 분위기와 즐거운 대화라는 결과를 얻게 되어 최종적으로 정서적 안락과 행복이라는 가치를 주기 때문에 찾는 곳이다.

소비자는 제품속성을 통해 편익을 느끼며 최종적으로 추상적인 가치를 얻을 것으로 기대하여 구매하게 된다. 이처럼 소비자의 마음속에 제품속성과 속성이 제공하게 될 편익과 가치를 연결하는 인지구조적 사슬이 존재한다는 개념이 수단-목적 사슬(Means-End Chain)이다.

소비자는 제품을 선택할 때 제품속성, 편익과 가치 단계 사이의 연결관계에 초점을 맞추게 된다. 수단적 가치(instrumental value)는 어떤 목적을 실현하는 수단이나, 최종적 가치(terminal value)는 즐거움이나 행복을 줄 수 있는 궁극적 가치이다. 예를 들면, 미백치약은 연마제라는 속성을 통해 치아를 하얗게 한다. 연마제라는 속성이 미백이라는 편익을 가져와 소비자는 하얀 치아를 통해 자신감과 행복이라는 가치를 느낀다.

그림 6-5 수단-목적 사슬

추상적	가치 (value)	최종적 가치 수단적 가치	자신감 행복
↕	결과 (consequence)	심리적 결과 기능적 결과	미백효과
구체적	속성 (attribute)	물질적 특징 구체적 속성	연마제

(4) 고객가치 사슬분석

고객가치 사슬은 고객에게 가치를 제공하기 위해 수행되는 회사의 모든 활동을 말한다. 고객가치 사슬분석(customer value chain analysis)은 회사의 이해 관계자들이 서로 상호작용하는 방법을 살피는 도구이다.[4] 이해관계자들은 원자재 공급자, 소매상과 최종사용자를 포함한다. 가치사슬이란 기업활동에서 부가가치가 생성되는 과정으로 생산 → 마케팅 → 판매 → 물류 → 서비스 프로세스를 말한다. 고객가치 사슬분석을 수행하는 것은 어떤 고객집단이 시장분석에서 제외되는 것을 방지하고, 고객의 욕구나 요구사항을 밝혀낼 수 있다.

가치사슬은 주요활동과 주요활동을 지원하는 지원활동이 있다. 주요활동(primary activities)은 기업의 부가가치 창출에 직접적인 영향을 미치는 활동으로 조달물류, 생산활동, 출하물류, 마케팅 및 판매와 서비스 활동이다. 반면 부가가치 창출에 간접적인 영향을 미치는 지원활동(support activities)은 경영일반, 기획, 재무, 회계, 법무 등 기업 하부구조, 인적자원관리, 기술개발과 조달활동이다. 따라서 고객의 욕구를 파악해 기업이 어떤 가치사슬 과정에서 차별화된 전략을 할 것인지 결정하는 것이 중요하다.

---

4   Porter, Michael(1980).

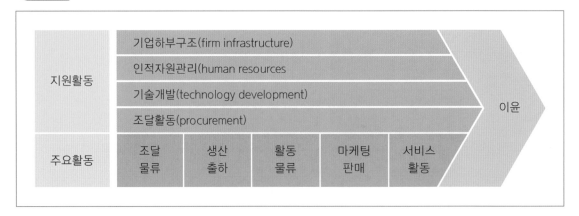

그림 6-6 마이클 포터의 가치사슬

지원활동	기업하부구조(firm infrastructure)					
	인적자원관리(human resources					이윤
	기술개발(technology development)					
	조달활동(procurement)					
주요활동	조달 물류	생산 출하	활동 물류	마케팅 판매	서비스 활동	

02 가치제안의 이해

고객은 구매결정을 할 때 유사한 제품에 대해 인지한 가치를 비교한다. 고객가치는 주관적이다. 진정으로 훌륭한 가치제안은 잠재 구매자를 유인할 수 있는 강한 첫인상을 남기는데 도움이 된다. 기업은 고객에게 제품 또는 서비스가 문제를 해결하고 개선하는 방법, 고객이 기대할 수 있는 혜택, 고객이 경쟁제품보다 자사제품을 구매해야 하는 이유를 제시할 수 있어야 한다. 따라서 기업은 고객에게 가치제안은 설명해야 한다.

(1) 가치제안의 의의

기업은 기존고객을 유지하고 신규고객을 유인하기 위해 가치를 창조한다. 가치제안은 표적사용자가 제품의 구매와 사용으로 알게 되는 경험의 기술이다. 가치제안이 없다면 회사는 시장에서 맹목적으로 활동하는 것이다. 기업은 표적사용자들이 다른 옵션을 갖고 있다는 사실을 경시하기 쉽다. 따라서 가치제안은 효과적인 제품 마케팅 활동을 위한 핵심으로 고객정보, 경쟁력이 있는 통찰력과 제품평가를 결합하는 활동이다.

1) 가치제안의 개념

가치제안(value proposition)은 소비자가 특정한 제품이나 서비스를 구매함으로써 얻는 이익이 무엇인지를 명확하게 표현한 진술이다. 즉, 고객들이 경쟁제품 대신에 자사제품을 구매하는 이유를 표현한 기술이다. 고객들이 제품을 구매하거나 서비스를 사용하는 이유를 진술한다. 이러한 진술은 특정한 제품이나 서비스가 다른 유사한 제품이나 서비스보다 더 많은 가치를 제공하거나 문제를 더 잘 해결한다는 것을 잠재소비자에게 확신시킬 수 있어야 한다. 따라서 가치제안은 회사가 무엇을, 왜, 어떻게, 독특하게 제공하는 이유를 기술한 것이다.

2) 가치제안의 목적

가치제안은 회사와 고객들을 감성적으로 연결하고 고객들과 함께 사업을 하는 것이다. 이것은 회사와 경쟁자 간의 강력한 차별성을 창조한다. 가치제안은 고객들의 추천활동을 활성화하는 방법이기도 하다. 고객들에게 회사제품을 기꺼이 소개할 수 있지만, 그들은 구전 내용을 정확히 알지 못하기 때문에 꺼릴 수 있다. 따라서 가치제안을 주기적으로 검토하고 갱신하고 고객을 이해하는 것이 중요하다. 다음은 가치제안의 목적이다.

- 선도사용자와 추천인의 수와 질 향상
- 표적시장에서의 시장점유율 확보
- 가치제안의 개선과 더 많은 사업기회 접근
- 운영의 효율성 증진

(2) 가치제안의 특성

고객가치제안은 소매업자와 다른 서비스 회사가 비즈니스 모델을 이해하고 개발하는 출발점이다. 역동적이고 관련된 가치제안의 이해는 모든 참여들이 수익성이 있는 비즈니스 모델을 혁신할 수 있는지를 평가하는 데 중요하다. 회사는 독특한 가치제안의 특성을 설정하고, 가치제안의 요소를 구성하고 실행하는 상업화 과정을 거친다.

1) 가치제안의 특성

가치제안을 명확하게 표현할 수 있는가? 고객들이 왜 경쟁제품보다 자사제품을 선택하는 이유를 아는가? 안다면 경쟁우위를 분명하게 표현할 수 있고, 사업을 성장시키는 데 도움이 되는 도구로서 가치제안을 사용할 수 있다. 가치제안은 표적사용자가 제품의 구매와 사용으로 느끼게 될 경험에 관한 기술이기 때문에 경쟁자와 무엇이 다른지를 명확하게 표현한다. 우수한 가치제안은 독특성, 수량화, 지원성과 지속성이다.

- **독특성**: 회사가 제공하는 가치가 경쟁자가 제공하는 가치와 다르다.
- **수량화**: 정량화 가능한 편익을 전달하고 구매할 이유를 제공한다.

- 지원성: 광고를 지원하고 구매자의 위험을 감소할 증거를 제공한다.
- 지속성: 고객가치를 지속적으로 전달한다.

2) 가치제안의 구성요소

가치제안의 창출전략은 매력적인 경쟁우위를 선택하는 과정이다. 새로운 고객욕구의 확인을 통해서 창출된 가치제안은 시장을 확대하고, 독특한 가치를 고객들에게 제공한다. 가장 중요한 점은 고객에게 경쟁자와 다른 편익을 전달하는 것이다. 고객에게 편익을 전달하지만, 편익이 고객에게 실제로 중요한지를 언제나 파악할 수 있는 것은 아니다. 포지셔닝(positioning)은 표적고객들의 마음속에 제품을 경쟁제품보다 우위에 인식시키는 과정이다. 효과적인 포지셔닝을 위한 가치제안의 구성요소는 표적고객, 고객욕구, 지각된 위험과 상대가격 등이 있다.

- 표적고객: 고객특성, 최종 사용자, 유통경로
- 고객욕구: 고객의 선호욕구와 편익, 가장 중요한 제품속성, 차별성
- 지각된 위험: 제품의 구매로 발생할 수 있는 예상치 않은 결과에 대한 불안감
- 상대가격: 고가, 동가, 저가

그림 6-7 **가치제안의 구성요소**

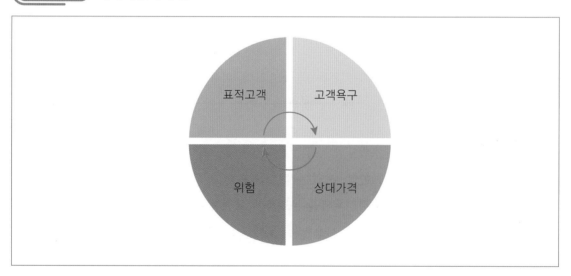

고객들은 제품이나 서비스의 구매나 사용에 불안하다. 고객들이 제품이나 서비스를 쉽게 구매하거나 사용하기 위해 회사는 고객의 지각된 위험을 최소화해야 한다. 지각된 위험

(perceived risk)은 제품의 구매나 사용에 의하여 발생할 수 있는 예상치 않은 결과에 대한 소비자의 불안감을 뜻한다. 소비자들은 이러한 지각된 위험을 줄이기 위하여 보다 많은 정보를 탐색하거나 제품을 소량으로 구매한다. 다음은 지각된 위험이다.

- **재무적 위험**(financial risk): 제품구매 금액의 손실이 발생할 가능성
- **성능위험**(performance risk): 제품이 제대로 기능을 수행하지 못할 가능성
- **신체적 위험**(physical risk): 제품의 안전성이 결여되어 신체에 상해를 줄 가능성
- **심리적 위험**(psychological risk): 제품이 자아 이미지와 일치하지 못할 가능성
- **사회적 위험**(social risk): 제품이 타인들로부터 인정받지 못할 가능성
- **시간적 위험**(time risk): 제품이 작동하지 못할 때 반품, 교환, 수선이나 대체 시간

03 가치제안의 구성

고객 가치제안은 잠재고객을 목표로 할 때 제품 또는 서비스에서 가치를 창출하는 사업 방식이다. 가치제안의 핵심은 경쟁업체와 차별화하는 것이다. 대부분의 사람들은 고객에게 제시할 가치제안을 결정하기 전에 다수의 선택이나 경쟁업체를 확인한다. 기업에서 제시하는 가치제안은 실제로 잠재고객들이 이해할 수 있어야 한다.

(1) 가치제안의 개요

회사는 고객들이 경쟁제품보다 자사제품을 더 선호하고 구매하도록 차별화하는 데 집중한다. 고객들은 자사제품을 경쟁제품과 비교하여 우수, 동등이나 열등한 경험을 지각한다. 고객들은 가치의 최적 결합을 얻기 위해 제품을 비교·평가한다. 회사는 경쟁우위와 우수한 가치제안을 매력적이고, 차별화되고, 명확하게 고객들에게 전달해야 한다.

1) 고객가치의 창조

고객들의 지각된 가치와 구매의향은 상관관계가 있다. 고객들이 색다른 제공물을 보게 될 때, 공급자와 협력관계에 있을 때, 긴급한 구매 필요성이 있을 때, 대체품이 없을 때, 지각된 가치와 가격 간에 높은 긍정적 관계가 있을 때 고객들은 기꺼이 구매하려고 한다. 회사는 가치를 전달하는 최적의 가격전략을 선택한다. 가격결정 요소들은 최종고객들에게 지각된 가치를 전달하는 데 중요하기 때문에 가격결정 전에 고려해야 할 요소가 있다.

- **지각된 대체품**(perceived substitutes): 경쟁자와 비교된 제공물과 가격의 차별화
- **독특한 가치**(unique value): 고객들은 제품편익과 특징을 경쟁제품과 비교·평가하고, 기업이 제공한 독특한 가치로써 편익을 지각한다.
- **가격과 품질**(price·quality): 고객들은 구매를 결정하기 위해 제품가격과 품질을 비교한다. 가치는 저원가, 품질, 속도, 서비스와 혁신을 포함한다.

2) 고객가치의 수명주기

차별화는 지각된 가치에서 오지만, 고객들은 자신들이 신뢰하는 가치를 지지하고 직관적으로 이해한다. 고객의 편익이 가치제안의 핵심요소이다. 고객들은 회사가 제시한 가치를 구매하는 조직의 생명선이다. 가치는 가치수명주기의 5단계에서 창조될 수 있다. 즉, 가치창조, 가치전유, 가치소비, 가치갱신과 가치이전이다.[5]

- **가치창조**(value creation): 마케팅, 조사와 개발은 역사적 자료와 관찰에 근거하여 가치창조 단계에서 가치를 추가한다.
- **가치전유**(value appropriation): 가치가 고객들에게 독특하고, 새로운 느낌이 있는 고객지향적인 제공물이어야 한다.
- **가치소비**(value consumption): 고객들은 상품과 서비스의 실제 사용을 통해서 핵심가치를 확인하고 느낀다.
- **가치갱신**(value renewal): 가치가 소멸될 때 가치갱신이 요구된다. 가치는 갱신과정에서 더 많은 편익과 특징을 추가함으로써 창조될 수 있다.
- **가치이전**(value transfer): 고객들에게 기업은 가치를 이전한다.

○○○ **SENSE** 🔍 **가치제안의 핵심 요소**

- **관련성:** 제품이 고객의 문제를 해결하거나 상황을 개선하는 방법을 설명한다.
- **정량화:** 구체적인 혜택을 제공한다.
- **차별화:** 이상적인 고객에게 경쟁제품이 아닌 자사제품을 구매해야 하는 이유를 설명한다.

---

5   Osterwalder and Pigneur(2003).

(2) 가치제안의 계획

차별화된 가치제안은 성공적인 사업에 필수적이다. 고객들을 만족시키는 기업은 우수한 가치를 제공하는 기업이다. 따라서 가치제안이 특정한 제품이나 서비스의 차별적 특성을 제공할 때 고객들을 더 많이 구매하게 되어, 결과적으로 수익이 증가하고, 시장점유율을 확대하고, 주주를 만족시키게 된다.

1) 가치제안의 계획

가치제안의 계획과정은 현재고객을 신중하게 조사함으로써 시작된다. 표적시장에 가치를 제공할 때 회사의 역량과 전문지식을 사용하여 가치제안을 구축한다. 가치제안은 가치를 전달할 표적고객에게 집중한다. 가치제안을 창조하는 과정에서 핵심적인 요인은 표적시장, 제품편익과 경쟁자보다 더 좋은 이유 등이다. 또한 간결하고 강력한 가치제안을 분명하게 표현한다. 다음은 가치제안을 계획할 때 고려할 주요 문제이다.

- 아무도 제공하지 않은 것을 제공하는가?
- 무엇이 독특한가?
- 고객들은 왜 구매하기를 원하는가?
- 경쟁자들보다 어떻게 더 잘할 수 있는가?
- 회사가 갖고 있는 전문지식은 무엇인가?
- 경쟁자와 다른 자산은 무엇인가?
- 현재고객들은 회사에 대해서 무엇을 말하는가?

가치제안을 계획하는 가장 좋은 방법 중의 하나는 동료나 고객들에게 상기 질문을 하는 것이다. 이러한 질문을 통해서 중요한 정보를 수집하고, 회사가 가치 있다고 생각하는 것과 알지 못하는 것을 발견할 수 있다. 고객들이 이러한 과정에 포함되면 회사의 중요한 부분이라고 느끼고, 관계를 강화하게 된다. [표 6-2]처럼 계획을 조직화하는 정보를 수집하고, 가치제안의 초안을 작성한다. 계획은 간결하고, 다른 상황에도 쉽게 적용될 수 있어야 한다. 가치제안 계획을 작성한 후 조언과 간과한 사항을 얻기 위해 다른 사람들에게 검사한다.

표 6-2 가치제안 계획

구분	계획 사항
표적시장	
충족할 욕구와 기회	
서비스 기술	
경쟁자와의 차별성	
제품편익 기술	
전달가능 증거	

○○○ SENSE 🔍 **가치제안 기술지침**

- 가치제안은 가능한 간결하게 한 문장으로 기술한다.
- 구체적, 긍정적, 강렬하게 한다.
- 감성적 애착을 창조한다.
- 사람들이 회사를 더 많이 말하게 한다.

2) 가치제안의 기술내용

가치제안은 표적고객에 대한 제품이나 서비스의 제공으로 사업의 중요한 도구이다. 회사를 고객들에게 인식시키기는 도구를 설계하는 단계이다. 가치제안을 때때로 검토하고 필요시 변경하는 것은 좋은 방법이다. 가치제안을 작성하고 표적시장과 경쟁우위를 결정하면 실제로 사업을 시작하는 단계이다. 가치제안을 할 때 준비할 사항은 비전, 사명, 핵심가치, 차별성, 독특한 가치제안, 독특한 판매제안, 표어, 엘리베이터 스피치와 브랜드 등이 있다.

표 6-3 **가치제안의 기술**

요소	설명
비전	바라는 미래의 상태
사명	조직의 존재 이유
핵심가치	조직을 안내하는 신념

요소	설명
차별성	경쟁자와 다른 제품이나 서비스의 편익
독특한 가치제안	고객이 제품이나 서비스의 사용으로부터 얻는 결과나 구매이유
독특한 판매제안	경쟁자와 다른 제품이나 서비스의 편익
표어	가장 중요한 제품속성이나 편익을 시각적으로 전달하는 슬로건
엘리베이터 스피치[6]	간결하고, 기억에 남을 정도로 제품의 독특성과 제공하는 편익을 소개한다.
브랜드	브랜드는 조직이 갖고 있는 모든 것을 나타낸다. 회사의 얼굴과 약속이다.

(3) 가치제안의 과정

비즈니스 모델은 고객과 경쟁환경의 분석이다. 고객들은 욕구를 충족시키는 제품을 원한다. 고객들에게 우수한 가치를 제공하려면 고객욕구를 이해한다. 또한 수집된 고객정보에 따라 시장지향 제품을 이해하고 개발한다. 시장지향 회사는 잠재적 시장기회를 추구하기 위해 실제와 잠재적 고객욕구와 필요를 확인한다. 그런 후 회사는 생산과 필요한 능력을 조사한다. 매력적인 가치제안은 고객편익, 독특성, 수익성과 지속성의 기준을 충족해야 한다.

1) 가치제안의 구조

고객들은 회사가 제시하는 가치제안을 자발적으로 학습하려고 하지 않고 심지어 무관심하다. 이것이 고객들에게 쉽고 분명하게 지각되는 설득력이 있는 가치제안이 필요한 이유이다. 가치제안은 표제나 가치서술로 시작하고, 이것은 제품이나 사업의 핵심편익을 명확하게 전달하는 단일문장이다. 예를 들면, 모든 고객을 위한 가장 좋은 경험을 전달한다. 가치제안은 표제, 부표제와 중요항목을 시각과 함께 사용한다.

- **표제어**: 제공하는 제품편익과 표적고객을 언급한다.
- **부표제어**: 제품이 제공하는 부가적 편익
- **중요항목**: 핵심편익이나 특징 열거
- **시각**: 제품 또는 주요 메시지를 강화하는 이미지로 표현한다.

고객가치제안은 고객들의 가치경험에 집중된다. 표적고객이 제품을 어떻게 사용하는지를 기술할 때 그들의 경험을 확인한다. 이러한 가치경험의 윤곽은 표적고객이 제품을 어떻

---

6   elevator speech: 투자자와의 첫 만남 시 어떤 제품이나 서비스, 단체 혹은 특정 사안 등을 소개하는 간략한 연설 (15~30초).

게 사용하는지에 관한 정보이다. 표적고객들이 구매하는 경쟁제품의 사용 목록을 작성하고, 자사제품과 경쟁제품을 비교하고, 가치경험을 고객에게 주는 편익으로 연결한다. 그런다음 표적고객을 위한 최종 결과와 결과의 영향, 자사제품과 경쟁제품 간의 가치차별화를선정한다. 다음은 가치경험을 구축하기 위해 추가해야 할 사항이다.

- **사건기술**: 제품사용 경험에 관한 개인적인 사건
- **후속결과**: 사용자가 경험하는 사건의 영향
- **가치측정**: 제품사용 결과의 측정
- **차별화**: 비교를 위해 자사제품과 경쟁제품 간의 결과 비교

○○○ SENSE 🔍 **우수한 가치제안의 구성**

- **분명**: 평이하게 작성하고, 고객에게 제품의 장점을 분명하게 표현한다. 전문용어와 과도하게 복잡한 아이디어를 회피하고, 실제적인 결과물을 약속한다.
- **간결**: 강력한 가치제안은 간결하다. 요점을 얻기 위해 불필요한 말을 생략한다.
- **편익중심**: 제품편익을 전달하는 방식으로 제품특징을 구성한다.
- **신뢰구축**: 사회적 증거, 사례조사, 신뢰증표 등을 사용하여 믿을 수 있고 사실적인 것을 전달한다.
- **차별화**: 고객들이 구매하도록 제품이 얼마나 우수하고 다른지를 명확히 제시한다.
- **과장금지**: 제품을 과장하지 않고, 미입증된 주장을 피한다.

---

2) 가치제안의 과정

제품 아이디어를 제품으로 전환하고 비즈니스 모델을 정의할 준비가 되면 제품이나 서비스를 시장에 출시하는 방법을 생각할 때이다. 마케팅은 기업의 제공물을 표적고객과 연결하는 활동이다. 마케팅은 기업을 성장하고 성공을 달성하는 기업의 핵심활동이다. 표적고객의 이해는 제공물, 가치제안, 마케팅 전략과 마케팅 계획에 관한 정보를 제공해 준다.

- **제공물**(offering): 표적고객에게 제공하는 제품이나 서비스
- **가치제안**(value proposition): 표적고객에게 제시한 고객의 욕구에 대한 해결책
- **마케팅 전략**(marketing strategy): 표적고객을 연결하는 전략
- **마케팅 계획**(marketing plan): 마케팅 전략을 전달하는 데 사용되는 목적, 예산과 도구
- **표적고객**(target audience): 가치제안을 구매하는 이해관계자들

가치제안은 표적고객의 이해로부터 시작된다. 가치제안은 표적고객으로부터 조사한 이러한 마케팅의 기본적인 특징을 추출하여 기술된다. 표적고객, 고객욕구, 위험과 상대적 가격 등의 원인요소는 제품편익, 제품특징과 가치경험의 가치제안으로 전환한다. 원인요소는 원인변수이고 결과변수는 가치제안이다. 따라서 가치제안의 전환과정은 표적집단의 이해를 기반으로 조사한 표적집단의 특성에 적합하게 고객가치를 창출하는 과정이다.

그림 6-8 **가치제안의 전환**

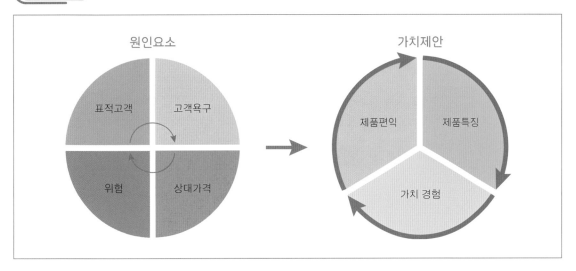

그림 6-9 **가치제안의 과정**

① 표적고객의 이해

이해관계자들은 조직에 영향을 주거나 받는 사람들 또는 조직이다. 표적고객은 제품이나 서비스를 구매하는 고객들이고, 표적공급자는 제품의 공급자나 유통자이며, 운영환경은 규제자, 입법자와 지역단체이다. 외부 이해관계자들을 확인하면 표적고객들을 정의하고, 표적고객들에게 제공하는 가치제안을 정의할 수 있다. 각각의 이해관계자들에게 다른 가치제안을 개발할 필요가 있다. 예를 들면, 표적고객들은 서비스가 그들에게 개인적으로 어떻게 이익이 되는지에 관심이 있지만, 표적공급자들은 계약 조항에 관심이 있다.

㉑ 표적고객의 정의

주요 표적사용자는 제품의 의도된 사용자로 가치제안을 경험할 사람이다. 또한, 주요 표적사용자는 제품의 주요 사용자이며, 다른 2차 및 3차 제품 사용자가 있을 수 있다. 주요 표적사용자는 개인을 지칭하는 것이 아니라 동일한 특성을 공유하는 개인들의 집단을 의미한다. 어떤 제품은 하나의 주요 표적사용자보다 더 많을 수 있다. 이러한 경우에 고객가치제안은 각 주요 표적사용자를 위해 개발한다.

고객가치제안을 작성하기 전에 주요 표적사용자를 확인하고 개요를 작성한다. 주요 표적사용자의 개요는 주요 표적사용자가 누구인지, 어디에서 발견할 수 있는지, 어떤 문제에 직면하는지, 어떻게 제품을 사용하는지를 이해하는 데 도움이 된다. 이러한 표적사용자의 윤곽은 면접과 관찰을 통해서 발견되고, 다음과 같은 사항을 포함한다.

- 대상: 인구통계, 신분, 위치, 소득 등을 포함한 개인들의 표적집단 정보
- 장소: 주요 표적사용자들이 발견되는 경로의 유형
- 동기: 원하는 가치를 달성하는 데 필요한 행동
- 이유: 제품이 제공하는 해결안
- 방법: 제품의 상세하고 예상된 사용방법

㉯ 표적고객의 특성

표적고객과 이해관계자들의 핵심욕구, 특성과 추세를 이해하는 데 집중한다. 시장조사는 일차조사와 이차조사로 이루어진다. 일차조사는 현재 존재하지 않는 자료나 정보의 수집이지만, 이차조사는 기존 조사의 요약, 대조와 통합이다. 이차조사는 표적고객의 규모, 구조와 추세를 이해하기 위해 사용되지만, 일차조사는 표적고객의 욕구와 특성과 같은 질적 요소를 이해하는 데 사용된다. 실제로 이해관계자들이 욕구와 기대를 어떻게 생각하는지에 관한 통찰력을 주는 것은 일차조사이다. 다음은 표적고객의 가치를 개발하는 데 중요한 고려요소이다.

- 표적고객의 규모
- 표적고객의 구조
- 표적고객의 욕구와 특성
- 표적고객과 관련된 소비추세

② 가치제안

비즈니스 모델은 고객, 파트너와 이해관계자를 위한 가치제안이며, 가치제안을 전달하는 데 필요한 과정과 자원과 수익공식을 확인하는 기법이다. 고객가치는 기대 가치와 지각된 가치가 있다. 기대 가치(desired value)는 고객들이 제품에서 바라는 것이며, 지각된 가치(perceived value)는 제품을 구매한 후 제품으로부터 경험하는 편익이다. 따라서 고객가치제안은 현재 제공물을 평가하고, 고객이 원하는 것을 확인하고, 시장의 욕구를 충족하는 해결책을 개발하는 것이다.

㉮ 가치제안의 정의

가치제안은 고객욕구에 대한 해결안이다. 가치제안은 표적고객의 욕구를 다루는 것 이외에 비즈니스 모델에 있는 전략과 목적의 근거가 된다. 가치제안은 제공물을 시장에 있는 다른 경쟁자와 차별화하는 것을 목적으로 한다. 경쟁자의 가치제안이 무엇인지와 어떻게 다른지를 확인한다. 가치제안의 유형은 효율성, 제품혁신, 고객과의 친밀성이다.

- **효율성**: 경쟁자보다 더 좋은 가격으로 제품제공
- **제품혁신**: 표적고객들에게 독특하거나 선도적인 제품전달
- **고객과의 친밀성**: 표적고객과의 친밀한 관계형성

㉯ 가치제안의 요소

매력적인 가치제안은 표적고객의 욕구를 충족하고, 경쟁자와 다른 가치를 제안하는 것이다. 제품이 문제를 해결하거나 상황을 개선하는가? 고객은 어떤 편익을 기대하는가? 고객은 왜 경쟁제품 대신에 자사제품을 구매하는가? 가치제안은 이러한 질문에 답할 수 있어야 한다. 다음은 가치제안에 포함될 요소이다.

- **신기성**(novelty): 제공하는 가치제안은 새로움이나 신기성에 근거한다.
- **성능**(performance): 우수한 성능은 가장 중요한 제품특징이다.
- **맞춤화**(customization): 소비자들은 자기표현과 개인주의 경향이 있다. 소비자의 선호에 맞게 제품을 주문제작하는 옵션을 제공한다.
- **과업완수**(task completion): 고객의 생산성을 향상시킨다.
- **디자인**(design): 우수한 디자인 때문에 높은 가격을 받는다.
- **브랜드 지위**(brand status): 브랜드명은 고객들에게 충성도를 유도한다.
- **가격**(price): 기존제품이나 경쟁제품보다 더 싼 제품을 제공한다.
- **원가절감**(cost reduction): 기술은 고객에게 비용을 절감한다.

- **위험감소**(risk reduction): 제품의 구매와 관련된 위험이 적을수록 고객은 더 많은 가치를 경험한다. 구매와 관련된 위험감소는 고객에게 마음의 평안을 제공한다.
- **접근성**(accessibility): 고객이 제품을 쉽게 구매할 수 있어야 한다.
- **편의성과 사용성**(convenience/usability): 편의성이나 사용성은 강력한 가치제안이다.

㉣ 가치제안의 유형 결정 과정

경영자들은 원가절감을 도모하고, 판매원들은 고객욕구와 일치하는 가치제안을 전달한다. 가치제안을 개발하는 방법은 표적고객들에게 고객가치가 의미 있어야 한다. 즉, 유리한 차별점이 고객들에게 가치가 있어야 한다. 공급자가 사용하는 가치제안은 전체편익, 선호차별성과 관여도집중이 있다. 따라서 가치제안에 사용할 편익의 선정은 전제편익에서 차별적 편익과 관여도집중으로 편익의 범위를 축소한다.

- **전체편익**: 고객들에게 모든 편익 전달
- **선호차별성**: 고객들이 선호하고 경쟁자와 다른 가치 전달
- **관여도집중**: 고객들에게 가장 중요한 가치 전달

그림 6-10 편익의 선정

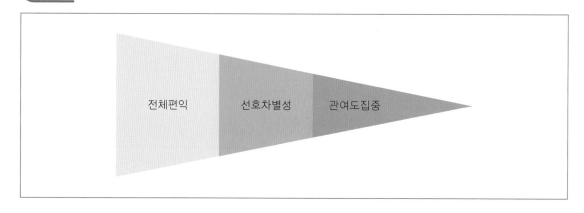

ⓐ **전체편익**(all benefits): 고객들에게 제공할 수 있는 모든 편익이다. 이것은 표적고객들에게 전달하는 모든 편익의 목록이다. 편익이 많을수록 더 좋다고 생각한다. 그러나 표적고객은 중요하지 않은 편익이 있을 수 있다. 경쟁자와 차별성을 무시하는 제안이다.

ⓑ **선호차별성**(favourable difference): 경쟁제품과 다르고, 고객들이 선호하는 독특한 편익을 제공한다. 고객들에게 가치가 있고 경쟁자와 다른 것이어야 한다.

ⓒ **관여도집중**(involvement focus): 가치제안의 황금률이다. 이것은 고객들이 가장 중요하

게 생각하는 요소에 우수한 가치를 집중하고, 이를 간단하고 매력적인 메시지로 전달하는 방식이다. 즉, 고객들에게 가장 중요한 가치를 전달하는 차별성에 집중한다.

표 6-4 가치제안의 유형별 특징

가치제안	전체편익	선호차별성	관여도집중
정의	모든 편익 전달	선호하는 차별성 전달	가장 중요한 가치 전달
고객질문	편익은 무엇인가?	경쟁제품과 어떻게 다른가?	가장 중요한 가치는 무엇인가?
필요사항	자사의 제품지식	자사와 경쟁사의 제품지식	고객가치 지식
위험	제품편익의 복잡성	선호 차별성 추정	관여도 추정

㉐ 가치제안의 개발전략

고객가치의 창조전략은 회사의 자원과 역량을 결합하는 것이다. 가치제안은 가치 있고, 희귀하고, 모방할 수 없고, 대체할 수 없어야 한다. 예를 들면, 공개 소스 소프트웨어와 관련된 서비스를 생산하는 회사는 공개 소스에만 의존하지 않는다. 고객에게 더 큰 가치를 전달하기 위해 독점과 공개를 결합하는 복합 비즈니스 모델을 사용한다. 다음은 가치제안을 개발할 때 고려할 요소이다.

- 고객들은 제품속성, 제품사용 결과와 기대 달성 여부로 가치를 인식한다.
- 고객들의 가치인식 방법을 파악하고 확인된 가치의 효용을 제공한다.
- 가치의 다양한 유형을 확인한다.

그림 6-11 가치제안의 개발전략

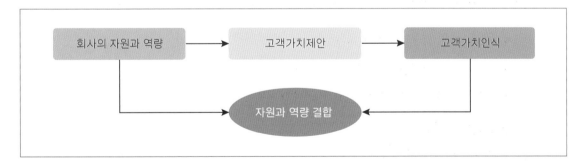

ⓜ 가치제안의 창조과정

고객가치제안은 고객욕구에 근거한다. 가치제안은 독특성, 측정성, 지속성과 장벽식별이 포함된다. 즉, 가치제안은 독특하고, 측정가능하고, 지속적 가치를 제공하고, 경쟁자가 쉽게 복제하기 어려워야 한다. 가치제안은 경쟁제품에 비해서 우수하고, 고객들이 화폐적 용어로 가치를 측정할 수 있어야 하고, 고객들에게 계속적으로 가치를 제공할 수 있어야 한다.

그림 6-12 **가치제안의 창조과정**

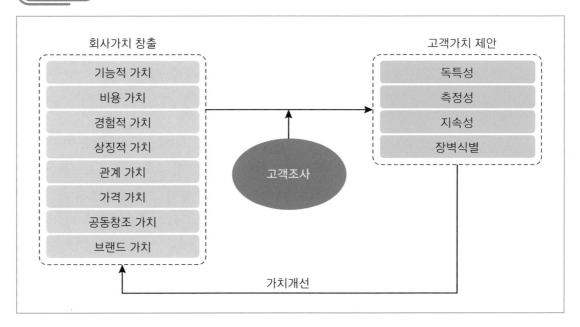

③ **마케팅 전략**

마케팅 전략은 표적고객들에게 가치제안을 어떻게 전달할 것인가를 계획하는 것이다. 마케팅 전략은 전사적 전략의 통합 요소이다. 다음은 주요 고려 요소이다.

• 브랜드 정체성: 시장에 가치제안을 커뮤니케이션하는 방법
• 포지션: 가치제안을 경쟁자와 비교하는 방법
• 유통경로: 가치제안을 갖고 표적고객에게 접근하는 방법

㉮ 브랜드 정체성

가치제안의 핵심적인 특징과 편익은 브랜드 정체성에 대한 근거로 사용된다. 제품특징(features)은 제품이나 서비스에 관한 사실적 기술이지만, 제품편익(benefits)은 제품이 표적고객에게 제공하는 혜택이다. 정체성은 한 인간 혹은 집단이 갖는 개별적인 특성이다. 브랜드

정체성(brand identity)은 브랜드를 나타내는 가치를 기반으로 하는 특징과 편익의 심리적 표현이다. 이것은 제품을 차별화하고 경쟁우위를 달성하는 데 도움이 된다.

ⓓ 포지션

표적시장은 제품을 제공하기로 계획하는 영역이다. 예를 들면, 회사의 가치제안이 여성용 고가 패션제품이라면 표적시장은 고가 패션시장에 위치시킨다. 시장위치를 이해하면 경쟁우위나 독특한 판매점을 정의하고 커뮤니케이션할 수 있다. 이러한 과정은 핵심적인 경쟁자를 평가하는 것을 포함한다. 다음은 표적시장에서 포지션할 때 고려사항이다.

- 시장의 규모와 질
- 가격과 혁신
- 복제가능성과 규모 확장성

ⓔ 유통경로

유통경로는 조직이 표적고객에게 가치제안으로 접근하는 데 필요한 경로이다. 유통경로를 평가할 때 표적고객에게 접근하기 위한 직접이나 간접경로를 고려한다. 상이한 유통경로에 따라 수익성이 크고, 그래서 유통경로에 우선순위를 결정하는 것이다.

④ 마케팅 계획과 전달

마케팅 전략은 정의된 표적고객과 연결하는 전략이다. 마케팅 목적은 기존고객을 유지하고, 새로운 고객을 창출하는 것이다. 다음은 마케팅 계획의 핵심요소이다.

- 기존고객의 유지
- 기존고객의 구매 확대
- 새로운 고객의 창출

가치제안이나 제공물에 변화를 줄 때는 변화에 대한 확실한 이유를 커뮤니케이션한다. 가격, 장소와 촉진 등 마케팅 도구는 마케팅 계획을 개선하고, 수익창출을 극대화하는 데 도움이 되는 핵심변수이다. 가격인상은 수익의 증가이지만 이것은 판매량에 영향이 있다. 대체로 가격이 높을수록 판매량이 더 적어진다. 가치제안은 판매량을 증가할 기회를 갖게 된다. 새로운 시장은 다른 기술, 능력이나 지식을 필요로 하고, 새로운 시장에 성공적으로 가치를 전달하기 위해서는 상당한 운영과 조직변화가 필요하다. 가치제안의 특징적 편익을 효과적으로 표적고객들에게 커뮤니케이션하는 다른 촉진기법을 필요로 한다.

- 가격: 제품이나 서비스의 가격을 어떻게 책정하는가?
- 장소: 어떤 표적과 시장경로를 목표로 하는가?
- 촉진: 특정한 고객에게 커뮤니케이션하는 특징과 편익은 무엇인가?

표 6-5 마케팅 개발의 도구와 계획

도구	
가격	제품이나 서비스에 가격을 얼마나 책정하는가?
장소	어떤 표적고객과 시장경로에 집중하는가?
촉진	특정한 고객에게 어떤 특징, 편익과 가치를 전달하는가?
계획	
목표	제공물을 전달하기 위해 어떤 목표를 충족하는가?
시간	이러한 목표를 언제 달성하는가?
자원과 예산	이러한 목표를 달성하기 위해 무엇을 투자하는가?

(4) 가치제안의 효과

비즈니스 모델은 장기적인 지속가능성과 수익창출의 극대화 간의 관계를 나타낸다. 마케팅 전략과 계획은 수익창출을 극대화하고 지속가능성을 달성하는 핵심적인 기법이다. 고객가치의 성공적인 창조는 회사의 현금흐름을 향상한다. 가치원천을 정확하게 확인하는 기업은 탁월한 고객가치를 제공할 수 있다. 고객과의 직접적인 관계는 고객가치를 제공하는 능력을 향상할 수 있는 정보를 산출한다. 고객과의 좋은 관계는 고객충성도를 향상하고 회사의 수익에 기여한다. 고객충성도는 판매를 증가하는 긍정적인 결과를 낳고, 추가적인 수입을 창출하고, 고객 유지비용을 감소시킨다. 비용 감소는 현금흐름의 중요한 증가요인이다.

고객충성도는 기업에 긍정적인 구전을 창출하는 이점이 있다. 구전은 가장 강력한 무료 광고의 하나이다. 충성고객으로부터 오는 긍정적 구전은 신규고객 확보, 매출증가, 고객유치와 유지비용 절감을 가져온다. 이러한 결과로 회사에 현금흐름이 증가된다. 따라서 탁월한 고객가치의 창조는 고객의 충성도를 강화하고, 충성고객의 구전을 확대하여, 판매와 수익을 증가하여, 결과적으로 우수한 현금흐름을 발생시킨다.

그림 6-13 탁월한 고객가치와 현금흐름

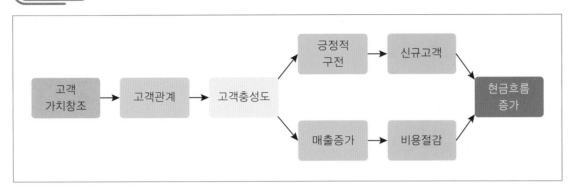

의심은 발명의 아버지이다
- Galileo Galilei -

사업기회의 개발활동

소비자를 유혹하다···이색 컬래버레이션

⚙ 컬래버레이션

컬래버레이션(collaboration)은 협업, 협력, 합작이라는 뜻이다. 마케팅에서 각기 다른 분야에서 지명도가 높은 둘 이상의 브랜드가 손잡고 디자인과 카피를 공유하거나 새 브랜드를 선보여 소비자를 공략하는 기법이다. 주로 패션계에서 유명인, 유명 디자이너나 미술작가 등과 공동 작업을 할 경우 컬래버레이션이라고 한다. 최근에는 범위가 식품, 외식, 생활용품 등으로 확대되고 있다. 게임업계의 다른 분야와의 협업이 눈길을 끈다. 연예인, 게임, 애니메이션 등 유사 엔터테인먼트 분야와의 협업에서 전혀 다른 타업종 과의 협업이 눈에 띄게 늘고 있다.

⚙ 오뚜기 카레와 팝콘의 컬래버레이션

오뚜기가 출시 55주년이 된 '오뚜기 카레 팝콘'은 약간 매운맛과 팝콘의 이색 컬래버레이션을 통해, 카레 특유의 풍미와 후추의 매콤한 맛을 더한 상품이다. 출시한 오뚜기 카레 팝콘은 오뚜기 카레 약간 매운맛과 팝콘의 조합으로, 카레 특유의 풍미에 백후추의 매콤함을 더하고 설탕 코팅의 달콤함이 어우러져 풍부한 맛을 즐길 수 있다. 특히 독특하고 재미있는 소비를 선호하는 MZ세대 '펀슈머(fun+consumer)'를 중심으로 큰 인기를 모을 것으로 기대된다고 회사 측은 덧붙였다. 오뚜기 관계자는 "최근 MZ세대 중심으로 컬래버레이션 스낵을 선호하는 추세로, 출시 55주년인 오뚜기 카레를 활용해 카레 맛과 백후추의 매콤함을 살린 오뚜기 카레 팝콘을 선보이게 됐다"며 "카레 특유의 풍미와 매콤달콤한 맛을 갖춘 팝콘을 스낵으로 맛있게 즐기시길 바란다"고 전했다.

⚙ 모나미X이상봉 컬래버레이션

모나미는 세계적인 디자이너 이상봉과 손잡고 모나미룩을 새롭게 해석한 '모나미X이상봉' 컬래버레이션 에디션을 선보였다. 모나미X이상봉은 고객들이 상상하지 못한 패션 카테고리로의 확장이다. 평범함이 곧 특별함이 된다는 슈퍼 노멀(super normal)을 기반으로 한다. 기본에 충실하면서도 모나미 153 볼펜을 형상화한 로고와 심벌을 위트 있게 사용해 모나미룩만의 개성을 한껏 표현한 것이 특징이다.

✿ 펄어비스, 검은 사막 비비고 컬래버레이션 '검은사만두' 출시

펄어비스는 CJ제일제당 비비고와 함께 이색 컬래버레이션 '검은사만두'를 선보였다. 검은사만두는 기존 비비고 깔끔고기 만두, 진한김치 만두 2가지 제품에 검은사막 디자인을 패키징해 약 35만 개 한정 판매한다. 전국 편의점과 지마켓, 옥션 등 온라인 유통 채널을 통해 구매할 수 있다. 제품 구매 시에는 검은 사막 X 비비고 제휴 상자를 얻을 수 있는 쿠폰이 지급된다. 쿠폰은 검은 사막, 검은 사막 모바일에서 각 1회 사용이 가능하다. 펄어비스는 검은사막 모험가에게 다양한 혜택을 제공하고 온 오프라인 즐거움 확대를 위해 콜라보를 진행한다. 앞서 검은사막 신규 대륙 '아침의 나라' 출시에 맞춰 검은사막걸리를, 팔도와 협업해 라면 '왕뚜껑은사막' 등 이색 제품을 선보였다.

✿ 하이트진로 '켈리', 독서 플랫폼 '밀리의 서재'와 협업

하이트진로는 '켈리'가 전자책 구독 서비스 '밀리의 서재'와 함께 온 오프라인 소비자 이벤트를 진행한다. 이번 협업은 맥주 브랜드 최초 독서 플랫폼과의 만남으로, 소비자들에게 독서와 맥주를 함께 즐기는 이색적인 경험을 소개하기 위해 기획했다. 전국 식당, 주점 등 유흥채널과 대형마트, 편의점 등 가정채널에서 켈리 구매 고객 대상으로 '책, 맥: 힐링을 위한 가장 완벽한 레시피'를 진행한다. 켈리 병 제품에 부착된 QR코드를 통해 참여 가능하며, 밀리의 서재를 구독하고 있지 않은 회원에게 1개월 구독권이 지급된다. 구독권을 사용하면 다채로운 경품 추첨의 기회가 주어진다. 온라인 이벤트 '책, 맥 챌린지'도 선보인다. 밀리의 서재 앱에서 참여 가능하며, 지정된 도서 1권을 읽고 앱 내 '독서 다이어리'에 나만의 힐링 레시피를 올리면 켈리와 밀리의 서재 컬래버레이션 배지를 제공한다. 배지를 받은 구독자에게 켈리 스페셜 잔 및 다양한 경품 이벤트에 응모할 수 있는 기회를 준다.

CHAPTER 07 사업기회의 개발활동

01 기업환경

첨단기술 시대에 기업이 직면한 과제는 시장에 진입하는 것이 아니라 시장에서 살아남는 것이다. 시장에서 살아남는다는 것은 가능한 빨리 변화에 적응하는 것이다. 변화에 적응한다는 것은 기업환경을 인식하는 것이다. 기업환경을 구성하는 힘은 공급업체, 경쟁업체, 소비자, 미디어, 정부, 경제 상황, 시장 조건, 투자자, 기술 동향 및 기업 외부에서 일하는 여러 기관이다. 기업은 환경의 변화에 적응하고 이를 기회로 이용한다. 기업환경은 모든 기업에 위협과 기회를 동시에 제공한다.

(1) 기업환경의 의미

세계는 점점 좁아지지만 세계시장은 오히려 점점 넓어지고 있다. 기업환경은 동전의 양면처럼 기업에 위협과 기회의 복잡한 형태로 심대한 영향을 준다. 기업경영에 많은 영향을 주는 기업환경은 외부환경과 내부환경이 있다. 기업은 내부환경보다 외부환경에 더 많은 주의를 집중하지만 모두 중요하다. 외부환경(external environment)은 사회 전체에 공통적인 요인인 거시환경과 기업에 밀접한 요인인 미시환경으로 구성된다. 거시환경은 인구통계적, 경제적, 정치적, 법적, 사회문화적, 생태적, 지리적, 그리고 기술적 요인 등이 있다. 미시환경은 경쟁자, 고객, 공급자, 중개기관, 지역 압력단체와 내부환경 등이다.

- **거시환경**: 인구통계적, 경제적, 정치적, 법적, 사회문화적, 생태적, 지리적, 기술적 요인
- **미시환경**: 경쟁자, 고객, 공급자, 중개기관, 압력단체와 내부환경

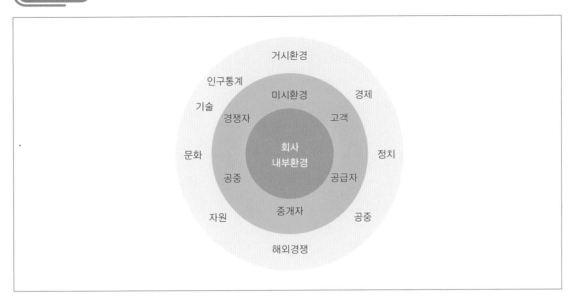

그림 7-1 미시와 거시환경 요인

(2) 거시환경

　　거시환경(macro-environment)은 회사 자체에 영향을 주는 동시에 미시환경에 있는 경쟁자
와 요소에 영향을 주는 주요 힘이다. 거시환경은 미시환경보다 미치는 영향을 이해하기 어
렵지만, 회사가 단순히 수동적으로 있는 것을 의미하지는 않는다. 통제불능은 영향을 주지
않는다는 것을 의미하지는 않는다. 거시환경 요소르는 인구통계적, 경제적, 정치적, 법적,
사회문화적, 생태적, 지리적, 기술적 요인 등이 있다.

(3) 미시환경

　　미시환경(micro-environment)은 기업이 고객의 욕구를 충족시키는 능력에 영향을 직접적으
로 미치는 요인으로 통제가능한 환경이다. 시장진입 가능성을 파악하기 위한 미시환경 분
석은 거시환경 분석 후에 실시한다. 미시환경 분석을 통하여 자사의 역량을 높일 수 있다. 기
업에 직접적으로 영향을 주는 요인은 경쟁자, 고객, 공급자, 중개자와 일반 공중 등이 있다.

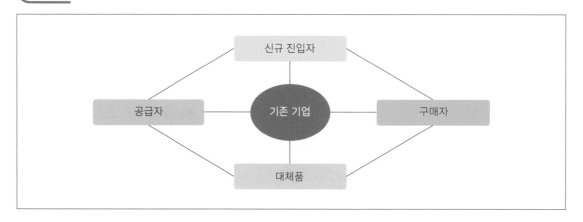

그림 7-2 마이클 포터 5가지의 힘

1) 경쟁자

기업들은 경쟁자가 누구인지 잘 인식하지 못한다. 단순히 기업들이 사업을 너무 좁게 정의하기 때문에 기업들이 경쟁을 너무 협소하게 정의한다. 기업은 소비자를 얻기 위해 다투는 집단이다. 유사한 제품이나 서비스를 제공하는 경쟁자의 집단은 산업을 형성한다.

Michael Porter 교수는 산업분석을 위한 방법인 Five Forces Model을 개발하였다. 장기적으로 특정 산업의 수익성 및 매력도는 산업의 구조적 특성에 의하여 영향을 받으며, 이는 5가지의 힘(Five Forces)에 의하여 결정된다. 5가지의 힘은 산업 내 기존 경쟁자 간의 경쟁강도, 신규 진입자의 위협, 공급자의 협상력, 구매자의 협상력, 대체재의 위협 등이다.

① 기존기업 간 경쟁강도

산업 내 기존기업들은 기업에 직접적인 경쟁자이다. 기업은 시장지위를 자사에 유리하게 만들기 위해 가격, 신제품개발과 광고 등으로 경쟁한다. 이러한 경쟁으로 자원을 소모하여 수익이 악화된다. 시장이 성숙단계로 진입하면 기업도 매출을 유지하기 위해 시장을 침식하는 전략에 돌입하게 된다. 경쟁기업 수가 많을 때, 경쟁기업의 규모나 힘이 동등할 때, 차별화가 없을 때나 전환비용이 들지 않을 때 경쟁은 격화된다.

② 신규 진입자의 위협

신규 진입자는 기존기업과의 경쟁에서 생존하기 위해 공격적인 마케팅 전략을 구사하기 때문에 산업계 전체의 수익이 저하된다. 이에 맞서 기존기업은 과도한 경쟁을 막고 수익을 유지하기 위해 진입장벽을 높인다. 진입장벽을 높이는 방법은 규모의 경제, 제품차별화, 유통채널 확보와 원가우위 전략 등이 있다.

③ 대체재의 위협

대체품의 등장은 기존산업에 큰 위협이 될 수 있다. 해당 산업의 제품과 유사하여 동일한 고객의 범주욕구를 충족할 수 있는 제품은 대체재로 쉽게 전환된다. 또한 동일한 시간대에 소비하는 대안재도 큰 위협요소가 된다. 가격인하는 불가피하고 수익은 상대적으로 떨어진다.

④ 공급자의 협상력

원자재의 가격변동은 기업의 경쟁력에 중요한 영향을 미친다. 공급자의 교섭력이 증가할수록 기업의 수익은 악화되어 시장매력도가 떨어진다. 가격인상이나 품질수준의 상향으로 비용이 증가되거나 이익이 감소된다. 소수의 공급자가 지배하는 경우, 구매자가 공급자를 교체할 때, 전환비용[1]이 높은 경우나 공급자가 전방통합[2]에 나설 경우 공급자의 교섭력은 강하다.

⑤ 구매자의 협상력

구매자의 교섭력이 크면 구매자는 가격인하, 품질 및 서비스 개선을 요구하여 산업의 매력도가 떨어진다. 또한 구매자가 소수이고 대량으로 구입하는 경우, 구매자 전환비용이 낮은 경우나 구매자가 후방통합에 나설 경우 구매자의 교섭력을 강하게 만드는 요인이다.

2) 고객

고객들의 욕구는 변하거나 소멸하기도 한다. 조사결과 P&G의 베이비 샴푸는 땀띠가 많은 성인들이 사용하고 있었다. 그래서 성인용 땀띠약 캠페인을 벌였다. 이처럼 새로운 소비자 집단이 나타나면 기업은 이것을 활용할 수 있다. 소비자의 욕구는 매우 중요하기 때문에 새로운 세분시장을 확인하는 것이 필수적이다. 어떤 세분시장이 사라지는 것을 인식하고, 더 수익성이 좋은 세분시장에 마케팅 노력을 전환할 때를 아는 것이 중요하다.

3) 공급자

공급자들(suppliers)은 미시환경의 한 부분을 형성한다. 공급자는 값싼 물건을 공급하거나 납기일을 맞추지 못함으로써 회사와 회사의 고객에게 부정적 영향을 준다. 회사는 공급자를 추적하고 적절한 제품을 공급하고 있는지를 파악한다. 공급자와 고객 간의 관계가 밀접

---

1   전환비용(switching cost): 현재 사용하고 있는 제품이 아닌 다른 제품을 사용하려고 할 때 들어가는 비용으로 금전적인 비용뿐만 아니라 개인의 희생이나 노력 등 무형의 비용도 포함한다.

2   제조업체가 유통업체를 합병하거나 인수하는 경우를 전방통합(forward integration)이라 하고, 유통업체가 제조업체를 합병하거나 인수하는 경우를 후방통합(backward integration)이라고 한다.

해야 하고, 고객의 약속과 높은 수준의 정보교환을 위해 회사는 공급자를 자주 방문해야 한다. 공급자가 적절한 상품과 서비스를 적절한 장소에 적절한 시간에 제공하기 위한 시스템 안에 연결된 물류시스템을 갖추고 있는지도 매우 중요하다.

4) 중개기관

중개기관(intermediaries)은 회사의 제품을 유통하는 소매상, 도매상과 대리상 등이다. 회사가 최종 소비자에게 제품을 성공적으로 전달하려면 중개기관과의 관계가 좋아야 한다. 판매 이외의 중개기관은 조사, 광고, 수송과 보관을 제공하는 물류회사와 마케팅 서비스 제공자이다. 이들은 회사와 고객 사이에서 제품의 유통을 돕는 개인이나 조직이다. 중개기관은 자신의 사업을 갖고 있고 자신의 영역에 노력을 기울인다. 공급자와 함께 정보를 공유하고 의사소통을 유지함으로써 좋은 관계를 지속한다.

(4) 환경분석

기업가는 회사의 운영 및 재무 결과에 긍정적 또는 부정적 영향을 미칠 수 있는 내부환경을 통제할 수 있다. 그러나 사업 성공에 가장 큰 도전은 기업가가 통제할 수 없는 외부환경이다. 이러한 문제를 해결하기 위해 기업가는 환경분석을 수행하고 환경에 적합한 정책을 개발한다. 성공적인 기업은 인적 및 재정 자원, 정책, 기술 및 운영을 포함한 내부환경을 외부환경에 맞게 조정한다.

1) 3C 분석

3C 분석은 고객(Customer), 경쟁자(Competitor)와 자사(Company)의 현재 상태를 분석하는 기법이다. 3C 분석은 현재 상태에 대한 분석이지 미래의 변화되는 상황에 대한 분석은 아니기 때문에 미래에 대한 분석을 위해서는 시나리오 분석 등이 필요하다. 기업은 3C 분석을 통해 자사와 동일한 고객을 대상으로 경쟁하고 있는 경쟁자를 비교·분석함으로써 자사의 차별화와 경쟁전략을 찾아낼 수 있다. 현재의 시장동향을 파악하여 고객을 정의함으로써 표적시장을 명확히 한다. 따라서 회사는 3C 분석을 통해서 고객의 욕구와 필요를 파악하여 새로운 제품이나 서비스를 찾아낼 수 있다.

그림 7-3 3C의 관계

고객
Customer

경쟁자
Competitor

3C

자사
Company

2) SWOT 분석

　SWOT 분석은 강점(strength), 약점(weaknesses), 기회(opportunities)와 위협(threats)을 종합적으로 고려하여 기업내부의 강점과 약점, 그리고 외부환경의 기회와 위협요인을 분석·평가하고 전략을 개발하는 매우 유용한 도구이다. 한 기업의 장점은 다른 기업에는 약점이 될수 있다. 기업이 미래에 나아갈 방향을 살펴보고, 명확한 목적을 구체화하고, 유리하거나불리한 내외적 요인을 확인함으로써 기업의 전략수립에 유용한 도구이다.

　내부요인은 조직의 강점과 약점으로 다소 통제가능하다. 강점은 목적을 달성하는 데 도움이 되는 내적 속성이며, 약점은 목적을 달성하는 데 해로운 내적 속성이다. 외부요인은외부환경에 의해서 영향을 받는 기회와 위협이며 거의 통제 불가능하다. 기회는 조직이 목적을 달성하는 데 도움이 되는 외적 요인이며, 위협은 조직이 목적을 달성하는 데 해로운외적 요인이다. 기회는 자사제품에 대한 국제수요, 적은 경쟁자와 호의적인 사회추세이다.위협은 침체하는 경기, 지급비용을 증가하는 금리인상과 노동자를 찾는 데 어려운 고령인구 등이다. 외적 요인은 경제, 기술변화, 법률, 사회문화의 변화를 포함한다.

- 내부요인: 조직의 강점과 약점
- 외부요인: 외부환경에 의해서 영향을 받는 기회와 위협

그림 7-4　SWOT의 요소

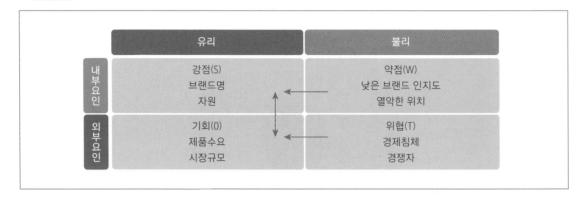

	유리	불리
내부요인	강점(S) 브랜드명 자원	약점(W) 낮은 브랜드 인지도 열악한 위치
외부요인	기회(O) 제품수요 시장규모	위협(T) 경제침체 경쟁자

SWOT 분석은 목적을 달성하는 데 중요한 내·외부 요인을 확인하는 것이다. 기업의 내·외부 요인을 분석하여, 강점과 약점, 기회와 위협을 찾아내어, 강점은 강화하고 약점은 제거하거나 축소하고, 기회는 활용하고 위협은 억제하는 전략을 수립한다. SWOT 분석을 통해서 얻은 결과로 전략적 대안을 수립하는 방법은 아래와 같다.

- SO전략: 강점을 가지고 기회를 활용하는 전략
- ST전략: 강점을 가지고 위협을 회피하는 전략
- WO전략: 약점을 보완해 기회를 활용하는 전략
- WT전략: 약점을 보완해 위협을 극복하는 전략

그림 7-5　SWOT 분석에 따른 전략 설정

	기회(O)	위협(T)
강점 (S)	SO: 강점으로 기회활용 1위: 성공전략, 시장선점, 제품다각화	ST: 강점으로 위협회피 2위: 위협회피, 시장침투, 제품확충
약점 (W)	WO: 약점보완으로 기회 활용 3위: 약점보완, 핵심강화, 전략제휴	WT: 약점보완으로 위협극복 4순위: 약점보완, 철수, 집중화

창업자 또는 경영자는 많은 사업기회가 필요하다는 것을 알고 있다. 그래서 이들은 항상 사업기회를 탐색한다. 많은 고객을 유인하여 많은 수익을 창출하는 것이 좋다. COVID-19 전염병은 마스크 착용이 일반적인 에티켓이 되는 것부터 원격 근무 및 온라인 수업에 이르기까지 사회에 근본적인 변화를 가져 왔다. 모든 위기에는 기회가 있다. 문제를 해결하는 시작은 사업기회가 정확히 어디에 있는지를 탐색하는 것이다. 이전에 전자 상거래를 채택하지 않았던 새로운 소비자는 이제 온라인 채널을 채택하고 있다.

(1) 사업기회의 이해

기회는 신제품을 위한 아이디어의 단서이다. 소비자들이 새로 느끼는 욕구와 새로 개발해야 할 기술이 가능한 해결안을 찾을 때 기회는 비로소 제품개발로 이어질 수 있다. 기회(opportunity)는 기업에 신제품, 서비스나 사업을 위한 고객욕구를 창출하는 일련의 호의적인 환경이다. 기업은 유리하고 유익한 환경을 활용함으로써 기회를 사업으로 전환한다. 기회는 경쟁자가 다루지 않았기 때문에 기업이 이용할 수 있는 최신의 확인한 욕구, 필요와 수요추세에서 온다. 기업은 고객의 미충족 욕구(unmet needs)를 탐색한다.

사업기회는 제품수요를 증가하거나 변화추세를 이용할 수 있는 유리한 조건이다. 아이디어(idea)는 시장기회에 관한 생각으로 욕구나 문제를 발견하고 문제해결에 관한 생각이다. 아이디어나 사업기회만으로는 제품개발의 기준을 충족하지 못한다. 아이디어에 고객의 미충족 욕구를 해결하는 해결책이 있고 수익성이 있는 아이디어가 제품 아이디어(product idea)가 된다. 기업가가 열심히 일하지 않았기 때문이 아니라 고객의 미충족 욕구에 대한 탐구와 해결책이 부족하기 때문에 사업에 실패한다.

- 사업기회: 제품수요를 증가하거나 변화추세를 이용할 수 있는 유리한 조건
- 제품 아이디어: 미충족 욕구를 해결하는 해결책이 있고 수익성이 있는 아이디어

(2) 사업기회의 유형

사업기회를 분류하는 데는 많은 방법이 있지만 두 가지 차원이 특히 유용하다. 기회는 제품 개발팀이 사용할 수 있는 욕구지식과 해결안 지식의 두 측면이 있다.[3] 기회 1에서 기

---

3   Terwiesch and Ulrich(2009).

회 3으로 갈수록 위험수준뿐만 아니라 수익성도 증가한다. 실패위험이 증가하기 때문에 제품개발팀은 이미 잘 알고 있는 것으로부터 해결안을 찾기 어렵다. 해결안의 지식이 확장되어야 한다. 따라서 기회가 클수록 시장에 대한 욕구는 처리되지 않았거나 새롭게 생기며 이를 해결하기 위한 대안도 현재까지 사용하지 않은 지식을 요구한다.

기회 1에 대한 해결안은 주로 기존시장에 대한 기존제품의 개선, 확장, 변형과 원가절감이다. 현재 해결안으로 가능하기 때문에 상대적으로 위험이 낮은 기회이다. 이것은 가장 일반적이고 극심한 기회이다. 기회 2는 시장이나 기회 중에 적어도 하나 이상은 적게 알려진 영역이다. 현재까지 사용하지 않은 해결안을 요구하는 영역으로 해결안의 지식을 새롭게 적용해야 한다. 기회 3은 불확실성이 최고 높은 수준을 나타내고 세상에 새로운 기회를 탐구하는 영역이다. 이 영역은 새로운 해결안과 접근법을 고안해야 가능하고, 기업에게는 비약적인 기회가 될 수 있다.

그림 7-6 기회의 유형

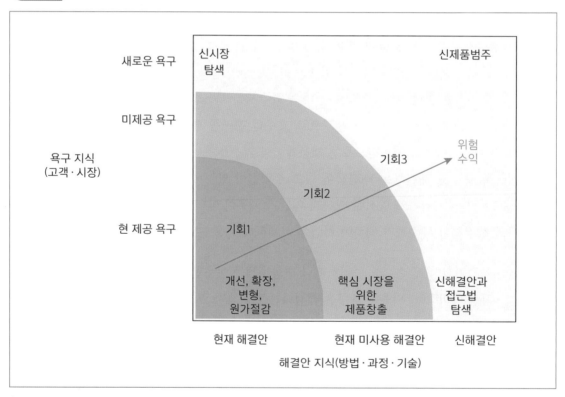

출처: Terwiesch and Ulrich(2009).

(3) 사업기회의 창

전략전문가인 타이어(Tyre)와 올리코스키(Orlikowski)에 의하면 기회의 창(window of opportunity)은 기회로 이용할 수 있는 창문으로 특정 시간에 짧은 기간 동안 열렸다가 어느 정도 지나면 닫는다. 기회의 창은 즉시 포착해야만 하는 호의적인 짧은 기회이다. 창이 열리고 시장이 성숙함에 따라 창은 닫히기 시작한다. 창이 열리는 시간의 길이가 중요하다.

즉시 기회를 포착하는 방법은 열려 있는 창, 기회의 창으로 이동하는 컨베이어 벨트(conveyer belt)로부터 대상을 선택하는 과정이다. 컨베이어 벨트의 속도가 변하고, 이동하는 창이 끊임없이 열리고 닫힌다. 컨베이어 벨트의 속도가 끊임없이 변화하는 것은 시장이 불안하기 때문이다. 기회를 포착하기 위해서 창이 닫히기 전에 컨베이어 벨트로부터 선택해야 한다. 기업은 이 짧은 기회를 감지할 수 있도록 항상 관찰해야 한다. 외부적 환경으로 기회의 창이 열려 있을 때 기업은 시장상황과 역량이 적합하다면, 전략적으로 우월한 위치를 선점할 수 있다. 신제품을 위한 시장이 출현하면 기회의 창이 열리고 새로운 진입이 일어난다. 그러나 어떤 지점에서 시장이 성숙하면 새로운 진입자에 대한 기회의 창이 닫힌다.

그림 7-7 기회의 창

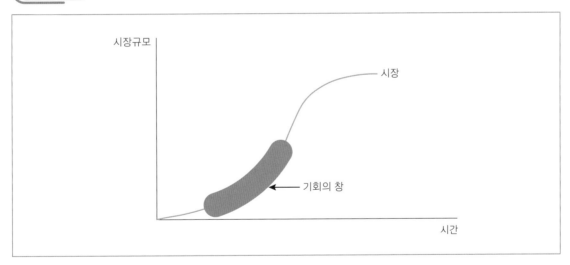

(4) 사업기회의 식별

사업기회란 사업과 관련된 모든 사업 아이디어, 전망, 제안 또는 기타 기회를 의미한다. 올바른 기회를 식별하고 선택하는 것은 기업가의 중요한 능력 중 하나이다. 기회를 식별하려면 두 가지 질문이 중요하다. 사업기회란 무엇인가? 어떻게 식별하는가? 우수한 가치를 제공하기 위해 창의적인 자원의 조합을 통해 시장 요구를 충족할 때 사업기회가 된다. 미제공 욕구 또는 미사용 자원 또는 기능은 가치창출 영역이다.

기업가가 기회를 인식할 가능성을 줄이는 요인이 있다. 기회 인식 과정 주변에는 혼돈, 정보 비대칭, 자원 부족, 불확실성, 위험, 역설, 혼란과 같은 요소가 있다. 또한 타이밍은 기회 인식에서 중요한 요소이다. 기회를 너무 일찍 또는 너무 늦게 인식하면 이를 인식한 개인에게 기회가 쓸모 없게 될 수 있다.

수집한 정보는 기회를 인식하는 방법을 설명하지는 않는다. 개인이 기회를 인식할 능력을 증가시키는 방법이 있다. 즉, 기회의 발견과 창조이다. 동일한 기회라도 어떤 기업가에게 위협이 될 수 있다. 시장 요구를 충족시키기 위해 자원을 결합할 수 있는 기회가 되어야 한다. 기업가가 이익을 얻을 수 있는 아이디어를 가지고 유리한 조합을 통해 고객에게 가치를 창출하고 전달할 수 있는 경우에만 기회가 된다. 따라서 기업가는 기회를 통해서 사업 아이디어를 구체화하기 위한 다음 질문에 답변할 수 있어야 한다.

- 고객을 위해 어떤 요구를 충족하고 어떤 종류의 고객을 유치할 것인가?
- 판매할 상품 또는 서비스는 무엇인가?
- 판매할 상품 또는 서비스가 현재 시장에 제공하는 경쟁사와 어떻게 다른가?
- 제품이나 서비스는 누구에게 판매할 것인가?
- 제품이나 서비스를 어떻게 판매할 예정인가?

(5) 사업 아이디어의 관점

사업은 모든 고객들을 만족시키는 것을 목표로 하지 않고 단지 특정한 고객들을 목표로 한다. 특정한 고객이 목표고객 또는 표적고객이다. 사업 아이디어의 관점은 표적고객, 판매 제품과 유통경로이다. 이러한 관점이 계획된다면 아이디어를 창안하는 데 더욱 효율적이다. 아이디어의 관점을 설정하기 위한 질문이 있다. 이러한 질문에 답하면 아이디어를 더 자세하게 창조하는 데 도움이 된다. 다음은 아이디어의 관점이다.

- **표적고객**: 누구에게 판매할 것인가?
- **판매제품**: 무엇을 판매할 것인가?
- **유통경로**: 어디에서 판매할 것인가?

기업은 제품이나 서비스를 통해 고객과 관계를 맺는다. 첫째, 표적고객을 묘사한다. 제품을 구매할 사람들은 누구인가? 그들은 회사, 젊은이, 노인, 남자인가 여자인가? 둘째, 팔고 싶은 판매제품을 묘사한다. 무엇을 판매할 것인가? 그것은 어떻게 생겼는가? 제품 특징은 무엇인가? 생산하는 데 얼마나 걸리는가? 제품가격은 어떠한가? 회사의 자원으로 개발과 생산이 가능한가? 수익성과 시장성이 있는가? 셋째, 판매하는 유통경로를 묘사한다. 어디에서 판매할 것인가? 직접 또는 위탁 판매인가? 제품을 표적고객들에게 알릴 필요가 있을 때 어떻게 알릴 것인가? 이러한 물음에 답이 있다면 사업의 시작은 대단히 순조로울 것이다.

(6) 사업 아이디어의 조건

사업 아이디어의 수용 가능성과 수익성은 아이디어의 혁신성에 달려 있다. 혁신성은 이전에는 거의 채택되지 않았던 새로운 생산 또는 유통방법을 사용하는 것이다. 예를 들면, FedEx는 24시간 내 배달과 전 세계 신속배달을 통해 배달 서비스를 혁신적으로 발전시켰다. 회사는 혁신적인 시스템을 채택하여 결국 세계 최고의 배달 서비스로 성장하게 되었다.

중요한 점은 아이디어가 고객에게 약속하는 편익이다. 고객들은 적은 비용으로 높은 품질의 제품을 구입하기를 원한다. 비용절감에 중점을 둔 아이디어는 장기적으로 수익성이 높다. 이와 같이 성공적인 사업 아이디어는 고객의 문제해결, 시장의 수용성과 제품의 수익성을 충족해야 한다.

그림 7-8 **사업 아이디어의 조건**

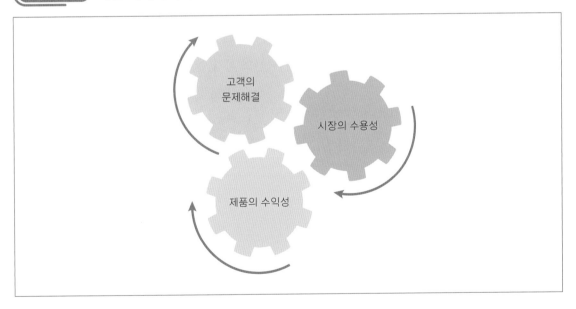

- 고객의 문제해결: 고객문제를 해결하거나 고객욕구를 충족시킴으로써 고객에게 이익을 제공한다. 아이디어가 고객의 욕구를 만족시킬 수 없다면 성공하지 못한다.
- 시장의 수용성: 시장이 기꺼이 제품을 수용할 수 있어야 한다. 유망한 아이디어는 큰 시장에서 받아들일 수 있는 제품이나 서비스를 제공한다. 경쟁업체와 차별화되는 독특한 가치를 충족시킬 수 있는 적절한 준비가 있어야 한다.
- 제품의 수익성: 제품이 수익을 창출할 수 있어야 한다. 유망한 아이디어는 얼마나 많은 돈을 얼마나 많이, 어떻게 벌 수 있는지 보여준다.

(7) 사업기회의 원천

중소기업은 언제나 신상품과 서비스의 추진 요인을 갖고 있다. 많은 제품과 발명은 오히려 중소기업에서 창조되었다. 예를 들면, 에어컨, 베이클라이트(Bakelite),[4] FM 라디오, 회전나침반, 컴퓨터 단층촬영기, 인공심박조율기(pacemaker), 선체의 외부에 붙어 있는 엔진, 퍼스널 컴퓨터, 냉동식품, 안전면도기, 소프트 콘택트 렌즈와 지퍼 등이다. 창의성과 혁신능력은 광범위한 재무자원, 인적자원이나 물리적 자원이 부족한 중소기업이 우수한 고객가치를 창안하는 핵심역량이다.

제품 개발은 기회 또는 제품에 대한 아이디어로 시작된다. 기업가가 추구하는 가장 유망한 기회 또는 제품에 대한 아이디어는 내·외부의 다양한 원천에서 발견된다. 사업 아이디어와 기회의 가장 좋은 원천은 무엇인가? 어떻게 사업기회를 찾을 수 있는가? 시작할 수 있는 최고의 사업을 어떻게 알 수 있는가? 창의적이고 혁신적인 아이디어를 개발하려면 어떻게 해야 하는가? 아이디어는 모두 자신과 자신의 환경 안에 있다.

---

[4] 베이클랜드(Leo Baekeland)가 발명한 합성수지의 일종으로 경화되기 전의 제1차 반응에서 생긴 것이 천연의 로진을 닮아 합성수지 라고 불리며, 베이클라이트의 상품명으로 공업화되어, 오늘의 인조재료, 즉 플라스틱의 시초가 되었다.

그림 7-9 아이디어의 원천 개발

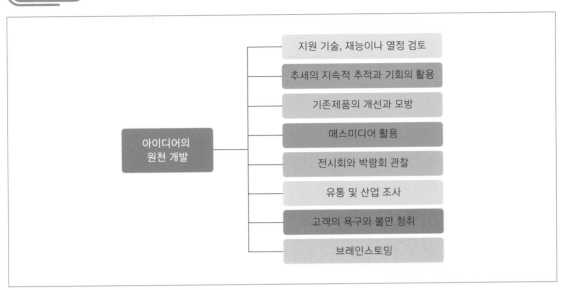

- 지원 기술, 재능이나 열정 검토
- 추세의 지속적 추적과 기회의 활용
- 기존제품의 개선과 모방
- 매스미디어 활용
- 전시회와 박람회 관찰
- 유통 및 산업 조사
- 고객의 욕구와 불만 청취
- 브레인스토밍

(아이디어의 원천 개발)

1) 자원, 기술, 재능이나 열정 검토

아이디어를 찾으려면 보유한 자원을 파악한다. 자신의 자원, 기술, 재능이나 열정을 검토한다. 아이디어나 기회를 찾을 때 가장 먼저 자신의 내면을 들여다보는 것이다. 대부분의 사람들은 무지, 나태나 자기 의심으로 인해 아이디어의 가장 큰 원천을 놓친다. 재능이 있거나 특정 분야에서 입증된 기술을 보유하고 있다면 그러한 재능이나 기술을 분석한다. 자신이 가장 잘할 수 있는 사업을 시작하기 위해 다음과 같이 질문한다.

- 고객들이 기꺼이 지불할 수 있는 아이디어인가?
- 어떤 재능이나 기술이 있는가?
- 취미는 무엇인가?
- 사업에 열정이 있는가?

자신의 전문기술을 다른 사업 분야에 적용한다. 기술을 창의적으로 적용하여 완전히 다른 분야를 개선할 수 있다. 예를 들면, 세계적으로 가장 유명한 기타회사인 펜더의 창시자인 레오 펜더(Leo Fender: 1909-1991)는 라디오 수리공으로 일했다. 전자기술과 증폭기술을 사용하여 최초의 일렉 기타를 제작했다. 사업 아이디어를 고려할 때 모든 기술을 포함한다. 다른 분야에 혁명을 일으킬 재능이 있을 수 있다. 자원, 기술, 재능이 있더라도 이를 실현할 열정이 없다면 성공하기 힘들다.

2) 추세의 지속적 추적과 기회의 활용

최근 사건을 관찰하고 사업기회를 활용할 준비한다. 추세를 지속적으로 추적하고 기회를 찾는 것이 사업의 준비 과정이다. 사회적 사건 및 추세는 좋은 아이디어의 근원이다. 뉴스를 정기적으로 읽고 아이디어를 발견하려고 하면 많은 사업기회가 눈에 보일 것이다. 시장 동향, 새로운 유행, 산업 정보는 새로운 아이디어를 파악하는 데 도움이 된다. 추세를 파악하기 위해 일반적인 키워드 또는 인터넷 검색어가 무엇인지 확인한다. 이렇게 하면 사람들이 자주 검색하는 내용을 확인할 수 있다. 다음과 같이 질문한다.

- 잠재고객들은 무엇을 구매하는가?
- 잠재고객들은 무엇을 필요로 하는가?
- 잠재고객들은 왜 구매하는가?
- 잠재고객들은 무엇을 구매할 수 없는가?
- 잠재고객들은 무엇을 싫어하는가?
- 잠재고객들은 무엇을 더 많이 구매하고 있는가?

3) 기존제품의 개선과 모방

사업이 독창적인 아이디어만을 기반으로 해야 성공한다고 가정하는 것은 실수일 수 있다. 실제로 정반대일 수도 있다. 새로운 아이디어는 검증되지 않았기 때문에 위험하다. 사업이 똑같이 성공적이지는 않을 수 있다. 이러한 측면에서 시장조사가 중요하다. 실제로 성공한 제품은 기존제품을 다르고 독창적이고 새롭게 유용하게 개선한 것이다. 따라서 아이디어는 기존의 아이디어를 개선하되 독창적이면서 동시에 유용한 가치를 제공해야 한다.

대부분의 신제품들은 점진적인 기능이나 성능을 개선한 제품이다. 기업들은 제품의 사용성이나 디자인, 포장을 개선하거나 새로운 제품 사용자를 찾아 포지션한다. 많은 제품은 자사제품이나 경쟁제품을 점진적으로 개선하거나 모방한 제품이다. 이러한 개선이나 모방은 새롭고 독특하고 가치가 있는 경우에 경쟁력이 있다. 따라서 경쟁제품을 모방할 때에는 다른 방식으로 개선하거나 모방하는 것이 중요하다.

그림 7-10 기존제품의 개선과 모방

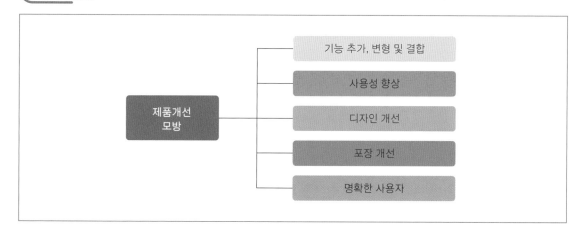

① 기능 추가, 변형 및 결합

창의성은 새로운 것을 창조하는 것뿐만 아니라 기존의 것을 새로운 방법으로 모방하여 새로운 기능을 추가, 변형하거나 결합하는 것이다. 예를 들면, 안마기에 의자를 결합한 안마의자가 좋은 경우이다. 개선이나 변형제품은 브랜드 이미지의 힘을 높이거나 디자인 또는 포장을 향상시킨다.

② 사용성 향상

대부분의 제품은 복잡한 기능이 많아 고객이 사용의 피로를 느낄 수 있다. 제품사용의 용이성은 고객을 편안하게 하고 사용 위험을 경감한다. 제품의 작동을 간단하게 하여 고객들이 제품 사용시 좌절을 느끼는 경험을 하지 않도록 설계한다. 사용자 환경의 용이성은 디지털 세상에서도 제품에 가치를 추가하고 고객의 사용 경험을 유쾌하게 한다.

③ 디자인 개선

제품 외관, 질감과 기능을 약간만 변경해도 매력을 높일 수 있다. 성공을 위해 제품의 조잡한 디자인을 손질한다. 부드럽고 윤이 나는 제품사용에 적절한 질감을 사용하여 촉각적인 경험을 향상한다. 최고의 소비자에게 색상, 미학 및 모양이 어필되는가? 브랜드 이름이 적절한가? 미니멀리즘이 제품을 간소화하여 공간을 적게 차지하고 효율성을 높일 수 있는가?

④ 포장 개선

기업은 제품 외관보다 포장을 새로 고치는 것이 더 쉽다. 가격을 올리고 싶다면 포장을 변경하여 새로운 가치가 있는 것처럼 보이게 한다. 재활용 포장재를 사용하면 친환경적이고 자원을 절약하기 때문에 고객들이 구매할 때 기분이 좋아진다.

⑤ 명확한 사용자

제품사용자가 명확한 제품은 어떻게 작동하는지에 대한 혼란이 감소된다. 둘 이상의 제품 또는 다른 세분시장에 출시하는 경우 가격을 책정하고 표적고객을 명확하게 지정하여 제품의 차이점 및 용도를 분명히 제시한다. 이렇게 하면 표적고객이 분명하여 고객들에게 준거집단을 형성하게 하여 사용자들 간에 동일시 개념이 확립될 수 있다.

4) 매스미디어 활용

매스미디어는 제품에 관한 훌륭한 정보, 아이디어 및 기회의 원천이다. 신문, 잡지, 라디오, TV, 케이블 및 인터넷은 모두 정보를 얻을 수 있는 대중매체이다. 신문이나 잡지의 상업 광고를 신중하게 살펴보고 현재 산업의 추세나 변화를 발견한다. 또한 인쇄된 기사나 TV 또는 다큐멘터리에 있는 기사에서 소비자의 욕구나 추세와 변화를 파악할 수 있다. 예를 들어, 사람들이 건강한 식습관이나 체력에 매우 관심이 있다는 것을 읽거나 들을 수 있다.

5) 전시회와 박람회 관찰

자신만의 좁은 생각 틀 안에서 벗어나기 위해 진지하게 새로운 사람들을 만나면 시야와 정보가 확대된다. 또 자신과 다르게 생각하는 새로운 사람과 대화한다. 업계 외부의 사람들이나 기존고객과 대화를 나눈다. 전시회 및 박람회에는 많은 아이디어와 기회를 제공한다. 이러한 행사를 정기적으로 방문하면 새로운 제품 및 서비스를 찾을 수 있다.

다양한 분야의 사람들과 이야기한다. 특히 친숙하지 않은 사람들과 만나서 이야기한다. 제품이나 서비스를 직접 사용하여 삶을 개선하는 방법을 알아본다. 이것은 틀 밖에서 생각하고 다른 각도에서 사물을 보는 데 도움이 된다. 틀 안에서만 생각하면 자신이 알고 있는 것이 진리라고 생각하기 쉽다. 틀 밖에서 생각하면 다소 엉뚱해 보이더라도 세상을 바꿀 창의적인 아이디어가 떠오를 수 있다. 이처럼 새로운 관점은 창의력을 크게 향상시킬 수 있고 새로운 기회를 포착할 수 있다.

6) 유통 및 산업 조사

영업 담당자, 유통업체, 제조업체 및 프랜차이즈 파트너를 만난다. 이들은 항상 아이디어의 훌륭한 원천이다. 판매점은 최신의 제품과 인기 있는 제품을 취급한다. 판매점을 탐색하면 최신의 추세와 변화를 파악할 수 있다. 아이디어가 필요한 경우 가까운 상점, 가급적 많은 제품이 있는 백화점을 방문한다. 그런 다음 통로를 걸어보고 고객들이 많이 보거나 구매하는 제품을 관찰한다. 판매점은 고객들에게 무슨 제품을 제공하는가? 그러한 제품의 장점과 결점은 무엇인가? 찾는 제품이 없다면 팔릴 수 있는 제품이 시장에 현재 없는 것에 대한 아이디어를 준다.

7) 고객의 욕구와 불만 청취

새로운 사업 아이디어의 핵심은 고객의 두뇌에 있는 생각이다. 설문조사를 통해 상품 또는 서비스에 대한 합리적인 결과를 제공할 고객의 욕구를 확인하거나 분석할 수 있다. 그러한 설문 조사는 사람들과 대화함으로써 실시될 수 있다. 인터뷰, 설문지나 관찰을 통해 조사한다. 시장조사는 일반적으로 아이디어를 얻은 후에 사용되지만 초기 조사를 통해 고객들이 가치 있게 여기는 것을 발견할 수 있다. 이것은 고객들의 욕구와 필요에 근거한 고객지향적 아이디어를 창안하는 데 도움이 된다.

많은 새로운 제품이나 서비스가 고객의 불만과 좌절로 생겨났다. 소비자가 제품이나 서비스에 대해 심각하게 불만을 제기할 때마다 아이디어를 얻을 수 있다. 또한 고객들이 제품 사용 중에 겪는 불편이나 좌절이 있다. 특히, 혁신적인 첨단기술제품은 제품사용 불편이나 좌절이 심할 수 있다. 이것은 매우 가치 있는 정보이다. 아이디어는 더 나은 상품 또는 서비스를 고객들에게 제공하거나 다른 회사에 판매할 수 있는 새로운 상품 또는 서비스일 수 있다. 고객들이 가장 성가시게 생각하는 부분은 제품개선의 유용한 아이디어이다.

8) 브레인스토밍

창의력을 키운다. 이 단계에서 자신의 아이디어를 너무 비판하지 않고, 대신 마음을 열고 자유롭게 생각하면 창의력을 자극하고 아이디어를 도출할 수 있다. 브레인스토밍은 창의적 문제해결 기법이며 아이디어를 생산하는 원천의 하나이다. 가능한 많은 아이디어를 도출하는 것이다. 대개 질문 또는 문제 설명으로 시작한다. 예를 들면, "오늘 집에서 필요한 상품과 서비스는 무엇인가?"라는 질문을 던질 수 있다. 아이디어는 하나 이상의 아이디어가 추가되어 더 좋고 더 많은 아이디어로 창출될 수 있다. 아이디어가 아이디어를 창출하는 집단적 창의 기법이다.

03 틈새시장

틈새시장은 고객의 고유한 욕구나 선호에 의해 정의될 수 있는 큰 시장의 아직 개척하지 않은 비어 있는 시장으로 전체 시장과는 다르다. 거의 모든 시장은 특정 욕구와 선호에 따라 더 세분화되거나 분할될 수 있다. 틈새 마케팅의 이점은 브랜드가 자사제품을 차별화하고 고객들에게 고유한 전문가로 인식되고 특정한 고객 집단과 더 깊이 공감할 수 있는 것이다. 틈새제품은 틈새 마케팅을 사용하여 눈에 띄고, 더 가치 있게 보이고, 더 큰 성장에 도달하고, 고객들과 더 강력하고 오래 지속되는 연결을 구축할 수 있다.

(1) 틈새시장의 성격

틈새시장을 '남이 아직 모르는 좋은 낚시터'로 비유한다. 틈새는 존재하지는 않지만, 다른 기업이 불충분하거나 전혀 다루지 않고, 제품이나 서비스를 개발하지 않고, 전달하지 않는 욕구와 필요를 확인함으로써 창조될 수 있다. 틈새시장은 거대 경쟁자가 달성할 수 있는 규모의 경제에 맞서 중소기업이 경쟁할 수 있는 이용 가능한 매력적인 기회가 있는 시장이다.

1) 틈새시장의 특징

틈새시장(niche market)은 소비자가 요구하는 상품이 시장에 아직 존재하지 않아서 공급이 비어있는 시장이다. 즉, 지금까지 존재하지 않았던, 존재했더라도 관심을 끌지 못하고, 대체재가 없어 새로운 수요가 확실한 시장이다. 틈새시장은 공통의 욕구와 관심이 있는 큰 시장의 작은 분할이다. 예를 들면, 애완시장은 큰 시장이지만, 흰담비는 대부분의 회사가 제공하지 않는 작은 틈새시장이다. 틈새제품(niche product)은 틈새시장의 욕구를 제공하기 위해 특별히 창조된 전문품이나 서비스이다. 항공기 기내용 포장 스낵은 스낵 제품 포장자가 만든 틈새제품이다. 틈새제품은 틈새유형제품, 틈새서비스, 틈새유통과 틈새위치가 있다.

- **틈새유형제품**(niche physical product): 어떤 틈새시장을 위해 특별히 창조된 제품이나 포장이다. 예를 들면, 대형책, 항공기 간식 및 출산 옷 등이 있다.
- **틈새서비스**(niche service): 제품이 실제로 서비스인 것이다. 바쁜 전문직을 위한 가정 식품배달이 해당된다. 전문조류 사업처럼 특별한 지식이나 전문지식도 틈새서비스이다.
- **틈새유통**(niche distribution): 기존제품을 판매하는 비어 있는 유통경로이다. 이것은 인터넷에서 발생한다. 예를 들면, 모든 종류의 배터리만을 판매하는 온라인 배터리점, 라지몰이나 스몰 몰 등은 인터넷에서 볼 수 있는 틈새유통이다.
- **틈새위치**(niche location): 일반제품이나 서비스가 전문 틈새의 위치로 배달되는 곳에 있다. 위치가 틈새이다. 막힌 시외도로에서 판매하는 오징어나 뻥튀기, 졸업식 학교에서 판매하는 꽃다발이나 사진촬영, 또 레스토랑에서 판매하는 꽃이 해당된다.

- **수익성:** 수익이 있는 적절한 규모와 구매력을 갖고 있다.
- **성장성:** 잠재적인 성장이 예상된다.
- **제한된 경쟁:** 뛰어난 생산자의 경쟁이 없다.
- **경쟁우위:** 필요한 자원, 기술과 경쟁자보다 더 잘 할 수 있는 시장을 갖고 있다.
- **고객호감도:** 경쟁을 방어하고, 고객의 충분한 충성도를 구축할 수 있다.

2) 틈새사업

틈새사업(niche business)은 틈새시장에 전적으로 틈새제품을 제공함으로써 구축되는 시장이다. 처음에는 최소한 방어적인 틈새사업을 시작한다. 이미 사업을 시작했다면 틈새마케팅을 사용하여 틈새시장에 집중하거나 틈새제품을 추가하는 것이다. 상품이 시장에 아직 존재하지 않아서 수익이 기대되는 틈새시장은 몇 가지 장점이 있다. 틈새시장은 경쟁이 거의 없거나 적다. 틈새시장에서 고객과의 강력한 관계를 형성할 수 있고, 경쟁이 거의 없기 때문에 사업이 안정적이다. 이러한 시장에서 기업은 계속적인 기술과 능력을 개발하여 새로운 진입자로부터 경쟁우위를 확보할 수 있다. 따라서 수익성이 높은 시장에 집중함으로써 새로운 기회를 찾기 위한 노력이나 시간을 낭비할 필요가 거의 없다.

표 7-1 틈새시장의 이점

구분	설명
약한 경쟁	매력적인 틈새시장은 사실상 경쟁이 없고, 새로운 진입의 위험이 적다.
강력한 관계	핵심고객과의 강한 관계를 구축한다.
사업 안정성	경쟁이 적거나 없다. 변동성을 경험하지 못한 기업에 안정성을 준다.
향상된 능력	회사는 계속적으로 기술과 능력을 추가한다. 이것은 경쟁우위가 된다.
사업의 집중	새로운 기회를 찾기 위해서 시간이나 노력을 낭비하지 않고, 핵심사업에 집중한다.
높은 수익	고객들이 가격을 중요한 속성으로 고려하지 않기 때문에 수익이 높다.

변화는 새로운 수익의 개발이나 다양화의 형태를 요구한다. 틈새중심 변화는 수요측면에서 변화하는 소비자 기호나 기업조직 측면에서 종업원의 강력한 관심에 의해 추진된다. 어떠한 새로운 사업도 계획과 결과의 신중한 고려 없이는 오지 않는다. 다음은 틈새시장을

계획할 때 고려해야 할 기본적인 방향이다.

- 명확하고 일관성이 있는 시장조사
- 사업구조와 문화의 일치
- 전략과 행동의 분명한 연결

(2) 틈새마케팅 전략의 수립

틈새시장은 유사한 인구, 구매행동과 라이프스타일을 갖는 고객집단으로 구성된다. 예를 들면, 유기농 식품 구매자들이나 편리한 준비음식을 찾는 소비자들이다. 동일한 구매행동이 있는 소비자들조차도 다른 동기를 갖는다. 표적시장 이해는 잠재고객의 욕구를 충족하는 데 필요한 자원, 관심과 사업요소를 갖고 있는지 밝히는 데 중요하다.

특성이 비슷한 소비자를 확인하면 표적마케팅과 브랜드 촉진 방법으로써 군집화(clustering)하는 것이 도움이 된다. 제품을 구매하거나 특정한 판매점을 방문하는 소비자의 동기를 이해한다면, 소비자의 군집화는 효과적인 마케팅을 계획할 수 있다. 군집화는 잠재적 방문자 수와 상이한 고객집단에 대한 적절한 가격을 추정하는 데 도움이 된다. 틈새를 확인하면 구매자를 발견하고 그들의 주의를 끌어들이는 것이다. 잠재적 구매자와 연결하기 위해 촉진계획과 메시지를 개발한다. 틈새시장 소비자와 연결하기 위해서 웹 사이트, 홍보전단, 인적 커뮤니케이션, 포장, 이미지 등과 같은 마케팅 믹스를 일관되게 통합한다. 다음은 틈새시장 마케팅을 위한 규칙이다.

- **독특한 고객욕구충족**: 소비자와 시장을 조사한다.
- **적절한 정책개발**: 세분시장의 동기와 관심을 목표로 하는 촉진정책을 개발한다.
- **테스트시장**: 소매상이나 협력자와 최소한 시장테스트로 시작한다.

틈새마케팅(niche marketing)은 큰 연못에 있는 작은 고기 대신 작은 연못에 있는 큰 고기(a big fish in a small pond)를 목적으로 한다. 이것은 경쟁을 완화하고 제품가격에 대한 통제력을 얻는 방법이다. 약한 경쟁으로 틈새시장 제품에 대한 수요는 탄력성이 적다. 대량마케팅은 모든 고객이 동일한 제품욕구를 갖고 있다는 가정에서 사용하는 산탄총(shotgun) 접근이지만, 틈새마케팅은 고유한 욕구를 제공하는 집중된 소총(rifle) 접근이다.

1) 틈새시장 진입 시 고려사항

적당한 틈새를 확인하는 것은 부가가치를 붙여 판매가격과 수익을 증가할 수 있는 기회이다. 틈새시장으로 이동하기 전에 다양한 요인들을 고려해야 한다. 틈새시장에 진입할 것인지 여부를 결정할 때 고려할 요소는 고객인식, 제조 영향, 몰입, 시장과 마케팅이다.

- **고객인식**: 마케팅은 제품의 싸움이 아니라 인식의 싸움(battle of perceptions)이다.[5] 틈새시장 진출은 제품이 고객의 인식에 어떻게 영향을 주는지를 아는 것이 중요하다.
- **제조 영향**: 틈새시장 진출에 필요한 회사의 내부자원을 확인한다. 조직이 확장에 필요한 인력과 장비를 갖고 있는가? 인력이 틈새기회에 필요한 부분에서 훈련되어 있는가?
- **몰입**: 회사는 틈새시장에 몰입할 수 있는가? 수익은 어느 정도의 기간이 필요한가? 틈새시장의 성공을 어떻게 측정하는가? 회사의 장기계획과 일치하는가?
- **시장과 마케팅**: 틈새시장은 경쟁제품과 관련이 있는가? 새로운 틈새시장에 대한 판매지식이 있는가? 새로운 틈새시장에서 주요 경쟁자는 누구인가?

2) 틈새시장 진출전략 수립절차

틈새마케팅(niche marketing)은 특정한 틈새에 제품을 출시하는 전략이다. 예를 들면, 항공사들이 신혼부부들의 욕구를 알고, 표적광고를 할 수 있다. 이러한 고객틈새에 변형제품을 제공하기 위해 기존제품을 수정한다. 틈새시장 전략은 더 작은 틈새에 집중함으로써 사업을 키우는 기법이기도 하다. 다음은 틈새마케팅 전략을 고려할 때 필수적인 요소이다.

- **고객파악**: 고객세분화를 고려한다.
- **명확한 목표설정**: 틈새시장에 접근하고, 비용을 낮추고, 프리미엄 가격을 확보한다.
- **자원의 적합성**: 틈새마케팅은 회사의 자원, 역량, 선호와 일치해야 한다.

기업이 틈새시장에 진출하기로 결정하면 목표를 달성하기 위해 적절한 전략을 수립한다. 수익성이 있는 틈새시장이 우연히 발견되더라도 틈새기회를 찾고 개발할 때 체계적인 전략이 필요하다. 다음 단계는 수익성이 있는 틈새시장을 활용하기 위해 무엇을 판매할지, 어디에서 팔지, 누구에게 팔지, 그리고 판매가격을 어떻게 할지를 결정하기 위한 틀을 형성한다. 다음은 틈새시장 진출전략을 수립하는 절차이다.

---

5   Ries, A. and Trout(2004).

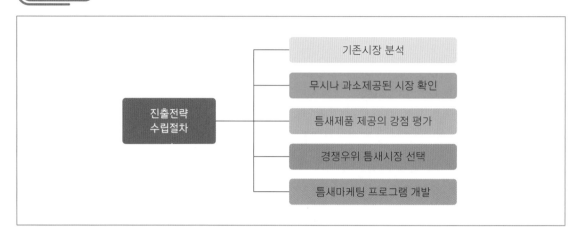

그림 7-11 틈새시장 진출전략 수립절차

진출전략 수립절차
- 기존시장 분석
- 무시나 과소제공된 시장 확인
- 틈새제품 제공의 강점 평가
- 경쟁우위 틈새시장 선택
- 틈새마케팅 프로그램 개발

① 기존시장 분석

첫 단계는 기존시장을 분석하는 것이다. 고객이 누구인지, 현재 진출자나 경쟁자가 누구인지, 어떤 제품이나 제품계열이 제공되는지, 어떤 가격이 책정되었는지, 그리고 어떤 유통경로가 사용되는지를 찾는다. 이러한 정보를 기업이 수행하는 조사로부터 이용할 수 있다.

② 무시나 과소제공된 시장 확인

어떤 세분시장이 현재 무시되었거나 과소제공되었는지를 알아낸다. 이러한 사항들이 틈새시장의 기회가 된다. 정보는 개인적 관찰, 현재 시장참여자들의 면접, 컨설턴트, 협회 간행물, 정부 간행물, 시장정보나 신문을 통해서 얻을 수 있다.

③ 틈새제품 제공의 강점 평가

무시된(neglected) 또는 과소제공된(underserved) 세분시장의 욕구를 만족할 때 효과적으로 필요한 자원과 기술을 알아낸다. 경쟁에 필요한 원재료, 장비, 기술, 자금과 자원을 고려한다. 또한 판매원 규모와 유통경로 구성원과 같은 마케팅 필요사항을 고려한다. 추가적으로 시장분할에서 예상되는 경쟁이나 경쟁자를 알아낸다.

④ 경쟁우위 틈새시장 선택

경쟁우위를 갖고 제공할 수 있는 틈새시장을 선택한다. 장점, 위치와 자원에 근거하여 하나 이상의 세분시장을 선택한다. 틈새마케팅은 임시적이거나 경쟁자에 의해서 공격을 받을 때 위험할 수 있다. 하나의 틈새시장보다 더 많이 전문화하는 것은 위험을 감소하고 성공의 기회를 증가한다. 틈새에 포지션을 어떻게 할 것인가를 고려한다.

⑤ 틈새마케팅 프로그램 개발

시장의 욕구를 충족하기 위한 마케팅 프로그램을 개발한다. 선택된 틈새시장의 고객에게 효과적으로 제공하기 위한 최고의 제품, 가격, 촉진과 유통을 밝혀낸다. 탁월한 서비스는 고객충성도를 구축하고 유지한다. 틈새시장 조사 방법은 산업과 관련된 전시회와 박람회에 참가한다. 이러한 곳에서 기업들이 이미 제공하는 것을 확인할 수 있다. 이러한 정보는 틈새시장으로 확장하는 아이디어가 성공할 수 있는지를 판단하는 데 도움이 된다.

04 사업기회의 개발

사업기회 개발과정은 시장기회를 확인하고 유망한 사업기회를 선정하는 과정이다. 시장의 기회확인 대상을 설정하여 탐지·판별한 다음 선정할 수 있는 최적의 유망기회를 발굴하는 일련의 과정은 결코 간단한 과정이 아니지만, 시장기회는 모든 사업기회의 시작이기 때문에 매우 중요한 과업이다. 사업기회 개발과정은 대상기회의 탐색, 기회창출과 판별, 대상기회의 심사와 유망기회의 선정이 단계적으로 진행된다.

그림 7-12 **사업기회 개발과정**

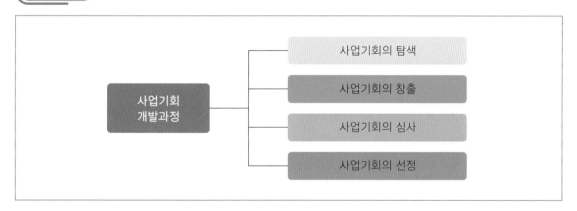

(1) 사업기회의 탐색

기업가는 제품 아이디어나 기술로 시작하여 제품에 적합한 시장 잠재력을 탐색하는 경우도 있다. 사업기회는 기업이 처리하지 않은 충족되지 않은 고객욕구가 존재한 곳이다. 어떤 기업가들은 시장의 욕구나 문제에 민감하여 기회를 발견하고 신제품에 대한 가능성을 검토한다. 기회는 누구에게나 의식적이든 무의식적이든 주어진다.

1) 시장규모의 추정

시장규모의 추정은 잠재고객의 수를 계산하는 과정이다. 기업이 제공하는 욕구에 대한 해결안을 잠재고객들이 구입할 것이라는 가설을 형성한다. 동일한 제품속성을 공유하는 다른 소비자들에 대해서도 가설을 검증한다. 합리적으로 좋은 가설이라면, 잠재고객으로부터 실제 시장잠재력을 추정하기 위해 보고서와 자료를 찾을 수 있다. 아직은 비현실적인 자료이므로 기회의 최고와 최저 가능범위로써 시장기회를 생각하는 것은 매우 유용하다.

2) 추세발견

좋은 틈새시장을 찾기 위해서 추세를 발견해야 한다. 유망제품이나 유행제품을 구분한다. 추세는 사회변화에 따라 일정한 형태가 있기 때문에 틈새를 더 잘 찾을 수 있다. 기회확인 방법은 추세를 관찰하고, 사업가들이 추구하는 기회를 창조하는 방법을 연구하는 것이다. 경제적 요인, 사회적 요인, 기술진보, 정치행동과 규제변화에 대한 추세를 관찰하여 사업이나 제품·서비스를 위한 기회를 탐색하는 데 활용한다. 추세관찰과 사업기회의 탐색은 복합적인 시장 조사의 과정으로 새로운 사업의 시작단계에 해당한다.

그림 7-13 추세관찰과 사업기회의 탐색

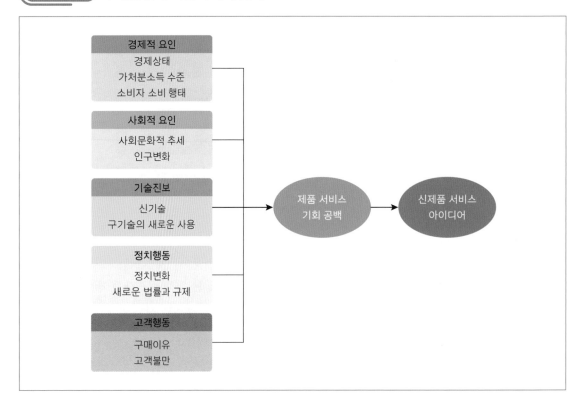

① 경제적 요인

경제적 요인은 소비자들의 가처분소득에 영향을 미친다. 경제는 소비자들의 구매형태에 직접적인 영향을 준다. 예를 들면, 이자율 하락은 신규주택건설과 소비의 증가를 가져온다. 조사와 관찰, 구매시장 예측과 분석에 의해서 이러한 요인을 확인할 수 있다.

② 사회적 요인

새로운 기회가 되는 최근의 사회적 요인은 가족과 근무형태, 인구의 고령화, 작업자의 다양화, 산업의 세계화, 건강관리의 관심증가, 컴퓨터와 인터넷의 확산, 핸드폰 사용자의 증가, 음악의 새로운 규범과 오락의 유형 등이다. 예를 들면, 패스트푸드의 지속적인 확산은 패스트푸드에 대한 사랑 때문이 아니라 사람들이 바쁘다는 사실 때문이다.

③ 기술진보

기술진보는 기업가들에게 새로운 기술이 현재와 미래의 기회에 영향을 준다. 일단 기술이 개발되면 뒤이어 제품은 향상되어 나타난다. 기술의 진보는 종종 기회를 창조하는 경제와 사회적 변화와 들어맞는다. 예를 들면, 핸드폰의개발은 기술적인 성취이지만, 사용자들에 의해 기술적 진보의 자극을 더 받는다.

④ 정치행동과 규제변화

정치행동과 규제변화는 기회에 대한 토대를 제공한다. 예를 들면, 기업이 법을 준수하도록 하는 새로운 법률은 창업을 시작하는 기업가에게는 기회를 제공한다. 그러나 규제를 받는 반대편에 있는 기업은 불리한 외부환경이다.

⑤ 고객행동

고객행동 안에 있는 미충족 욕구와 기회를 발견한다. 소비자들은 특정제품을 왜 구매하는가? 소비자들의 구매에 영향을 주는 요인은 무엇인가? 소비자들의 불만은 무엇인가? 사회의 변화 요인은 무엇인가? 고객행동으로 제품선택과 구매이유 등을 파악할 수 있다.

(2) 사업기회의 창출

사업기회 창출과정은 시장에서 많은 기회를 탐지해내는 과정이다. 기업에서 혁신기회는 조직의 내부, 고객과 기타 외부원천에 의해서 인식된다. 개발팀은 사업기회의 내부와 외부원천에 모두 집중하고 확인한다. 많은 사업기회를 효과적으로 확인하는 것은 쉬운 일이 아니지만, 다행히도 이러한 벅찬 과업은 구조화된 기법을 활용하여 쉽게 이루어진다.

1) 사업기회의 명확화

사업기회의 발생은 다양하다. 기회는 환경의 변화, 신기술 출현 등에서 발생한다. 이러한 요인은 인구 구성과 가족 구성의 변화, 생활습관과 생활상의 변화, 가처분소득, 법적 규제와 사회문화적 환경의 변화 등이 있다. 경쟁환경의 기회요인은 산업의 경쟁격화, 산업 내 참여자들의 경쟁 관계의 변화, 자사의 위상과 기업 이미지의 변화, 미개척 시장의 출현 등이 있다. 내부환경의 기회요인은 자사의 기술개발, 제품의 다양화, 제품의 독특성, 소비자 욕구의 적합성과 가격경쟁력 등이 있다.

2) 사업기회의 창출기법

창의적인 사람은 새로운 아이디어를 찾아내는 일을 재미있어 한다. 그러나 모두가 다 창의적인 사람이 아니기 때문에 유망한 기회를 찾는 것은 쉬운 일이 아니다. 새로운 것을 찾아내는 문제가 매우 추상적이고 비구조화되어 있다. 신기술, 추세와 사업모델이 기업들에 미치는 영향을 고려한다. 개인적인 관심과 연결된 미충족 욕구를 확인한다. 따라서 사업기회 확인을 자극하는 기법을 활용하면 매우 효과적이다.

그림 7-14 **사업기회 창출기법**

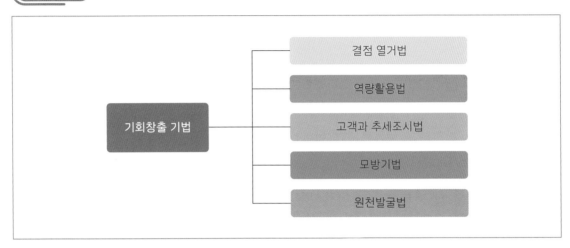

① 결점열거법

혁신자들은 자신의 주위에 있는 세계를 만족하지 않는다. 그들은 사용자의 미충족 욕구를 주목하고 관찰한다. 매일 또는 주별로 발생하는 성가심이나 좌절을 모두 열거한 다음 이중에서 가장 공통적이고 성가신 것(common and bothersome)을 추출하여 해결안을 생각해낸다. 이것은 모든 문제가 기회라는 관점이다. 기회를 낳는 성가심은 고객의 불만이나 시장조사로 발견할 수 있다. 다른 사람의 성가심을 이해하는 강력한 방법은 자사의 제품이나 서비스를 사용하는 사람들의 세계에 몰입하는 것이다. 이렇게 하여 입수한 결점열거목록(bug lists)을 편집한다. 따라서 단점을 열거하여 제거하고, 개선방법을 찾아내는 것이 사업기회를 찾는 과정이다.

② 역량활용법

수익을 창출하기 위한 자원은 생산능력, 핵심역량과 경쟁우위를 포함한다. 자원은 가치 있고, 희귀하고, 모방할 수 없고, 비대체적(valuable, rare, inimitable, non-substitutable)이어야 한다. 자원은 경쟁자보다 더 큰 성과를 달성하게 하고, 약점을 줄여준다. 따라서 이러한 자원을 활용하여 고객의 욕구를 충족하고, 문제를 해결할 수 있는 기회를 탐색한다.

③ 고객과 추세조사법

기회는 표적고객을 연구함으로써 확인된다. 잠재적 욕구가 자원과 연결될 때 기회창출이 된다. 기술, 인구나 사회규범의 변화는 종종 혁신기회를 창조한다. 예를 들면, 점점 증가하는 외국인 관광객의 한국방문은 쇼핑, 관광서비스와 의료서비스에 이어 외국어 서비스 수요를 늘린다. 환경인식의 증가는 그린상품과 서비스를 위한 시장을 창조한다. 사회, 환경, 기술이나 경제추세를 리스트하고, 이러한 요인에 의해 이루어지는 혁신기회를 상상한다.

④ 모방기법

모방하되 더 좋게 모방하라(Imitate, but imitate better). 기업이 성공적으로 혁신할 때 사실상 금광의 위치를 발견하는 것이다. 동일한 욕구를 다루는 해결안은 주변의 정보를 이용하여 더 좋게 모방할 수 있다. 모방할 수 있는 기회의 원천은 다음과 같다.

- 경쟁자 추적관찰: 매체조사, 무역박람회 참석이나 특허출원 검색 등 다른 기업의 활동을 추적·관찰한다. 예를 들면, 욕구와 해결안을 확인하여 혁신과 관련이 있는 연결을 찾고, 그런 다음 새로운 접근법으로 욕구나 선택적 대안을 충족하는 방법을 창출한다.
- 제품범주 분해: 제품 자체가 대표상품 역할을 하는 경우가 있다. 소비자들이 특정제품을 특정 제품범주로 생각하여 최초상기군으로 인식한다.
- 하향확장과 상향확장: 고급제품이나 서비스를 범주 안에 리스트하고, 그런 다음 동일한 편익을 제공하는 저가의 하향확장을 상상한다. 한편 저가제품이나 서비스를 제품범주 안에서 열거한 다음 속성과 편익을 고급화하는 고급품으로 상향확장을 고려한다.

⑤ 원천발굴법

신제품개발의 아이디어는 조직 내부원천과 외부원천에서 온다. 아이디어의 외부원천을 활용함으로써 제품개발의 혁신을 이룰 수 있다. 이러한 외부원천의 종류는 선도사용자, 사회단체 대표자, 대학, 정부연구소와 온라인 아이디어 수집이 있다.

- 선도사용자: 선도사용자(lead users)와 발명가는 혁신 동기를 갖는다. 선도사용자들은 기존제품이나 서비스로 만족하지 못하는 고급욕구를 갖고 있는 사람들이다. 이들은 미충족 욕구를 처리하기 위해 자신을 혁신한다. 예를 들면, 많은 건강관리 기구는 선도사용자들의 미충족 욕구나 과소제공 욕구를 조사한 임상연구가들에 의해서 발명되었다.
- 사회단체 대표자: 모든 종류의 사회제도는 발명가와 소통을 촉진한다. 온라인 공동체와 토론은 발명가들 간의 소통을 육성한다.
- 대학과 정부연구소: 학생, 연구원과 교수들은 끊임없이 골치 아픈 과제에 대한 진기한 해결안을 추구하는 연구자들이다. 대학과 정부 연구소에서 확인된 해결안은 기존기업과 창업기업을 포함한 제3자에 의해서 사업화될 수 있다.
- 온라인 아이디어 수집: 기회는 웹 사이트를 통해서 고객과 비고객으로부터 수집되기도

한다. 예를 들면, Dell은 고객으로부터 혁신기회를 요청하기 위한 온라인 아이디어 스톰(IdeaStorm)을 운영한다. 기업들은 고객의 아이디어나 불만을 수집한다.

(3) 사업기회의 심사

가치가 부족한 기회를 제거하고, 추가적인 조사가 필요한 사업기회에 주의를 집중한다. 이것은 심사기회가 많을 때 비교적 효과적이다. 효과적인 선택기준은 집단에 의한 전체적인 판단이다. 강한 의견은 예외적인 아이디어를 알려준다. 가치가 없는 기회를 효과적으로 제거하고, 잠재적으로 우수한 아이디어를 발굴한다.

기회심사의 방법은 다중투표와 웹 기반 조사가 있다. 두 방법은 모두 집단의 독립적 판단에 의존한다. 심사집단은 조직의 구성원으로 구성되나, 팀, 친구와 가족 등으로 확대할 수 있다. 평가를 수행하는 집단은 기업과 관련이 있어야 한다.

1) 다중투표

다중투표(multivoting)는 참여자가 하나 이상의 사업기회를 집단에 제시하는 것이다. 한 사람이 하나의 아이디어만 고르는 것이 아니라 다수의 아이디어를 동시에 선택할 수 있다. 그 결과 가장 표를 많이 받은 아이디어가 선정되는 방식이다. 다중투표의 장점은 빠른 시간 안에 결론을 내릴 수 있다는 것이다. 다중투표의 진행절차는 다음과 같다.

- 의견 목록을 만든다.
- 각각의 항목에 번호를 적는다.
- 스티커를 목록 수의 1/3만큼 배부한다.
- 각자 하나 이상의 선호하는 기회의 번호에 스티커를 붙인다.
- 가장 득표가 많은 안을 선택한다.

2) 웹 기반 조사

웹 기반 조사는 기회의 가치 여부를 찬성과 반대로 표시하도록 응답자들에게 요청하는 간단한 표현으로 기회의 목록을 작성하는 방식과 다중투표로 선호하는 목록을 우선순위로 집계할 수 있다. 50여 개 이상은 웹 기반 심사를 이용하는 것이 좋다. 웹 기반 조사의 장점은 많이 있다. 시간과 장소에 제한을 받지 않고 편하게 조사할 수 있고, 신속하고 정확한 자료의 수집과 분석이 가능하다. 표본의 선정이 비교적 용이하고, 조사비용이 매우 경제적이다.

(4) 사업기회의 선정

너무 많은 불확실성이 성공가능성을 감소하기 때문에 단일 사업기회를 주장하는 것은 적절하지 않다. 기회 중에 소수를 개발할 때 자원의 적정한 투자를 고려한다. 일단 소수의 사업기회가 적절한 자원의 투자로 제품을 개발하려면 투자의 타당성이 있어야 하고, 불확실성은 충분히 해결되어야 한다. 이를 위해 사용하는 방법은 3M에서 개발한 현실-승리-가치법(Real-Win-Worth doing: RWW)이다. 이 기법에는 기회를 심사할 때 조직이 답해야 하는 질문이 있다.

㉮ Real: 사업기회는 현실적인가?

제품을 제공할 현실적인 시장이 있는가? 확인된 많은 기회는 어떻게 내부원천과 외부원천에서 오는가? 많은 기회를 고려했는가? 고려 기준은 시장규모, 잠재적 가격결정, 기술의 이용가능성과 제품이 필요한 비용으로 필요한 양을 전달할 수 있는 가능성을 포함한다.

㉯ Win: 사업기회는 경쟁력이 있는가?

여과 기준이 과학적이고 궁극적인 제품성공의 가능한 추정에 근거한 것인가? 이 기회를 활용하여 지속가능한 경쟁우위를 수립할 수 있는가? 아이디어를 특허등록하거나 제품화할 수 있는가? 경쟁자보다 더 잘 수행할 수 있는가? 탁월한 기술능력을 보유하고 있는가?

㉰ Worth doing: 사업기회는 재정적으로 가치가 있는가?

필요한 자원을 갖고 있는가? 투자가 적절한 수익으로 보상된다고 자신하는가? 사업기회를 수행할 자원이 있는가? 이러한 요인들을 경쟁자의 기회와 구별한다.

표 7-2 **사업기회의 탐색 기준**

1. 실제 시장과 제품욕구가 있는가?

구분	3	5	7
욕구가 있는가?			
욕구가 무엇인가?			
욕구를 어떻게 만족시키는가?			
고객이 구매할 수 있는가?			
시장규모가 충분히 큰가?			
고객이 구매할 것인가?			
제품컨셉이 있는가?			
컨셉을 개발할 수 있는가?			
제품이 사회적, 법적, 환경적 규범 안에서 수용할 수 있는가?			
타당성이 있는가?			
제작가능한가?			
이용할 기술이 있는가?			
제품이 시장을 만족하는가?			
다른 제품에 비해 상대적 이점이 있는가?			
저원가로 생산이 가능한가?			
고객이 지각된 위험을 수용할 수 있는가?			
답			

2. 제품이나 서비스가 경쟁력이 있는가? 회사는 성공할 수 있는가?

구분	3	5	7
경쟁우위가 있는가?(성능, 특허, 진입장벽, 대체재, 가격)			
지속가능한가?			
시점이 적절한가?			
브랜드에 적합한가?			
경쟁을 이길 것인가?(얼마나 향상할 수 있을 것인가? 가격, 경로, 참가자)			
우수한 자원을 보유하는가?(공학, 재무, 마케팅, 생산: 핵심역량과 적합성)			

구분	3	5	7
승리할 수 있는 경영자인가?(경험? 적합문화? 기회몰입)			
경쟁자보다 더 잘 시장을 아는가?(고객행동? 유통경로?)			
답			

3. 수행할 가치가 있는가? 수익은 적절하고 위험은 수용가능한가?

구분	3	5	7
돈을 벌 것인가?			
수행할 자원과 돈을 갖고 있는가?			
위험은 수용가능한가?			
무엇이 잘못될 수 있을까?(기술위험 vs. 시장위험)			
전략에 적합한가?(성장기대, 브랜드 영향, 내재옵션)			
답			

메모

발명은 어떤 사람은 가지고 있고
어떤 사람은 없는 기술이다.
하지만 발명은 기술이기 때문에
발명 방법을 배울 수 있다
- Ray Dolby -

아이디어의 창출활동

⚙ Think Small

폭스바겐(Volkswagen)과 함께 등장한 이 짧은 문구 하나가 고객의 사고와 미국 자동차 소비 시장을 변화시켰다. 1934년 히틀러는 독일 경제부흥을 위해 페르디난트 포르셰(Ferdinand Porsche) 박사

에게 "어른 2명과 어린이 3명을 태우고, 낮은 연비로 시속 100km 이상으로 달릴 수 있는 저렴한 소형차를 만들라"고 지시했다. 독일에서 성공을 거둔 폭스바겐은 1950년대에 미국 시장에 진출한다. "자동차는 크면 클수록 좋다"는 미국인들의 생각은 폭스바겐이 넘기 힘든 장벽이었다. 이에 폭스바겐은 신문에 작게 축소된 폭스바겐과 함께 "Think Small" 이라는 문구를 집어넣었다. 낮은 연비, 합리적인 유지비 등

소형차의 장점도 강조했다. 이 광고는 미국인들의 호기심을 불러일으켰다. 신선한 충격을 준 광고에 힘입어 폭스바겐은 미국인들에게서 호응을 얻기 시작했고, 이후 미국 시장에서 급성장했다. "Think Small"이라는 단 하나의 문구가 고객의 생각을 바꾼 것이다. 이처럼 혁신제품이 반드시 새로운 기술을 요구하는 건 아니다. 작은 발상의 전환도 큰 혁신을 이룰 수 있다.

⚙ 아르키메데스의 왕관과 뉴턴의 사과

아르키메데스의 왕관과 뉴턴의 사과, 이 둘의 공통점은 뭘까? 모두가 늘 봐왔지만 모두가 보지 못한 것을 발견했다는 점이다. 창의(創意)란 늘 우리와 함께 있지만 보지 못한 것 일수 있다. 다만 창의는 어느 날 갑자기 뚝 떨어지는 것이 아니라 그 사안에 대해 풍부하고 치열하게 고민하는 사람에게서 나온다. 테레사 아마빌(Teresa Amabile) 미국 하버드 비즈니스 스쿨 교수는 기업에서 창의적인 아이디어를 내려면 3가지가 필요하다고 했다. 즉, 전문성, 기술과 열정이다.

- 지식과 경험에 기반을 둔 전문성(knowledge)
- 생각을 전개하는 과정에 대한 기술(skills)
- 새로운 것을 만들어 내고자 하는 열정(motivations)

✿ 집단 창의성

기업의 내부 인력만큼 자사제품, 경쟁사, 관련 기술, 고객가치, 시장 동향에 대해 연구하고 생각하는 사람은 없다. 창의적인 아이디어를 발굴하기 위한 동기를 부여할 프로세스가 뒷받침된다면 내부 인력은 창의적인 아이디어를 낼 수 있는 최고의 자산이다. 인류 역사에 등장한 탁월한 혁신은 대부분 천재 한 명의 머릿속에서 툭 튀어나온 게 아니라 흩어져 있는 여러 아이디어가 교류하고 충돌하고 융합하는 과정에서 탄생했다. 스탠퍼드대 샘 서튼 교수도 "지속적인 혁신은 한 명의 천재로 이뤄지는 것이 아니다"며 "모든 직원이 창의적인 아이디어를 지속적으로 제안하고 과감하게 실천할 수 있는 제도와 시스템 등이 갖춰져야만 진정한 창의적 기업이 될 수 있다"고 말했다.

집단 창의성은 개인의 창의성이 산술적으로 합산되어 나오는 것이 아니다. 서로 다른 구성원들이 갖고 있는 정보를 공유하는 능력 및 이를 활용할 수 있는 프로세스, 창의성을 위한 조직 환경에 의해 결정된다. 결국 창의적인 조직을 만드는 것은 개개인의 재능이 아니라, 사람의 생각을 하나하나 연결해 집단 창의성으로 만들 수 있는 프로세스이다. 집단 창의성을 만들어낼 수 있는 것은 협업적 혁신이다. 최근 700년 동안 탄생한 200여 개의 뛰어난 혁신 성과를 추적한 결과, 여러 아이디어의 연관성을 찾아내 융합하는 협업적 혁신이 위대한 결과를 가져왔다는 것이다. 이러한 협업적 혁신은 아이디어가 엉뚱하다고 해서 무조건 비판하는 것이 아니라, 주변의 아이디어를 붙여 사슬처럼 연결하며 키워나가는 것을 의미한다. 개개인의 창의적인 아이디어가 프로세스를 통해 사슬처럼 연결돼 커져갈 때 기업의 창의는 극대화된다.

✿ 3R: Rough Rapid Right

IDEO는 최근 20년간 350개의 디자인상을 휩쓴 세계 최고의 디자인 컨설팅 회사이다. 직원들이 새로운 아이디어를 제시하면 보통 기업들은 그것과 관련한 보고서와 프레젠테이션을 요구한다. 그리고 다른 기업은 어떻게 하는가, 관련 케이스는 있는가, 과연 성공할 수 있는가 등의 질문을 던진다. 혁신적인 아이디어는 초기엔 거칠기도 하고 다소 엉뚱하기도 하다. 다듬어지지 않은 초기의 아이디어가 의사결정이라는 명목 아래 비판과 우려 속에서 사장되기 일쑤다. 형식이 혁신을 가로막는 셈이다. 그러나 IDEO의 CEO 팀 브라운은 "아이디어가 있다면 망설이지 말고 프로토타입(prototype)부터 만들라"고 말한다. 프로토타입과 관련해 IDEO는 Rough(대략적인), Rapid(신속한), Right(올바른)이라는 3R 원칙을 갖고 있다. 모든 것을 완성할 필요 없이 의도한 부분만을 대략적으로, 올바르고, 신속하게 만들면 된다. 시각적으로 구체화하면 더 많은 아이디어가 생기기 마련이다.

⚙ 다른 아이디어로 살을 붙인다

프로토타입을 가지고 동료와 고객의 의견을 듣고, 이를 바탕으로 신속하게 프로토타입을 수정해

간다. 이런 과정을 통해 처음 거칠었던 프로토타입은 고객의 니즈(needs)에 가까운 제품으로 수렴된다. 더글러스 엥겔바트(Douglas Engelbart)는 컴퓨터 조작을 쉽게 할 수 있는 보조 기계인 마우스를 만들었다. 이를 다시 개량한 것이 애플이다. 애플 최초의 컴퓨터 마우스도 IDEO의 프로토타입에서 나왔다. IDEO의 한 디자이너가 방취제 뚜껑을 플라스틱 버터 용기 밑바닥에 붙여본 것이다. 이 프로토타입은 오늘날 PC용 마우스의 원형이 되었다.

IDEO 경쟁력의 원천은 직원들의 아이디어. 그리고 그 원천의 핵심에는 IDEO만의 특별한 브레인스토밍 원칙이 있다. "질 대신 양을 추구하라", "아이디어를 평가하지 말고, 다른 아이디어로 살을 붙여 나가라"는 것이다. 양을 추구한다고 해서 무조건 회의를 오래 하지 않는다. 회의시간은 보통 1시간에서 1시간 반 사이이다. 참여자들은 제한된 시간 동안 가능한 한 많은 아이디어를 생각나는 대로 말한다.

혁신적인 아이디어는 처음엔 거칠기 마련이다. 제시된 아이디어에 대해 어떠한 평가도 해서는 안 된다. 대신 다른 참여자가 살을 붙여 키워나간다. 쏟아져 나온 아이디어는 모두가 공유할 수 있도록 화이트보드에 적거나 포스트잇을 벽에 붙여가며 아이디어들의 상호관계를 표시한다. 단순히 말에 그

치는 것이 아니라 아이디어를 그때그때 시각화하는 것이다. 이런 프로세스를 통해 혁신 제품들이 탄생했다. 자전거 정수기 '아쿠아덕트(Auaduct)'가 그 대표적인 예다. 이는 물이 부족한 가난한 나라를 위한 제품으로, 더러운 물을 자전거에 싣고 페달을 밟아 이동하는 동안 페달의 구동으로 작동하는 펌프를 통 해 물이 정수되도록 한 것이다. 다다익선은 창의적인 아이디어 산출의 통로이다.

출처: 신동아 정리

CHAPTER 08 아이디어의 창출활동

01 아이디어의 관점

　성공하는 기업가가 되기를 원한다면 아이디어를 생각해 낼 때 현재의 문제나 시장의 공백을 발견해야 한다. 첫째, 현재의 문제를 파악한다. 종종 발명은 누군가가 현재의 일을 하는 방식에 좌절했기 때문에 시작되었다. 어떤 사람이 무언가에 대해 좌절감을 느낀다면 다른 사람들도 똑같은 방식으로 느낄 수 있기 때문에 잠재적인 시장이 될 수 있다. 둘째, 기업가들은 시장에 있는 공백의 발견으로 성공을 거둔다. 공백은 고객들에게 미제공이나 과소제공한 욕구이다. 이것은 문제의 발견으로 문제의 해결을 필요로 한다. 따라서 아이디어의 탐구 관점은 문제, 욕구, 돈, 삶, 새로움, 모방과 감정에서 시작한다.

그림 8-1 사업 아이디어 탐구 관점

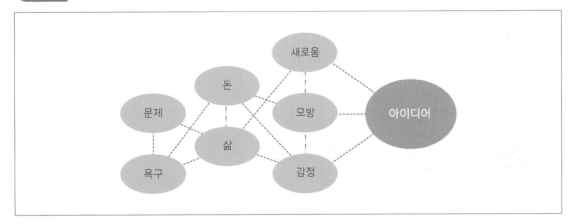

(1) 현재의 문제해결

아이디어가 고객의 현재 문제를 해결하는가? 아이디어는 고객들이 갖고 있는 현재의 문제를 해결할 수 있는 생각이다. Google 검색이나 Amazon과 같은 큰 해결안일 필요는 없지만 훨씬 더 작을 수 있다. 사용하는 데 익숙해진 제품은 실제로 고객들의 문제를 해결하기 위해 발명된 것이다. 예를 들면, 눈부심을 방지하기 위한 선글라스, 누군가가 침입한 것을 알리는 방범 경보기, 화재 발생을 알리는 화재 경보기 등이다. 고객들의 문제를 확인하면 해결안을 창안하기 쉽다. 자신의 좌절감이 신제품개발에 대한 아이디어라는 것을 깨닫게 되면 재미있게 시작할 수 있다.

문제를 해결한 사례는 GoPro 카메라이다. 창업자인 Nick Woodman은 인도네시아 서핑 여행을 하고 있었다. Nick은 서핑을 즐기거나 저렴한 가격에 고품질의 좋은 사진을 찍을 수가 없었다. 다른 저렴한 카메라에서는 볼 수 없었던 탁월한 비디오 및 좋은 액션 샷을 촬영할 수 있는 광각 렌즈 HD 카메라를 창안했다. 문제를 발견하는 습관을 갖게 되면 그것을 즐기기 시작할 것이다. 모든 문제는 새로운 상품, 서비스 또는 회사를 위한 기회이다. 특히 많은 사람들이 가지고 있는 문제인 경우 더욱 그렇다. 따라서 아이디어는 시장에서 공백과 결함의 발견에서 시작된다.

(2) 미래의 문제해결

아이디어가 고객들의 미래 문제를 해결하는가? 현재 갖고 있는 문제를 해결하는 것이 새로운 아이디어를 제시 하는 유일한 방법만은 아니다. 이 아이디어는 장차 존재할 수 있는 문제를 해결하는가? Solar City와 Tesla Motors를 포함한 Elon Musk가 수행하는 벤처기업은 약간의 비웃는 소리를 낼지 모른다. 그러나 화석 연료의 부족은 가까운 장래에 문제가 될 것이며 Elon은 그러한 문제를 해결하기 위한 조치를 취하고 있다. 이것은 그가 처음으로 혁신할 수 있는 시간을 제공한다. 아이디어를 위한 시장이 아직 없다면 미래의 문제가 될 것이라고 생각하는 사람들에게 호소하여 아이디어를 창출할 수 있다. 잠재적 문제를 발견하려면 미래를 관찰한다. 성공적인 기업가는 오래된 방법이나 기술을 고집하지 않고 오히려 미래를 바라보고 미래에 어떤 것이 성공할 것인지를 탐색한다. 현재의 추세를 살펴보고 한 걸음 더 나아가면 시간을 앞당겨 잠재적으로 시장에 혁명을 일으킬 수 있는 아이디어가 떠오른다.

(3) 고객의 진화 욕구 충족

아이디어가 고객의 진화하는 욕구를 충족하는가? 아이디어가 고객의 진화하는 욕구와 필요를 충족시킬 수 있다. 이러한 욕구를 충족시키기 위해 만들어진 상품과 서비스에 대해 생각한다. Maslow의 욕구단계설에서 생리적 욕구는 가장 기본적인 욕구이다. 의식주를 해결하려는 제품이나 서비스를 고려한다. 사랑과 소속 욕구 수준으로 올라가면 사용자가 친구 및 가족과의 관계를 느낄 수 있는 카톡이나 페이스북을 필요로 한다. 또한 사람들은 존중감을 높이기 위해 좋아하는 책과 음악을 통해 꿈을 이루고 자신감을 높이며 최선을 다한다. 이와 같이 고객의 욕구는 진화하기 때문에 제품이나 서비스도 진화해야 한다. 가정의 안전, 친구에게 사주는 생일 카드의 사랑과 소속, 극기 훈련이나 평화 봉사단과 같은 창의력, 도덕성 또는 자아실현 욕구에 대한 아이디어를 창출할 수 있다. 생리적 욕구는 음식, 쉼터 및 물을 필요로 한다. 정서적 욕구는 선망, 탐욕, 자부심 등을 나타낸다. 따라서 욕구는 계속적으로 진화하고, 이를 충족하기 위한 상품과 서비스도 변한다.

(4) 고객의 자금 절약

아이디어가 고객의 돈을 절약하는가? 고객의 욕구를 해결하는 아이디어는 고객에게 경제적으로 이익이 되는 아이디어이다. 창안의 좋은 방법은 고객들의 돈을 절약하는 것이다. LED 형광등은 에너지 절약형 전구이기 때문에 고객들이 돈을 절약하기 위해 구입할 수 있다. 자동차의 연비를 향상하는 설계는 자동차 사용자의 경제성을 높인다. 그리고 인터넷 쇼핑몰은 많은 돈을 절약 할 수 있기 때문에 소비자들은 인터넷에서 제품구매를 선호한다. 소비자들이 돈을 저축하는 방법을 이해할 수 있다면, 좋은 사업 아이디어를 얻을 수 있다. 좋은 아이디어를 얻으려면 고객의 의견을 경청한다. 고객에게 더 나은 제품이나 서비스를 제공하기 위해 개선할 수 있는 점과 경쟁자가 자신보다 잘하고 있는 점이 무엇인지 탐색한다.

(5) 고객의 삶 편리

아이디어가 고객의 삶을 편하게 하는가? 고객의 삶을 향상시키는 것이 무엇인지 마음에 떠오르는가? 고객의 잡일이나 일을 덜 불쾌하게 할 수 없을까? 잠에서 깨어 일어날 시간을 알려주는 타이머, 간편하게 음식을 조리할 수 있는 전자레인지와 ICT와 결합된 앱 등은 일상의 생활을 편하게 해준다. 실제로 기존 서비스를 쉽게 적용하거나 고객의 삶을 편하게 해주는 새로운 혜택을 도입할 수 있다. 인생을 더 편하게 해줄 수 있는 행동, 상품, 서비스를 생각해 낼 수 없을까? 어떻게 편리하고, 스트레스가 적고, 즐겁게 사용할 수 없을까? 가장 작은 변화로도 인기 있는 것을 만들 수 없을까?

온라인 세계에서 마케터와 개발자는 소프트웨어를 게임화(gamifying)하기 위해 종종 덜 성가시게 만든다. 일상 작업을 게임처럼 느껴지도록 하면 즐겁고 효율적이다. 화장실에서 즐겁게 지내는 방법은 없을까? 화장실이 음악을 연주하고, 보온 좌석을 갖추고, 따뜻한 공기를 불어 넣고, 물 세척기로 닦아준다. 이것은 불쾌한 일을 즐겁게 만드는 방법이다. 고객들은 잡일을 하는 것을 싫어하는가? 어떻게 하면 더 즐겁게 만들 수 있는가? 어떤 해결안이 필요한가?

(6) 신제품이나 서비스 발명

아이디어가 새로운 제품이나 서비스를 발명할 수 있는가? 창의적인 마음을 갖고 있는가? 그렇다면 창의력을 활용하여 과거에는 결코 존재하지 않았던 제품이나 서비스를 발명할 수 있는가? 창의력을 개발하려면 문제를 넘어서는 사고방식이나 인식이 필요하다. 구체적인 상황이나 사람들의 문제에 가장 적합한 해결안은 무엇인가? 그러면 고객들이 원하는 추가 서비스에 대해 물어볼 수 있다. 토마스 에디슨(Thomas Edison), 알렉산더 그레이엄(Alexander Graham), 스티브 잡스(Steve Jobs) 등 위대한 발명가나 기업가처럼 생각해야 한다. 에디슨은 "상상력, 큰 희망, 굳은 의지는 우리를 성공으로 이끌 것이다"라고 말한다.

성공한 아이디어를 개발하려면 목표시장에 집중하고 목표고객들이 관심을 가질 만한 서비스에 대한 아이디어를 분석하고 팀원들과 함께 브레인스토밍한다. 새로운 제품이나 서비스에 대한 사업 아이디어를 얻는 열쇠는 충족되지 않는 시장의 욕구를 발견하는 것이다. 예를 들면, 홍채 인식에서 가정 보안 서비스처럼 개인들의 삶을 안전하게 하기 위해 향상된 보안을 요구하는 새로운 보안 상품과 서비스가 폭발적으로 증가했다.

(7) 다른 사람들의 아이디어 모방

아이디어가 다른 사람들의 아이디어를 모방하는가? 다른 사람들의 아이디어를 모방하는 것은 전혀 부끄러운 것이 아니다. 그러나 모방하되 다르고 더 좋게 모방해야 한다. 실제로 가장 좋은 아이디어는 다른 사람들의 생각에 기초한다. 창의력은 다른 사람이 숨긴 원천을 찾아 새롭게 변형하는 능력이다. 충분한 사례를 통해 자신의 아이디어를 제안하거나 다른 아이디어를 향상시킬 수 있다. 현재 업계가 제공하는 것보다 한 발 더 나아간 아이디어를 취함으로써 시장에서 좋은 틈새시장을 개척할 수 있다. 예를 들면, 구글이 사업을 시작했을 때 다른 인터넷 검색엔진이 많이 있었다. 그러나 구글은 검색을 개선하는 매우 정확한 알고리즘[1]을 개발했다. 구글은 성공적으로 우수한 아이디어와 인터넷 검색엔진을 실제로 개선했다.

(8) 기본적 감정 호소

아이디어가 인간의 기본적 감정에 호소하는가? 무엇이 사람들을 화나게 하는가? 무엇이 행복하게 하는가? 무엇이 질투하게 하는가? Andy Maslen(2015)은 「설득적 광고 문안 작성 (Persuasive Copywriting: Using Psychology to Engage, Influence and Sell Paperback)」에서 기본적 감정을 사용할 것을 제시한다. 즉, 설득적 광고 문안은 고객의 두뇌 속 깊숙한 곳으로 안내한다. 판매와 스토리텔링 (storytelling)은 사람들이 이야기를 하고 듣고, 다른 사람과 소통하고 싶은 행위를 활용하는 기법이다. 고객들이 광고 문안에 참여하면 더 쉽게 설득되고, 기업가는 아이디어를 수집할 수 있다. 심리적 욕구를 활용하여 사람들의 행동을 수정한다. Andy는 이야기와 고객의 욕구 및 필요 간의 연관성에 초점을 맞춤으로써 고객으로부터 유용한 결과를 얻었다. 그에 의하면 인간은 7가지 기본 감정, 즉

---

1   알고리즘(algorithm)은 어떤 문제를 해결하기 위한 절차, 방법, 명령어들의 집합.

자존심, 선망, 정욕, 탐욕, 열성, 태만 및 분노 중 하나를 토대로 결정을 내린다. 기본 감정을 살펴보고 사용하는 상품과 서비스가 이러한 욕구를 어떻게 충족하고 있는지 검토한다.

02 아이디어와 창의성

사업을 시작하는 데 많은 일이 필요하다. 사업계획을 세우고, 투자자를 찾고, 융자를 받고, 직원을 모집해야 한다. 그러나 이러한 모든 것을 하기 전에 사업에 대한 아이디어를 먼저 생각해야 한다. 이것은 새로운 상품, 서비스 또는 방법일 수 있지만 고객이 비용을 기꺼이 지불할 수 있는 제품이어야 한다. 훌륭한 아이디어는 사고, 창의력 및 조사를 필요로 한다.

(1) 아이디어

문제(problem)는 현재 상태에서 개선된 상태로 변환이 가능한 상황으로 현재 상태와 이상적 상태 간의 차이를 말한다. 기회는 기업에 신제품이나 사업을 위한 호의적인 환경이다. 사업기회는 제품수요를 증가하거나 변화추세를 이용할 수 있는 유리한 조건이다. 문제는 고객욕구, 사업이나 기술의 공백(gap)이다. 아이디어(idea)는 인식이나 활동의 결과로써 마음속에 존재하는 구상이다. 아이디어는 의도(intent)가 있어야 창안되지만 무심코 창안될 수도 있다. 따라서 아이디어는 욕구나 문제를 발견하고 문제해결에 관한 생각이다.

아이디어는 기회와 문제에서 얻을 수 있다. 제품 아이디어(product idea)는 고객의 미충족 욕구를 해결하는 해결책이 있고 수익성이 기대되는 아이디어이다. 제품 아이디어는 다른 기업이 충족시키지 못하는 소비자들의 욕구와 필요를 탐구하는 과정에서 창출된다. 제품컨셉(product concept)은 소비자들이 제품사용으로부터 얻는 편익으로 제품 아이디어를 언어, 상징, 디자인 등으로 표현한 것이다. 시장기회의 진화는 시장에서 문제를 확인하고, 기회를 발견하여, 제품 아이디어를 착상하고, 고객에게 편익을 제공할 제품컨셉을 창출하여 신제품으로 변화하는 과정이다.

- 제품 아이디어: 미충족 욕구를 해결하는 해결책이 있고 수익성이 기대되는 아이디어
- 제품컨셉: 제품사용으로부터 얻는 편익

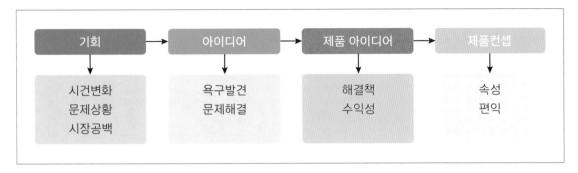

그림 8-2) 기회의 진화

기회	아이디어	제품 아이디어	제품컨셉
시건변화 문제상황 시장공백	욕구발견 문제해결	해결책 수익성	속성 편익

도둑이 벽을 타고 올라와 집에 있는 물건을 훔쳐 달아나는 사건은 문제이지만, 기회는 이 문제를 인식하고 신제품이나 서비스를 위한 욕구를 창출할 수 있는 호의적인 환경이다. 문제를 인식하고 해결안을 찾을 수 있는 환경이 발생할 때 기회는 오는 것이다. 방범과 퇴치장치를 생각했다면 아이디어가 된다. 이 아이디어를 발전하여 도둑이 접근하는 것을 감지하여 퇴치할 장치가 바로 제품 아이디어이다. 접근할 때 소리로 퇴치하고, 녹화하여 증거로 남기면 굉음과 녹화기능 CCTV가 제품컨셉이 되고, 이를 제품으로 개발하면 '도둑 끝 CCTV' 신제품이 된다. 이를 도식하면 아래와 같다.

그림 8-3) 시장기회의 진화

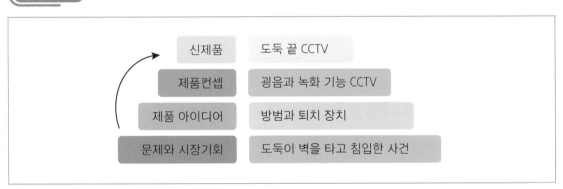

신제품	도둑 끝 CCTV
제품컨셉	굉음과 녹화 기능 CCTV
제품 아이디어	방범과 퇴치 장치
문제와 시장기회	도둑이 벽을 타고 침입한 사건

(2) 창의성

창의성이란 사물을 새롭게 탄생시키거나 새로운 사물에 이르게 하는 개인의 지적 특성인 동시에 새롭고, 독창적이고, 유용한 것을 만들어 내는 능력이다. 창의성은 확산적 사고(divergent thinking)와 수렴적 사고(convergent thinking)를 포함하는 다양한 지적능력, 인성, 지식,

환경의 총체적인 관점이다. 창의성은 의식적 사고나 노력뿐만 아니라 무의식적인 사고와 노력의 영향을 받아 일어나기도 한다. 과학과 공학에서 창의성은 새로운 아이디어, 컨셉의 창출이나 기존 아이디어 간의 새로운 연상을 포함하는 정신적 과정이다.

1) 창의성

창의력이 있는 사람들은 새롭고 상상력이 풍부한 아이디어를 현실로 바꾸는 데 능숙하다. 창의성은 새로운 방식으로 세상을 인식하고, 숨겨진 패턴을 찾고, 관련이 없는 현상을 연결하고, 해결책을 창안하는 능력이다. 즉, 창의성은 아이디어, 상상력, 꿈을 현실로 바꾸는 것이다. 흥미롭고 중요하며 인간적인 대부분의 것은 창의성의 소재이다. 창의성(creativity)은 라틴어의 Creo(만들다)를 어원으로 하는 Creatio라는 말에서 유래되었다. 창의성은 無에서 또는 기존의 자료에서 새로운 것을 발견하고, 새로운 것을 만들고 산출하는 것을 의미한다. 따라서 창의성은 새롭고 유용한 것을 산출하는 능력이다.

○○○ SENSE 🔍 **창의성의 특징**

- 새로운 것을 발견한다.
- 새로운 방식으로 세상을 인식한다.
- 숨겨진 패턴을 찾는다.
- 관련이 없는 현상을 연결한다.
- 새로운 해결책을 창안한다.
- 새롭고 유용한 것을 산출한다.

2) 창의성의 구성 요소

창의성은 새롭고, 신기하고, 유용한 것을 산출하는 능력이다. Maslow는 창의성을 일상생활 전반에서 넓게 나타나며 매사를 보다 창의적으로 수행해 나가는 어디에서나 볼 수 있는 성향이라고 하였다. 따라서 창의성의 구성요소는 유창성, 융통성, 독창성과 정교성이다.

- **유창성**(fluency): 많은 아이디어를 산출해내는 능력
- **융통성**(flexibility): 유창성의 연장으로 사물을 다른 각도에서 볼 수 있는 능력
- **독창성**(originality): 아이디어의 독특성
- **정교성**(elaboration): 아이디어를 정교하게, 세밀하게 하는 능력

- **평가**: 평가받는다는 것에 대한 스트레스
- **과다한 보상**: 보상이 너무 심한 경우 내적 동기가 사라질 위험
- **경쟁**: 심리적으로 불안정한 상태에서 창의성이 충분히 발휘되지 않는다.
- **선택권의 제한**: 스스로 선택할 수 있는 기회를 주어야 창의성이 증진된다.
- **창의성을 저해하는 말 사용**: 부정, 조소, 비난, 무시, 경멸, 핀잔

03 창의적 사고기법

창의성은 새로운 아이디어를 창출하기 위한 다양한 범위와 문제해결을 위한 접근으로 지식과 경험의 요소를 결합하는 능력을 말한다. 확산적 사고(divergent thinking)는 주어진 문제에 대해 가능한 많은 해결책을 창출하는 기법이다. 이것은 유의미하고 새로운 연결을 만들고 표현하는 사고기법으로 아이디어를 창안해 내는 사고과정이다. 반면 수렴적 사고(convergent thinking)는 주어진 문제에 대한 최적의 해결책을 창출하는 사고기법으로 아이디어들을 분석하고, 다듬고, 선택하는 사고과정이다.

창의적 사고(creative thinking)는 이전에는 관계가 없었던 사물이나 아이디어의 관계를 재형성시키는 과정이다. 즉, 과거의 경험을 이용하여 미지의 새로운 결론이나 새로운 발명을 끌어내는 사고과정이다. 이는 확산적 사고와 수렴적 사고가 동시에 요구된다. 따라서 창의적 사고과정은 확산적 사고기법을 통하여 가능한 많은 아이디어를 창출하고, 그런 다음 수렴적 사고기법을 통하여 최적의 아이디어를 선별하는 것이다.

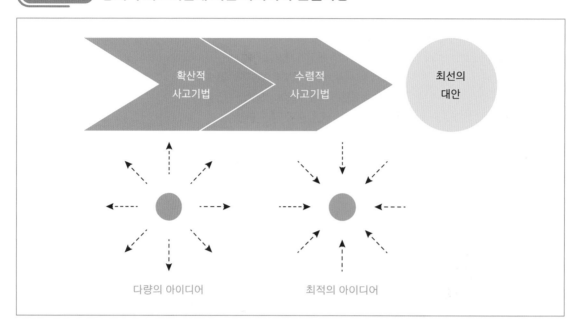

그림 8-4 창의적 사고기법에 의한 아이디어 선별과정

표 8-1 창의적 사고기법의 종류

구분	의미	사고기법
확산적 사고	가능한 많은 아이디어 창출 다량의 아이디어 생산	• 브레인스토밍 • 브레인라이팅 • 스캠퍼 • 시네틱스 • 마인드맵 • 속성열거법 • 연꽃기법
수렴적 사고	아이디어의 분석, 정교화, 선택 소수의 최적안 선택	• P-P-C기법 • 고든법 • 쌍비교분석법 • 역 브레인스토밍

254 | 벤처창업과 경영

(1) 확산적 사고기법

확산적 사고기법은 주어진 문제에 대해 가능한 많은 해결책을 창출하는 기법이다. 이것은 우뇌를 활용하여 다양한 각도에서 문제를 생각하여 다양한 해결책을 창안하는 창의적 사고 방법이다. 유의미하고 새로운 연결을 만들고 표현하는 사고기법이다. 따라서 많은 아이디어를 산출함으로써 최적의 아이디어를 선택할 수 있다.

1) 브레인스토밍

브레인스토밍(Brain Storming)은 400여 년 전 힌두교 교리를 가르칠 때 사용된 교수방법을 토대로 오스본(Alex F. Osborn)이 창안한 기법이다. 브레인스토밍은 뇌에 폭풍을 일으킨다는 뜻으로 어느 한 주제에 대해 다양한 아이디어를 공동으로 내놓는 집단토의 기법이다. 어떤 구체적인 문제에 대한 해결방안을 생각할 때, 비판이나 판단 없이 질을 고려하지 않고 머릿속에 떠오르는 대로 가능한 많은 아이디어를 창출하는 방법이다. 이 방법은 문제해결에 유용하다고 생각되는 정보를 자유분방하게 끄집어내는 것으로 언어의 논리구조의 틀에 제약되는 좌뇌보다는 오히려 이미지, 유추, 비유 또는 패턴 형식의 인식 등을 담당하는 우뇌를 활동시키는 것이다.

브레인스토밍은 비판금지, 다다익선, 자유분방, 결합과 개선 등 4가지 규칙이 있다. 아이디어 창안을 위한 진행시간이나 아이디어의 수를 미리 정할 수 있다. 아이디어를 정리한 후 하나씩 평가과정을 거쳐 좋은 아이디어를 선택한다. 소심한 참여자들이 많은 경우에는 Brain Writing으로 변경할 수 있다. 다음은 브레인스토밍의 개요이다.

- **집단의 크기**: 5~12명(투표를 위해 홀수가 좋음)
- **집단의 구성**: 구성원의 성별, 연령이나 수준을 균등하게 구성하여 문제에 대해 다양하고 폭넓은 시각을 갖고 다양한 아이디어를 산출한다.
- **사회자**: 많은 아이디어를 발표할 수 있도록 자유스럽게 진행한다.
- **기록자**: 발표 내용을 빠뜨리지 않고 핵심 단어로 기록한다.

2) SCAMPER

SCAMPER는 창의력을 발휘하고 조직에서 직면할 수 있는 도전을 극복하는 데 사용할 수 있는 방법이다. SCAMPER는 새로운 것이 이미 모두 존재하기 때문에 이를 개선하여 새로운 용도로 개발하는 것을 가정한다.

SCAMPER를 활용하려면 먼저 해결하려는 문제가 무엇인지 명확하게 정리한다. 즉, 개선할 문제를 정리한 다음 SCAMPER 목록에 따라 질문하며 답을 찾는다. 제품의 기존 용도를 새로운 용도로 대체하거나 재료를 결합하여 새로운 모양이나 음향으로 변경하는 등 혁신적인 창의기법이다. SCAMPER는 제품개선이나 신제품 개발에 많이 활용된다. 이것은 대치(Substitute), 결합(Combine), 적용(Adapt), 수정(Modify)·확대(Maginify)·축소(Minify), 다른 용도 사용(Put to Other Use), 제거(Eliminate), 재배치(Rearrange) 등의 두음자를 결합한 기법이다.

표 8-2 **SCAMPER의 활용**

단 계	질 문	예
대치	대신 사용할 수 있을까?	종이컵, 나무젓가락
	누구? 무엇? 성분? 장소?	고무장갑, 태양 전지, 물침대
결합	무엇을 결합할 수 있을까?	전화기, 카메라와 컴퓨터 결합 → 핸드폰
	혼합하면? 조합하면?	스팀청소기, 코펠

단 계	질 문	예
적용하기	조건·목적에 맞게 조절할 수 있을까?	장미 덩굴 → 철조망,
	번안하면? 각색하면? 비슷한 것은?	산우엉 가시 → 벨크로(Velcro)
	적용하면?	돌고래 → 수중음파 탐지기
수정·확대·축소	색, 모양, 형태 등을 바꿀 수 없을까?	Post-it, 워크맨, 노트북
	확대? 축소? 변형? 빈도를 높이면?	마트로시카 인형
	생략? 간소화? 분리? 작게? 짧게?	소형냉장고
다른 용도 사용	다른 용도로 사용할 수 없을까?	폐타이어 → 발전소의 원료
	수정하면? 맥락을 바꾸면?	톱밥 → 버섯 재배
제거	삭제, 제거할 수 있을까?	씨 없는 수박
	없애면? 줄이면? 압축시키면?	알뜰 폰, 반값 TV
	낮추면? 가볍게 하면?	압축기
재배치	순서를 바꿀 수 없을까?	장갑 → 다섯 발가락 양말
	거꾸로? 반대로? 바꾸면?	발전기, 선풍기, 양수기
	위치를 바꾸면? 원인과 결과를 바꾸면?	가속기, 감속기

○○○ SENSE ○ 활명수의 장수 비결…끊임없는 진화

• **대체:** 기존의 것을 다른 것으로 바꿔 보면 어떨까? 기존의 라면 면발을 구성하는 밀가루 성분을 다른 것으로 대체하면 어떨까? 면발을 쌀로 대체해 볼까? 당면으로 바꿔서 라면 칼로리를 확 낮춰 보는 건 어떨까? 이 질문 하나로 '쌀라면', '당면 라면'을 제품화할 수 있다.

• **결합:** A와 B를 합쳐 보면 어떨까? 라면과 떡볶이를 결합해 보면 어떨까? 라면과 짬뽕을 합쳐 보면 어떨까? 이런 질문으로 '라볶이', '짬뽕라면'과 같은 제품이 나올 수 있다.

• **적용:** A에서 사용되던 원리를 B에도 적용해 볼 수 있을까? 타 제품에서 사용되는 원리를 적용해 볼 수 있을까? 사람들의 라면 먹는 방식을 응용해 볼 수 있을까? 실제로 일본 라면회사 닛신(NISSIN) 인도 사장이 서양인의 라면 먹는 방식을 적용해 혁신제품을 만들었다. 해외에 자사의 라면을 수출하려고 할 때 서양인이 라면을 아주 독특한 방식으로 먹는다는 것을 알게 됐다. 일본인은 일본식 사발에 라면을 끓여 먹는 반면에 서양인은 사발이 없어 컵

에 라면을 부셔 넣고 뜨거운 물을 부어 먹는 것이다. 안도 사장이 서양인이 라면을 끓여 먹는 방식을 적용해 만든 것이 바로 우리 모두가 즐겨 먹는 '컵라면'이다.

- **확대와 축소:** A를 더 크게 키우거나 줄일 수 있는가? A사는 이 질문을 통해 '왕뚜껑'처럼 기존의 컵라면보다 사이즈가 두 배 정도 큰 제품을 출시할 수도 있다. 최근 다이어트 열풍에 맞춰 기존 컵라면의 절반 크기밖에 안 되는 60g짜리 '컵누들' 같은 제품을 개발할 수도 있다.
- **다른 용도로 사용:** A를 B 이외에 C로도 사용해 볼 수 있는가? 국내 식품업체인 오뚜기는 바로 이 질문을 던져 겉보기엔 라면같이 생겼지만 과자로 먹을 수 있는 '뿌셔뿌셔'라는 제품을 출시했다. 라면을 끼니용이 아닌 가벼운 스낵용으로 탈바꿈시킨 것이다.
- **제거:** A를 구성하는 요소의 일부분을 없애 보면 어떨까? 물 없이도 먹을 수 있는 컵라면을 만들 수 있을까? 실제로 만들어진 것이 물을 붓지 않고도 전자레인지에 데우기만 하면 면발에서 물이 새어 나와 흥건한 국물이 만들어지는 '즉석우동'이다.
- **거꾸로 하기:** A에 대한 편견을 거꾸로 뒤집어 보는 것은 어떨까? "라면 국물은 빨갛다"라는 전제를 뒤집어 "라면 국물은 빨갛지 않다"를 떠올릴 수 있다. 이 아이디어에서 출발한 것이 출시되자마자 대박난 '꼬꼬면'이나 '나가사키면'과 같은 국물이 하얀 라면이다.

출처: 전자신문 정리

3) 시네틱스

시네틱스(synectics)는 서로 관련 없는 요소들의 결합을 의미하는 희랍어의 synecticos에서 유래했다. 고든(Gordon)이 개발한 것으로 유사한 문제의 인식을 촉진하는 것이다. 즉, 시네틱스는 여러 개의 유추(analogy)로부터 아이디어나 힌트를 얻는 방법이다. 서로 다르고 언뜻 보기에 관련이 없는 것 같은 요소를 연결시킨다. 어떤 사물과 현상을 관찰하여 다른 사상을 추측하거나 연상하는 것이다. 친숙한 것을 이용해 새로운 것을 창안하는 것과 친숙하지 않은 것을 친숙한 것으로 보는 것이다. 고든은 비유를 활용한다. 비유는 사물, 현상, 사건 등의 유사, 비교 등의 관계를 나타내는 것으로 비유를 통해서 특정 사물과의 개념적 거리를 느끼고, 고정관념을 깨뜨리고 새로운 대안을 창출할 수 있다. 상상력을 동원해서 특이하고 실질적인 문제전략을 이끌어내는 데 유용하다.

표 8-3 시네틱스의 진행절차

① 문제제시: 팀원에게 문제를 제시한다.
② 해결목표의 설정: 해결해야 할 문제를 목표의 형태로 구체적으로 기록한다.
③ 유추요구의 질문: 사회자는 목표에 근거 유추한 것에 어떤 것이 있는지 질문한다.
④ 직접유추(direct analogy): 창조하려는 대상과 다른 것을 선택하여 두 대상을 직접 비교 검토하는 것(우산으로 낙하산의 원리 파악)
  • 의인유추(personal analogy): 자신이 해결하려는 대상이 되어 보는 것(자신이 직접 자동차가 되어 차가 겪는 어려움 생각하기)
  • 상징적 유추(symbolic analogy): 두 대상물 간의 관계를 기술하는 과정에서 상징을 활용(마케팅은 성공의 천사이다)
  • 환상적 유추(fantasy analogy): 환상적이고 신화적인 유추(하늘을 나는 자동차)
  • 유추선택: 각 도출된 안들 중 과제해결에 사용할 수 있는 것 선택
⑤ 유추검토: 해결목표에 따라 상세한 힌트를 찾고 검토한다.
⑥ 가능성 연결: 도출안을 현실적으로 쓸 수 있는 아이디어로 연결한다.

4) 마인드맵

토니 부잔(Tony Buzan)이 창안한 마인드맵(Mind Map)은 좌·우뇌의 기능을 유기적으로 연결한 사고력 중심의 두뇌개발 기법이다. Mind Map이란 생각의 지도란 뜻으로 무순서, 다차원적인 특성을 가진 사람의 생각을 읽고, 생각하고, 분석하고, 기억하는 것들에 대해 빈 종이 위에 이미지, 핵심단어, 색과 부호를 사용하여 마음의 지도를 그려나가는 기법이다.

이 기법은 복잡한 아이디어를 빠르고 쉽게 파악할 수 있고, 아이디어들 간의 관계를 확인하는 것이 편리하며, 새로운 통찰력을 얻을 수 있다. 우뇌 기능인 색상을 활용하여 집중력과 기억력 등을 높이기 위해 가지별로 다른 색상을 사용한다. 같은 가지에서는 핵심 단어를 반복하여 사용하지 않도록 한다. 두뇌에 숨어 있는 잠재적 가능성을 쉽게 이끌어 낼 수 있다. 신속하게 시작하고, 짧은 시간 동안 많은 아이디어를 발상해 내게 한다.

① 중심 이미지

먼저 나타내고자 하는 주제를 종이의 중앙에 함축적으로 나타낸다. 주제를 이미지로 표현한 것을 중심 이미지 또는 핵심 이미지라 한다. 중심 이미지는 함축적인 단어, 상징화한 그림, 기호, 삽화, 만화, 사진이나 인쇄물 등으로 나타내고 채색을 하여, 주제를 가장 효과적

으로 시각화하면서 상상력을 자극할 수 있는 방법을 택한다. 예제에서 중심 이미지는 기업가이다.

그림 8-5 중심 이미지

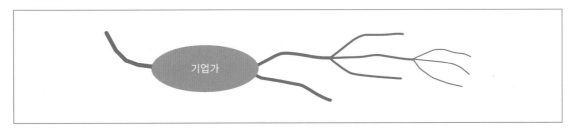

② 주가지

중심 이미지로부터 연결된 가지를 주가지라 한다. 중심 이미지 쪽 가지는 굵고, 그 반대쪽 가지는 가늘어지게 곡선을 유지하도록 한다. 주가지 위에는 핵심 단어(명사, 동사, 형용사, 부사)를 쓴다. 그 이유는 중심 이미지가 그림이므로 주가지에서 그림이 다시 나올 때에는 생각의폭이 넓어져 혼돈을 일으킬 수도 있기 때문이다.

그림 8-6 주가지

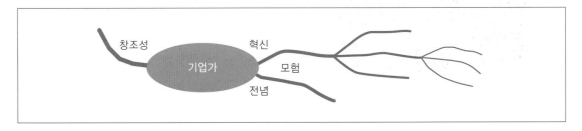

③ 부가지

주가지로부터 연결된 가지를 부가지라 한다. 부가지는 주가지보다 작고 가늘게 나타내며, 부가지 위에는 핵심 단어, 그림, 기호, 약화 등으로 표현해도 된다. 양쪽 뇌의 기능을 사용함으로써 효과를 높이기 위함이다. 또 부가지 작성 시 주가지별로 차례대로 작성하지 않아도 된다. 중심 이미지와 주가지가 이미 연결성을 갖고 집중해야 할 생각을 확고하게 만들어 놓고 있으므로 부가지의 경우 생각이 먼저 떠오르는 쪽을 선정하여 연결해도 생각의 혼

돈은 일어나지 않는다. 부가지는 생각이 이어지는 한 가지를 계속 그려 나간다.

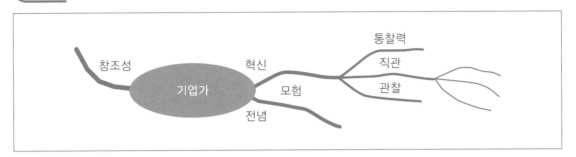

그림 8-7　부가지

5) 속성열거법

속성열거법(attribute listing)은 제품공정상에서 아이디어나 서비스 개선의 기회를 찾기 위한 목적으로 네브라스카 대학의 Robert Crawford 교수가 개발한 기법이다. 대상을 속성에 의해서 세분화하고, 각 속성마다 사고의 방향을 국한시켜 새로운 아이디어, 개선안이 상기되도록 만든다. 이 기법은 문제 해결안이나 서비스 개선의 아이디어를 찾기 위해서 제품공정이나 서비스상에서 과정상의 속성을 체계적으로 변화시키거나 다른 것으로 대체한다.

어떤 대상, 형태, 사물, 아이디어, 방법, 과제 등의 전체나 각 부분들에 대해 대표적인 성질이나 형태의 특성을 기술하고, 개선, 변형, 대체하는 발상 방법이다. 즉, 사물의 중요한 속성 등을 빼내어 열거하고, 각 항목마다 바꾸는 아이디어를 생각하여 항목을 짜 맞추고 효과 있는 아이디어에 연결하는 단순한 방법이다.

① 속성의 종류
• 물리적 속성: 명사적 속성, 형용사 속성, 동사적 속성
 - 명사적 속성: 전체, 부분, 재료, 제조 방법(예: 핸들, 바퀴, 백미러)
 - 형용사 속성: 제품의 성질(예: 빠른, 얇은, 무거운, 가벼운)
 - 동사적 속성: 제품의 기능(예: 이동한다. 정차한다)
• 사회적 속성: 규범, 금기, 책임감, 정치, 리더십, 커뮤니케이션

- 심리적 속성: 인지, 동기부여, 인상, 상징성, 자아상
- 공정 속성: 마케팅, 제조, 판매, 기능, 시간
- 가격 속성: 제조단가, 도매가격, 소매가격
- 생태학적 속성: 환경에 대한 긍정적, 부정적 영향

② 진행절차

- 아이디어 발상의 대상과 주제를 결정한다.
- 대상이 가진 특성을 도출한다.
- 물리적 특성으로 나누어 특성을 도출한다.
- 도출된 특성은 카드나 메모지 등에 적은 후 정리한다.
- 도출된 특성을 나누어 정리한다.
- 중복, 누락 부분을 확인한다.
- 열거한 특성을 기초로 개선 아이디어를 제시한다.
- 도출된 아이디어로부터 개선안을 생각한다.
- 개선안을 평가해 실시안을 결정한다.

○○○ SENSE Q **매력적인 아이디어를 발견하는 방법**

- 시장에 있는 공백을 찾는다.
- 경쟁이 서투른 것을 찾는다.
- 고객의 문제를 해결한다.
- 아이디어를 새로운 방법으로 결합한다.
- 창의적인, 모방적인, 새로운 방식으로 생각한다.
- 다른 사람의 성공적인 아이디어를 모방한다.
- 아이디어를 추가한다.
- 제품, 서비스나 공정을 개선한다.
- 자신의 취미나 기량을 개발한다.

6) 연꽃기법

연꽃기법(lotus blossom)은 연꽃 모양으로 아이디어를 발상해 나가는 사고기법으로 아이디어나 문제해결의 대안을 다양한 측면에서 얻는 기법이다. 주로 기존의 기술이나 제품을 응용하여 새로운 방법을 찾으려고 할 때나 미래 시나리오를 가상으로 만들 때 적용된다. 일본 크로바 경영 연구소의 마쓰무라 야스오(Matsumura Yasuo)가 개발했다 하여 MY 법이라고도 한다. 기본적으로 연꽃에서 힌트를 얻은 아이디어 창안 기법이다.

연꽃의 꽃잎들은 가운데를 중심으로 밀집되어 있으면서 바깥으로 펼쳐진다. 연꽃기법은 아이디어, 문제, 이슈, 주제 등을 3칸과 3줄로 이루어진 표에 배열하는 데서부터 시작한다. 가운데 네모 칸을 둘러싸고 있는 8개의 칸은 연꽃잎이 배열된 모습과 유사하다. 해결책, 아이디어, 독창적인 용도, 주제의 확대 등 핵심 아이디어와 관련이 있는 것들이 꽃잎이 된다. 이러한 프로세스를 한 번 반복한 후에는 중앙을 둘러싼 아이디어들이 새로운 연꽃의 중심부가 될 수 있다.

① 연꽃기법의 장점

- 연꽃기법은 집단이나 개인이 아이디어나 대안을 얻기에 유용한 방법으로 기존 기술이나 제품을 응용하는 새로운 방법을 찾으려고 할 때 유용하다.
- 다양한 아이디어를 이끌어 낼 수 있고, 독창적인 아이디어가 많이 표출될 수 있다.
- 토론하는 과정을 통하여 상호작용을 통한 협동적인 학습을 할 수 있다.
- 표현 능력, 추론 능력을 키울 수 있어 학습 참여도를 높일 수 있다.
- 미래 시나리오를 가상으로 만들어내려고 할 때 유용하게 쓰일 수 있다.

② 진행절차

- 먼저 가로·세로 각각 세 칸짜리 표 아홉 개로 이루어진 그림 가운데 표 중간에 중심주제를 기록한다.
- 중앙에 쓴 중심주제를 해결하는 방향이나 관점이 다양한 하위주제로 중심주제 주변 여덟 칸에 기록한다.
- 중심주제를 작성한 가운데 표를 뺀 나머지 표 여덟 개 중간에 중심주제를 해결하는 다양한 방안과 관점을 담은 하위주제를 기록한다.
- 하위주제 아이디어를 생각해 하위주제 표 주변 여덟 개 칸에 기록한다.
- 상대방의 아이디어를 평가나 비판하지 않고, 자유로운 분위기를 조성한다.

- 개인이 아이디어를 작성하면 중심주제를 해결하는 하위주제에 따른 각 아이디어를 조합해 가장 좋은 새 대안을 만들기도 한다.
- 하위 주제별로 최적 아이디어에 동그라미를 쳐서 아이디어를 정리한다.

[예] 스마트폰에 관한 아이디어 찾기

① [그림 8-8]의 가운데에 스마트폰을 기록한다.
② 좌측 상단 A 주위에 a1 ... a8까지 아이디어를 산출하여 기록한다. 이 아이디어의 중심주제가 A가 된다. 이 A를 중앙에 있는 셀의 스마트폰 좌측 상단에 기록한다.
③ 이와 같은 방식으로 B, C, D, E, F, G, H의 중심주제를 찾아 선정하여 중앙에 있는 스마트폰 주위의 각 셀에 기록한다.

그림 8-8 연꽃기법의 다이어그램 만들기

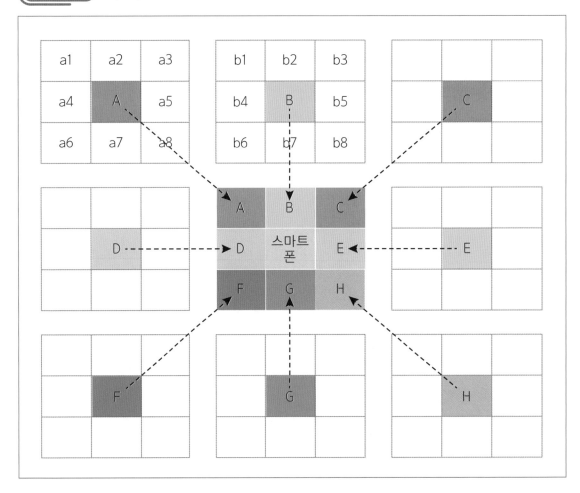

(2) 수렴적 사고기법

수렴적 사고는 주어진 문제에 대한 최적의 해결책을 창출하는 사고기법으로 아이디어들을 분석하고 다듬고 선택하는 사고과정이다. 즉, 수렴적 사고는 확산적 사고기법에 의해 산출된 다량의 아이디어 중에서 소수의 최적안을 선정하는 기법이다. 이것은 좌뇌를 활용하여 많은 대안을 평가하여 소수의 해결안으로 해결안의 범위를 축소하여 최적안을 선택하는 창의적 기법이다. 그러나 지나치게 범위를 축소하면 우수한 대안을 폐기할 수 있는 탈락의 오류가 있다.

1) P-P-C기법

P-P-C기법(Positive-Possibilities-Concerns)은 의심스러운 생각이 드는 아이디어에 대해 긍정적인 면, 가능성이 있는 면, 의심스러운 면으로 구분하여 이야기해 보는 대화기법이다. 이 기법을 사용하면 너무 성급하거나 극단적으로 판단하는 것을 막을 수 있으며, 아이디어가 가지고 있는 모순점을 보완하여 문제해결을 위해 보다 완벽한 계획을 세울 수 있다.

표 8-4 P-P-C기법의 기록표

구분	설명
P(Positive)	• 긍정적인 면
	• 제시된 아이디어의 훌륭한 면을 칭찬해 준다.
P(Possibilities)	• 가능성이 있는 면
	• 아이디어를 구체적으로 응용할 수 있는 상황을 항목별로 작성한다.
C(Concerns)	• 의심스러운 면
	• 없애려면 어떻게 하면 좋을 것인가?

2) 고든법

고든법(Gordon Technique)은 진정한 문제가 무엇인지를 모른다는 상태에서 출발한다. 주제와 전혀 관계없는 사실로부터 발상을 시작해서 문제해결에 몰입하는 것이다. 브레인스토밍과 달리 문제를 바로 제시하지 않고 문제와 직접적으로 관계가 없는 멀고 폭넓은 추상적인 문제를 제시하여 시작한다. 문제를 알고 있는 사람은 리더뿐이며, 리더는 크고 추상적인 문제로부터 작고 구체적인 문제로 구성원을 유도해 나간다. 다음은 고든법의 진행절차이다.

- 참가하는 사람은 해결하려고 하는 문제의 성질, 그 문제해결에 필요한 지식, 기술에 있어서 전문성을 가진 사람으로 구성한다.
- 리더가 문제를 이해한다.
- 리더는 팀원들이 자유롭게 발언하도록 한다.
- 리더는 해결이 가까워질 때까지 팀원들에게 문제를 알리지 않는다.
- 생각이 날 때까지 계속한다.
- 리더는 해결이 가까워지면 팀원들에게 문제를 알려 실현 가능한 아이디어를 형성한다.
- 문제에 대한 해결점을 찾는다.

3) 쌍비교분석법

쌍비교분석법(Paired Comparison Analysis)은 많은 대안들이 모두 중요해서 무엇을 먼저 실천하거나 처리할지를 판단하고자 할 때 사용되는 기법이다. 즉, 우선순위를 정하여 대안을 선택하고 결정할 때 사용하는 기법이다. 모든 대안들에 대하여 한 번에 한 쌍씩 비교하여 상대적인 중요성을 결정한다. 이 기법은 노력과 시간이 많이 들지만, 아이디어들이 모두 중요해서 우선순위를 매기기 힘들 때 적절하게 사용할 수 있다. 다음은 쌍비교분석법의 진행절차이다.

- 주어진 아이디어로부터 만들 수 있는 2개의 쌍들에 대해 우열을 비교함으로써 아이디어별로 점수를 계산한다.
- 가로축과 세로축에 아이디어를 기입한다.
- ⓐ안이 ⓑ안보다 더 좋으면 +1, 같으면 0, 나쁘면 -1을 기록한다.
- 아이디어의 개수가 5~10개 정도인 경우 효과적이다.

표 8-5 **쌍비교분석의 기록표**

ⓐ \ ⓑ	출력	정숙성	안정성	연비	합계	순위
출력	0	-1	1	1	1	2
정숙성	-1	0	1	1	1	2
안정성	1	1	0	1	3	1
연비	-1	-1	1	0	-1	4

4) 역 브레인스토밍

역 브레인스토밍(Reverse brainstorming)은 Hotpoint 회사가 고안해 낸 것으로 대안이 가지고 있는 부정적인 측면과 모든 약점에 대한 아이디어를 창안해 내는 것이다. 브레인스토밍은 문제해결이나 상황에 대하여 아이디어를 창안하는 것인 반면에 역 브레인스토밍은 창안해 놓은 아이디어를 실제상황에 적용하거나 실천할 것을 예상해보고, 아이디어에 대한 비판점이나 문제점, 약점만을 제기하는 것이다. 아이디어가 가질 수 있는 약점들을 모두 발견해 내고 아이디어가 실천될 때 잘못될 수 있는 것을 예상한 후 최선의 해결방법을 찾는 기법이다.

역 브레인스토밍을 할 때는 평가할 대안의 수가 10개 이내일 경우에 활용하는 것이 효과적이다. 아이디어를 만들어 낸 사람이 직접 아이디어 평가에 참여할 수 있으며, 첫 번째 아이디어에 대한 비판을 모두 하고 나면 두 번째 아이디어를 비판한다. 약점이 가장 적고 문제를 잘 해결할 수 있을 것 같은 아이디어를 선택한다. 그 다음의 단계는 실천을 위한 행동계획을 세우는 것이다. 다음은 역 브레인스토밍의 진행절차이다.

- 목표와 문제 확인: 종이에 선정된 아이디어들의 목록과 함께 목표와 문제를 제시한다.
- 아이디어 비판: 아이디어가 적힌 종이에 그 아이디어에 대한 반론을 기록한다.
- 해결책 선정: 비판된 아이디어를 검토하고 수정하여 가장 적절한 해결책을 찾는다.
- 실천계획 수립: 해결책의 실천을 위한 행동계획을 세운다.

표 8-6 **역브레인스토밍의 기록표**

문제 :			
순서	아이디어	아이디어 비판	문제해결
1			
2			
3			
해결책:			

트리즈(TRIZ)는 논리와 자료를 기반으로 혁신에서 문제 해결, 아이디어 창안 및 예측을 위한 방법론으로 창의적 문제해결 기법이다. 트리즈는 모든 문제를 이해하고 해결하기 위한 체계적인 접근 방식이며 혁신과 발명의 기법이다. 명확한 사고와 혁신적인 아이디어 창안을 통해 이상적인 해결안을 찾을 수 있고, 어렵거나 불가능해 보이는 상황에 직면했을 때에 문제나 도전을 해결하는 데 유용하다.

(1) 트리즈의 특징

트리즈는 현재 과학 및 산업 환경에서 복잡한 문제를 해결하는 데 많이 활용된다. TRIZ는 어려운 문제를 해결하는 데 자주 사용되는 수많은 독창적인 개념, 도구 및 프로세스를 포함하고 있다. 러시아의 겐리히 알츠슐러(Genrich Altshuller) 박사는 "세상을 바꾼 창의적인 아이디어들에는 일정한 형태가 있다"는 가설을 세우고, 특허를 분석하여 가장 많이 활용된 아이디어 유형을 추출한 발명원리와 문제해결이론을 창안하였다. 트리즈(TRIZ)는 모순(contradiction)을 발견하고, 모순을 해결하면 발명이 된다는 창의적 이론이다.

1) 트리즈의 구조

TRIZ(트리즈)는 러시아어 Teoriya Resheniya Izobreta-telskikh Zadatch의 약자로 영어로는 Theory of Inventive Problem Solving(창의적 문제해결 이론)이다. 겐리히 알츠슐러(Genrich Altshuller)는 1940년대 당시 군 관련 기술 문제를 해결하던 중에 전 세계 특허 중에서 창의적인 특허 4만 건을 추출·분석한 결과, 모든 발명과정에는 공통의 법칙과 경향성이 있는 것을 발견하였다. 이러한 공통의 법칙과 경향성을 근거로 하여 창의적으로 문제를 해결할 수 있는 체계적인 문제 해결책을 찾아내고 이를 트리즈(TRIZ)라 하였다.

독일의 미하엘 오를로프(Michael Orloff) 박사와 영국 배스대학의 대럴 만(Darrel Mann) 교수가 트리즈를 현대적으로 수정하여 39가지 모순해결 매트릭스와 40가지 트리즈의 발명원리를 만들었다. 물리적 모순은 시간, 공간, 조건, 전체와 부분 등 분리의 원리로 해결책을 찾는다. 39가지 기술변수를 활용해 그 모순을 정의하고, 모순 테이블을 만들어 이들이 충돌할 때 40가지 발명원리를 적용하여 문제를 해결하는 창의적 사고기법이다. 세상의 위대한 발명들은 대체로 물리적 모 순이나 기술적 모순을 해결한 것이다.

그림 8-9 **TRIZ의 구조**

모순		해결원리
물리적 모순	- - - - - - - →	분리의 원리
기술적 모순	- - - - - - - →	40가지 발명원리
물질장 모델링	- - - - - - - →	76 표준해결책
복잡한 문제	- - - - - - - →	ARIZ

모든 시스템은 상호작용하는 물리적 요소들의 집합이다. 특정 기능을 수행하는 시스템은 이를 구성하는 물리적 요소(substance)와 이들 간의 상호작용(장: eld)이다. 물질장 분석(substance- eld analysis)은 구성요소 간의 상호작용을 물질과 에너지의 특성으로 파악하는 분석법으로 76 표준 해결책을, 복잡한 문제는 ARIZ를 적용한다. 장(場)이란 2개의 물질들이 상호작용하는 데 필요한 에너지이다. 표준해결책(standard solutions)은 문제해결 규칙을 제공하는데, 문제를 해결하기 위해서는 문제를 어떻게 변화되어야 하는지를 제안하는 추상적인 형태의 지식이다. ARIZ는 TRIZ 분석도구를 통합하여 문제해결의 각 단계에 순차적으로 적용할 수 있도록 구성되어 있다.

2) 발명의 5가지 수준

알츠슐러는 특허 20만 건을 분석한 뒤 먼저 발명의 유형을 5가지 수준으로 분류하였다. 창의적 문제해결에 어떤 공통된 원리들이 있지 않을까라는 의문을 갖고 찾아낸 원리가 모순의 극복이었다. 트리즈는 3과 4수준의 4만 특허를 분석한 결과 창의적인 문제해결의 공통점은 모순을 극복한 것이었다. 따라서 트리즈 원리를 현재 제품을 획기적으로 개선하거나 새로운 발명을 하는 데 적용할 수 있다.

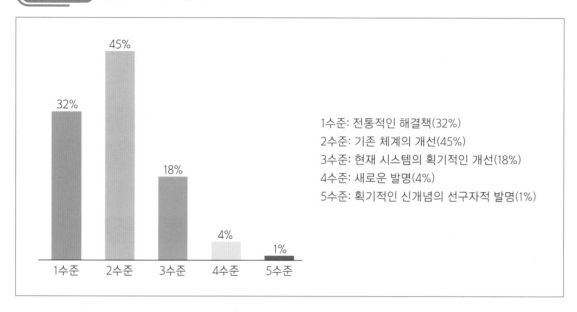

그림 8-10 발명의 5가지 수준

45%

32%

18%

4%

1%

1수준: 전통적인 해결책(32%)
2수준: 기존 체계의 개선(45%)
3수준: 현재 시스템의 획기적인 개선(18%)
4수준: 새로운 발명(4%)
5수준: 획기적인 신개념의 선구자적 발명(1%)

1수준   2수준   3수준   4수준   5수준

(2) 트리즈에 의한 문제해결

트리즈는 어떤 사물이나 대상의 문제를 해결하기 위해 모순을 찾아내고, 그 모순을 해결하는 창의적 문제해결 기법이다. 트리즈에 의한 문제해결 과정은 문제의 분석, 모순도출, 모순행렬표 작성, TRIZ Tool 적용과 해결책의 평가 등을 거친다. 문제를 정확하게 정의해야 최선의 해결책이 도출될 수 있다. 이렇게 해서 도출된 해결책은 특허정보 검색을 통하여 중복 여부를 확인한 후 지식재산으로 확보되거나 신제품개발에 활용할 수 있다.

그림 8-11 트리즈에 의한 문제해결 과정

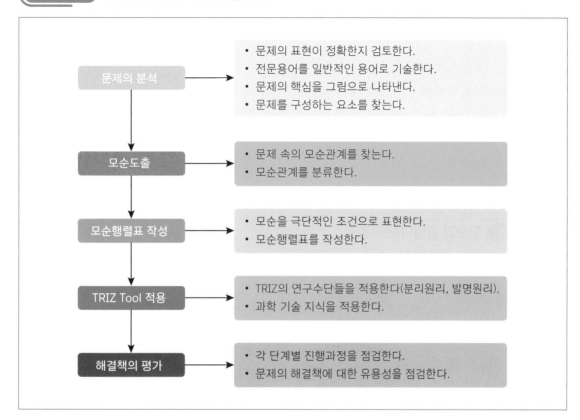

1) 문제의 분석

당면한 문제가 무엇인지를 정의한다. 문제를 정의한 후에 문제의 도식화(사물의 구조, 관계, 변화 상태 시각화)를 통해서 문제를 재정의하여, 핵심적인 문제가 무엇인지 파악한다. 문제를 구성하는 시스템, 환경, 자원, 고객의 요구사항 등을 함께 고려한다. 고객 요구사항은 고객이 제품이나 서비스에 대하여 요구하는 특징과 사양이다. 문제분석은 문제해결 방안을 찾기 위해 최소 문제로 서술한다. 전문적인 용어를 사용하지 않고 문제를 일반적인 용어로 기술한다. 필요한 결과를 얻고자 하는 내용을 기술한다.

2) 모순도출

모순(contradiction)은 서로 양립하거나 공존할 수 없는 것들의 대립 현상으로 최소한 두 가지 이상의 요소가 갈등을 일으키는 상황이다. 모순은 어느 하나를 좋게 하면 어느 하나가 나빠지는 것을 말한다. 모순이 반대 세력으로 성장하고, 또한 이것이 본래의 것과 격렬하게 부딪혀 나감으로써 새로운 것으로 발전되어 간다.

- 모순: 서로 양립하거나 공존할 수 없는 것들의 대립 현상

찾아낸 문제 속에서 모순관계를 파악한다. 물리적 모순과 기술적 모순을 분리하고, 선택된 기술적 모순의 특성을 극단적인 상황으로 격상시킨다. 더 많은 모순을 발견하기 위해 기술적 모순을 확대하는 것이다. 문제해결을 위해 하나의 기술적 특성을 개선하면 다른 기술적 특성에 악영향을 미쳐 또 다른 문제를 야기하는지를 파악한다. 기술적 모순을 물리적 모순으로 전환한다. 따라서 모순을 발견하여 해결하면 바로 발명이 된다.

그림 8-12 **모순과 발명의 인과관계**

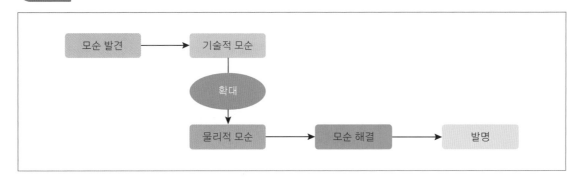

① 물리적 모순

물리적 모순(physical contradiction)은 하나의 기술적 변수(parameter)가 서로 양립할 수 없는 다른 값을 동시에 갖는 경우이다. 물리적 모순은 동시 존재함으로써 생기는 모순이다(To be and not to be). 물리적 모순은 분리의 원리로 해결책을 제시한다. 시스템 내의 한 특성이나 특성의 값에 상호 배타적인 요구가 있는 상황이다. 예를 들면, 면도기의 날은 면도 성능을 높이기 위해서는 날카로워야 하고, 피부가 손상되는 것을 방지하기 위해서는 무뎌야 한다.

- 물리적 모순: 동시 존재함으로써 생기는 모순

그림 8-13 모순의 구조

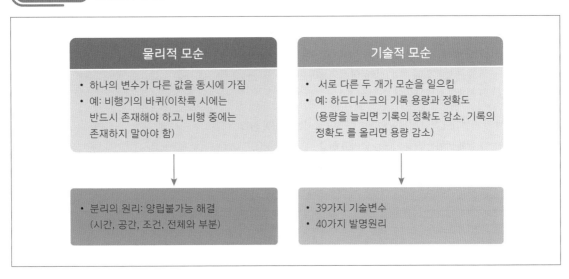

물리적 모순은 한 사물이 정반대의 요구 사항을 갖는 동시에 존재하기 어려운 상황이다. 문제의 시스템이 한 측면에서 한 방향으로 요구되고 동일한 시스템이 같은 측면에서 반대 방향으로 요구된다면 물리적 모순이 발생한다. 이 시점에서 이 상황은 불가능하다. 다음은 물리적 모순의 예이다.

- 소프트웨어는 기능이 많아야 하나 쉽게 사용하려면 간단해야 한다.
- 우산은 비를 맞지 않으려면 커야 하나 길에서 잘 걸으려면 작아야 한다.
- 커피는 뜨거워야 향기가 있지만 즐겁게 마시려면 차가워야 한다.
- 아이디어는 독창적이어야 하지만 독창성은 창안하기 어렵다.
- 자동차 에어백은 사고를 방지하려면 빠르게 열려야 하지만 신체에 상해를 입히지 않으려면 부드럽게 열려야 한다.
- 브레이크는 사고를 피하기 위해 갑자기 제동되어야 하지만 제어를 확실히 하기 위해 점진적이어야 한다.

광범위한 범주 내에서 모든 문제해결 원칙 및 도구 중 가장 중요한 것 중 하나는 분리의 원리이다. 물리적 모순은 분리의 원리로 모순을 해결할 수 있다. 분리의 원칙은 물리적 모순이 있을 때 도움이 되며, 모순 관계를 최소화하거나 전혀 고려하지 않고 모순을 해결한다. 예를 들어, 어떤 기능에서는 시스템의 물이 뜨겁고 다른 기능에서는 차가워야 한다. 물리적 모순을 식별하고 다른 관념 기술이 이를 해결하지 못할 수 있는 경우 분리의 원칙 기술을 사용한다. 단순화를 위해, 또는 시간, 공간, 규모 및 조건에서 모순되는 속성을 분리한다. 이처럼 분리의 원리는 해결 불가능한 모순으로 보이는 어려운 기술적 문제를 해결하는 데 사용된다. 분리의 원리(separation principle)는 시간분리, 공간분리, 조건분리와 부분과 전체 분리가 있다.

- **시간분리**: 한 속성은 어떤 때는 존재하거나 존재하지 않게 시간적으로 분리한다.
- **공간분리**: 한 속성이 한쪽에서는 존재하고, 다른 쪽에서는 존재하지 않는다.
- **조건분리**: 한 속성은 어떤 조건에서는 높고, 다른 조건에서는 낮다.
- **부분과 전체 분리**: 한 속성은 시스템 수준에서는 존재하지만, 부품 수준에서는 존재하지 않는다.

② 기술적 모순

기술적 모순(technical contradiction)은 서로 다른 기술적 변수(parameter)들이 서로 충돌하는 것이다. 즉, 시스템의 한 특성을 개선하면 다른 특성이 악화되는 상황이다. 예를 들면, 자동차의 가속 성능을 향상하면 연비가 나빠지는 현상이다. 이러한 모순을 해결하는 것이 발명이다. 기술적 모순은 40가지 발명원리(40 inventive principles)를 해결책으로 제시한다. 기술적 모순에서 서로 상반되는 기술적 변수들에 해당할 수 있는 것들을 39가지로 표준화된다. 물리적 모순은 사물의 본질이지만, 기술적 모순은 처리의 결과이다. 따라서 기술적 모순을 더욱 강화하여 물리적 모순으로 전환하여 문제를 해결한다.

- 기술적 모순: 시스템의 한 특성을 개선하면 다른 특성이 악화되는 상황

기술적 모순은 고전적인 기술의 절충점으로 기술적 특성이 서로 충돌하는 것이다. 이것은 시스템에 있는 어떤 것이 방해하기 때문에 원하는 상태에 도달할 수 없다. 즉, 어떤 것이 개선되면 다른 것이 악화된다. 악화되는 변수를 발명의 원리로 해결한다. 다음은 기술적 모순 사례이다.

- 제품이 견고할수록 무게가 무거워진다.
- 자동차의 출력이 강할수록 연료가 더 많이 소비된다.
- 서비스가 개별 고객에게 맞춤화되지만 서비스 제공 시스템은 복잡해진다.
- 자동차 에어백을 빨리 열어야 하지만 빨리 열면 부상을 입을 수 있다.

○○○ SENSE 🔍 **기술적 모순**

[예 1] 서로 다른 두 기술적 요소가 충돌하는 경우
- 하드디스크의 기록의 정확성을 증가시키면 기록 용량이 감소
- 기록 용량을 증가시키면 기록의 정확도가 감소

[예 2] 석유회사의 화학공정 반응속도와 불순물 양과의 모순
- 석유 생산량을 늘리면 품질이 저하되고
- 품질을 높이면 생산량이 감소

---

③ 관리적 모순

관리적 모순(administrative contradiction)은 문제 해결자에게 부여되는 상반된 요구로 희망과 현실과의 모순이다. 어떤 상황에서 불편하게 느끼는 현상으로 문제의 발견이나 욕구 도출의 단계이다. 문제발견은 고객이 느끼고 있는 불편이나 욕구를 포착하는 것을 말한다.

- 관리적 모순: 문제 해결자에게 부여되는 상반된 요구

3) 모순행렬표 작성

모순행렬표(contradiction matrix)는 기술적 모순을 제거하기 위해 발명원리를 발견할 수 있도록 만든 행렬표이다. 상충되는 두 개의 기술적 변수를 선택하면, 이들이 교차하는 영역에서 기술적 모순의 해결에는 발명원리를 사용한다. 기술적 모순은 모순행렬표를 작성하고, 모순해결을 위해 40개 발명원리를 적용한다. 모순을 극단적인 조건으로 표현하고, 모순을 벗어나는 어떤 요소를 가정한다. 이러한 핵심은 기술적 모순에서 물리적 모순으로 이끌어 나가는 것이다. 한 변수를 개선하면 다른 변수가 악화된다. 악화되는 변수를 발명의 원리로 해결한다. 다음은 모순행렬표의 구성이다.

- **모순 행렬의 행**: 개선되는 특성
- **모순 행렬의 열**: 악화되는 특성
- **모순 행렬의 셀**: 적용할 수 있는 발명의 원리 제안
- **기술변수**(39): 무게, 길이, 면적, 부피, 속도, 힘, 압력, 모양 등
- **발명의 원리**(40): 분할, 추출, 국부적 품질, 비대칭 등

그림 8-14 모순행렬표 작성 예

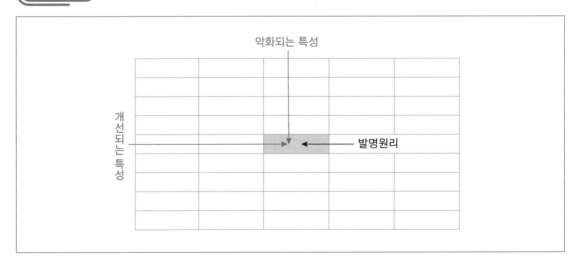

기술적 모순은 설계 프로세스에 가장 자주 관여하는 39개 특성을 식별하는 모순행렬표를 사용하여 해결한다. 상충되는 두 개의 기술적 변수를 선택하면, 이들이 교차하는 영역에서 기술적 모순을 해결하는 데 사용할 발명원리를 찾을 수 있다. 모순 분석은 40개 발명원리를 적용하는 기본 단계이다. 모순을 해결하는 발명원리를 찾는다. [그림 8-14]는 모순행

렬표의 작성 예이다. 다음은 모순행렬표 작성 절차이다.

- 39가지 기술변수를 사용해서 문제를 구성한다.
- 모순행렬에서 악화변수와 개선변수를 찾는다.
- 전항에서 찾은 행과 열이 만나는 셀에 발명의 원리를 문제해결에 적용한다.
- 발명의 원리를 참고하여 아이디어를 연상한다.
- 연상된 아이디어 간의 결합을 시도한다.

유압기의 동력을 증가시키려고 한다. 그런데 유압기의 동력을 증가하면 속도가 떨어진다. 동력과 속도가 동시에 증가할 수 없을까? 이러한 모순을 해결하기 위해 사전예방조치, 조처 과부족, 공기압이나 유압사용 등으로 해결한다(표 8-7). [그림 8-14]는 기술적 모순과 40개 발명원리에 근거한 해결책을 찾는 방법을 보여준다. 물리적 모순은 고속과 저속, 경질과 연질, 고형물질과 투과물질, 거친 성질과 연한 성질, 동적 성질과 고정 성질, 냉기와 온기, 그리고 대소 등이다. 이러한 성질들은 물리적 모순으로 분류하고 분리의 원칙을 적용한다. 기술적 모순으로부터 물리적 모순을 형성하는 것은 모순을 깨뜨리는 데 사용된다.

표 8-7 모순행렬표

개선변수 ＼ 악화변수		1 움직이는 물체의 무게	4 고정된 물체의 길이	9 속도	29 제조의 정확성	32 제조용이성	36 장치의 복잡성
9	속도			3, 11, 1, 27	28, 27, 35, 26		35, 3, 24, 37
21	동력	2, 28, 13, 38		11, 16, 29	28, 32, 1, 24		
17	온도	8, 1, 37, 18		3, 35, 13, 21	35, 10, 23, 24		3, 28, 35, 37
25	시간의 낭비	35, 26, 24, 37		1, 35, 10, 38	1, 10, 34, 28		

1) TRIZ Tool 적용

발명은 적은 수의 해결원리에 의해서 이루어진다. 모순해결은 혁신이다. 기술체계의 진화는 패턴에 근거하고 부분적으로 예측할 수 있다. 모순의 해결책을 찾기 위해 39가지 기술변수, 40가지 발명원리와 분리의 원리 등과 같은 TRIZ의 수단들을 적용한다. 문제(기술적 모순)는 한 변수를 개선하면 다른 변수가 악화된다.

구체적인 문제를 해결하는 데 사용할 수 있는 해결책을 찾아내기 위해 먼저 미래에 사용될 수 있는 관계나 상관관계를 찾아내서 문제와 해결책을 분류한다. 이때 문제와 해결책을 상관관계나 관련성에 따라 분류하는 것이 필요하다. 구체적인 해결책을 끌어내기 위해 관련성을 설정한다. TRIZ 원리를 끌어내어 해결책을 찾을 때 공통적인 상관관계를 설정하기 위해 문제와 해결책을 분류한다.

그림 8-15 **TRIZ 적용도구**

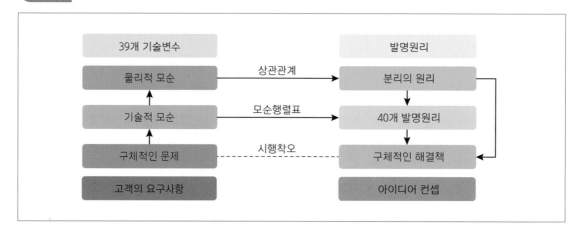

○○○ SENSE 🔍 발명원리 1. 분리(segmentation)

분리란 전체를 작은 부분으로 분할하는 것이다. 부분을 다르게 처리하거나 서로 다른 재질로 만들어서 모양을 다르게 할 수 있다. 예를 들면, 직사 형태가 아닌 안개 형태로 물을 뿌리는 소방 호스는 건물을 훨씬 덜 훼손한다.

(a) 물체를 독립적인 부분으로 나눈다.
- 대형 컴퓨터를 개인용 컴퓨터로 대체한다.
- 호텔 디자인에서 객실과 대중 시설 분리
- 한 회로에서 오류가 발생했을 때 백업을 제공하는 이중 회로 배선
- 대형 트럭을 트럭과 트레일러로 대체한다.
- 여러 판매경로로 나눈다.
- 고객별로 시장을 세분화한다.
- 강점, 약점, 기회, 위협 분석 사용
- 고객에게 다양한 제품 특성 정의

(b) 물체를 분해하기 쉽게 한다.
- 지퍼(zipper)
- 똑딱 단추
- 모듈 제조공정
- 복합 운송 시스템
- 칸막이 벽
- 조립식 건축
- 타사 서비스 사용
- 계약직 근로자 채용

(c) 부분화 또는 세분화 정도를 높인다.
- 내연기관
- 베니션 블라인드(venetian blinds)
- 건물 외벽에 바르는 자갈 섞은 시멘트
- 다중 창
- 하부 조직에 일부 권한위임
- 직원 제안 프로그램
- 재택근무

출처: 부의 수직 상승: 아이디어에 길을 묻다(유순근, 박문사)

① 움직이는 물체의 무게(weight of moving object)

움직이는 물체에 의해 가해지는 질량 또는 중력이다. 이동성은 물체와 관련된 둘 이상의 부품 간에 상대적인 동작이거나 이동성이 있는 모든 상황을 포함한다. 이동성은 선형 또는 회전, 매우 짧거나 상당한 거리일 수 있다.

② 고정된 물체의 무게(weight of nonmoving object)

고정된 물체에 의해 가해지는 질량 또는 중력이다. 정지 상태는 물체와 관련된 두 개 이상의 부품 간에 관련된 움직임의 형태가 없는 상황을 포함한다.

③ 움직이는 물체의 길이(length of moving object)

선형 치수는 길이로 간주된다. 이동성 또는 이동하는 물체와 관련된 선형 또는 각도 치수이다. 이동성은 문제와 관련된 둘 이상의 부품 간에 관련된 움직임이나 이동성이 있는 모든 상황이다. 이동성은 선형 또는 회전, 매우 짧거나 상당한 거리일 수 있다.

출처: 부의 수직 상승: 아이디어에 길을 묻다(유순근, 박문사)

표 8-8 40가지 발명원리

1. 분할(segmentation)
2. 추출(extraction)
3. 국부적 품질(local quality)
4. 비대칭(asymmetry)
5. 통합(consolidation)
6. 다용도(universality)
7. 포개기(nesting)
8. 공중부양(counterweight)
9. 사전 반대조치(prior counteraction)
10. 사전 조치(prior action)
11. 사전 예방조치(cushion in advance)
12. 동등성(equipotentiality)
13. 역방향(do it in reverse)
14. 곡선화(spheroidality)
15. 역동성(dynamicity)
16. 조처 과부족(partial or excessive action)

17. 차원변화(transition into a new dimension)

18. 진동(mechanical vibration)

19. 주기적 작용(periodic action)

20. 유용한 작용의 지속(continuity of useful action)

21. 급히 통과(rushing through)

22. 전화위복(convert harm into benefit)

23. 피드백(feedback)

24. 중간매개물(mediator)

25. 셀프 서비스(self service)

26. 복사(copying)

27. 값싸고 짧은 수명(dispose)

28. 기계시스템 대체(replacement of mechanical system)

29. 공기압 또는 유압사용(pneumatic or hydraulic construction)

30. 유연막 또는 박막(flexible membranes or thin films)

31. 다공성 물질(porous material)

32. 색깔변화(changing the color)

33. 동질성(homogeneity)

34. 폐기 및 재생(rejecting and regenerating parts)

35. 속성변화(transformation of properties)

36. 상태전이(phase transition)

37. 열팽창(thermal expansion)

38. 산화제(accelerated oxidation)

39. 불활성환경(inert environment)

40. 복합재료(composite materials)

(표 8-9) 39가지 기술변수

1. 움직이는 물체의 무게(weight of moving object)

2. 고정된 물체의 무게(weight of nonmoving object)

3. 움직이는 물체의 길이(length of moving object)

4. 고정된 물체의 길이(length of nonmoving object)

5. 움직이는 물체의 면적(area of moving object)

6. 고정된 물체의 면적(area of nonmoving object)

7. 움직이는 물체의 부피(volume of moving object)

8. 고정된 물체의 부피(volume of nonmoving object)

9. 속도(speed)

10. 힘(force)

11. 압력(pressure)

12. 모양(shape)

13. 물체의 안정성(stability of object)

14. 강도(strength)

15. 움직이는 물체의 내구력(durability of moving object)

16. 고정된 물체의 내구력(durability of nonmoving object)

17. 온도(temperature)

18. 밝기(brightness)

19. 움직이는 물체가 소모한 에너지(energy spent by moving object)

20. 고정된 물체가 소모한 에너지(energy spent by nonmoving object)

21. 동력(power)

22. 에너지의 낭비(waste of energy)

23. 물질의 낭비(waste of substance)

24. 정보의 손실(loss of information)

25. 시간의 낭비(waste of time)

26. 물질의 양(amount of substance)

27. 신뢰성(reliability)

28. 측정의 정확성(accuracy of measurement)

29. 제조의 정확성(accuracy of manufacturing)

30. 물체에 작용하는 유해한 요인(harmful actors acting on object)

31. 유해한 부작용(harmful side effects)

32. 제조용이성(manufacturability)

33. 사용편의성(convenience of use)

34. 수리가능성(repairability)

35. 적응성(adaptability)

36. 장치의 복잡성(complexity of device)

37. 조절의 복잡성(complexity of control)

38. 자동화의 정도(level of automation)

39. 생산성(productivity)

2) 해결책의 평가

도출된 해결안이 유용한 지와 적용할 수 있는지를 검토한다. 일반적인 해결원리를 기술하고, 바로 적용이 가능한지 검토한다. 추가 발명, 설계도, 계산, 조직의 변화에 대한 저항 극복 등에 관한 목록을 작성한다. 특허를 검색하여 특허등록 가능성을 점검한다. 특허청 특허 DB를 활용하여 검색한다. 해결안을 검증하고, 필요하다면 기술적 해결안을 수정한다. 해결책이 본래의 목적대로 도출되었는 지를 평가하는 것이다. 다음은 주요 평가사항이다.

• 주요 해결 사항이 시스템의 복잡성을 감소하게 하는가?

• 어떤 물리적 모순이 해결이 되었는가?

• 어느 요소가 어떻게 제어되는가?

• 여러 사이클 사용에도 내구성에는 문제가 없는가?

(3) 선행기술의 조사

선행기술 조사(prior art search)는 연구자들이 연구개발을 하기 전에 연구동향을 조사하기 위해 또는 연구개발 완료 단계에서 특허출원을 하기 전에 유효한 권리획득 등을 목적으로 선행문헌을 조사하는 것이다. 특허정보의 조사는 기술개발의 갭을 찾고, 중복 연구를 방지하기 위한 것이다. 발명은 자연법칙을 이용한 기술적 사상의 창작으로써 고도한 것으로 정의하며, 불특허 사유에 해당되지 않고, 다른 선출원이 없는 경우에만 배타적 권리를 특허출원일로부터 20년 간 부여한다. 신기술을 발명한 자에게 기술을 공개하는 대가로 독점권을 부여하는 동시에 제3자에게 공개된 신기술의 이용 기회를 부여하는 제도이다.

1) 특허 정보조사의 종류

신제품개발과 관련된 특허정보를 조사하는 방법이 몇 가지 있다. 서지사항 조사(bibliographic search)는 발명자·출원인 등의 인명정보, 특허권자, 출원번호, 공개번호, 등록번호 등을 파악하기 위해 특허공보의 서지사항을 조사하는 것이다. 이를 통하여 경쟁자의 특허권이나 기술개발 동향을 파악할 수 있다. 특허성 조사(patentability search)는 특허출원 전에 특정 발명이 특허를 받을 수 있는 특허의 유용성, 산업성, 신기성을 구비하고 있는지를 판단하기 위해 선행자료를 조사하는 것이다. 권리취득 가능성을 미리 확인한 후 출원여부를 결정하거나 청구범위를 변경할 수 있도록 권리를 취득하기 위해 수행하는 조사이다. 조사방법에 따라 관련 자료를 수집하는 기초 정보 조사, 기술을 분류하는 분류 정보조사와 기술을 분류하고 분석하는 분석 정보조사가 있다.

표 8-10 **특허정보의 조사유형**

조사유형	설명
기술정보조사 (state of the art search)	특정기술분야나 연구개발 주제와 관련된 일반적인 기술이나 배경기술을 찾아서 기술개발에 활용
제품 출시 전 기술 조사 (freedom to operate)	기술개발 및 특허출원이 어려운 경우 안전하게 출시실시하기 위해서, 특허권이 만료된 특허를 조사하여 활용
특허성 조사 (patentability search)	특허를 조사하여 특허 출원 시 문제시 될 수 있는 청구를 보정
무효/침해조사 (validity/infringement search)	특허권 없이 제품을 판매하고 있으나 타인의 특허권을 침해할 소지가 있는 경우, 타인의 특허권을 무효화하기 위한 무효심판을 청구하거나 타인의 특허 침해 여부가 성립되지 않음을 확인하는 권리범위 확인심판을 청구할 때 특허 조사
특허맵 (patent landscape analysis)	특정분야의 특허맵을 작성하여, 특허권자가 보유한 기술의 단점을 파악하고, 기술추세를 예측하여 체계적인 특허전략에 활용

2) 특허정보 검색

미국 특허청 조사에 의하면 특허문헌에 공개된 71%가 다른 문헌에서는 공개되지 않았다. 따라서 특허정보를 얻으려면, 특허정보 검색이 중요하다. 특허청에서 제공하는 특허정보 검색서비스에서 특허정보를 검색할 수 있다.

㉮ 한국
- **특허정보 검색서비스 키프리스**(http://www.kipris.or.kr): **국내 산재권**(무료)

- 윕스(http://www.wips.co.kr): **국내외 산재권**(유료)

㉴ **해외**
- **미국특허청**(http://www.uspto.gov): **무료**

---

05 디자인 씽킹

디자인은 고객의 요구 사항을 제품 또는 해결안으로 변환하는 과정이다. 디자이너는 어떤 대상이나 상황을 들으면 무언가를 그리듯이 빨리 만들고 또 개선한다. 디자이너는 문제 자체보다는 문제해결안에 집중하여 문제를 해결하는 해결안 중심 사고방식을 사용한다. 디자인 씽킹은 고객 중심의 문제해결 방식이다. 디자인 씽킹은 많은 아이디어를 창출하는 유용한 방법으로 상품 또는 서비스 개발 및 혁신 프로세스에 많이 활용된다.

(1) 디자인 씽킹

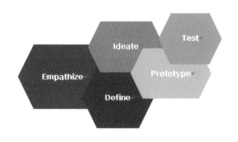

디자인 씽킹(design thinking)은 디자이너의 감성과 사고방식을 통해 인간 중심 방식을 사용하여 혁신을 실현하는 사고방식이다. 예를 들면, 제품개발자는 조리기를 개발하기 위해 아이디어를 찾는다. 이때 제품개발자는 실제 소비자가 조리하는 환경을 관찰하고 공감하여 많은 아이디어를 찾아낸다. 찾아낸 아이디어 중에서 최적의 아이디어를 선택한다. 이와 같이 디자인 씽킹은 공감과 실험 같은 디자이너 도구의 요소를 활용하여 혁신적인 해결안을 얻는 방법이다. 따라서 디자인 씽킹은 공감, 정의, 아이디어, 프로토타입 및 테스트 과정을 포함한다.

(2) 디자인 씽킹 프로세스

디자인 씽킹은 특정한 문제를 해결할 때 지식이나 경험에 의존하지 않고, 고객 관찰과 공감을 통해 고객을 이해하며, 고객과 협력을 통해 다양한 대안을 찾는 방법이다. 제품 기획, 마케팅, 서비스 등 전 과정에 걸쳐 디자이너들의 감수성과 사고방식이 적용된다. 이것은 잠재적 사용자들과의 공감에서 시작된다. 그들의 욕구와 선호를 듣고, 느끼고, 이해한 것을 구체화하는 혁신이 디자인 씽킹이다.

디자인 씽킹은 IDEO와 Stanford Design School의 설립자인 David Kelley가 제안한 5단계 과정이다. 대규모의 공동 작업 및 빈번한 반복을 수반하며, 공감, 정의, 아이디어, 프로토타입 및 테스트를 포함한다. 이러한 프로세스를 반복함으로써 문제를 해결할 수 있는 새로운 방법을 찾을 수 있다.

- **공감**: 사용자들이 누구이며 무엇이 중요한지에 대한 정보를 수집한다. 관찰, 인터뷰나 경험을 통해 사용자의 입장에서 공감하고 영감을 얻는다.
- **정의**: 해결해야 할 문제를 정의한다. 사용자 정보를 문제로 전환한다. 수집된 정보를 바탕으로 해결되어야 하는 문제를 표현한다.
- **아이디어**: 통찰력을 기반으로 혁신적인 아이디어를 창출한다. 단순한 해결안을 뛰어넘어 혁신적인 해결안을 창안한다.
- **프로토타입**: 아이디어를 시각화한다. 이것은 문제해결에 많은 시간과 자원을 투자하지 않고 사용자와 함께 해결안을 작동할 수 있다.
- **테스트**: 피드백을 받고 반복한다. 사용자에게 프로토타입을 사용할 기회를 제공하며 해결책을 정교화하고 개선한다.

<table>
<tr><td>그림 8-16</td><td>Stanford 디자인 씽킹 프로세스</td></tr>
</table>

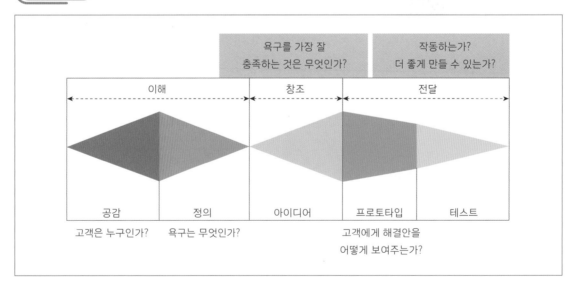

1) 공감

공감(empathy)은 다른 사람들의 감정을 이해하고 공유하는 능력으로 더 나은 고객경험을 제공한다. 고객을 이해한다면 그들이 원하는 것을 정확하게 제공할 수 있다. 고객에 대한 공감과 통찰력에서 최상의 해결안이 나온다. 공감은 사용자의 고통점(pain points)을 관찰함으로써 사용자를 이해하는 단계이다. 고객의 마음을 이해하는 것이 중요하고, 공감을 통해 문제를 해결하면 고객이 감동할 수 있다. 해결하려는 문제는 특정한 사용자의 문제이다. 사용자의 가치를 학습하여 사용자를 공감한다. 공감은 고객의 실제적인 욕구를 발견하는 과정이다. 공감하는 방법은 관찰, 인터뷰와 몰입이 있다.

관찰은 사용자의 생활환경에서 그들의 행동을 직접 관찰하는 것이다. 고객의 욕구, 경험 및 기대는 계속적으로 변한다. 제품사용이나 구매방법을 관찰하거나 전시회에 참석하면 고객의 욕구나 추세를 파악할 수 있다. 인터뷰는 사용자와 직접 상호작용하는 것으로 사용자의 신념과 가치에 대한 깊은 통찰력을 제공한다. 몰입(immersion)은 사용자들의 세계를 이해하기 위해 그들의 삶, 상황, 활동 및 환경을 직접 체험하는 것이다. 특정 환경에 자신을 몰입하여 직접 사용자가 되어 경험한다.

공감지도(empathy map)는 사용자의 마음속에 들어가는 가장 좋은 도구 중 하나로 고객의 생각과 느낌, 경험, 말한 것, 이득과 고충들을 시각화한 것이다. 공감지도를 통해 통찰력을 얻고 마케팅 전략을 만들 수 있다. 페르소나(persona)는 사용자의 욕구, 목표, 생각, 감정, 의견, 기대 및 고통점을 설명하는 주인공이다. 즉, 페르소나는 표적고객 집단 안에 있는 사용자들을 대표하는 가상의 인물이다. 페르소나는 제품의 표적사용자에 대한 허구이지만 마치 실제 사람처럼 묘사되어야 한다. 페르소나는 표적소비자의 특성을 나타내는 가상 아바타를 구축하여 사용자 행동을 보다 잘 이해할 수 있는 도구이다.

그림 8-17 공감지도 캔버스

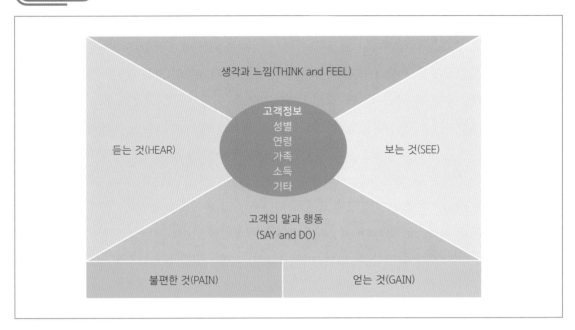

2) 정의

정의(define)는 공감을 통해서 얻은 사용자와 환경에 대한 이해를 바탕으로 사용자가 원하는 실제적인 문제를 정의하는 과정이다. 정의는 사용자가 해결하고자 하는 문제점을 명시적으로 나타낸다. 실제적 정의는 공감으로 얻은 새로운 통찰력을 토대로 과제를 구성한다. 사용자의 욕구와 통찰력에 근거하는 독특한 접근 방식 및 독창적인 해결안을 창안하기 위해 문제를 정의한다.

3) 아이디어

아이디어 단계(ideate)는 정의된 문제에 대한 생각을 구체화하는 단계이다. 디자인 개요에 대한 다양한 잠재적인 해결안을 창안한다. 짧은 시간 안에 최대한 많은 아이디어를 도출한다. 도출된 많은 아이디어 중에 핵심 아이디어들을 정리한다. 개발자는 많은 아이디어를 착상하고 나서 공통점과 차이점을 찾아 아이디어를 범주화하고 평가하여 범위를 좁힌다.

4) 프로토타입

다른 사람들에게 아이디어를 시각적으로 제시하기 위해 신속하고 저렴하게 프로토타입을 제작한다. 프로토타입(prototype)은 시제품 또는 원형제품이다. 기능과 작동을 확인하고 개선이나 변경하기 위해 간단한 재료를 사용한다. 이 단계에서는 아이디어를 구성하고 최종 해결안에 도달할 수 있는 가능성을 확인한다.

5) 테스트

테스트는 프로토타입을 고객에게 제시하고 고객으로부터 평가와 피드백을 받는 단계이다. 이 단계는 테스트를 통해 목표가 적절한지 여부를 알 수 있기 때문에 중요하다. 테스트는 실제로 작동하는 것과 그렇지 않은 것을 이해하는 데 도움이 된다. 테스트를 마친 후에는 전체 디자인 씽킹 과정을 반복할 수도 있다. 최종 사용자가 결과에 만족하지 않으면 디자인 사상가는 마지막 테스트 단계의 통찰력을 통합하여 새로운 문제를 정의해야 하며 최종 사용자와 함께 더 나은 방법으로 다시 공감해야 한다.

06 아이디어 선별

아이디어는 문제에 대한 해결책, 해결책에 대한 개선, 새로운 발견, 하나 이상의 해결책을 결합하는 행위 및 변형 등이 있다. 아이디어를 창안할 때 목표를 명확하게 두고 준비하는 것이 도움이 된다. 아이디어는 무엇을 의미하는가? 원하는 최종 결과는 무엇인가? 어떤 아이디어는 즉시 활용할 수 있는 것처럼 보일 수 있지만 최고의 아이디어조차도 추가적인 개선이 필요하다. 아이디어 선별 과정을 통해 아이디어를 추가, 수정 및 강화한다. 따라서 잠재력을 최대한 실현하려면 아이디어를 철저히 선별해야 한다.

(1) 사업기회의 선정

창의적인 제품은 새로움과 유용성이 있다. 제품이 새롭기 때문에 더 좋아 보이고 좋아 보이기 때문에 고객은 새로운 제품을 더 선호한다. 새로움(newness)은 독창성(originality)과 관련이 있고, 유용성(usefulness)은 제품의 가치와 관련이 있다. 제품 아이디어 선별은 유망기회의 확인과 숨겨진 고객욕구의 확인을 통하여 문제를 확인하고, 아이디어를 창출하여 아이디어를 선별하는 과정이다.

그림 8-18 제품 아이디어 선별과정

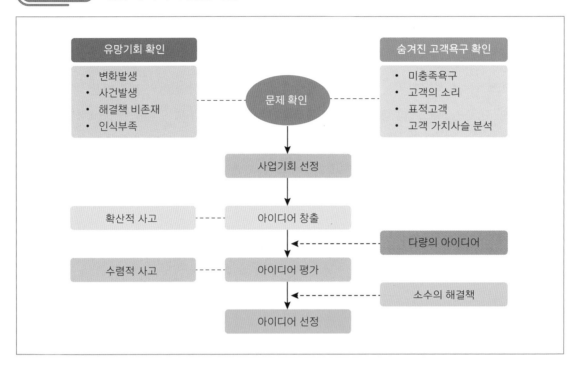

1) 유망기회의 확인

기회는 신제품, 서비스나 사업을 위한 욕구를 창출하는 일련의 호의적인 환경이다. 어떤 변화나 사건이 발생하였는데 이를 해결할 대상이 존재하지 않는다거나 있더라도 부족하다면 사업기회가 된다. 기회는 현실적인데 아직까지 시장에 해결책이 제시되어 있지 않다면 매우 좋은 여건이다. 새로운 역량이나 기술, 충분히 이용하지 않거나 제공되지 않은 자원은 잠재고객을 위한 새로운 가치를 창출할 수 있는 좋은 조건이다. 아무리 좋은 아이디어라도 사회문화적으로 수용하기 어렵고 법적 규제가 있다면 초기에 탈락시킨다.

2) 숨겨진 고객욕구 확인

욕구는 고객의 행동을 유발시키는 동기의 직접적인 원인이 된다. 경쟁자와 차별하기 위해서는 소비자의 숨겨진 욕구를 발견한다. 미충족된 시장욕구, 제공되지 않은 제품이나 서비스, 정의하지 않은 기술, 발명이나 제품 아이디어 등은 모두 시장기회가 된다. 고객욕구의 확인은 표적고객의 정보를 정확하게 수집·분석하여 고객의 미충족 욕구, 숨겨진 욕구, 과소제공이나 미제공 욕구와 불만족한 욕구 등을 확인하여 시장기회를 찾는 과정이다. 숨겨진 욕구의 탐구는 비약적인 제품을 창출할 수 있는 기회이다. 만일 소비자의 욕구를 처리하지 않는다면 고객의 소리를 무시하는 결과가 된다.

3) 문제확인

근원적인 고객문제를 해결하기 위해서는 징후(symptom)가 아니라 원인(cause)을 다루어야 한다. 징후는 나타난 현상이지만 원인은 문제이다. 사업기회는 문제를 해결하기 위하여 체계적으로 시작해야 한다. 적합한 제품 아이디어를 얻는 것은 제품개발 초기 단계에 제품판매의 불확실성을 감소하기 위해 매우 중요하다. 기회확인은 시장에 있는 공백을 찾는 것이다. 그러나 시장에 있는 공백은 고객의 욕구가 있는 시장이지만, 이익이 되는 충분히 큰 시장을 의미하지는 않는다.

(2) 아이디어의 창출

고객의 욕구와 문제는 아이디어의 출발이다. 아이디어 창출은 시장기회와 고객의 숨겨진 욕구에서 찾아낸 정보와 자신의 영감을 수익성과 해결안이 있는 아이디어로 변환하는 것이다. 경영자, R&D 직원, 마케팅 직원들은 내부원천이나 외부원천으로부터 영감을 찾음으로써 활발하게 새로운 아이디어를 탐색한다. 시장기회와 고객욕구 확인을 통해서 제공되지 않은 문제에 대한 해결책이 바로 아이디어가 된다.

문제중심의 질문은 아이디어 창출을 위한 좋은 출발이다. 내·외부 원천으로부터 수집한 정보를 아이디어로 변환하려면 이를 자극하는 요인을 활용하는 것이 효과적이다. 기회와 고객욕구의 탐색을 통해 문제점을 해결하기 위한 자극 요인은 차원, 수량, 순서, 시간, 원인결과, 특성, 형태, 상태나 신시장 적용 등에 관한 요소들이 있다.

표 8-11 아이디어의 자극 요인

구분	요소
차원	큰, 작은, 긴, 짧은, 두꺼운, 얇은, 깊은, 얕은, 수평, 수직, 십자형, 경사, 병렬, 계층화, 반전, 역으로
수량	더 많은, 더 적은, 비율 변경, 세분, 결합, 추가, 완성
순서	배열, 우선순위, 시작, 조립, 분해, 집중
시간	빠르게, 느리게, 더 짧은, 연대기, 영속적, 동시, 기대, 갱신, 반복, 교대
원인결과	자극, 격려, 강화, 더 크게, 부드러운, 변경, 파괴

구분	요소
특성	강한, 약한, 변경, 변환, 대체, 교환, 안정화, 반전, 탄력, 균일, 저렴한, 비싼, 색상 변경
형태	동적, 고요, 가속, 감속, 방향, 이탈, 매력, 금지, 해제, 감소, 회전, 정지, 동요, 진동, 주기, 간헐
상태	더운, 추운, 경화, 연화, 성형, 부분, 전체, 액화, 기화, 분쇄, 마모, 대소, 건조, 절연, 거품, 응고
시장 적용	기존시장, 신시장, 국내시장, 해외시장, 남성, 여성, 아동, 직장인, 장년, 노년, 신혼, 독신

(3) 아이디어의 평가

창출된 아이디어가 많을수록 좋은 아이디어를 많이 생산할 수 있지만, 아이디어가 양적으로 많다고 해서 모두 다 좋은 아이디어라 할 수 없다. 그렇기 때문에 아이디어를 선별할 필요가 있다. 일차선별의 목적은 초기에 열등한 아이디어를 제거하는 것이다. 선별할 때 중요한 점은 오류가 발생하지 않는 것이다. 즉, 좋은 아이디어를 제거하는 탈락오류(drop error)와 불충분한 아이디어를 제품개발과 상업화로 진행하는 진행오류(go error)이다.

1) 아이디어의 일차평가

아이디어의 평가방법은 현재 경쟁 제품이나 자사제품을 기준으로 하여 기준안을 만들고, 기준안보다 우수하면 +1점을, 동일하면 0점을, 열등하면 –1점을 주어, 총합하여 순위를 정한다. 전체 안에 대한 개략적인 평가에 지나지 않기 때문에 각 안별로 비교하여 비교적 우수한 안을 적정한 숫자만큼 선별한다. [표 8-12]의 아이디어 1차 평가표를 활용한다.

표 8-12 아이디어 1차 평가표

평가질문	기준안	1안	2안	3안
기회가 현실적이다.	0			
시장에 있는 공백이다.	0			
숨겨진 욕구이다.	0			
제공되지 않은 욕구이다.	0			
고객을 위한 문제해결이다.	0			
아직까지 해결책이 제시되지 않았다.	0			
불만족을 해결한 것이다.	0			
제공할 만한 가치가 있다.	0			

평가질문	기준안	1안	2안	3안
소비자가 구입할 것이다.	0			
충분한 잠재적 수익을 제공한다.	0			
완전히 새로운 아이디어이다.	0			
새로운 방법으로 결합한 아이디어이다.	0			
모방한 아이디어이다.	0			
제품, 서비스나 공정을 개선한 것이다.	0			
합 계	0			
순 위	0			

2) 아이디어의 최종평가

참으로 좋은 아이디어인가? 필요한 것과 불필요한 것을 많은 아이디어 중에서 선별하는 과정이 최종평가 과정이다. 아이디어 선별목표는 성공할 가능성이 낮은 제품 아이디어를 제거하고, 성공할 가능성이 높은 최선의 아이디어를 선택하는 것이다. 아이디어의 분석과 평가는 단계가 많을수록 성공과 실패에 대한 확신성은 높아지나 상대적으로 비용과 시간이 많이 소요되는 상충관계이다. 따라서 최적해를 탈락하는 탈락오류와 불량해를 선택하는 선택오류를 범하지 않기 위하여 평가 기준을 사용하는 것이 효과적이다.

진행 결정(go decision)은 아이디어를 사업분석으로 이동하는 것으로 시간과 돈에서 더 높은 투자를 필요로 한다. 여기서는 최종 평가를 위해 가중치를 둔 평가표를 사용할 수 있다. [표 8-13] 아이디어 최종 가중치 평가표를 활용하여 각각의 평가항목에 대해 10점 척도를 사용하는 것이 좋다. 1~2차에서 넘어온 각 안을 평가하고 비교하여 득점이 많은 안을 선택할 수도 있고, 각각의 안에서 우수한 평가요소를 결합할 수도 있다.

표 8-13 아이디어 최종 가중치 평가표

평가항목		가중치	1안		2안	
전략	회사 전략과의 적합성					
	회사 이미지 일치성					
	법적 제약성					
	수익성					
기술	기술개발 능력					
	기술개발 기간					
	기술개발 비용					
마케팅	고객가치					
	고객편익					
	제품차별성					
	경쟁상황					
	시장규모					
	타제품과 잠식여부					
	매출기여도					
생산	생산원가					
	생산인력					
	생산능력					
	원자재 조달능력					
평가	합 계	100				
	순 위					

메모

예술은 자연을 모방하고
필요는 발명의 어머니이다
- Richard Franck -

제품컨셉의 창출과 제품개발

⚙ 1976년에 설립된 프랑스의 명품 화장품 브랜드 록시땅

록시땅(L'occitane)은 1976년 올리비에 보쏭(Olivier Baussan)에 의해서 프랑스 남부 작은 마을 프로방스에서 설립된 명품 화장품 브랜드로 지금 전 세계 90여 개 국가에 8,700여 개 매장을 가진 글로벌 기업으로 성장했다. 록시땅(L'occitane)은 시어버터·라벤더 등 자연 유래 성분으로 화장품을 만들어 한 해 15억 유로(약 2조 3,000억원)의 매출을 올리고 있다. 에스티로더·로레알 등 거대한 글로벌 브랜드가 장악한 세계 화장품 시장에서 독립 브랜드로 이례적인 성공을 거둔 기업으로 꼽힌다.

⚙ 투자자의 자금과 경영으로 비약적인 발전 이뤄

프랑스 자연주의 화장품 브랜드 록시땅은 매장 인테리어에 프로방스의 깨끗한 자연 분위기를 담았다. 1980~1990년대 록시땅은 생산을 늘리고 매장을 추가하며 사업 확대에 나섰지만 곧 위기에 빠졌다. 벤처캐피털로부터 투자를 받으며 사업을 확장하려 했지만 이익을 내지 못하고 정체기에 빠진 것이다. 그런데 1992년 보쏭이 친구의 소개로 사업가 레이놀드 가이거를 만난 이후 록시땅은 전환기를 맞는다. 가이거는 자연주의 화장품의 성장 가능성을 높이 평가해 록시땅에 투자하기 시작했다. 가이거는 1994년부터 경영에 직접 참여했고 1996년에는 록시땅 최고경영자(CEO)가 됐다. 그는 해외 진출을 통해 지난 21년 간 록시땅의 성장을 주도했다. 록시땅은 1995년 홍콩을 시작으로 미국 뉴욕, 일본에 진출했고, 유럽 전역과 아시아 지역에도 잇따라 매장을 열었다. 우리나라에는 2007년 서울 신사동 가로수길에 1호점을 오픈하며 진출했다.

⚙ 경쟁자가 사용하지 않는 자연의 재료로 차별화

록시땅은 제품을 만드는 재료뿐 아니라 포장지, 매장 인테리어 등 모든 분야에서 철저한 자연주의 원칙을 고수하고 있다. 자연주의 브랜드의 핵심 경쟁력은 경쟁사가 사용하지 않는 자신만의 재료를 발굴하는 것이다. 록시땅은 일찌감치 라벤더 로즈마리 버베나 등 다양한 식물성 재료를 활용해 제품을 생산했고, 시어버터를 발견해 차별화된 제품을 구성할 수 있었다. 2001년에는 지중해 연안 코르시카섬에서 자라는 꽃 이모르텔을 발견해 제품 원료로 활용했다. 이모르텔은 '시들지 않는 영원함'이라는 뜻을 가진 노란색 야생식물로, 꺾어도 쉽게 시들지 않을 뿐 아니라 시든 뒤에도 색과 모양이 크게 변하지 않는 꽃이다. 록시땅은 이모르텔 품종 일부에 주름 개선에 도움이 되는 성분이 있다는 것을 발견하고 제품개발에 나섰다. 이모르텔을 원료로 만든 록시땅 오일·로션·마스크팩은 세계에서 가장 인기 있는 제품이 됐다. 록시땅이 다른 기업보다 먼저 새로운 원료를 발견해 제품화할 수 있었던 것은 끊임없이 자연을 관찰하고 연구·개발에 과감히 투자했기 때문이다.

✿ 제품개발과 경영 분업해 시너지 창출

록시땅은 제품 전문가와 경영 전문가의 철저한 분업(分業) 경영이 이뤄지는 기업으로도 유명하다. 록시땅 창업자 보송은 천연 재료를 활용해 제품을 생산하고 각 제품에 독특한 스토리를 입히는 데에는 탁월했지만 회사를 경영하는 데는 소질이 없었다. 이 때문에 1990년대 위기를 맞은 록시땅은 가이거에게 기업경영을 일임하게 됐고, 이후 성장 가도를 달리게 된다. 오스트리아 출신 사업가 라이놀트 가이거는 더 많은 소비자에게 제품을 판매해 기업을 성장시키는 방법에 골몰했다. 그는 1995년 홍콩을 시작으로 세계 전역에 매장을 열어 기업 규모를 빠르게 키웠다.

자연주의 화장품 개발은 보송이, 해외시장 확대를 핵심으로 하는 경영은 가이거로 역할을 나눠 시너지를 낸 것이다. 현재 록시땅 그룹 회장을 맡고 있는 가이거는 21년 동안 기업경영을 주도했고, 보송은 크리에이티브 디렉터로서 제품개발을 총괄하고 있다. 이들의 정반대 성향은 분업 경영 체제의 효율성을 높인 요인으로 꼽힌다. 엑상프로방스대에서 문학을 전공한 보송은 자연을 관찰하며 사색하는 시간을 즐기는 것으로 알려져 있다. 반면 스위스취리히연방공과대에서 기계공학을 공부하고 인시아드 경영대에서 석사 학위를 받은 가이거는 일찌감치 사업에 뛰어들어 외향적일 뿐 아니라 스키 챔피언이었을 정도로 활동적인 인물이다. 보송과 가이거는 오랫동안 함께 일하며 서로에 대한 신뢰를 쌓았다. 보송은 록시땅 지분 5%를 가지고 있지만 주주총회에 참여하지 않고 의결권을 모두 가이거에게 위임하고 있다. 보송은 프로방스의 작은 회사를 글로벌 기업으로 성장시킨 가이거의 경영 능력에 전적인 신뢰를 보내고 있고, 가이거는 보송의 창의력과 개발능력을 존중하고 있다.

✿ 생산 과정 통합 관리로 스피드 경영

 천연 원료를 발굴하고 제품화하는 자연주의 화장품의 생산 방식은 오랜 시간을 필요로 한다. 하지만 록시땅 역시 빠르게 변화하는 시장에 대응하지 않으면 도태되는 환경에 처해있다. 이런 상황에 대응해 록시땅은 연구·개발과 생산, 유통, 마케팅, 판매에 이르는 전체 생산 과정을 본사가 통합 관리하고 있다. 생산 과정 중 한 단계라도 아웃소싱하면 시간이 더 걸리므로 시장 변화에 대응하기 어렵다고 판단했기 때문이다. 이전보다 짧아진 화장품 업계의 신상품 출시 주기를 따라가기 위해 소규모 프로젝트팀도 운영하고 있다. 끊임없이 신상품을 출시하기 위해서다. 록시땅이 각 지역 파트너와 긴밀하게 협력하는 것도 스피드 경영을 위한 전략이다. 양질의 화장품 원료를 안정적으로 공급받기 위해 지역 파트너와 오랫동안 신뢰 관계를 구축하는 것이다.

출처: 조선일보 정리

CHAPTER 09 제품컨셉의 창출과 제품개발

01 제품컨셉의 창안

제품을 생산하기 전에 제품 관리자는 제품컨셉을 개발한다. 제품컨셉과 관련된 한 가지 문제는 마케팅 근시로 이어질 수도 있는 것이다. 기업은 혁신을 통해서 고객이 필요로 하는 기능만 제공해야 한다. 고객의 욕구에 우선순위를 설정한다. 기업은 최적의 고객만족을 위해 혁신적인 제품을 제공할 수 있도록 고객의 욕구에 집중한다. 제품컨셉은 기존 사업계획 뿐만 아니라 기존 회사의 제품 및 서비스 개발에 있어 필수적인 부분이다.

(1) 제품컨셉

컨셉은 공통된 속성을 추출하여 종합한 보편적 관념이다. 제품컨셉(product concept)은 의미 있는 소비자 언어로 표현한 신제품 아이디어이다. 제품컨셉은 제품 아이디어를 소비자들에게 제공할 제품편익으로 전환한 것이다. 즉, 제품컨셉은 소비자 욕구를 추출하여 소비자들에게 제공할 수 있는 편익을 기술한 것이다. 제품 아이디어를 제품컨셉으로 전환하여, 가장 우수한 제품컨셉을 선정하고, 이를 토대로 제품사양을 결정하여 제품을 설계한다.

1) 컨셉의 개념

컨셉(concept)은 어떤 대상의 특성을 마음속에서 결합함으로써 형성된 생각이다. 이처럼 컨셉은 어떤 대상을 마음속에서 상상한 것이며, 사고나 판단의 결과로서 형성된 특정한 사물, 사건이나 상징적인 대상들의 공통된 속성을 추출하여 종합한 보편적 관념이다. 어떠한 사물이나 대상의 공통적인 요소를 추출하여 인간의 감각적 경험으로 표현할 때 인식은 매우 효과적이다.

인식을 높이기 위한 컨셉의 구성요소가 있다. 바로 컨셉은 전달하는 내용을 듣는 대상인청자(Who), 전달할 내용 (What), 전달하는 방법(How)과 공감해야 할 이유(Why) 등으로 이들은 간결해야 한다. 즉, 컨셉은 표적대상, 전달내용, 전달방법과 공감이유의 함수이다.[1] 따라서 소비자들의 지각은 이러 한 4가지 요소에 크게 영향을 받는다.

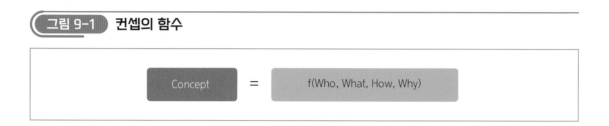

그림 9-1 컨셉의 함수

2) 제품컨셉의 개념

한 제품의 언어는 그 제품의 세계이다. 제품컨셉은 제품 아이디어를 구체화하기 위한 과정으로 제품을 형태화하는 토대가 된다. 제품컨셉(product concept)은 의미 있는 소비자 언어(meaningful consumer terms)로 상세하게 표현한 신제품 아이디어이다.[2] 제품컨셉은 제품 아이디어를 소비자가 사용하는 언어로 전환시킨 것이다. 따라서 제품컨셉은 소비자들이 제품 사용으로부터 얻는 편익이나 가치를 의미한다. 제품의 기능, 속성, 편익, 가치, 존재 이유나 독특한 판매제안에 관한 명확한 기술인 제품컨셉은 간단하고 쉬운 일상용어로 표현해야 한다. 제품컨셉의 용도는 신제품을 개발하기 위한 설계지침이다.

3) 제품컨셉의 구성요소

제품컨셉은 실제 세계뿐만 아니라 인간의 마음속에 존재하거나 존재할 수 있는 제품의 기능, 속성, 편익이나 가치를 표현한 것으로 제품의 특징이 된다. 제품은 유형적 형태와 이미지의 관념을 포함하기 때문에 유형적이거나 무형적 요소가 포함된다. 예를 들면, 기존의 마케팅 서적은 대부분 이론 중심의 책이었다. 그래서 센스마케팅은 소비자의 욕구를 탐구하여 좋은 제품을 만들고, 좋아 보이는 상품을 고객에게 전달하는 데 필요한 이론과 실무기법(제품속성)을 마케팅 담당자(표적고객)에게 제공한다. 또한 창의적인 제품개발과 마케팅전략을 수립하는 데 도움이 된다(제품편익). 따라서 회사의 판매를 증가하고 자신의 역량을 확대할 수 있다(구매이유).

---

1   유순근(2020), 신제품개발론, 박영사.

2   Kotler et al.(2014).

제품컨셉에는 표적고객(Target)에게 전달하는 소비자의 문제를 해결할 수 있는 제품속성(Attribute), 제품을 구매하거나 사용함으로써 얻는 제품편익(Benefit)과 고객이 제품을 구매할 이유(Rationale)가 포함된다. 제품컨셉은 고객에게 전달하는 속성, 제품편익과 고객이 구매할 이유 등으로 구성된다. 따라서 제품컨셉은 표적고객, 제품속성, 제품편익과 구매이유의 함수이다. 소 비자들의 제품에 대한 지각은 4가지 요소에 주로 영향을 받는다.

그림 9-2 **제품컨셉의 함수**

Product Concept = f (Target, Attribute, Benefit, Rationale)

4) 서비스컨셉

서비스컨셉(service concept)은 서비스 패키지의 구성요소나 고객편익 패키지이다. 서비스컨셉에는 고객에 대한 편익인 서비스 마케팅컨셉과 서비스가 전달되는 방법의 명세인 서비스 운영컨셉이 있다.[3] 서비스컨셉은 만족되어야 할 고객의 욕구, 만족시키는 방법, 고객을 위해 수행해야 하는 것과 달성되는 방법에 관한 상세한 기술이다.

Johnston과 Clark에 따르면 서비스컨셉은 서비스 전달 방법(way)인 서비스 운영(service operation), 고객의 서비스에 대한 직접적인 경험인 서비스경험(service experience), 고객에게 제공된 서비스 결과(service outcome)와 고객이 서비스의 비용에 대하여 서비스에 내재한 것으로 지각하는 편익인 서비스의 가치(value of service)이다. 따라서 서비스컨셉은 서비스를 제공받는 표적고객과 서비스 제공자(People), 서비스 운영(Operation), 서비스 경험(Experience), 서비스 편익(Benefit)과 구매할 이유(Rationale)의 함수이다.

---

3   Lovelock and Wright(1999).

그림 9-3 서비스컨셉의 함수

| Service Concept | = | F (People, Operation, Benefit, Experience, Rationale) |

(2) 제품속성과 편익

제품속성과 편익은 고객들에게 제품을 제공하는 데 매우 중요하다. 미충족 욕구나 과소 제공 욕구를 발견하여 제품 아이디어를 창출하고, 제품범주를 선정하고 목표고객을 선정한다. 그런 다음 최적의 속성을 추출하여 목표 속성과 편익을 개발한다.

그림 9-4 제품속성과 편익 추출 과정

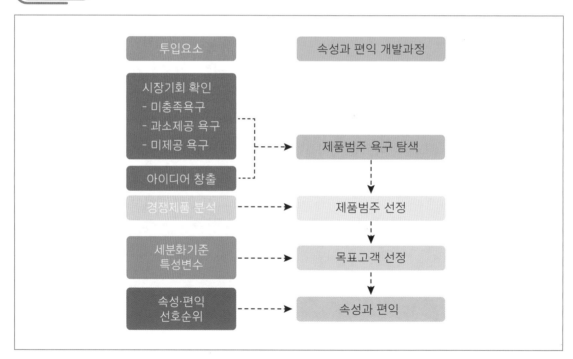

1) 제품범주 욕구의 탐색

기업은 제품이 어떤 용도에 사용하는 것인지를 결정한다. 이것이 바로 제품범주 욕구의 탐색과정이다. 제품범주는 소비자의 욕구와 사용용도가 동일한 제품의 집합이다. 즉, 제품의 사용용도가 동일한 제품의 집합이다. 따라서 기업은 제품이 무슨 용도인지를 고객들이 알도록 하고, 경쟁제품보다 더 우수하다는 것을 고객들에게 인식시켜야 한다. 따라서 표적고객의 제품범주 욕구를 확인한다.

① 시장기회의 확인

시장기회를 확인하면 시장에서 경쟁자나 자사가 소비자들에게 제공하지 못한 속성이나 편익을 발견할 수 있다. 특히 소비자들이나 경쟁자들이 미처 알지 못하여 제공하지 않은 미충족 욕구나 과소제공 속성은 제품 아이디어가 된다. 숨겨진 욕구의 탐구는 혁신적이고, 비약적인 제품을 창출할 수 있는 기회이지만 고객욕구는 날로 진화하고 있다.

② 아이디어의 창출

시장기회와 고객욕구의 확인을 통해서 찾은 문제에 대한 해결책이 바로 아이디어가 된다. 아이디어 창출은 시장기회와 고객의 숨겨진 욕구에서 찾아낸 정보와 이에 대한 해결책이 있고 수익성이 있어야 제품 아이디어가 된다. 아이디어 창출 과정에 경영진, 직원, 잠재고객과 이해관계자를 포함하는 것이 바람직하다.

③ 경쟁제품 분석

경쟁제품이 제공, 미제공이나 과소제공하는 욕구를 탐색하고, 경쟁제품의 결함이나 고객의 불만사항을 파악하여 차별화된 제품을 설계하기 위해 경쟁제품을 분석한다. 회사가 경쟁하고자 하는 경쟁제품을 선정하고 나면 경쟁제품의 표적고객, 핵심편익, 제품차별화 속성을 추출한다. 경쟁제품이 제품범주를 창출했는지, 분할했는지, 선도제품인지 또는 어느 위치에 포지션하였는지를 분석한다.

④ 제품범주와 욕구

제품범주(product category)는 제품의 사용용도가 동일한 제품의 집합이다. 제품범주 욕구(category needs)는 제품범주의 기능을 활용하여 문제나 결핍감을 해소하려는 욕구로 제품의 용도와 관련된 욕구이다. 제품범주는 제품의 핵심적 욕구를 함축하고 있다. 이를테면, 자동차는 거리이동, 휴대폰은 통화, 장난감은 즐거움을 제공하는 것이 제품범주 욕구이다.

- **제품범주**: 제품의 사용용도가 동일한 제품의 집합
- **제품범주 욕구**: 제품의 용도와 관련된 욕구

표 9-1 범주욕구의 종류

범주욕구	구매동기	제품 예
기능적 욕구	문제해결(Problem Solution)	진통제: 심한 통증(제품범주 욕구)
		진통제 복용: 통증해소(문제해결)
	문제예방(Problem Prevention)	문제발생 전 사전예방
		생리대, 섬유유연제, 컨디션, 예방주사
	접근-회피갈등(Conflict Resolution)	긍정적 편익은 접근, 부정적 편익은 회피
		다이어트식품
	불완전한 만족(Incomplete Satisfaction)	불만족하지만 구매를 방해할 정도는 아님
		닥터캡슐
경험적 욕구	감각적 즐거움(Sensory Pleasure)	소비자의 감각기관 자극
		술, 기호식품, 오락, 대중음악
	지적탐구(Exploratory Interest)	두뇌활동 자극
		독서, 영화, 바둑, 기념품 수집
상징적 욕구	자아표현(Self Expression) 사회적 인정(Social Recognition)	상징물로 자아표현과 자아이미지 형성
		열망집단 동일시, 화장품, 패션제품, 명품

2) 제품범주의 선정

시장환경을 분석한 다음 시장진입 결정은 중요하다. 왜냐하면 경쟁자와 관련하여 다각도로 검토하고, 자사의 제품에 적합한 제품범주를 설정하여 제품컨셉을 창출하는 것은 향후 포지션을 설정하고, 시장에 출시하는 모든 과정에 영향을 미치기 때문이다. 이러한 제품범주의 선정전략에는 제품범주 창출, 제품범주 분할과 시장세분화 전략으로 구분할 수 있다.

① 제품범주 창출전략

이 전략은 시장선도자가 새로운 제품범주를 창출하여 처음으로 시장에 진입하는 전략이다. 예를 들면, 숙취해소제의 컨디션, 즉석밥의 햇반, 섬유유연제의 피죤이나 섬유탈취제의 페브리지 등은 최초로 출시하여 시장을 개척하고 제품범주를 창출한 제품들이다. 최초 제품들은 시장을 선도하고, 대표제품으로 인식되어 제품 성공력을 높여줄 수 있다.

표 9-2 제품범주 진입전략

전략	의미
제품범주 창출전략	시장선도자가 제품범주를 창출하여 최초로 시장에 진입하는 전략
제품범주 분할전략	이미 형성된 제품범주를 분할하여 자사제품을 차별화된 하위범주에, 기존 경쟁제품은 진부한 하위범주에 연결하는 전략
시장세분화 전략	동일한 제품범주에서 동일한 표적고객이나 다른 표적고객을 대상

② 제품범주 분할전략

이 전략은 후발 진입자가 시장에 이미 형성된 제품범주를 분할하여 자사의 제품을 차별화된 우수한 하위범주와 관련시키고, 기존의 경쟁제품은 진부하고 열등한 하위범주와 관련시키는 계층적 구조를 형성하는 전략이다. 예를 들면, CJ는 천연조미료라는 다시다를 출시하면서 자사제품은 천연조미료, 경쟁자 제품은 화학조미료로 포지션하는 전략을 사용하였다. 조미료라는 제품범주를 화학조미료와 천연조미료라는 제품범주의 분할을 통해 시장을 분화한 것이다.

③ 시장세분화 전략

이 전략은 이미 동일한 제품범주에 다수의 상표들이 진입하여 제품범주가 만들어져 있는 시장에 자사제품으로 진출하는 전략이다. 이것은 동일한 제품범주에서 동일한 표적고객을 대상으로 하는 전략이다. 이때 가장 중요한 점은 제품범주 내에서 경쟁상표와 차별화된 속성-편익과 관련하여 포지션하여 경쟁제품보다 탁월하다는 것을 소비자들이 인식할 수 있어야 한다.

3) 목표고객의 선정

시장을 세분하려면 중요한 소비자, 제품이나 상황 등 관련된 기준에 근거하여 세분시장을 확인하고 표적시장을 선정한다. 구체적인 목표고객의 특성은 기존 사용자, 잠재적 사용자 등의 예상 사용량이나 사용빈도, 라이프 스타일, 사회적 신분과 소득 등 변수를 고려한다. 이를 선호하는 표적고객을 "~를 위한 제품, ~가 선호하는 편익"처럼 암묵적으로 나타낸다. 예를 들면, 숙취해소제인 컨디션은 "직장인을 위한 숙취해소제"와 같이 표적고객을 직장인으로 선정하고, 제품편익을 나타내는 숙취해소제의 제품범주를 제시할 수 있다.

4) 속성과 편익 목록 선정

미제공되거나 과소제공되는 미해결된 욕구 중에서 잠재고객이 선호할 속성과 편익을 선정한다. 고객의 문제에 대한 해결안에 따라서 잠재고객의 선호속성과 편익을 순위에 따라 목록을 작성할 수 있다. 이때 중요한 점은 추출한 속성과 편익이 자사의 자원으로 해결이 가능한지를 함께 검토하는 것이다. 속성과 편익을 개발한 후에는 제품컨셉을 제작한다.

02 제품컨셉의 개발

시장기회를 통해 고객의 미충족 욕구나 과소충족 욕구를 발견하고, 제품 아이디어를 개발하여 기업이 새롭게 제공할 수 있는 해결안을 찾는다. 이러한 제품 아이디어에 대한 해결안을 근거로 제품개발을 위한 속성과 편익을 추출한다. 추출한 속성과 편익목록을 제품컨셉으로 변환한다. 즉, 제품속성, 제품편익과 구매이유를 결합하여 제품컨셉을 창출하게 된다. 따라서 선정된 속성과 편익이 제품컨셉 창출의 투입요소가 된다.

(1) 제품속성과 편익의 변환

제품은 다양한 속성으로 구성되어 있다. 제품속성은 소비자들의 기능적, 경험적, 상징적인 욕구를 만족시켜주는 성질이자 소비자들이 제품을 평가하는 지표이다. 가령 승용차를 구입할 경우 안정성, 연비, 디자인, 가격, 내구성, 브랜드명, A/S, 옵션 등을 비교하게 된다. 따라서 기업은 제품속성을 개선하거나 변화시킴으로써 소비자들에게 매력적인 품질을 제시하여 고객들의 제품 선호도를 증가시킬 수 있다.

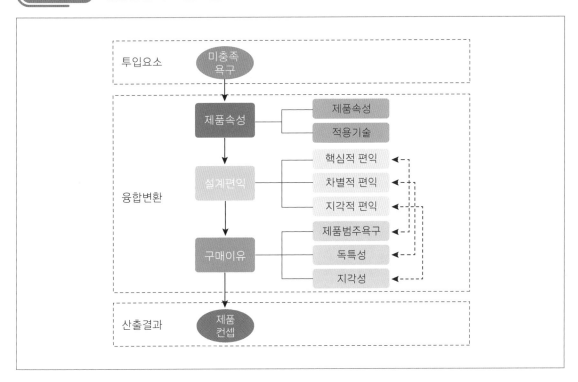

그림 9-5 제품컨셉의 개발모델

1) 제품속성의 결정

제품속성(product attributes)은 제품을 구성하는 원재료나 물리적 특징이다. 즉, 제품기능을 가능하게 하는 제품의 물리적 특징(physical characteristics)으로 외관, 형태, 크기, 색상, 무게, 속도, 내구성, 재료, 기능, 성능과 같은 변수를 포함한다. 제품편익(product benefit)은 제품이 구매자에게 제공하는 이익이나 가치이다. 제품속성이 제품 자체에 존재하는 것이라면, 제품편익은 소비자가 제품으로부터 느끼는 가치이다. 제품속성은 제품을 사용하는 방법이나 사람과 관계없이 동일하게 유지되지만, 제품편익은 제품사용자에 의해서 주관적으로 평가된다. 기술(technology)은 제품의 성능이 기능하여 편익을 창출할 수 있는 물리적 특징과 무형적 요소를 구현하는 공정방법을 의미한다.

- **제품속성**: 제품을 구성하는 원재료나 물리적 특징
- **제품편익**: 제품이 구매자에게 제공하는 이익이나 가치

개발할 제품속성을 경쟁제품에 비해 차별적인 편익을 고려한다. 제품속성은 1차 속성, 2차 속성과 3차 속성으로 구분할 수 있다. 1차 속성에는 기술적 속성과 인간적 속성이 있다.

기술적 속성은 물리적 속성과 기능적 속성으로, 인간적 속성은 미적 속성, 사용자 속성과 심리적 속성으로 구성된다. 인간은 합리적이면서도 감성적인 판단을 한다. 감성적인 판단은 구매결정에서 중요하므로 인간적 속성을 등한시하지 않아야 한다. 따라서 제품개발자는 제품사양을 결정할 수 있도록 제품속성을 결정한다.

그림 9-6 **제품속성의 분류**

1차 속성	2차 속성	3차 속성
기술적 속성	물리적 속성	재료, 재질, 원료, 물성 촉감, 질감, 형태, 길이 무게, 크기
	기능적 속성	기능의 효율성 작동의 용이성 구조의 신뢰성 기술과 특허 수준
인간적 속성	미적 속성	디자인, 색상, 형태 스타일, 그래픽 장식, 마감처리
	사용자 속성	사용자 인터페이스 사용의 편리성과 쾌적성 사용의 안전성과 적응성
	심리적 속성	상징성 사회적 적합성, 차별성 감각성, 가시성

2) 제품편익

제품편익(product benefit)은 소비자들이 제품사용으로 얻는 심리적 혜택으로 고객의 욕구나 필요를 만족하는 실제적인 요소나 상징적 요소를 포함한다. 실제적인 요소는 비용 효과성, 디자인, 성능 등으로 구성되나, 상징적 요소는 이미지, 인지도, 평판 등으로 구성된다. 제품은 기능적 편익, 상징적 편익과 경험적 편익 등을 제공한다. 기능적 편익(functional benefit)은 제품의 기능이나 물리적 성능을 통해 문제를 해결하여 얻는 편익이다. 상징적 편익(symbolic benefit)은 자아 이미지와 관련되어 있는 자아 표현 욕구를 충족하여 얻는 편익이다. 경험적 편익(experiential benefit)은 즐거움, 재미, 환희와 긴장완화를 충족하여 얻는 편익이다.

- 기능적 편익: 제품의 기능이나 물리적 성능을 통해 문제를 해결하여 얻는 편익
- 상징적 편익: 자기 표현적 욕구를 충족하여 얻는 편익
- 경험적 편익: 즐거움, 재미, 환희와 긴장완화를 충족하여 얻는 편익

그림 9-7   제품편익의 종류

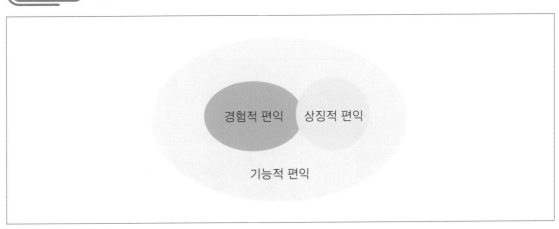

3) 설계편익

설계편익은 핵심적, 차별적, 지각적 편익으로 구분된다. 핵심적 편익(core benefit)은 주로 기능적 편익으로 제품이 무슨 용도로 사용되는가를 나타내는 편익이다. 그러나 제품에 따라서 상징적 편익이나 경험적 편익을 핵심적 편익으로 할 수 있다. 예를 들면, VVIP 카드는 대한민국 1%라는 상징적 편익을 핵심적 편익으로 한다.

차별적 편익(differential benefit)은 제품이 경쟁자의 제품에 비하여 어떻게 다른가를 나타내는 편익이다. 경쟁제품에 비하여 다른 편익을 제공하는 것이다. 경쟁제품과 다른 면을 제시하는 것이다.

지각적 편익(sensible benefit)은 고객이 제품이나 서비스에서 지각할 수 있는 물리적이거나 유형적인 제품특성이다. 이것은 제품을 오감으로 인식할 수 있는 정도로 경쟁제품보다 쉽게 인식할 수 있는 편익을 제공하는 것이다.

4) 구매이유

제품의 구매이유는 표현컨셉의 3요소로 요약된다. 구매컨셉은 제품이 사용하는 용도가 무엇인지(제품범주 욕구), 경쟁자의 제품과 어떻게 다른지(독특성)와 소비자들이 오감에 의해 쉽

게 지각할 수 있는지(지각성) 등이 간결하게 표현되어야 한다. 제품성능이 뛰어나더라도 제품이 무엇에 사용하는 제품인지 소비자가 잘 알지 못한다면 제품은 성공할 수 없다.

제품의 독특성은 경쟁자와 차별하는 요소이다. 독특성(uniqueness)은 제품의 지각된 독점성과 진귀성으로 소비자의 선호를 증가시킨다. 독점성(perceived exclusivity)은 다른 제품에는 없는 속성을 특정한 제품만이 갖고 있는 상태이며, 진귀성(rareness)은 신기성(novelty)으로 경쟁제품에 비해 새롭고, 특이하고, 예상했던 것이 아닌 낯선 현상을 의미한다.[4]

그림 9-8 구매컨셉의 3요소

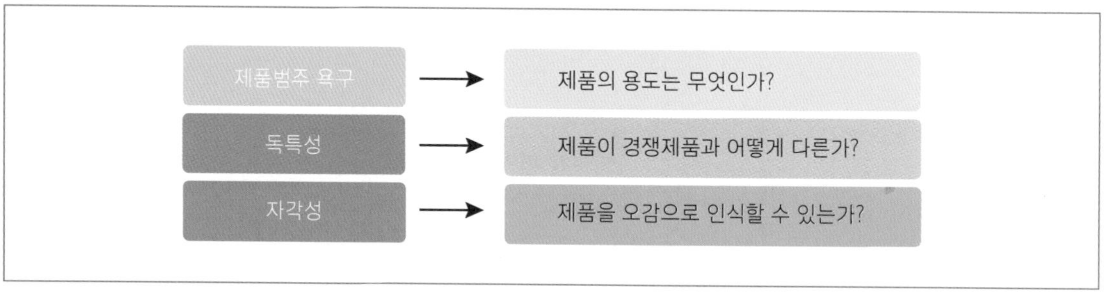

제품범주 요구	→	제품의 용도는 무엇인가?
독특성	→	제품이 경쟁제품과 어떻게 다른가?
자각성	→	제품을 오감으로 인식할 수 있는가?

(2) 제품컨셉의 개발

제품컨셉은 제품을 쉽게 이해할 수 있도록 제품 아이디어를 글이나 그림으로 묘사한 것이다. 제품을 사전에 경험하지 못한 잠재고객들이 제품이 제공하는 편익을 듣고 제품의 구매의도가 있는지를 판단하는 데 유용하다.

1) 제품컨셉의 개발과정

제품컨셉의 개발은 가설 제품컨셉의 창안부터 시작된다. 많은 가설 컨셉을 개발하는 것은 제품컨셉을 정교화하기 위해서이다. 추출된 아이디어를 정리하여 최적의 제품컨셉을 선정하기 위해 만든 초안을 가설 컨셉이라고 한다. 불충분한 제품컨셉을 제거하고, 최적의 제품컨셉을 찾기 위해서 가설 컨셉을 여러 개 만든다. 가설 컨셉 작업이 완료되면 개인면접, 표적집단면접이나 서베이를 통해서 가설 컨셉을 평가하여 수정하게 된다. 수정 제품컨셉도 동일한 과정을 반복적으로 거쳐 정교화 과정을 거친다. 따라서 가설 제품컨셉은 평가와 수정을 거쳐 최종 제품컨셉에 이르게 된다.

---

4 Ayalla Ruvio(2008).

그림 9-9 **제품컨셉의 정교화 과정**

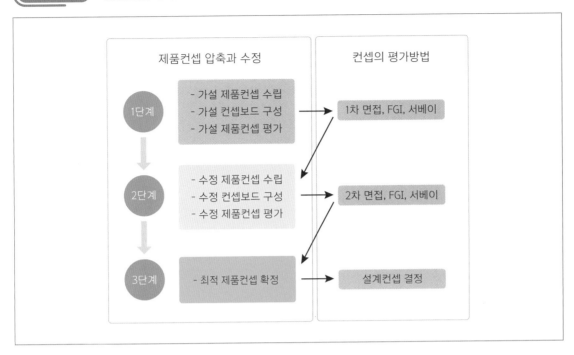

2) 최적 제품컨셉의 조건

최적의 제품컨셉은 다속성이나 다기능을 함축적으로 또는 상징적으로 간단하고 분명하게 표현한다. 제품컨셉에 포함될 사항은 문제해결 편익, 욕구충족 이유, 제품형태, 디자인, 외적·기능적 요소, 브랜드 명, 가격 등이다. 최적 제품컨셉은 소비자들이 돈을 지불할 만한 가치가 있어야 한다.

3) 제품컨셉 서술문

다수의 가설 제품컨셉을 비교·평가하기 위해 제품컨셉 서술문을 구성한다. 제품컨셉 서술문은 시용구매를 유도하기 위해 제품의 해결책을 언어나 시각으로 표현한 것이다. 편익을 제공하는 제품속성, 형태나 기술에 관한 진술이다. 예를 들면, 농축세제를 제품컨셉 서술문으로 구성하면 "적게 써도 세척력이 탁월하고, 농축하여 보관과 사용이 간편한 세탁세제"라고 할 수 있다.

선택된 가설 컨셉의 제품 아이디어의 구매의도를 테스트하기 위해 제품 컨셉 보드를 제작하여 제품속성이나 구매의도를 파악할 수 있다. 제품컨셉 보드는 제품속성을 개선하거나 정교화하는 목적으로도 사용된다. 이것을 응답자들에게 제시하고 그들의 의견을 알아보는 것이므로 사실적으로 제작한다.

(1) 제품컨셉 보드의 제작

제작된 제품컨셉 보드를 잠재고객들에게 제시하여 최적의 제품컨셉 보드를 선정한다. 제품편익을 적절하게 표현할 수 있는 컨셉보드를 작성하고, 적절하게 제작되었는지를 평가하고, 완성된 컨셉보드를 잠재고객들이나 표적집단면접을 통해서 제품을 개발할 제품편익을 선정한다.

1) 제품컨셉 보드의 구성

제품컨셉 서술문을 통해 제품컨셉 보드를 작성한다. 제품컨셉 보드(product concept board)가 제품 아이디어를 제대로 표현해야 한다. 따라서 제품컨셉 보드는시장에 출시될 제품과 매우 유사하고, 과장 없이 사실적으로 구성한다.

표 9-3 제품컨셉 보드의 구성요소

① 컨셉 헤드라인: 신상품을 한마디로 표현할 수 있는 핵심문장
② 제품범주명:
③ 핵심표적:
④ 브랜드 체계:
⑤ ABV(Attribute-Benefit-Value) 체인:
⑥ 부가적 편익(Sub Benefit):
⑦ 예상 TPO(Time, Place, Occasion):
⑧ SKU(Stock Keeping Units): 출시할 모든 제품의 품목
⑨ 가격:

그림 9-10 제품컨셉 보드의 예

• 인삼 엑기스를 희석해서 만든 인삼음료와 달리 인삼 한뿌리 전체(1)를 사용하였습니다.
• CJ의 기술(2)로 인삼 한 뿌리의 맛과 영양(3)을 생생하게 살렸습니다.
• 꿀과 우유의 맛과 부드러움(4)이 스며 있습니다.
• 피곤할 때나 공복(5) 시에 마시면 든든한 인삼의 영양을 섭취할 수 있습니다.

가격: 2,000원/100ml

2) 제품컨셉 보드의 평가

장식서술 보드는 매우 인기 있는 형태로 전형적인 광고처럼 이미지나 제품외관뿐만 아니라 친숙한 상업적 언어, 말과 어구를 적용한다. 제품컨셉 보드의 평가기준은 제품이 제공해 줄 수 있는 핵심편익, 구매이유, 차별성, 가독성과 지각성 등을 검토한다.

표 9-4 제품컨셉 보드의 평가기준

속성	세부 내용
핵심편익	핵심편익은 명확하게 설명되어 있는가?
	핵심편익의 설명을 명확하게 이해할 수 있는가?
	단어나 그림들이 단순하고도 직접적인 소비자의 언어인가?
구매이유	소비자들이 구매할 만한 이유가 있는가?
	그 이유를 믿을 수 있는가?
차별성	제품의 우수성과 품질을 설명하는가?
	제품의 혁신성과 독특성을 설명하는가?
	의미 있는 차별화인가?
가독성	컨셉을 30초 이내에 읽을 수 있는가?
	보기와 읽기가 편한가?
	읽기가 지루하지 않은가?
	아이라도 이해할 수 있을 만큼 쉽게 썼는가?

속성	세부 내용
지각성	컨셉에 있는 사진이 구매욕구를 불러일으키는가?
	제품형태가 컨셉 내에서 볼 수 있는가?
	모든 품목을 제시하는가?
	브랜드명이 포함되어 있는가?

(2) 제품컨셉안의 선정

선택한 제품컨셉 보드를 제시하고, 소비자들이 느끼는 반응을 평가하는 것이 제품컨셉의 평가이다. 제품컨셉 평가는 제품을 제작하기 전에 가상으로 테스트하는 일종의 품질검사이다. 소비자들에게 자극(제품컨셉)을 제시하고, 최종 구매와 같은 행동 반응을 예측하기 위해 구매의도와 독특성 등 소비자 반응을 측정한다. 제품컨셉 평가의 목적은 아래와 같다.[5]

- 초기 아이디어 발전, 좋지 못한 제품컨셉 제거
- 제품컨셉의 가치확인, 최고의 잠재고객 세분화 확인
- 제품컨셉의 시장잠재력 추정, 시용구매율이나 판매추정

1) 제품컨셉의 평가항목

제품진단(product diagnostics)은 제품컨셉의 독특성, 제품의 신뢰성, 사용자의 문제해결 정도와 돈에 합당한 가치 등을 평가하는 것이다. 속성진단(attribute diagnostics)은 어떤 특성이나 속성이 쓸모없는 정도나 개선되어야 하는 정도를 알려준다. 즉, 속성진단은 어떤 특성이나 속성이 개선되었는지, 제품컨셉 보드에 제시된 이미지나 사진이 구매욕구를 불러일으키는지를 평가한다. 응답자 통계자료는 표적시장의 인구통계와 사회경제적 특징을 확인하는 데 유용하다.

---

5   Peng and Finn(2008).

그림 9-11 제품컨셉의 평가항목

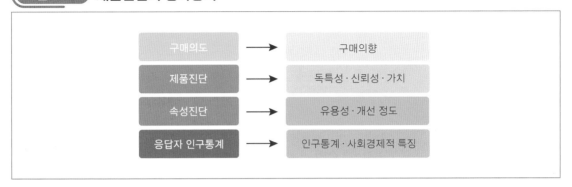

※ 다음은 제품컨셉 보드를 제시하고 구매의도를 묻는 문항이다.

[설문]: 이 제품이 출시된다면 제품을 구입할 의향은 어느 정도입니까?(구매의도)
① 전혀 구매하지 않을 것이다.
② 아마 구매하지 않을 것이다.
③ 구매할 수도 있고 구매하지 않을 수도 있다.
④ 아마 구매할 것이다.
⑤ 확실히 구매할 것이다.

※ 다음은 제품컨셉 보드를 제시하고 독특성을 묻는 문항이다.

[설문]: 이 제품이 유사한 제품에 비해 어느 정도 독특하다고 생각합니까?(독특성)
① 전혀 독특하지 않다.
② 별로 독특하지 않다.
③ 어느 쪽도 아니다.
④ 약간 독특하다.
⑤ 확실히 독특하다.

※ 다음은 제품컨셉 보드를 제시하고 속성개선을 묻는 문항이다.

[설문]: 이 제품은 기존제품을 많이 개선하였다고 생각합니까?(속성진단)
① 전혀 개선하지 못했다.
② 별로 개선하지 못했다.
③ 어느 쪽도 아니다.
④ 어느 정도 개선했다.
⑤ 아주 잘 개선했다.

2) 제품컨셉안의 선정

제품컨셉안의 선정은 많은 대안을 평가하여 순위가 낮은 대안을 제거하는 과정이다. 각각의 대안별로 제품컨셉 평가 설문지를 통하여 응답을 집계하여 비교·평가하여 최적의 제품컨셉을 선정한다. 각각의 설문 항목에 가중치를 두어 평가할 수도 있다. 이때 가중치는 속성의 중요도에 따라 다르게 설정할 수 있다. 설문지의 응답점수를 [표 9-5]처럼 기재하여 총점을 산출하여 순위를 산정한다. 각 대안컨셉에서 우수한 속성을 추출하여 결합할 수 있다.

설문 문항은 5점 척도이다. 각각의 속성과 문항의 배점을 차례대로 곱하여 합산하면 총점이 된다. [표 9-5]에서 제품컨셉안은 컨셉 1안이 평가도와 구매의도에서 최고 점수를 얻어 최적의 제품컨셉안으로 선정될 수 있다. 제품컨셉 1은 제품속성과 구매의도에서 1위이다. 가중치와 컨셉 1안의 총점계산은 다음과 같다.

$$(0.2×5)+(0.1×4)+(0.1×4)+(0.1×3)+(0.1×4)+(0.1×3)+(0.1×3)+(0.1×4)+(0.1×4)=3.9$$

표 9-5 제품컨셉 평가집계표

설문항목	가중치	제품컨셉 1	제품컨셉 2	제품컨셉 3
핵심편익	0.2	5	3	2
제품 호감도	0.1	4	3	3
제품가치	0.1	4	4	3
독특성	0.1	3	3	4
신뢰성	0.1	4	3	3
가격	0.1	3	3	5
디자인	0.1	3	5	4
브랜드 이미지	0.1	4	3	4
A/S	0.1	4	4	3
총 점	1	3.9	3.4	3.3
구매의도		4.6	4.5	3.8
순 위		1	2	3

구슬이 서 말이라도 꿰어야 보배이듯이 아이디어를 꿰어야, 즉 물리적 형태로 유형화하여야 가치가 있다. 아이디어를 물리적 형태로 전환하는 과정이 바로 신제품 개발과정이다. 신제품 개발은 신제품을 시장에 출시하기 위해 제품 아이디어의 물리적인 형상화이다. 소비자 선호도의 변화, 경쟁심화 및 기술발전으로 인해 또는 새로운 기회를 활용하기 위해 기업은 신제품 개발에 집중한다. 혁신적인 기업은 시장이 원하는 것을 이해하고, 제품을 개선하고, 고객의 기대를 충족하는 신제품을 개발함으로써 번창할 수 있다.

(1) 신제품개발 이유

신제품개발은 기업의 본질적인 경영활동이며 수익창출의 근원이다. 혁신은 새로운 아이디어, 장치나 방법에 의해서 고객의 미충족 욕구와 기대를 충족하는 가치창출 과정으로 기업의 생존과 성장에 필수적이다. 기업이 기존제품과 동일한 제품을 시장에 제공한다면 매출과 수익은 감소할 것이다. 신제품개발은 시장에 현재 존재하지 않는 제품에 관한 새로운 아이디어의 개념화이거나 이미 시장에 존재하는 제품의 향상을 목표로 한다.

그림 9-12 　**신제품개발의 이유**

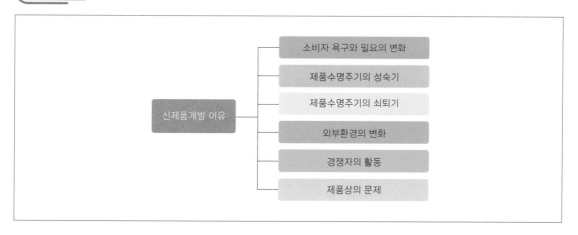

1) 소비자 욕구와 필요의 변화

소비자의 욕구와 필요는 끊임없이 변화하면서 한편으로는 진화한다. 기업은 상품과 서비스를 통해 이러한 변화에 대응해야 한다. 그렇지 않다면, 소비자들은 자신들의 욕구와 필요를 만족하는 경쟁제품으로 전환할 것이다. 소비자들이 최근에 사회적 환경과 웰빙의 붐을 타고 건강, 다이어트와 미용에 대한 관심이 증가하고 있다. 이것은 회사에 저당분, 저염분과 저지방 식품과 피부노화를 방지하는 제품을 출시할 수 있는 사업기회가 된다.

2) 제품수명주기의 성숙기

대부분의 소비재 제품이 성숙기에 진입함에 따라 많은 경쟁자들이 출현하고, 다양한 제품으로 시장경쟁은 더욱 치열해졌다. 개선제품과 다양성을 추구하려는 소비자들의 수요증가로 이어져 기업은 소비자의 관심과 충성도를 자극하기 위해 제품을 수정할 필요성이 더욱 증가한다. 예를 들면, 성숙기에 진입한 자동차는 자율주행 기능을 추가한 신형 모델을 출시한다. 더 이상 새로울 것이 없는 것처럼 여겨져도 소비자들은 항상 새롭고 진기한 것을 추구한다.

3) 제품수명주기의 쇠퇴기

제품은 시간이 흐르면서 제품수명주기의 쇠퇴기에 있을 수 있다. 그래서 회사는 새롭고 개선된 품목을 도입한다. 작은 변화를 통해서 제품을 새롭게 하거나 큰 변화를 통해서 제품을 매우 새롭게 한다. 예를 들면, 마이크로소프트는 윈도우를 계속하여 새로운 버전을 출시하거나, 가전회사들의 TV 화면을 아주 새로운 기술로 선명도를 경쟁하는 경우이다. 쇠퇴기에는 급격한 혁신을 요구하는 소비자들의 욕구에 커다란 공백이 발생할 수 있다.

4) 외부환경의 변화

기업은 활용하기 원하는 환경과 회피하고 싶은 환경에 때때로 처하게 된다. 기술, 사회, 문화, 법규, 자연환경 등의 변화는 기업에게 새로운 사업의 기회를 준다. 예를 들면, 음반회사는 전통적인 소매점보다 인터넷 다운로드를 통해 더 많은 음악을 판매하고 있다. 스마트 폰이나 AI의 등장은 또 다른 기업들에게 새로운 사업환경을 제공하고 있다.

5) 경쟁자의 활동

경쟁자가 혁신제품으로 시장에서 변화를 강요할 수 있다. 이런 현상은 새로운 제품이 변화와 혁신을 환영하는 표적시장에 끊임없이 도입되는 기술시장에서 매우 분명한 현상이다. 혁신적인 기술제품 소비자들은 새로운 제품의 시용구매(trial purchase)를 두려워하지 않고 친구나 동료에게 종종 최신 제품을 보여주고 싶어 한다. 제품이 성공하면 경쟁자들은 모방제품이나 유사제품을 개발하려고 시도할 것이다.

6) 제품상의 문제

기업이 부진한 판매를 경험하거나 부정적인 평판으로 고통을 받는다면 제품을 변경할 때이다. 제품상의 문제는 새로운 해결책을 제시하는 제품이 출현하는 기회가 된다. 이러한 기회는 문제를 해결한 기업뿐만 아니라 다른 기업에 미치는 영향이 매우 크다. 예를 들면, MP3의 출시는 애플컴퓨터의 운명을 바꾸어 놓았다. 애플은 성공적인 iPhone과 iPad를 출시하게 되었고, 그 결과 많은 이익을 얻을 수 있게 되었다. 그뿐만 아니라 이면에는 세계적인 휴대폰 사 업자의 운명을 매우 처참하게 만들기도 하였다.

(2) 신제품의 유형

소비자가 기꺼이 지불하고자 하는 제품을 찾고, 시장에서 경쟁자를 이기기 위해서 기업은 신제품을 개발한다. 신제품은 리포지셔닝과 원가절감뿐만 아니라 세상에 새로운 제품을 포함한다. 때로는 세상에 새로운 제품을 신제품이라고 한다. 신제품은 세상이나 기업에 얼마나 새로운 정도로 분류한다. 예를 들면, Arm & Hammer의 베이킹 소다는 처음에 과자와 빵을 부풀려 볼륨감 있게 만들 때 주로 사용하는 팽창제로 시판하였으나, 냉장고용 탈취제, 하수구 탈취제나 카펫 얼룩 제거제 등으로 용도를 확장하여 동일한 브랜드로 리포지셔닝하였다.

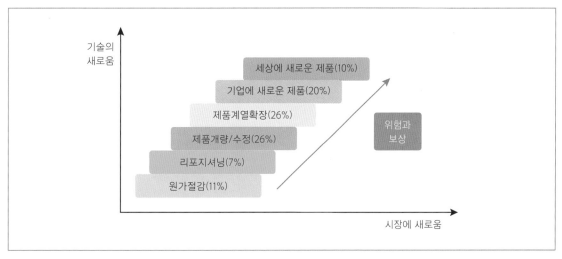

그림 9-13 **신제품개발의 이유**[6]

*( )는 구성비

---

6   cooper(2001).

1) 세상에 새로운 제품

세상에 새로운 제품(new-to-the-world products)은 혁신제품으로 기존의 제품범주를 근본적으로 변경한 제품이다. 이러한 신제품은 혁신적인 기술을 포함하고, 소비자들에게 사용 설명을 필요로 한다. 신제품은 제품의 최초이고 완전히 새로운 시장을 창조하지만, 신제품 중에서 10%에 불과하다. 실제로 새로운 제품으로 전체 새로운 시장을 창조하는 발명의 예를 들면, 자동차, 비행기, 라디오, 컴퓨터, HP의 레이저 프린터나 P&G의 페브리즈 등이 있다.

2) 기업에 새로운 제품

기업에 새로운 제품(new-to-the-firm products)은 새로운 제품계열로 세상에는 새로운 제품이 아니지만, 기업의 입장에서 새로운 제품이다. 이러한 제품은 기존제품의 모방제품이며 신제품 중에서 약 20%에 해당한다. 예를 들면, P&G의 팸퍼스, LG의 샴푸나 치약, 삼성전자의 스마트폰이나 컬러 TV 등이 있다.

3) 제품계열 확장

제품계열 확장(product line expansion)은 회사의 현재 시장에 제공하는 동일한 범주의 제품을 새롭게 설계하거나 경미하게 다르게 하는 것이다. 즉, 제품계열이나 제품품목을 확대한 경우로 신제품의 26%가 이에 해당한다. 예를 들면, 타이드 액체 세제와 같은 라인확장이나 자매상품, HP의 레이저 프린터 출시 이후 칼라 레이저나 복합기 등이 있다.

4) 기존제품의 개량이나 수정

기존제품의 개량이나 수정(improvements or revisions to existing products)은 기존제품을 더욱 좋게 개량한 것이다. 실제로 시장에 출시되어 판매되는 제품은 기존제품의 개량이나 수정 제품이 대부분이다. 이렇게 새롭지 않은 제품은 회사의 제품계열에서 기존제품의 대체라 할 수 있다. 이러한 제품은 신제품의 26%이다. P&G의 아이보리 비누와 타이드 세탁세제는 여러 번 수정되어 왔다. 예를 들면, 현대자동차의 제네시스, 삼성전자의 TV, LG전자의 에어컨 등이 있다.

5) 리포지셔닝

리포지셔닝(repositioning)은 제품의 판매가 침체되었거나 소비자의 욕구나 경쟁환경이 변함에 따라 기존제품을 새로운 용도나 새로운 이용으로 새롭게 조정하는 활동이다. 이러한 제품은 신제품의 7%이다. 예를 들면, 아스피린은 두통약과 해열제였지만 새로운 의료급여로 처리된 이후 혈병, 뇌졸중과 심근경색의 예방뿐만 아니라 두통 완화제로 포지셔닝하였다.

6) 원가절감

제품가격 인하의 압박이 크다. 원가절감(cost reductions)은 소비자들에게 동일한 성능을 저가격으로 제공하는 신제품이다. 원가절감을 제공하는 신제품은 라인에서 기존제품을 대체할 수 있지만, 동일한 편익과 성능을 제공한다. 이러한 제품은 신제품의 11%이다. 예를 들면, PC나 아크릴 섬유 등이 있다.

(3) 신제품개발의 성공요인

신제품은 많은 투자를 필요로 하나 제품실패의 위험이 크기 때문에 신제품개발은 매우 어렵다. 신제품은 약 40%가 실패한다. 경쟁자와 차별화하지 않으면 큰 제품실패의 위험에 노출된다. 시장과 고객의 욕구조사를 기반으로 개발된 독특하고 우수한 제품은 고객들에게 매력적인 제품으로 인식된다. 이러한 제품개발은 철저한 시장과 고객조사를 통하여 제품에 구현할 중요한 요소를 구성한 것이다. 따라서 신제품을 성공적으로 개발하기 위해서 제품개발 전에 중요한 요소를 신중하게 고려해야 한다.

그림 9-14 **신제품개발의 성공요인**

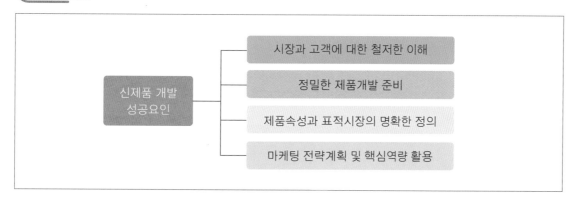

1) 시장과 고객에 대한 철저한 이해

고객욕구와 필요, 시장의 경쟁상황과 성격을 완전하게 이해하는 것은 신제품 성공의 필수적인 요소이다. 한편시장추세를 지향하지 못하고 필요한 시장평가를 하지 않는다면, 제품개발 시점부터 고객이 떠나는 재앙을 만드는 길이다. 확고한 고객집중은 성공률과 수익성을 향상하고 시장출시 시간을 감소한다.[7] 제품품질을 분석하고 시장조사를 하는 것은 시간과 노력의 낭비가 아니라 오히려 매우 높은 성공률과 시간효율(time ef ciency)을 올리는 것이다.

2) 정밀한 제품개발 준비

성공적인 기업은 실패한 기업보다 시장과 고객조사, 아이디어 평가, 컨셉평가, 운영 및 기술 평가, 제품가치평가, 사업과 재무분석 등에 시간과 비용을 많이 투자한다. 개발 초기의 철저한 사전활동은 신제품개발의 완성도를 높이는 데 많은 기여를 한다. [그림 9-15]에서 제품개발 준비를 철저히 한 기업과 그렇지 못한 기업 간의 제품품질 편차가 크다는 것을 알 수 있다.

그림 9-15 초기단계 활동의 수행품질 비교

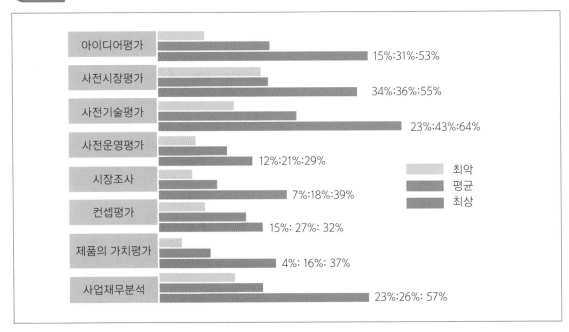

출처: cooper(2001).

3) 제품속성과 표적시장의 정의

불분명한 제품속성은 고객의 욕구를 충족시키기 어렵다. 명확하고 확고한 제품정의는 개발을 안정적으로 이끈다. 독특하고 탁월한 속성과 편익은 고객들에게 매력적인 제품으로

---

7   Cooper and Edgett(2002).

4   벤처창업과 경영

인식되지만, 가장 중요한 본질적인 요소는 제품의 당연적 품질요소를 충족해야 한다. 이러한 요소들이 구현될 때 표적시장에서 제품의 성공을 기대할 수 있다.

그림 9-16 제품속성과 표적시장의 정의

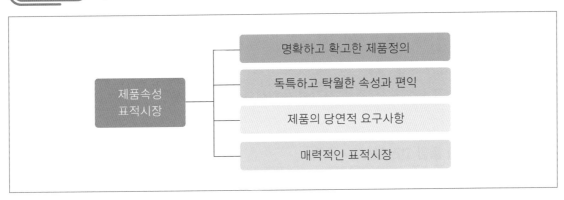

① 명확하고 확고한 제품정의

신제품개발에서 최악의 낭비요소는 개발의 범위변형과 불안정한 제품사양이다. 범위변형(scope creep)은 제품개발의 정의가 계속적으로 변하는 것이다. 표적고객이나 제공해야 할 편익이 일관성이 없다면, 제품개발은 초점을 잃고 불안정하게 된다. 불안정한 제품개발은 제품 요구사항 및 제품사양이 자주 변경되거나 불명확할 때 발생한다. 분명하고, 안정된 제품개발과 제품정의를 확보하는 것은 최상의 해결책이다.

- 개발범위의 정의: 내수·수출, 라인확장, 제품품목, 플랫폼 개발
- 제품사양과 표적시장: 의도한 고객이나 사용자가 누구인가?
- 제품컨셉과 편익: 사용자에게 전달할 제품컨셉과 편익의 기술
- 경쟁위치: 포지셔닝 전략의 묘사
- 제품특징, 속성과 사양의 열거: 필요품질과 기대품질 간의 우선순위

② 독특하고 탁월한 속성과 편익

독특하고 탁월한 제품은 고객들에게 매력적인 제품이기 때문에 시장점유율이나 수익률이 훨씬 높다. 매력적인 제품은 경쟁제품에 비해 고객들에게 우수한 가치와 탁월한 성능을 제공하고, 고객이 유용한 것으로 인식한다. 제품 의미성(meaningfulness)은 고객이 중요하다고 생각하는 독특한 속성과 기능(unique attributes and functionalities)이나, 제품 탁월성

(superiority)은 신제품이 경쟁제품을 능가하는 성능(performance)이다.[8] 따라서 매력적인 제품은 제품 의미성과 탁월성이 있다.

③ 제품의 당연적 요구사항

제품이 당연적 품질요소를 충족한다고 하더라도 고객은 만족하지 않지만, 충족하지 못하면 불만족하는 품질요소이다. 이러한 당연적 품질요소를 당연히 충족하고, 그 위에 독특하고 탁월한 제품특징을 추가하여야 제품차별화가 이루어진다. 제품의 당연적 요소가 성취되지 않는다면 평범한 제품으로서의 가치도 없는 제품실패를 의미한다. 따라서 제품을 개발할 때 고려 요소는 원가, 품질, 시간과 유연성이 있다.

표 9-6 당연적 품질 고려요소

구분		정의	고려사항
원가	저원가	최저원가로 제품전달	효율적 생산을 위해 설계운영
품질	최고품질	탁월한 품질이나 서비스 전달	제품특징과 높은 고객접촉 필요
	품질의 일관성	설계사양을 충족하는 제품생산	오류감소, 결함예방 설계와 추적
시간	배달속도	신속하게 고객의 주문 대응	생산준비 시간 감소 공정설계
	적시배달	전달시간 충족	고객 주문 처리율 증가 계획
	개발속도	신속한 개발속도	다기능 팀의 통합과 공급자의 관여
유연성	주문생산	설계변경으로 고객의 독특한 욕구충족	소량생산, 고객밀착과 용이한 재변경
	다양성	제품의 다양한 구색	주문제작 공정보다 더 큰 생산능력
	생산의 유연성	변동성에 따른 제품의 생산량 조정	초과생산능력에 맞는 설계

④ 매력적인 표적시장

매력적인 시장을 표적하는 제품은 시장에서 성공할 수 있다. 시장의 매력성을 판별하는 기준은 시장잠재력과 경쟁상황 등이 있다. 시장의 규모가 크고, 성장하고, 제품에 대한 강력한 소비자 욕구를 갖고, 있으며 제품구매가 고객에게 중요하다면, 이것은 매력적인 시장이다. 치열한 경쟁, 가격, 고품질과 강력한 경쟁제품, 판매력, 유통 시스템과 지원 서비스가 강력한 경쟁에 노출된 시장은 진입이나 확장에 부정적인 시장이다.

---

8   Rijsdijk, Langerak, and Jan(2011).

4) 마케팅 전략 계획 및 핵심역량 활용

① 완벽한 마케팅 전략 계획

최고의 제품을 개발하더라도 고객들이 구입할 수 있는 곳이나 제품 자체를 모른다면 구입하는 고객은 아무도 없을 것이다. 잘 표적화된 판매방식과 효과적인 판매 후 서비스는 중요하다. 표적시장의 정의, 포지셔닝 전략과 제품설계는 개발하기 전에 준비해야 한다. 또한 가격전략과 촉진방법은 프로젝트가 진행됨에 따라 명확하고 효과적으로 개발해야 한다.

② 핵심역량 활용

기업의 장점, 역량, 자원과 능력을 활용하고, 현재 시장상황을 명확하고 철저하게 이해한다. 기술과 마케팅을 활용하여 고객의 문제를 물리적으로 구현한다. 기술은 제조, 운영과 역량을 이용하는 기업의 능력이다. 마케팅 활용은 고객, 판매, 유통경로, 고객 서비스 자원, 마케팅 정보기술, 지식과 자원의 활용이다.

(4) 신제품개발의 실패요인

신제품이 모두 시장에서 성공하는 것이 아니다. 신제품의 실패율이 평균적으로 40% 수준으로 비교적 높다. 제품개발이 모두 성공하는 것도 아니고, 개발된 신제품이 모두 출시되는 것도 아니다. 기업이 신제품의 컨셉개발과 출시에 소비하는 많은 자원은 시장에서 상업적으로 실패하거나 출시하지 못하는 제품에 소비된다.

1) 신제품실패의 성격

제품실패는 시장이나 고객의 욕구를 충족하지 못하여 기대한 수준의 판매나 수익이 저조한 제품상태를 말한다. 시장에 출시한 경쟁제품이 특별한 이유로 시장선도를 유지할 때 자사제품이 다음과 같은 상황에 처해 있으면 제품실패라고 간주한다.

- 시장에서 제품철수
- 필요한 시장점유율을 실현하지 못하는 제품
- 수익을 달성하지 못한 제품

2) 신제품의 실패요인

기업이 신제품의 컨셉개발과 출시에 소비하는 자원의 약 46%는 시장에서 상업적으로 실패하거나 결코 출시하지 못하는 상품에 소비된다. PDMA 연구 에서 화학업 44%, 소재업 39%, 산업서비스업 43%, 소비재 45%, 소비자서비스업 45%, 자본재 35%, 건강 36%, 소프트웨어 39%, 기술 42%로 평균 41% 수준이다.[9] 신제품실패의 주요 요인은 부적절한 시장조사, 제품의 결함, 효과적인 마케팅 노력의 부족, 예상보다 훨씬 높은 원가, 경쟁강도나 반응, 적절하지 못한 출시시기나 기술적 제조문제 등이 있다.[10]

그림 9-17 **신제품실패의 주요 요인**

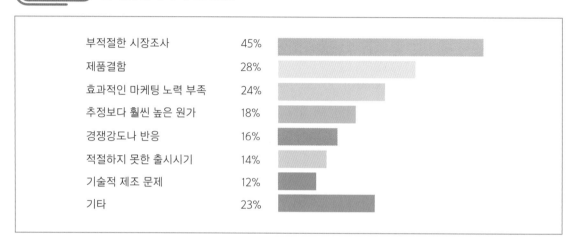

부적절한 시장조사	45%
제품결함	28%
효과적인 마케팅 노력 부족	24%
추정보다 훨씬 높은 원가	18%
경쟁강도나 반응	16%
적절하지 못한 출시시기	14%
기술적 제조 문제	12%
기타	23%

① 부적절한 시장조사

시장규모, 경쟁상황, 고객욕구와 소비추세 등 시장조사가 불충분한 경우 제품은 실패할 수 있다. 시장에서 실제 소비자의 욕구를 철저하게 조사하지 못하거나 경쟁자의 전략을 확인하지 못하는 경우이다. 대체로 제품실패의 원인은 표적고객의 실제 행동을 정확하게 반영하지 못하는 마케팅 조사에서 야기된다.

② 제품결함

제품결함은 기술적 문제에서 발생한다. 기술적 문제는 제품설계와 제품생산의 문제를 포함한다. 이러한 생산이나 품질문제는 기술조사, 제품설계나 생산과 같은 초기 단계 부적절한 실행이나 고객의 욕구나 시장 사항을 잘 이해하지 못해서 발생한다.

③ 불충분한 마케팅 노력

신제품이 시장에서 저절로 팔린다는 가정으로 기업은 제품출시에 적절한 마케팅, 판매와 촉진자원을 하지 않는 경우가 있을 수 있다. 이것은 매우 잘못된 시장에 대한 인식이다.

---

9 Castellion(2012).

10 Cooper(2001).

④ 부적절한 출시시기

고객의 선호가 이동하거나 경쟁자가 나타나기 때문에 제한된 기회의 창을 잃어 많은 제품들이 실패한다. 이러한 제품실패는 초기 단계에서 철저한 마케팅조사로 예방할 수 있거나 적어도 확인할 수 있다. 제품개발이 진행되기 전에 고객의 소리로 청취하고, 고객의 통찰력을 찾고, 적절한 시장정보를 입수하는 것은 매우 중요하다.

⑤ 기타

이 밖에도 제품실패의 원인은 시장규모, 제품 포지셔닝, 마케팅 메시지, 표적시장과 브랜드, 가격정책, 제품개발비용, 경쟁자나 소매점 반응, 유통 등의 이해 부족이 있다.

3) 신제품 실패의 예방

신제품이 시장에서 성공하기 위해서 기업은 신제품 실패원인을 면밀하게 조사하고, 이를 기반으로 신제품 실패를 예방할 수 있다. 따라서 신제품 실패의 예방수단은 신제품 실패원인을 사전에 예방하고 신제품 성공요인을 추구하는 전략을 실행하는 것이다.

표 9-7 신제품 실패원인별 예방수단

구분	실패원인	예방수단
협소한 시장	제품의 불충분한 수요	시장정의, 기회확인, 수요예측
차별성 부족	고객에게 새로운 것을 제공하지 못하는 기술과 불분명한 편익	창의적이고 체계적인 아이디어 창출, 고객 집중 제품설계, 출시 전 제품과 포지션 조사
경쟁자 반응	경쟁자가 제품설계를 모방하여 개선한다.	전략적 포지셔닝, 설계, 가격과 마케팅 계획에서 경쟁자 반응 고려, 시장우위를 위한 공격적 추진
기술개발	기술의 혁신적 변화를 수용하지 못하고, 구기술에 너무 오래 안주	추적관찰, R&D를 위한 교육투자, 이동을 위한 계획
부문 간 협조	고객욕구를 충족하지 못하는 기술개발	고객자료를 생산개발과정 반영, 협조적 마케팅과 R&D

출처: Urban, & Hauser(1993), Design and Marketing of New Products, Prentice Hall.

05 제품개발

제품개발 과정은 아이디어를 시장성 있는 상품으로 전환하는 단계이다. 기업가는 새로운 상품을 개발하여 시장에서 성공하기 위해 기업은 신중하게 실행된 신제품 개발 프로세스를 통해 새로운 제품을 개발한다. 제품개발 과정 중에 기업가는 많은 문제에 직면할 수 있다. 특히 창업자는 제품을 개발하는 절차를 간과하기 쉽다. 그러나 새로운 제품을 찾고 성장시키기 위한 체계적이고 고객 중심의 신제품개발 프로세스를 따르는 것은 성공의 확률을 높인다. 따라서 정교한 제품개발 과정을 따르면 많은 시간과 노력을 절약할 수 있다.

(1) 신제품개발 과정

신제품개발(New Product Development: NPD)은 아이디어의 탐색으로 시작하여 아이디어 창안, 제품컨셉 창출, 제품사양의 결정과 제품설계, 시제품 개발과 테스트, 경제성 분석, 마케팅 전략의 수립과 출시, 그리고 출시 후 관리로 끝을 맺는 활동이다. 즉, 신제품개발은 전략, 조직, 컨셉창출, 제품·시장계획과 신제품의 상업화에 관한 전반적인 과정이다. 저자가 개발한 신제품개발 모델에 따라서 설명한다.[11]

그림 9-18 **신제품개발 모델**

아이디어 탐색	아이디어 창안	컨셉창출	제품개발	마케팅전략	시장전략
시장기회확인 고객욕구확인 문제확인 자료분석	창의성 창의적 사고 TRIZ원리 선행기술	속성편익 컨셉서술 컨셉보드 컨셉평가 컨셉선정	품질기능전개 제품사양 제품구조 제품설계 프로타입 테스트마케팅 지식재산권	수요예측 사업타당성 STP수립	출시전략 시장추척 제품개선

---

11   유순근(2020), 신제품개발론, 박영사.

1) 아이디어 탐색

기업은 시장의 새로운 변화에 집중하고 고객의 욕구와 필요를 탐색함으로써 신제품기회를 창출한다. 시장기회를 조사하고 평가하여 제품 아이디어로 전환한다. 시장의 변화는 기업에 기회를 주며, 이러한 기회는 제품개발의 맥락에서 신제품 아이디어이다. 아이디어는 경험, 지식, 기술, 환경이나 고객의 욕구에서 시작된다. 잠재적 욕구는 미충족 욕구, 미제공 및 과소제공 욕구 등이 있다. 고객이 깨닫지 못한 욕구가 충족된다면 고객은 감동할 것이다.

그림 9-19 잠재적 욕구의 종류

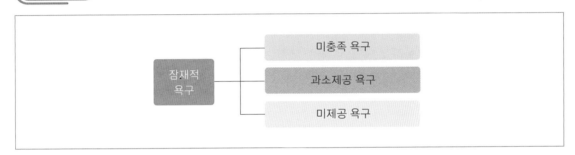

2) 아이디어 창안

아이디어는 시장에 나타난 기회를 탐구하고 실행 가능한 컨셉을 개발하기 위해 필요하다. 모순은 서로 양립하거나 공존할 수 없는 것들의 대립현상으로 최소한 두 가지 이상의 요소가 갈등을 일으키는 상황이다. 모순을 발견하여 TRIZ 원리로 해결한다면 발명으로 이어질 수 있다. 특허기술정보는 최신 기술정보의 원천으로 기술배경, 문제점 및 해결방법이 구체적으로 구현되어 아이디어 및 적용기술 개발에 효과적으로 활용할 수 있다. 특허정보의 검색은 아이디어의 개발과 중복 연구 방지에 유용하고 특허 회피나 침해를 사전에 예방할 수 있다.

3) 제품컨셉 창출과 선정

제품컨셉은 의미 있는 소비자 언어로 상세하게 표현한 신제품 아이디어이다.[12] 아이디어를 개발하여 최종 컨셉안을 완성하는 단계까지를 제품컨셉의 창출과정이다. 이 과정에서 다수의 가설컨셉을 창출하여 평가한다. 시장기회 확인과정을 통해 제품범주 욕구를 찾는다.

---

12 Kotler, Keller, Ancarani, & Costabile(2014).

4) 제품개발

제품개발은 제품 아이디어를 설계과정을 통해 물리적인 형성화 과정이다. 제품설계는 제품의 형태와 기능을 적용기술을 통해 유형적으로 구현하는 활동이다. 설계자들은 최종사용자에서 최고경영층 간의 연결자로서 확대된 역할을 수행할 뿐만 아니라 제품개발팀에게 최종사용자로부터 입수한 설계변경이 바람직한 최적의 정보를 전달하는 역할을 한다.

5) 마케팅 전략

제품개발 진행이나 중지 결정이 신제품의 수요예측을 필요로 한다. 신제품이 성공하기 위해서는 시장수용, 기술적 타당성과 회사의 자원을 검토한다. 수요예측은 매우 어려워 때로는 경시하는 경우가 있다. 그러나 성공적인 수요예측은 적절한 기법을 사용함으로써 가능하다. 시장을 세분화하고, 목표로 하는 소비자를 표적으로 선정하고, 경쟁제품보다 더 유리하게 소비자들의 마음속에 제품을 위치하게 하는 전략을 STP 전략이라고 한다.

6) 시장전략

제품출시는 개발한 신제품을 상업화하는 활동이다. 상업화는 신제품을 시장에 출시하는 것으로 제품출시, 안정적인 생산량 증가, 마케팅 프로그램 개발, 공급사슬 개발, 판매경로 개발, 훈련개발과 지원개발을 포함한다. 제품출시는 최초 판매를 위해 신제품을 시장에 도입하는 과정이다. 제품출시 활동은 시장과 유통경로에 물리적인 포지셔닝으로 이전하는 단계로 개발 단계에서 지출한 총비용을 훨씬 능가하는 상당한 신제품비용을 필요로 한다. 출시활동 계획에서 오는 실수, 오산과 간과는 신제품 성공에 치명적인 장애가 된다. 신제품 출시는 비용과 시간이 많이 들 고, 위험하기 때문에 출시품목, 장소, 시기와 방법 등을 전략적으로 계획해야 한다.

제품을 출시한 후에는 고객의 구매형태를 검토하고 판매가 계획대로 이루어지는지, 경쟁제품의 동향을 파악한다. 필요하다면 제품개선이나 변형을 통해 제품력을 강화하여 제품개발의 성공을 강화해야 한다. 시장이나 고객에게 제품에 대해 묻고 이를 신속하고 정확하게 응답한다.

(2) 제품사양의 결정

제품컨셉을 선정하면 제품기능을 가능하게 하는 제품사양을 결정한다. 제품사양은 고객의 소리를 엔지니어의 소리로 전환하는 과정이다. 제품사양은 사용재료의 규격, 종류, 등급, 공법 등을 자세히 쓴 설명서이다. 제품사양은 재료, 설계, 제품이나 서비스 등에 의해 만족되는 문서로 된 요구사항이다. 제품개발팀이 고객의 소리(voice of the customer)를 듣지 않고 너무 일찍 개발에 집중한다면 창의적 기회를 잃게 된다.

품질기능전개(Quality Function Deployment: QFD)는 일본 미쓰비시의 고베(Kobe) 조선소에서 개발된 종합적 품질관리기법이다. 새로운 프로젝트를 개발하기 위해 혁신적인 해결책, 정보를 얻는 방법과 가장 좋은 가능한 결과를 확보하는 방법이다. 고객욕구를 설계의 필요사항으로 전환하고, 이러한 필요사항을 중요한 특징과 구체적인 기능 사항으로 변환한다. 품질기능전개는 제품기획, 설계, 생산의 각 단계에서 고객의 욕구(고객의 목소리)를 회사의 기술적 요구 사항으로 전환시키는 체계적인 방법이다. 따라서 제품개발 및 생산의 각 단계에서 고객의 욕구를 파악하여 각 부문에 전달함으로써 고객만족을 통한 수익실현과정이다.

그림 9-20 **품질기능전개**

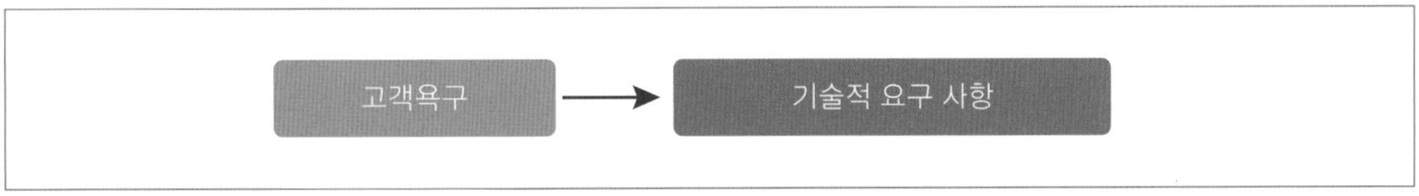

고객욕구 → 기술적 요구 사항

품질기능전개는 고객의 소리(voice of the customer)를 엔지니어의 소리(voice of the engineer)로 전환하는 것이다. 제품을 잘 설계하기 위해 설계팀은 설계하고 있는 것과 최종 사용자가 설계로부터 기대하는 것을 알아야 한다. 예를 들면, "필기가 잘 되는 펜"과 같은 고객욕구를 "일정한 잉크 점도나 부드러운 볼펜의 접촉면"과 같은 기술적 요구사항으로 전환한다.

QFD는 주관적 품질기준을 계량화하고, 측정할 수 있는 객관적 기준으로 해석하는 것으로 품질, 기능과 전개 등 3가지 요소가 중심이다. 품질(quality)은 고객의 기대를 만족시키는 우수한 품질, 속성, 특징, 성능을 의미한다. 기능(function)은 제품이 수행하는 것으로 측정 가능한 기능이고, 전개(deployment)는 고객의 소리를 누가, 어떻게, 언제 전환하는가에 관한 것이다. 따라서 품질기능전개는 고객욕구를 기술적 요구사항으로 전환하는 것을 의미한다.

QFD는 고객의 요구사항을 기술적 요구로 전환하여 품질의 집(House of Quality)이라는 행렬을 이용하는 기법이다. QFD를 실행하는 첫 단계부터 품질의 집을 만든다. 고객으로부터 입수한 자료를 통해 고객요구 사항을 기술적인 사양으로 전환한다. 품질의 집은 고객의 요구와 그의 중요도, 고객요구를 만족시킬 설계특성, 고객요구와 설계특성과의 관계, 설계특성 간의 상관관계, 그리고 경쟁자 제품과의 품질특성 비교, 경쟁기업의 벤치마킹 등을 고려하여 설정한 각 설계특성에 대한 목표치를 하나의 집과 같이 일목요연하게 나타낸 일람표이다.

그림 9-21 품질의 집 기본모형

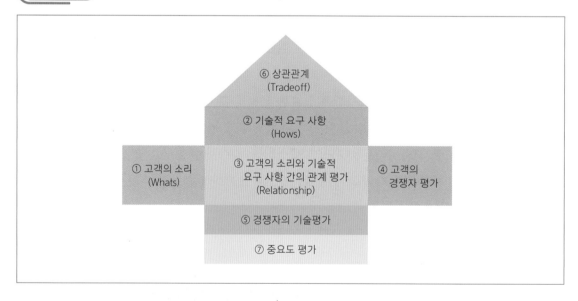

1) 제품사양

제품사양(product speci cation)은 제품수행을 상세하게 설명한 것으로 사용재료의 규격, 종류, 등급, 공법 등 도면에 나타내기 어려운 것을 자세히 쓴 설명서로 기술규격의 한 유형이다. 즉, 제품이 무엇을 할 수 있는가를 명확하고 측정 가능한 형식으로 표현한 것이다. 이것은 제품에 의해서 충족해야 할 자세한 요구조건을 문서화한 것으로 제품의 규격과 제품의 내용을 포함한다. 제품설계는 제품사양으로부터 시작한다.

표 9-8 기본적인 고객요구 사항

구분	설명
성능(performance)	제품이 기준을 수행하는가? 제품이 의도된 기능을 수행하는가?
특징(features)	제품에 어떤 편익을 제공하는가? 유형적인 편익인가? 무형적인 편익인가?
신뢰성(reliability)	품질은 일관성이 있는가? 제품은 잘 작동되는가?
내구성(durability)	제품의 내구성은 좋은가? 제품수명이 설계와 일치하는가?
일치성(conformance)	제품이 내부와 국가사양을 충족하는가?
사용성(usability)	제품은 사용하기 쉬운가?
심미감(aesthetics)	제품은 시각적 매력이 있는가?
품질(perceived quality)	가격이 제품의 품질을 반영하는가?

(3) 제품설계

제품설계는 물리적 실체를 구현하기 과정이다. 제품에 따라서 다르게 설정해야 할 설계의 핵심 특성은 질, 양, 동일성과 방법이다. 질(quality)은 가치, 양(quantity)은 생산수량, 동일성(identity)은 범주욕구, 그리고 방법(method)은 설계산출을 의미한다. 예를 들면, 경주용 자전거, 산악자전거나 일반자전거는 설계에서 핵심적 특성을 설정하는 방법이 다르다.

제품은 전체적인 성능을 구성하는 기능요소와 부품을 결합한 외형요소로 이루어진다. 제품 구조는 제품의 기능적 요소(functional elements)가 물리적 덩어리(physical chunks)로 배열되고 덩어리가 상호작용하는 방식이다.[13] 제품구조는 제품이 어떻게 설계, 제작, 판매, 사용

---

13   Ulrich(1995).

과 수리되는지를 알려준다. 다음은 제품에 요구되는 품질 요소이다.

- **물리적 요소**
    - 외관의 특성(크기, 길이, 두께, 무게)
    - 동적 성질(속도, 강도, 취성), 물성(통기성, 투광성, 신축성)
    - 광학적, 음향적, 화학적, 전기적 성질
- **기능적 요소**: 효율, 안전성, 기능의 다양성, 사용성, 휴대성
- **인간적 요소**: 이미지, 희소성, 습관, 지적·정서적 충실감
- **시간적 요소**: 내한성, 내습성, 내진성, 지속성, 속효성(速效性),[14] 내구성, 보전성
- **경제적 요소**: 저가, 유지비, 수선비, 처리비
- **생산적 요소**: 작업성, 원재료, 수율
- **시장적 요소**: 적시성(유행, 계절), 품종의 다양성, 신용, 제품수명주기

제품설계(product design)는 제품의 제조에 필요한 계획을 창출하고 결정하는 과정이다. 제품설계의 많은 문제는 미적 감각, 의미, 원가, 지속가능성과 사용성을 포함하여 명확하게 이루어지지 않는 점이다. 제품설계는 소비자들에게 팔리는 품목에 관한 설계이다. 설계 결과물이 본래의 의도대로 작동되는지와 요구사항을 충실히 만족하는지를 평가해야 한다. 이러한 기술설계를 평가하는 요소는 기능성, 구성, 실현가능성, 결과와 표현 등이 있다.

- **기능성**(functionality): 무엇을 수행하는가?
- **구성**(construction): 무엇으로 구성되는가?
- **실현성**(realizability): 어떻게 달성하는가?
- **영향**(impact): 위험과 혜택은 무엇인가?
- **표현**(presentation): 어떻게 보이는가?

(4) 제품 테스트

제품평가는 개발팀에 의한 자체평가, 전문가평가와 사용자평가가 있다. 이 과정을 통과하면 테스트 마케팅으로 전환한다. 기능평가를 실시한 후 제품 사용자 평가를 실험실과 사용자 환경에서 실시할 수 있다. 실험실 평가는 사용자 환경을 반영하지 못하는 단점이 있지만, 제품의 기술적 평가를 위한 평가 도구와 기자재들을 구비하고 평가하기 때문에 기능,

---

14   빠르게 나타나는 효과를 가진 성질.

성능이나 품질평가에서는 객관성을 확보할 수 있는 장점이 있다. 제품 사용자 테스트와 함께 구매의향, 독특성, 품질이나 신뢰성을 조사할 수 있다.

1) 제품 사용자 테스트

제품 사용자 테스트(user testing)는 제품을 실제로 사용할 고객들이 제품을 평가하는 것이다. 제품이 아직은 완벽하지 않기 때문에 고객의 요구사항을 충족하거나 문제를 해결할 때까지 개발팀은 테스트를 계속 진행한다. 설계기준과 제품과의 일치성, 사용의 용이성을 제공하는지, 제품의 불만, 불편이나 오류가 없는지는 등에 관한 사용자 테스트는 시장진입의 성공가능성을 한층 더 높여준다. 제품 사용자 테스트를 생략하면 제품고장이 마케팅 활동 중에 나타나 구매자를 쫓아내는 위험을 안고 가는 것이다.

2) 테스트 마케팅

테스트 마케팅(test marketing)은 제품의 출시 전에 출시여부를 결정하기 위해 제품과 마케팅 계획을 선택된 모집단의 표본에게 제시하여 평가받는 과정이다. 테스트 마케팅은 실제 점포와 실제 구매 상황으로 구성하는 현장실험실에서 이루어지는 실험이다. 이러한 현장실험을 테스트시장(test market)[15]이라고 한다. 그러나 높은 실시비용 때문에 테스트 마케팅은 내구재(consumer durables)[16]보다는 FMCG[17]에 더 적당하다. 테스트 마케팅은 상업화 전의 마지막 단계로 마케팅 계획의 모든 요소가 시험되는 곳이다.

① 모의점포 테스트 마케팅

모의점포 테스트 마케팅은 실험실 내에 가상점포를 만들어 자사의 신제품과 경쟁제품을 진열하거나 광고를 보여준 후 실험에 참가한 대가로 받은 금액으로 가상의 점포에서 실제로 제품을 구매하도록 하는 방법이다. 최초 반응을 테스트하기 위해 보통 30~40명의 소비자 표본을 사용한다. 이 방법의 이점은 결과가 신속하고 광고효과를 평가할 수 있다는 것이다.

② 통제 테스트 마케팅

통제 테스트 마케팅은 소수의 점포를 선정하여 그 점포에서 소비자 반응을 조사하는 방법이다. 제품을 테스트 지역으로 보내지만, 제품, 촉진, 배치와 가격 같은 요소는 통제된다. 점포의 대표성이 적기 때문에 결과를 판독할 때 더 많은 주의가 요구된다.

---

15 신제품을 판매하기에 앞서 시장에서의 반응을 조사하기 위하여 시험적으로 선정되는 소규모 시장.

16 자동차·세탁기·텔레비전·가구 등과 같이 장기간 사용되는 소비재.

17 FMCG(Fast Moving Consumer Goods): 구매주기가 짧으며, 단기간 내에 소비하는 주로 저렴한 가격의 제품군. 음식료품, 생활용 품, 개인용품, 화장품, 영유아 제품 등 비내구재.

③ 표준 테스트 마케팅

표준 테스트 마케팅은 표적시장을 대표할 수 있는 소수의 지역을 선정하여 그 지역 내 소매상에 신제품을 진열하고, 표적시장에 사용할 광고, 판촉 캠페인과 유사한 캠페인을 실시한 후 소비자의 반응과 판매성과를 조사하는 방법이다. 스캐너 패널 자료(scanner panel data)[18]를 이용하면 테스트 결과를 거의 실시간으로 추적할 수 있다. 현실적으로 가장 효과적인 테스트 방법이지만 비용과 시간이 많이 소요된다.

(5) 서비스 제품의 개발

서비스는 선진국일수록 국내총생산액에서 차지하는 비율이 증가하고 있다. 전통적인 상품 제조자들은 수익의 원천을 추가할 뿐만 아니라 차별화의 이점을 확보하기 위해 서비스 부문을 확대하고 있다. 개인들의 소득증가와 고령화로 문화, 여가, 건강, 미용이나 교육 등의 욕구가 증가하고 있다. 기업에는 부가가치를 제공하는 기회가 되고, 산업에는 고용과 수출의 중요한 원천이 된다. 그러나 서비스의 무형성, 이질성, 비분리성과 소멸성을 관리하는 것이 어렵다.

1) 서비스의 개념

서비스(services)는 소유권이 없는 행위, 수행이나 편익을 제공하는 무형제품이다. 백화점, 운송, 여행, 호텔, 음식점, 통신, 교육, 보험, 은행, 극장이나 병원처럼 서비스 산업의 유형은 매우 다양하고, 복잡하다. 서비스(services)는 공동 생산자의 역할을 하는 고객을 위해 수행되고, 시간에 따라 소멸하는 무형적인 경험이다.[19] 제품(product)은 상품과 서비스를 포함한다. 상품(goods)은 대상, 장치나 사물이지만, 서비스는 수행(performances), 행위(deeds)나 노력(efforts)이다.[20] 서비스는 무형적인 것을 제공하는 활동(activity)이나 편익(benefit)으로 소비자에게는 소유권이 없다. 따라서 서비스는 소유권이 없는 행위, 수행이나 편익을 제공하는 무형제품이다.

- **제품**(product): 상품이나 서비스
- **상품**(goods): 대상, 장치나 사물

---

18 소비자들에게 소비자의 ID 번호를 주고 그들이 구입한 제품에 스캐너 코드를 읽으면 구입자, 구입품목과 구입일자가 자동적으로 컴퓨터 기억장치에서 기록된다.

19 Fitzsimmons & Fitzsimmons(2013).

20 Zeithaml, Parasuraman, & Berry(1985).

- 서비스(services): 수행, 행위나 노력

2) 서비스의 분류

서비스는 고객에게 제공되는 수행이나 노력으로 제공되는 과정이 포함된다. 서비스는 도소매업, 숙박 및 음식점업, 운수업, 통신업, 금융 및 보험업, 자문 서비스, 보관 서비스, 공공행정 및 사회보장, 교육 서비스, 보건 및 사회복지, 엔지니어링 서비스와 기타 서비스 등 다양하고, 앞으로도 새로운 서비스가 생길 것이다.

표 9-9 서비스의 분류와 산업의 예

분류	산업
도소매업	백화점, 편의점, 대형 할인점
숙박 및 음식점업	호텔, 콘도, 패스트푸드점
운수업	철도, 도로, 수상, 항공·해상 운송 및 보조서비스
통신업	우편, 전기, 전자통신, 우편
금융 및 보험업	은행, 보험, 증권, 투자 관련 서비스
자문 서비스	생산, 마케팅, 금융, 법률과 세무와 같은 경영 자문
보관 서비스	원자재, 제품이나 기계장치 등을 보관하는 서비스
공공행정 및 사회보장	공공행정(중앙·지방), 국방, 국민연금
교육 서비스	대학교, 중고등학교, 학원
보건 및 사회복지	의료 및 보건, 사회복지사업, 위생서비스
엔지니어링 서비스	프로젝트의 계획, 공장의 설계, 건설, 설비와 기계의 수리
기타 서비스	방송, 문화 및 오락서비스, 개인서비스

3) 서비스의 특성

서비스는 물질적 재화 이외의 생산이나 소비에 관련한 모든 경제활동으로 비물질적인 것이 특징이다. 이러한 서비스는 상품과 비교하여 독특한 특성은 무형성, 비분리성, 이질성과 소멸성이다.[21] 이러한 특성은 독특한 마케팅을 필요로 한다. 이러한 네 가지 특성이 상품 마케팅과 구별되는 서비스 마케팅이다.

---

21 Zeithaml, Parasuraman, & Berry(1985).

- **무형성**: 유형제품처럼 만지거나 볼 수 없다.
- **비분리성**: 판매되고 그런 후 생산되면서 동시에 소비된다.
- **이질성**: 생산과 전달과정에서 품질의 일관성에 편차가 발생할 수 있다.
- **소멸성**: 저장이 불가능하고 재고화하기 어렵다.

그림 9-22 서비스의 특성

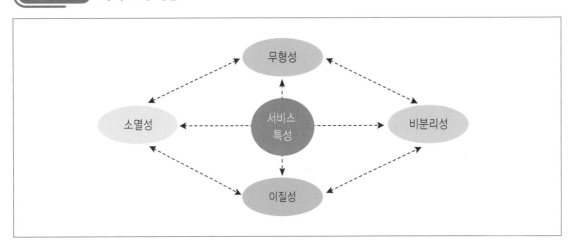

속성은 탐색속성, 경험속성과 신뢰속성으로 분류되고[22] 제품이나 서비스는 특정한 속성을 더 많이 유지하고 있다. 탐색속성(search properties)은 상품을 구매하기 전에 소비자가 식별할 수 있는 속성이다. 예를 들면, 의류, 보석, 가구, 가방, 주택, 자동차 등이 해당된다. 경험속성(experience properties)은 구매 후 혹은 소비하는 동안에 식별할 수 있는 속성이다. 예를 들면, 식당 음식, 휴가, 미용 서비스, 유아 돌봄 등이 있다. 신뢰속성(credence properties)은 제품이나 서비스를 구입하거나 소비한 후라도 특성을 알기 힘들거나 또는 평가하기 어려운 것이다. 예를 들면, 자동차 수리, 보험, 의료진단 등이다. 대체로 제품은 탐색속성이 많으나 서비스는 경험과 신뢰속성이 지배적이다. 소비자들은 유형성이 높은 제품은 평가하기가 쉽지만 무형성이 높은 제품은 평가하기가 어렵다.

---

22   Zeithaml, Valarie(1981).

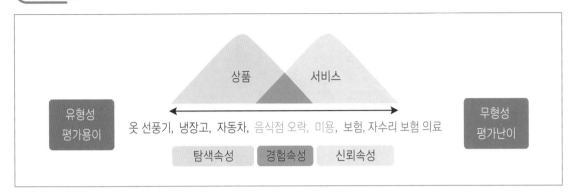

그림 9-23 제품과 서비스의 속성 특징

표 9-10 속성의 정의와 사례

속성	정 의	사례
탐색속성	구매 전 식별할 수 있는 속성	가방, 옷, 선풍기, 냉장고, 컴퓨터, 휴대폰
경험속성	구매 후나 소비 중 식별할 수 있는 속성	음식, 오락, 미용, 유아 돌봄
신뢰속성	소비 후라도 식별할 수 없는 속성	보험, 자동차 수리, 의료 서비스

4) 서비스 제품

서비스 제품(service product)은 핵심서비스, 보조서비스와 프로세스를 포함한다. 즉, 서비스 제품은 핵심서비스와 보조서비스를 포함한 패키지(package)이다. 핵심서비스는 고객의 주된 문제해결 편익을 제공하는 서비스의 중심 구성요소이다. 보조서비스는 핵심서비스의 사용을 촉진하고, 가치와 매력을 향상한다. 즉, 정보, 조언, 문제해결의 문서화와 환대행동이다. 예를 들면, 레스토랑의 핵심서비스는 고객에게 우수한 음식을 제공하는 것이지만, 보조서비스는 우수한 분위기를 제공하는 것이다. 프로세스는 핵심서비스와 보조서비스를 전달하기 위해 사용되는 전달과정이다.

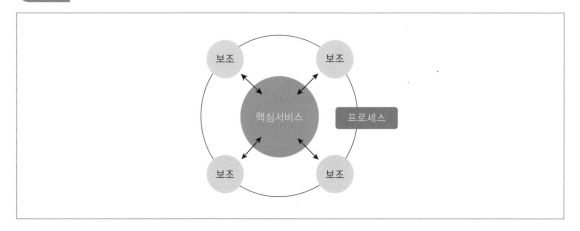

그림 9-24 서비스 제품의 구성요소

- 핵심서비스: 고객의 주된 문제해결 편익을 제공하는 서비스의 중심 요소
- 보조서비스: 핵심서비스의 사용 촉진, 가치와 매력 향상
- 프로세스: 핵심서비스와 보조서비스를 전달하기 위해 사용되는 전달과정

5) 새로운 서비스의 개발

새로운 서비스의 개발은 창조와 혁신이다. 새로운 서비스의 개발은 고객의 욕구를 발견하고, 이를 충족할 수 있는 우수한 가치를 창출하는 것이다. 새로운 서비스는 고객에게 이전에 제공하지 않은 제공물이다. 새로운 서비스의 개발과정은 고객과 시장의 역동적인 요구사항을 수용하고, 기술의 발전을 활용하여 경쟁우위를 달성하는 서비스 혁신이다.

새로운 서비스의 개발은 컨셉단계와 실행단계로 구분할 수 있다. 컨셉단계는 아이디어 창출, 서비스 패키지 개발과 시스템 계획으로 구성되고, 실행단계는 사업성 분석, 시험마케팅, 출시계획과 추적단계로 구성된다. 주요 컨셉단계는 새로운 서비스, 목적, 전략의 형성, 아이디어의 창출과 선별, 컨셉개발과 테스트 등이 있다. 사업성 분석은 기업분석과 프로젝트의 우선순위 설정 등이 있다. 시험마케팅은 서비스, 프로세스와 시스템, 마케팅 프로그램의 계획과 테스트, 종업원훈련 등이 있다. 마지막으로 출시와 출시 후 추적관리가 있다.

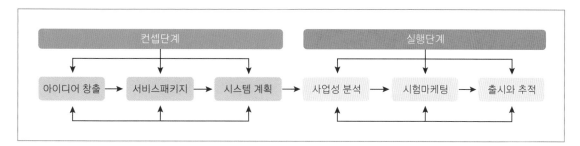

그림 9-25 | 새로운 서비스 개발과정

① 아이디어의 창출

아이디어를 창출하기 전에 먼저 새로운 서비스의 목적과 전략을 수립한다. 새로운 서비스는 조직의 전체 전략과 일치해야 한다. 고객들이 새로운 서비스의 가치를 어떻게 생각하는지와 경쟁 서비스를 어떻게 평가하는지를 파악한다. 새로운 서비스의 아이디어를 창출하고, 다수의 아이디어 중에서 우수한 아이디어를 선별한다.

㉮ 아이디어의 창출

아이디어는 시장과 기술의 공백, 과소제공과 미제공 욕구이다. 표적시장이 정확하게 확인되면 표적고객의 욕구와 문제가 파악된다. 해결안을 창출할 때 종업원과 사용자를 포함한다. 표적집단면접은 실제적인 아이디어의 생생한 원천이다. 서비스 문제를 발견하고, 사용자 특성을 개발하고, 기존 서비스의 사용자 지각과 태도를 조사한다. 서비스 속성과 속성의 중요성을 파악하면 서비스 문제와 개선 영역이 탐구된다.

㉯ 아이디어 선별

수집된 아이디어 중에서 잠재적 수익을 고려하여 유망하고 실행 가능한 아이디어만을 선택하는 아이디어 선별과정을 거친다. 불충분한 아이디어를 제거하고, 수익성이 있는 아이디어를 선택한다. 아이디어의 선별은 많은 아이디어 중에서 불충분한 아이디어를 제거하여 우수한 아이디어로 줄이는 데 도움이 된다.

② 서비스 패키지의 개발

서비스 아이디어를 창출하고 평가하여 최종 선정하면, 아이디어를 토대로 서비스 컨셉을 개발한다. 개발된 서비스 컨셉에 근거하여 핵심서비스와 확장된 서비스를 개발한다. 서비스 컨셉을 종업원과 고객을 통하여 평가하여 최종적으로 선정한다.

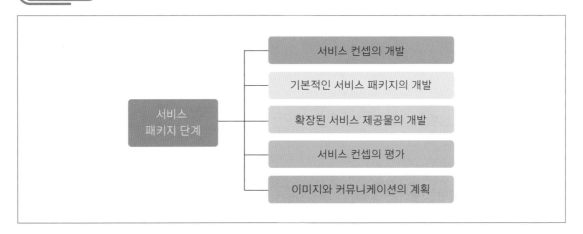

그림 9-26 서비스 패키지 개발 단계

서비스 패키지 단계
- 서비스 컨셉의 개발
- 기본적인 서비스 패키지의 개발
- 확장된 서비스 제공물의 개발
- 서비스 컨셉의 평가
- 이미지와 커뮤니케이션의 계획

㉮ 서비스 컨셉의 개발

선택된 아이디어로부터 서비스 컨셉을 개발한다. 아이디어를 선정한 후 서비스의 특징, 충족하는 욕구와 프로세스의 완전한 기술을 정리한다. 서비스 컨셉(service concept)은 서비스가 제공할 편익, 해결안과 가치의 기술이다. 서비스 제품이 제공하는 편익과 어떻게 제공하는지에 관한 수행을 개발한다. 예를 들면, 항공여행은 안전한 수송이고, 호텔은 환대, 휴식과 회복을 제공한다. 철도는 안전과 신뢰할 수 있는 이동, 교육은 능력향상과 자아실현, 미용은 매력과 신뢰촉진이다. 서비스 컨셉개발은 서비스 정의(서비스의 범위. 기술적 기술), 조직컨셉(프로세스, 역할, 교육과 자 원)과 마케팅 컨셉(제품, 가격, 유통과 촉진 정책)으로 구성된다.

㉯ 기본적인 서비스 패키지의 개발

기본적인 서비스 패키지(service package)는 고객이나 표적시장의 욕구를 충족하는 데 필요한 서비스의 묶음이다. 서비스 패키지는 핵심서비스, 촉진서비스와 지원서비스이다. 핵심서비스는 시장에서 서비스 존재의 이유이다. 예를 들면, 통신은 통화를, 게임은 재미를 제공한다. 촉진과 지원서비스의 구분은 항상 명확한 것은 아니다.

㉰ 확장된 서비스 제공물의 개발

핵심서비스 이외에 확장된 서비스는 촉진과 지원서비스이다. 촉진서비스는 경쟁의 수단이 되고 서비스를 차별화하는 데 도움이 되도록 계획한다. 예를 들면, 항공사가 고객이 비행정보에 접근하는 것을 쉽고 즐겁게 하기 위해 음성인식 서비스를 도입한다. 특정 항공사를 선택하기 전에 고객들이 핵심서비스인 안전 이외에 예약절차나 기내 서비스에 관심이 있다. 이와 같이 확장된 서비스 제공물은 주로 서비스 프로세스와 관계가 있고, 서비스의 접근가능성, 서비스 기업과의 상호작용과 고객참여 등이다.

- **서비스의 접근가능성**: 종업원의 수와 기술, 근무시간, 사무실, 작업장, 영업장의 위치, 장비, 서류와 과정에 관여된 소비자 등을 포함한다.
- **서비스 기업과의 상호작용**: 종업원과 고객, 물리적·기술적 자원, 프로세스에 동시에 있는 다른 고객과, 시스템과의 상호작용이다.
- **고객참여**: 고객참여의 수준이다.

㉑ 서비스 컨셉의 평가

컨셉평가는 사용자와 서비스 공급자를 포함한다. 종업원과 고객의 역할을 다루고 그들에게 서비스가 무엇을 제공하는지를 파악한다. 계획된 서비스가 미충족 욕구를 충족하는지를 평가한다. 제안된 서비스의 아이디어를 종업원과 고객들이 이해했는지를 검토한다. 사용자 문제에 조사를 집중하기 때문에 사용된 많은 기준은 사용자의 관점에서 나온다.

㉒ 이미지와 커뮤니케이션의 계획

서비스 컨셉과 사용자 이미지의 연결을 계획한다. 고객들은 커뮤니케이션을 통하여 이미지를 형성한다. 이렇게 형성된 호의적인 이미지는 고객경험을 향상하지만, 나쁜 이미지는 고객경험을 손상할 수 있다. 시장 커뮤니케이션은 판매, 광고, 판매촉진과 같은 활동이다. 이미지와 커뮤니케이션의 관리는 서비스 제공물을 개발하는 통합된 부분이다.

③ **서비스 전달 시스템 계획**

새로운 서비스 컨셉이 선별되면 서비스를 전달할 프로세스를 검토한다. 이 과정은 서비스 전달 시스템과 고객접점을 통해서 확인한다. 또한 고객의 관점에서 서비스와 관련된 물적증거를 계획한다. 서비스 전달 시스템은 새로운 서비스를 계획하고 전달할 때 가장 중요한 구성요소이다. 이와 같이 중요한 서비스 전달 시스템의 구성요소는 다음과 같다.

- **사람**(people): 다기능팀으로 사람을 조직한다.
- **기술**(technology): 계획과 실행을 위한 적절한 도구와 자원을 사용한다.
- **시스템**(system): 서비스 전달 프로세스를 촉진하는 조직문화를 개발한다.

④ **사업성 분석**

다양한 집단의 사람과 함께 서비스 컨셉을 테스트한 후 서비스의 경제적 타당성을 검토한다. 충분한 규모가 있는 시장이 있는지, 서비스가 합리적인 수익을 창출할 수 있는지를 검토한다. 기업의 필요자원과 비용분석이 필요하다. 수집된 정보를 토의하고, 미래 활동을 계획한다. 새로운 서비스의 계획과 서비스 전달 시스템의 실행을 위한 자원할당을 계획한다. 새로운 서비스의 도입을 위해 경영층의 승인을 얻는다.

⑤ 시험마케팅

출시 전에 시험마케팅은 내부고객과 외부고객을 대상으로 실시한다. 출시 전에 개발된 새로운 서비스를 내부고객을 통해 테스트한다. 테스트 결과를 토대로 보완·수정한다. 정교화된 새로운 서비스를 특정한 잠재고객 집단에게 시범적으로 운영해 본다.

⑥ 출시와 출시 후 추적조사

새로운 서비스를 시장에 출시한다. 출시 목적의 달성 여부를 파악하기 위해 출시 후 추적조사를 실시한다. 고객과 종업원들로부터 정보를 입수하여 일정한 간격으로 조사를 실시한다. 필요하다면 새로운 서비스를 개선한다.

○○○ SENSE 🔍 **성공적인 서비스 개발 지침**

- 서비스 패키지를 상세하게 정의한다.
- 고객관점, 즉 기대와 지각에 집중한다.
- 설계자의 관점과 고객의 관점이 다르다는 것을 인식한다.
- 유형과 무형요소에 대한 품질을 정의한다.
- 모집, 훈련과 보상을 기대와 일치시킨다.
- 예외를 다루는 절차를 수립한다.
- 서비스를 추적할 시스템을 수립한다.

---

06 지식재산권

지식재산권은 정신적 창조물에 대해 창작자에게 부여되는 권리이다. 창작자에게 자신의 창작물을 일정 기간 동안 사용할 수 있는 독점적 권리를 부여한다. 창작 권리 보호의 사회적 목적은 창작물을 장려하고 보상하는 것이다. 이것은 공정한 경쟁을 촉진하고 보장하며 산업을 보호하는 것을 목표로 한다.

(1) 지식재산권의 개요

지식재산권은 무단 사용으로부터 보호를 받을 수 있는 인간의 지적산물이다. 즉, 인간의 지적 창조물 중에서 법으로 보호할 만한 가치에 대해 법이 부여한 권리이다. 산업활동과 관련된 정신적 창작물, 연구결과나 방법을 인정하는 독점적 권리로 무형재산권이다. 또한 지식재산권의 소유자는 배타적 독점권을 갖는다.

1) 지식재산권의 개요

지식재산권(intellectual property)이란 인간의 창의적 활동 또는 경험 등에 의하여 창출되거나 발견된 지식, 정보, 기술, 사상이나 감정의 표현, 영업이나 물건의 표시, 생물의 품종이나 유전자원, 그 밖에 무형적인 것으로서 재산적 가치가 실현될 수 있는 것이다(지식재산기본법I). 지식재산권은 지식재산에 관한 권리로 산업재산권, 지식재산권과 신지식재산권이 있다.

그림 9-27 지식재산권의 종류

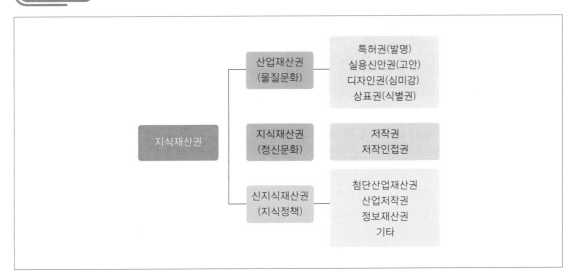

표 9-11 산업재산권의 관련 법률과 내용

권리의 종류	관련 법률	내용
특허권	특허법	발명(기술적 사상의 창작으로써 고도한 것)
		물질발명, 화학발명, 의약발명, BM발명
실용신안권	실용신안법	실용적인 고안(기술적 사상의 창작)
		물품의 형상, 구조, 조합
디자인권	디자인법	디자인(시각적으로 미감을 주는 물품의 형태)
		제품디자인, 패션디자인, 인테리어 소품

권리의 종류	관련 법률	내용
상표권	상표법	상표(상품을 식별하기 위하여 사용하는 표장)
		문자상표, 서비스표, 업무표장, 단체표장
저작권	저작권법	저작물(인간의 사상, 감정의 표현창작물)
		생명공학, 도메인 이름, 인공지능

○○○ SENSE 🔍 특허로 글로벌 기업을 탄생시킨 발명왕 에디슨

많은 사람이 에디슨을 '발명왕' 또는 '과학자' 정도로만 알고 있지만, 사실 그는 탁월한 사업가이기도 했다. 오늘날 제너럴 일렉트릭(GE)의 모체가 된 에디슨제너럴일렉트릭은 물론 전기자동차회사와 세계 최초의 무성영화극장을 설립한 장본인이 에디슨이다. 또한 에디슨이 "서랍 속에 잠들어 있는 물건은 발명품이 아니다"고 말한 것도, 발명품을 만들 때마다 항상 실용화를 고려했던 것도 그의 남다른 사업가적 기질과 마인드를 엿보게 해준다. 에디슨이 자신의 발명에 대해 일일이 특허를 출원했던 이유도, 단순히 특허 기록을 세우거나 발명왕이라는 타이틀을 얻어내기 위해서가 아니었다. 그가 특허출원한 발명품은 총 2,332건으로, 해마다 100건씩만 출원해도 20년 넘게 걸리는 양에 해당된다. 이만하면 특허를 출원하는 일만도 보통 번거로운 일이 아니었을 것이다.

그런데도 에디슨이 발명할 때마다 번번이 특허를 출원한 이유는 무엇 때문이었을까? 에디슨은 이렇게 말했다. "나는 발명을 하기 위해 발명을 계속한다." 이 말을 바꿔 말하면, "나는 발명을 하기 위해 특허를 계속 출원한다"고 할 수 있다. 아무리 위대한 발명가라도 돈이 없으면 발명을 계속하지 못한다. 그렇다고 연구비를 마련하기 위해 돈벌이를 하게 되면 발명에 집중할 시간이 부족해진다. 그런데 에디슨은 특허 출원을 통해 1,000여 개의 특허를 따낼 수 있었고, 덕분에 돈벌이를 따로 하지 않고도 발명을 계속할 수 있었다. 결국 에디슨이 발명왕이 된 비결은 '1%의 영감과 99%의 노력' 외에도 특허를 통해 연구를 지속할 수 있는 경비를 계속 마련할 수 있었기 때문이다.

출처: 한국경제신문 2020.09.14

(2) 지식재산권의 종류

지식재산권은 상업적으로 사용되는 발명과 같은 정신적 창조물로 인간의 발전을 자극하는 창의성과 노력을 보상한다. 지식재산권은 권리자가 타인의 실시를 배제할 수 있는 배타적 독점권으로 특허권, 실용실안권, 디자인권, 상표권과 저작권 등이 있다.

표 9-12 지식재산권의 보호대상 및 보호기간

구분	보호대상	보호기간
특허권	기술적 사상의 창작으로써 고도한 것(발명)	20년
실용신안권	제품수명이 짧고 실용적인 개량기술(고안)	10년
디자인권	물품의 형상, 모양(디자인)	20년
상표권	상품의 기호, 문자, 도형(표장)	10년
저작권	인간의 사상이나 감정 표현	생존기간과 사망 후 70년

1) 특허권

특허권(patent)은 기술적 사상의 창작물(발명)을 일정기간 독점적·배타적으로 소유 또는 이용할 수 있는 권리이다. 특허권을 취득하기 위한 요건은 자연법칙을 이용한 발명, 신규성, 진보성과 산업상 이용가능성을 충족해야 한다.

① 실체적 요건

특허(patent)는 자연법칙을 이용한 기술적 사상(idea)의 창작으로써 고도한 것이어야 한다. 아직까지 없었던 물건 또는 방법을 최초로 발명하면 그 발명자에게 주어지는 권리이다. 특허를 받을 수 있는 발명은 독창적 사상이고, 자연법칙을 이용한 것으로 기술적 효과를 낼 수 있고, 산업상 이용할 수 있는 것이어야 한다. 권리 존속기간은 출원일로부터 20년이다. 특허권은 자연법칙을 이용한 발명, 신규성, 진보성과 산업상 이용가능성을 충족해야 한다.

그림 9-28 특허권의 요건

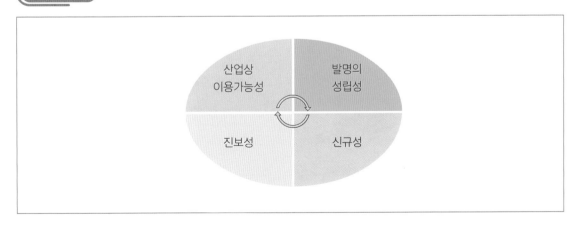

㉮ 발명의 성립성: 자연법칙 이용

발명의 성립성(subject matter)이란 발명이 자연법칙을 이용한 기술적 사상의 창작으로써 고도한 것을 의미한다. 발명은 단순한 아이디어가 아니라 목표를 달성하기 위한 기술적 수단으로 구체화된 아이디어이다. 자연현상 또는 자연법칙 자체는 특허의 대상이 될 수 없고, 반대로 자연법칙을 이용하지 않은 경우에도 특허의 대상이 될 수 없다. 자연법칙은 자연계에 존재하는 물리적, 화학적, 생물학적 원리원칙을 말한다. 자연계에서 경험으로 찾아낸 법칙으로 자연과학의 학문적 법칙, 경험법칙과 생리학 법칙은 포함되지만, 정신활동으로 창안된 법칙, 경제학 법칙, 심리법칙이나 인간의 판단 등은 해당되지 않는다.[23]

- **발명의 성립성**: 발명이 자연법칙을 이용한 기술적 사상의 창작으로써 고도한 것

발명은 물건의 발명과 방법의 발명이 있다. 물건의 발명은 기계, 기구, 장치, 시설, 전자회로, 화학물질, 식물, 미생물과 같은 유형물을 구현하는 발명이지만, 방법의 발명은 물건의 생산방법, 분석이나 측정방법으로써 구체화되는 발명이다. 예를 들면, 기계장치의 취급방법, 물건의 생산 방법, 물질의 생산방법과 동식물의 사육방법 등이 있다. 용도발명은 물건의 특정 성질을 발견하고, 이 성질을 유용하게 이용하는 발명으로 특허법에서는 이를 물건의 발명으로 규정한다.

기본발명은 발명이 속하는 기술분야에서 기술문제를 최초로 해결한 발명이다. 이것은 발명적 기여가 크고 포괄하는 기술적 범위가 넓다. 예를 들면, 전기, 컴퓨터, 전화기 등이 있다. 개량발명은 선행발명을 기초로 하여 기술적으로 보완하여 개선한 발명을 말한다. 개량발명이 특허발명의 대부분을 차지한다.

그림 9-29 **발명의 종류**

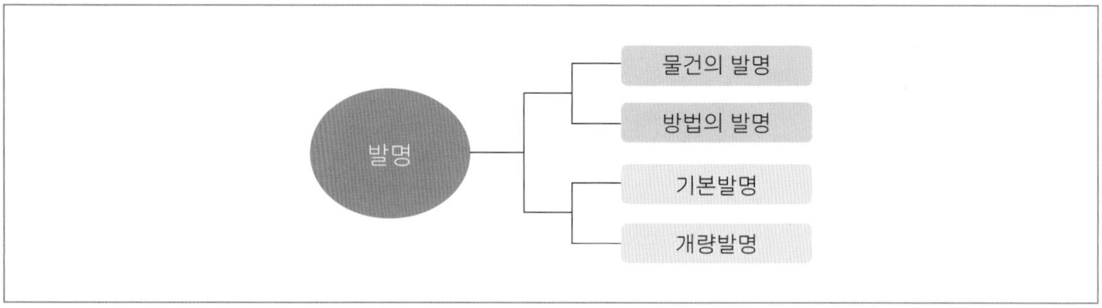

---

23   윤선희(2015), 특허의 이해 제2판, 법문사.

ⓒ 신규성

특허발명은 특허출원 전에 국내 또는 국외에서 공지·공용·간행물 게재·전기통신회선으로부터 공중이 이용 가능하게 된 발명에 해당되지 않는 독창적인 기술적 사상이어야 한다. 신규성(novelty)은 독창적인 기술적 사상으로 발명이 새로움을 갖추어야 한다. 따라서 신규성은 특허출원 전에 세상에 새로운 것으로 어떠한 방법으로든 공개되지 않은 것을 뜻한다.

ⓓ 진보성

진보성(inventive step)은 발명의 창작수준의 난이도로 당업자가 출원 시에 선행기술에 의하여 용이하게 발명할 수 없는 정도이다. 즉, 당업자가 쉽게 생각해 낼 수 없는 것이어야 한다. 종래 발명에 비해 진보된 발명에 대해서만 특허를 부여한다. 당업자란 발명이 속한 기술분야에서 보통의 수준을 갖고 있는 기술자를 의미한다. 진보성은 목적의 특이성, 구성의 곤란성 및 효과의 현저성 여부를 판단한다.

ⓔ 산업상 이용가능성

산업상 이용가능성(industrially applicable)이란 당해 발명이 산업과정에서 반복·계속적으로 이용될 수 있는 가능성을 말한다. 따라서 산업상 이용가능성이 없는 발명이나 산업 이외의 분야에서만 이용할 수 있는 발명은 비록 신규성과 진보성을 갖추고 있더라도 특허를 받을 수 없다.

② 특허출원 및 등록 절차

특허출원은 특허를 받기 위해 국가에 대하여 발명공개를 조건으로 특허권의 부여를 요구하는 행위이다. 발명이 특허요건을 구비하고 있는지의 여부에 대하여 일정 자격을 갖춘 심사관이 판단하여 발명의 요건을 충족하면 특허권이 부여된다.

특허출원에 필요한 필수 서류는 특허출원서, 요약서, 명세서 및 도면 등이다. 특허출원서는 특허를 받고자 하는 의사표시를 나타낸 서면으로 특허출원인의 성명 및 주소, 대리인이 있는 경우 대리인의 성명 및 주소나 영업소의 소재지, 발명의 명칭, 발명자의 성명 및 주소 등을 기재한다. 요약서는 기술정보의 용도로 사용하기 위해 것이다. 명세서란 특허를 받고자 하는 발명의 내용을 명확하고 상세하게 기재한 서면으로서 발명의 명칭, 도면의 간단한 설명, 발명의 상세한 설명, 특허청구범위로 구성된다. 도면은 발명의 실시 예를 구체적으로 표시하여 발명의 실체를 파악하는 데 도움을 주기 위한 것으로 명세서의 보조수단으로 이용되며, 발명의 요점을 충분히 이해할 수 있도록 작성하여야 한다.

그림 9-30 특허출원 및 등록 절차

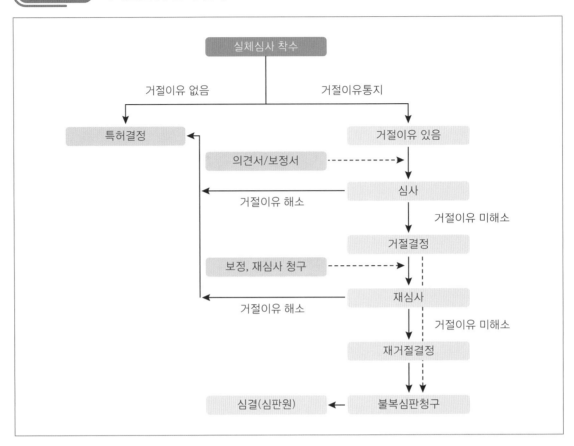

그림 9-31 특허출원에 필요한 서류 및 기재사항

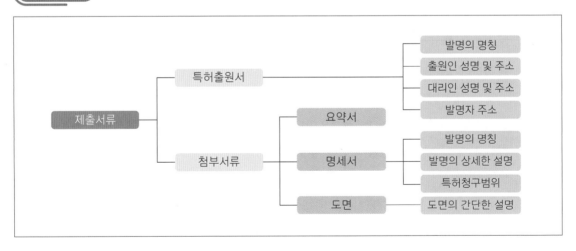

SENSE 　🔍 유명 기능성 신발업체, 납품회사와 특허 분쟁

아이무브 측은 진동판에 부착된 자석이 금속판을 움직여 진동을 발생하는 기술을 출원해 국내를 비롯한 미국·일본·중국에서 처음으로 특허를 획득했다. 법적 분쟁은 A사가 이와 유사한 특허를 출원해 대체품을 만들면서부터 검토됐다. 아이무브 측은 직원이 4명일 정도로 영세업체여서 소송비용을 마련하는 데만 수년이 걸렸다.

아이무브 측은 "'혈류개선을 위한 진동장치가 구비된 기능성 건강 신발'과 '신발 등에 구비되는 진동장치' 2종의 특허권 기술내용을 침해했다고 판단해 적극적 권리범위확인심판을 청구했다"면서 "A사가 관련 제품으로 받은 특허권도 원천 기술을 침해했다고 판단해 무효심판도 함께 청구했다"고 설명했다.

A사는 2016년 8월부터 2020년 3월까지 4년여 동안 원천기술이 적용된 진동 단자를 아이무브 측으로부터 공급받아 기능성 신발을 제조·판매했다. 이 과정에서 국내·외 각종 발명전시회에서 각종 수상을 휩쓸기도 했다. 그러다가 기존에 납품받던 부품과 유사한 대체품을 적용한 신발을 만들어 국내·외 대리점 150여 개를 통해 판매 중이라는 게 아이무브 측의 주장이다.

출처: 서울경제 2024.06.20

2) 실용신안권

실용신안권(utility model right)은 실용신안을 등록한 자가 독점적, 배타적으로 가지는 지배권이다. 즉, 기존의 물품을 개량하여 실용성과 유용성을 높인 고안을 출원하여 부여받는 권리이다. 실용신안권은 개량발명 또는 소발명을 보호, 장려하고 기술발전을 촉진하여 산업발달에 이바지하기 위한 제도이다. 실용신안은 보호기간이 출원 후 10년이다. 특허등록의 대상은 물품 및 방법이지만, 실용신안등록의 대상은 오직 물품만이 출원 대상에 해당된다.

실용신안권은 자연법칙을 이용한 기술적 사상의 창작물 중에서 산업상 이용할 수 있는 물품의 형상, 구조 또는 조합에 관한 고안이다. 일정한 형체가 없는 의약, 화학물질, 유리, 합금, 시멘트 등의 조성물은 등록될 수 없다. 특허출원을 하였으나 진보성과 고도성이 부족할 때 실용신안으로 변경출원하면 등록가능성이 크다. 다음은 실용신안권의 특징이다.

- 요건: 이미 발명된 것을 보다 편리하고 유용하게 쓸 수 있도록 개량
- 권리 존속기간: 출원일로부터 10년
- 목적: 소발명 보호
- 특허와의 차이점
  - 보호대상: 물품(특허는 방법도 포함)

- 등록요건: 진보성에서 고도성 제외

3) 디자인권

디자인권(design right)은 디자인을 등록한 자가 그 등록디자인에 대하여 향유하는 독점적·배타적 권리이다. 디자인은 물품(물품의 부분 및 글자체 포함)의 형상, 모양, 색채 또는 이들을 결합한 것으로서 시각을 통하여 미감을 일으키게 하는 것이다. 즉, 물품이나 글자체의 외관 디자인을 보호하는 권리이다. 디자인권의 성립요건은 물품성, 형태성, 시각성 및 심미성 등이 있어야 한다.

- **물품성**: 독립성이 있는 구체적인 물품이다. 물품은 독립성이 있는 구체적인 유체동산으로서 통상의 상태에서 독립된 거래의 대상이고, 부품은 호환성이 있어야 한다.
- **형태성**: 물품의 형상, 모양, 색채 또는 이들이 결합된 것이다.
- **시각성**: 육안으로 식별할 수 있는 것이다.
- **심미성**: 미감을 일으키도록 미적 처리가 되어 있는 것이다.

4) 상표권

상표(trade mark)는 다른 사람의 상품 또는 영업과 구별하기 위하여 사용하는 문자, 도형, 기호, 입체적 형상, 색채, 홀로그램, 동작, 소리, 냄새 등의 시각적으로 인식할 수 있는 것이다. 상표권(trade mark right)은 등록상표를 지정상품에 독점적으로 사용할 수 있는 권리이다. 상표의 기능은 식별기능, 출처표시기능, 품질보증기능, 광고 선전기능, 재산적 기능 등이 있다. 상표권의 독점기간은 10년이지만 갱신이 가능하다. 다음은 상표의 종류이다.

- **업체상표**: 타인의 상품과 구별하기 위해 사용하는 표장
- **서비스표**: 타인의 서비스업과 식별되도록 하기 위하여 사용하는 표장
- **단체표장**: 동종업자가 설립한 법인의 제품이나 서비스업에 사용하는 것(예, 새마을금고)
- **업무표장**: 비영리업무를 하는 자가 그 업무를 표시(예, YWCA)
- **증명상표**: 증명을 업으로 하는 자가 제품이나 서비스업의 규정 품질을 충족여부 증명
- **색채상표**: 기호, 문자, 도형, 색채, 홀로그램, 동작이나 이들에 색채를 결합한 상표

동일한 상표가 없더라도 모두 등록이 되는 것은 아니고 등록이 제한되는 경우가 있다. 보통 명칭상표, 관용상표, 성질표시 표장, 현저한 지리적 명칭, 흔한 성이나 명칭, 간단하고 흔한 상표 등은 등록을 받을 수 없는 상표이다. 다음은 등록이 불가능한 상표이다.

- 보통명칭상표: 상품의 보통명칭은 등록이 불가능하지만, 식별력 있는 요소가 결합되면 가능하다. 가방, 모자, 라면 등은 불가능하지만, 농심라면이나 영안모자는 가능하다.
- 관용상표: 정종, 메일, 호마이카, 나폴레옹, ~tex, ~lon, 깡
- 성질표시표장: 콘디션, 파워크린, 엑셀, 청정, 무공해, 바이오, hitek
- 현저한 지리적 명칭: 한강, 소양호, 충주호, 런던, 뉴욕, 마이애미 등은 불가능하다.
- 흔한 성이나 명칭, 간단하고 흔한 상표: President, 한글 한자, 영문 두자 이하의 문자
- 기타
  - 국기, 국장 등과 동일 또는 유사한 상표
  - 공공단체의 표장과 동일 또는 유사한 상표
  - 공서양속에 반하는 상표
  - 박람회의 상패, 상장과 동일 유사한 상표
  - 상품 또는 그 포장의 기능을 나타내는 입체적 형상만으로 구성된 상표
  - 저명한 타인의 성명 또는 명칭을 포함하는 상표
- 상표의 동일·유사
  - 유사판단의 3요소: 외관, 발음(칭호), 의미(관념)

5) 저작권

저작권(copyright)은 인간의 사상 또는 감정을 표현한 창작물에 대하여 주어진 독점적 권리이다. 표현의 수단 또는 형식 여하를 불문하고, 사람의 정신적 노력에 의하여 얻어진 사상 또는 감정에 관한 창작적 표현물은 모두 저작물이 된다. 저작권은 저작물이 창작된 때부터 발생하며, 어떠한 절차나 형식적 요건을 필요로 하지 않는다. 저작권의 보호기간은 저작자의 생존 동안 및 사후 70년 간이다. 특허는 아이디어(idea)를 보호하나, 저작권은 표현(expression) 자체를 보호한다. 저작인접권은 저작권에 인접한 권리로 이 권리는 실연자(배우, 가수, 연주자), 음반제작자 및 방송사업자에게 귀속되는 권리이다.

6) 신지식재산권

저작권과 산업재산권을 제외하고, 경제적 가치를 지니는 인간의 지적 창작물인 컴퓨터 프로그램, 유전자조작동식물, 반도체설계, 인터넷, 캐릭터산업 등과 관련된 지식재산권을 신지식재산권(intellectual property rights)이라 한다. 이 외에도 만화영화 등의 주인공을 각종 상품에 이용하여 판매할 수 있는 캐릭터, 독특한 색채와 형태를 가진 독특한 물품의 이미지, 프랜차이징 등도 신지식재산권의 일종으로 포함하기도 한다.

7) PCT출원

PCT(Patent Cooperation Treaty) 규정에 의한 출원으로서 국제출원일이 인정되면 지정국에서 실제 출원한 것과 같은 효과가 발생한다. 특허협력조약에 가입한 국가 간에 출원인이 출원하고자 하는 국가를 지정하여 자국 특허청에 PCT 국제출원서를 제출한 날을 각 지정국에서 출원일로 인정받을 수 있다. 한번의 PCT 국제출원으로 다수의 가입국에 직접 출원한 효과를 얻을 수 있으며, 국제조사 및 국제예비심사보고서의 활용으로 발명의 평가 및 보완 기회를 가질 수 있어 특허 획득에 유리하고, 불필요한 비용의 지출을 방지할 수 있다.

① 장점
- 1회의 출원으로 다수국에 직접 출원한 효과
- 국제조사, 국제예비심사보고서 활용으로 발명의 평가, 보완기회 부여
- 발명의 평가 결과가 부정적일 경우 절차를 정지하여 경비 절약

② 단점
- 특허권 취득의 장기화, 절차가 복잡
- 국제출원 언어: 국어, 영어, 일어
- 국제예비심사 청구 시 우선일부터 30개월 이내

메모

발명은 1%의 영감과 99%의 땀이다
- Thomas A. Edison -

사업타당성 분석과 사업계획서

성공하는 사업의 원칙

⚙ 성공하는 사업 원칙 존 멀린스 교수

존 멀린스(John Mullins) 영국 런던비즈니스스쿨 교수는 2011년 싱커스 50인(Thinkers 50) 행사에서 경영사상 리더에게 주는 레이더상을 받았다. 3M, 타임워너 커뮤니케이션, 케냐항공, 국제금융공사(IFC) 등을 컨설팅했다. 멀린스 교수는 식품유통사업 등 두 번의 창업경험을 바탕으로 창업성공을 위한 여러 권의 가이드북을 썼다. 멀린스 교수가 저술한 성공하는 사업의 7가지 원칙(The New Business Road Test)은 본격적인 사업 시작 전 테스트의 필요성을 강조한 책이다. 실리콘밸리 벤처캐피털 회사인 KPCB(클라이너 퍼킨스 코필드 앤드 바이어스)의 파트너 랜디 코미사와 공저한 플랜 B로 향하라(Getting to Plan B)는 2009년 비즈니스위크지(誌)와 잉크(Inc.)에서 최고의 책 중 한 권으로 선정됐다. 또한 2014년 출간한 고객으로부터 사업 자금을 모아라(The Customer-Funded Business)는 포춘지(誌)가 선정한 2014년 놓치지 말아야 할 책 다섯 권에 포함됐다.

⚙ 스티브 잡스도 아이튠스 개설 前 테스트

사업기회가 있는지 평가하기 위해 시험이 필요하다. 새로운 사업이란 "나는 소비자가 이걸 원한다고 생각해" "나는 이런 서비스가 꼭 필요한 것 같아" 같은 가설들을 모은 것이다. 이 가설들이 맞을지 알아보려면 가설을 테스트해야 한다. 시험을 통해 옳은 방향으로 가고 있지 않다고 판명되면 방향을 바꾸는 것이다. 애플은 15년 전 그다지 성공적인 PC 제조사가 아니었다. 마니아층이 있긴 했지만, 시장점유율은 미미했다. 회사를 떠났다가 복귀한 스티브 잡스는 음악 산업에 만연한 문제를 관찰했다. 당시 온라인에서는 아무도 음악에 대해 돈을 내지 않았다. 음악은 공짜라는 생각이 당연시됐다. 음악 파일 무료 공유 사이트인 냅스터가 온라인에서 불법으로 공짜 음악을 제공했다. 잡스는 "나에게 이 문제를 해결할 아이디어가 있다. 하지만 먼저 몇 가지 가설부터 검증해야 한다"라고 생각했다. 잡스가 세운 첫 번째 가설은 "소비자가 온라인으로 음악을 내려받을 때 대가를 지불하게 할 것이다"였다. 두 번째는 "음악 산업 종사자들은 CD나 앨범을 파는 대신 아이튠스에서 음악을 팔 수 있을 것이다"였다.

⚙ 어떻게 가설을 테스트를 하는가?

잡스는 두 번째 가설을 테스트하기 위해 록 그룹 이글스의 드러머 돈 헨리에게 전화해 "당신들이 만든 음악에 대해 정당한 대가를 못 받고 있죠? 제 아이디어 좀 들어보실래요?"라고 물었고, 헨리는 "좋다"고 답했다. 잡스는 다른 뮤지션들과 프로듀서들에게도 연락해 애플의 온라인 장터인 아이튠스를 통해 소비자가 음악을 유료로 구입하게 할 것이라고 설명하고, 이들의 동참을 이끌어냈다. 잡스는 자신이 세운 가설을 먼저 검증하고 사업에 확신을 가진 후 실행에 나섰다. 첫 번째 가설 역시 아이튠스 개설 첫날 사용자가 음악을 내려 받은 건수 가 140만 건을 기록하면서 검증됐다.

⚙ 제품을 구매할 고객을 찾는다

가장 중요한 것은 회사가 팔려고 하는 제품이나 서비스에 대해 돈을 낼 고객을 찾는 것이다. 페이스북과 트위터는 실제 수익을 내기 전에 대규모 사용자 기반을 구축했다. 사용자가 반드시 돈을 내는 고객은 아니다. 누구도 페이스북을 이용하려고 페이스북에 돈을 내지는 않는다. 페이스북이 돈을 벌게 해주는 것은 광고업체이다. 페이스북은 거대한 사용자 커뮤니티를 만들어 광고업체들에 이 커뮤니티를 판 것이다. 모두 마크 저커버그가 되기를 꿈꾸지만 대부분은 저커버그처럼 되지 못한다. 저커버그는 "내가 제공하는 가치에 대가를 지불할 고객을 찾을 수 있는가"라는 근본적인 질문에 답을 갖고 있었다.

⚙ 고객의 문제나 어려움을 파악하고 해결책을 제시한다

고객이 가진 문제나 어려움이 무엇인지 정확히 파악하고 해결책을 제시한다면 고객들은 기꺼이 먼저 값을 치를 것이다. 이렇게만 된다면 외부 투자자에게서 투자금을 유치하지 않아도 된다. 고객으로부터 필요한 자금을 확보할 수 있으니까. 고객 한 명을 만족시키고 또 다른 고객을 계속 찾는다. 빌 게이츠와 폴 앨런도 MS를 만들기 위해 이 방법을 썼다. 델 컴퓨터의 마이클 델도 마찬가지이다. 그는 고객이 컴퓨터를 받기 전에 컴퓨터 값을 미리 내도록 했다. 고객으로부터 제품 값을 받은 후에 그 돈으로 부품 등을 사서 컴퓨터를 제작했다 누가 내 고객인지를 아는 것은 가장 기본적인 원칙이다.

⚙ 성공하는 사업의 7가지 원칙

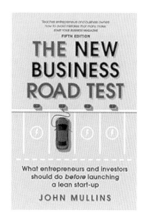

고객의 니즈를 이해하고 기회를 구체화하면 제품이 지속가능한 방식으로 차별화 편익을 제공할 수 있다. 시장의 핵심 성공 요소는 시장, 산업 및 사람이다. 시장과 산업은 유망한가, 이 기회가 고객편익을 제공하여 경쟁우위를 유지할 수 있는가, 그에 걸맞는 사람은 누구인지를 확인한다. 멀린스 교수가 제안한 7가지 요소에 대한 검증을 통해 최종적으로 사업을 실행해 나가면 사업은 성공 한다. 성공하는 사업의 7가지 요소는 고객확장, 시장과 트렌드 파악, 유망한 산업 선택, 지속가능한 경쟁우위 확보, 기업가적 사명과 열망, 위험 성향, 성공요인 파악과 실행 팀 조직과 효율적인 네트워크 구축이다.

⚙ 성공하는 사업의 원칙

첫째, 경쟁력 있는 세분시장에 진입하여 고객을 확장한다. 고객은 제품의 특성을 사는 것이 아니라 고객의 불편을 해결할 편익을 산다. 편익이 주연이고 특성은 조연이다. 둘째, 크고 성장하는 시장과 추세를 파악한다. 먼저 거대 사업체 아니면 틈새시장을 확인한 다음, 경제, 인구구조, 사회 문화, 규제, 자연적인 트렌드가 시장에 미치는 영향을 파악한다. 셋째, 유망한 산업을 선택하고 참여한다. 경쟁에 영향을 주는 경쟁자, 신규진입자, 공급자, 구매자 및 대체품 등을 평가한다. 넷째, 지속 가능한 경쟁우위를 확보한다. 경쟁우위는 경쟁사보다 좋고, 싸고, 빠르고, 차별화된 편익을 제공하는 것이다. 다섯째, 기업가적 사명과 열망, 위험 성향을 갖는다. 사업가로서 어떻게 시장에 이바지하고, 변화시키고자 하는 열정을 가져야 한다. 여섯째, 결정적인 성공요인을 파악하고, 그것을 실행할 팀을 조직한다. 훌륭한 경영이란 핵심 성공요인을 파악하고 여기에 맞게 전략을 실행하는 것이다. 실제 고객의 문제와 니즈를 이해하고 이를 해결한 다양한 방법을 실행한다. 일곱째, 모든 가치사슬에서 효율적인 네트워크를 구축한다. 연결성은 위기나 기회일 때 대단한 위력을 발휘한다. 따라서 업계의 리더와 거래하고, 다른 업체에 대체품을 공급하는 공급자와도 연결을 유지한다.

CHAPTER
10

사업타당성 분석과 사업계획서

수요예측은 제안된 마케팅 계획에 따라 지정된 미래 기간 동안의 매출을 추정하는 것으로 미래의 제품 수요를 예측하는 과학적 도구이다. 이는 고객 주문을 이행하는 시작점이며 예측된 수요를 기반으로 기업은 일정 기간 동안 인력, 자원 및 역량을 투입하여 고객이 가치 있고 지불할 의사가 있는 상품과 서비스를 개발할 수 있다. 신제품에 대한 수요예측은 신제품이므로 판매에 대한 과거 자료를 사용하기 어렵기 때문에 특별한 기법이 필요하다. 그러나 신제품이 기존제품의 개선에 불과할 때 유사상품을 비교하여 수요를 예측할 수 있다.

(1) 수요예측

수요예측은 신제품의 수요를 예측하여 매출액과 이익을 추정하여 신제품 개발의 타당성을 예측하는 것이다. 이처럼 신제품의 수요예측은 제품개발에서 매우 중요한 요소이다. 제품의 시장수용, 기술적 타당성과 회사의 자원과 관련된 불확실성 때문에 수요예측은 매우 어렵고, 때로는 경시하는 경향이 있다. 수요예측은 미래의 일정 기간에 대한 제품이나 서비스에 대한 소비자들의 수요를 예측하는 것이다. 따라서 창업자는 일정 기간 동안 소비자들에게 특정 제품이나 서비스의 매출액 규모를 추정한다.

1) 수요예측의 중요성

제품의 수요예측은 기업이 갖고 있는 과거의 경험이나 시장자료에 근거하여 특정 상품이나 서비스의 공급과 수요 간의 인과관계를 찾아내어 특정 제품이나 서비스의 미래수요를 예측하는 것이다. 그러나 과거에 시장에 존재했던 인과관계가 미래에 계속될 것으로 가정하기 때문에 항상 오차가 발생한다.

- **시장잠재력**(market potential): 달성할 수 있는 시장규모의 최대추정치
- **시장예측**(market forecast): 기업들이 달성할 수 있는 시장규모의 합리적 추정치
- **판매잠재력**(sales potential): 달성할 수 있는 회사 판매의 최대추정치
- **판매예측**(sales forecast): 회사 판매의 합리적 추정치

2) 예측기법의 유형

신제품에 대한 수요는 예측 결과를 근거로 하여 기업이 달성할 수 있는 판매 목표를 결정한다. 때때로 마케팅 및 계획팀은 제품을 출시하기 전에 판매실적을 추정하기 위해 가상분석을 실시한다. 신제품의 수요예측 방법은 정성기법과 정량기법이 있다. 신제품의 수요예측은 제품도입기에는 정성분석으로 예측하고, 이후에는 신제품과 유사자료의 매출자료를 토대로 시계열이나 인과모형 등 정량기법을 사용하는 것이 좋다.

(2) 정성기법

정성기법(qualitative techniques)은 경영자, 전문가, 판매원이나 소비자의 의견과 추정에 근거한 판단방법이다. 전문가들은 신제품의 판매를 추정하기 위해 자신의 경험, 의견, 판단과 추정을 사용하는 질적 예측을 계량적 예측으로 전환하는 데 능숙하다. 시장조사는 판매예측의 정확성을 증가한다. 통계적 예측모델이 인간의 질적 판단보다 최적의 미래예측을 낳는다는 실증적 증거가 있지만, 예측의 정확성을 증가하려면 정성기법과 정량기법을 함께 사용하는 것이 더 좋다.[1]

1) 판단기법

판단기법(judgmental methods)은 제품의 미래 판매를 예측하기 위해 전문가들의 의견에 근거하는 예측기법이다. 전문가들은 개인들의 경험에 근거한 판단기법을 부정확성과 위험으로 경시하지만, 경영자들은 복잡한 정량기법에 비해 판단기법을 더 선호한다. 판단기법의 과정은 경험, 판단과 직관에 의한 예측이다.[2] 이러한 기법에는 경영자 집단 의견법, 전문가 의견법, 판매원 의견 종합법, 시나리오분석, 델파이법 등이 있다.

① 경영자 집단 의견법

경영자 집단 의견법(jury of executive opinion)은 경영자들이 신제품에 관하여 수요를 예측하

---

1   Jain(2008).
2   Kahn(2006).

는 것이다. 이러한 예측은 경영자가 하부로 전달하는 방식이다. 예측결과는 개별적인 개인의 예측이 아니라 전문가들에 의한 경영층의 합의로 이루어진 예측이다.

② 판매원 의견 종합법

판매원 의견 종합법(sales force composite)은 영업 영역에 있는 개별 판매직원들의 예측을 결합하는 방법이다. 고객과 가장 가까이 있는 직원들로부터 최적의 예측을 얻는다. 판매원은 고객욕구를 매우 잘 안다. 그러나 판매원의 의견을 종합하는 과정은 시간 소모와 의도적인 편견의 가능성이 매우 크다.[3]

③ 시나리오 분석법

시나리오 분석법(scenario analysis)은 계량적 예측을 하지 않는 이야기 예측방법이다. 시나리오 분석의 목적은 미래상황을 표현하고 기술하는 것이다. 이 예측법은 탐색방식 또는 규범방식이 있다. 탐색방식에서 예측하는 사람은 미래를 예측하기 위해 현재 시장상황과 추세를 사용한다. 즉, 현재추세에 근거한다. 규범방식은 현재추세를 고려하지 않고 미래를 예측하는 것이다. 미래로 뛰어들어가서 발생할 것으로 기대되는 것을 예측하는 것이다.

④ 델파이법

델파이법(Delphi method)은 전문가의 패널들이 익명으로 예측을 제공하고 논평하고, 그런 다음 이것들을 결합하여 패널들에게 보내는 방법이다. 설문을 통해 전문가들로부터 의견을 수렴하여 일치된 의견이나 예측을 도출하는 기법이다. 전문가들은 다른 패널들의 예측을 검토하고, 자신의 예측을 조정할 기회를 갖는다. 이러한 과정은 합의에 도달할 때까지 반복된다. 이 방법의 목적은 패널들이 익명을 유지함으로써 사회적 압력의 영향을 최소화하기 위한 것이다. 장기 수요예측, 과거의 자료가 없는 신제품의 수요예측, 그리고 신기술 예측 등에 유용하게 이용된다. 다음은 델파이법의 진행 절차이다.

- 패널을 구성한다.
- 조정자는 1차 설문지를 작성하여 각 패널들에게 배포한다.
- 조정자는 1차 설문지에 대한 회답을 수집하여 정리한다.
- 조정자는 편집된 결과를 토대로 2차 설문지를 작성한다.
- 조정자는 2차 설문 조사결과를 패널들에게 보내고, 패널들은 예측치와 비교하여 새로운 예측치를 서면으로 제출하고, 조정자는 이를 분석한다.
- 전체의 의견이 충분히 수렴될 때까지 위의 과정을 3~6회 정도 반복한다.

---

3   Gilliland & Guseman(2010).

그림 10-1 델파이법 진행절차

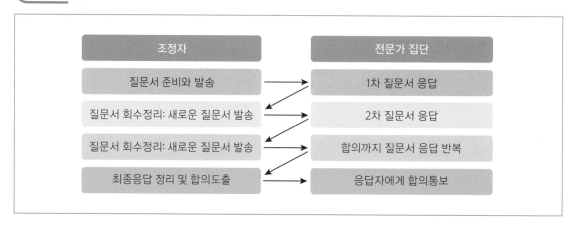

2) 소비자와 시장조사법

소비자와 시장조사(customer & market research)는 자료수집조사를 통해 가설을 설정하고 테스트함으로써 소비자의 관심을 예측하는 방법이다. 이것은 컨셉테스트, 제품사용테스트, 시장테스트와 사전시장테스트 등이 있다.[4] 설계 단계에서 예측자들은 시장에서 제품실패를 피하기 위해 신제품의 출시보다 더 일찍 예측을 시작한다.

그림 10-2 소비자와 시장조사법

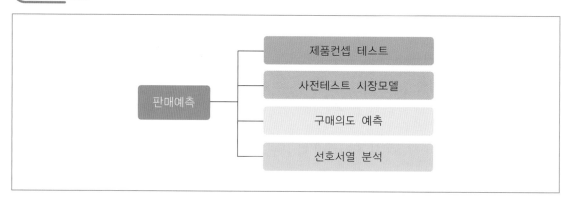

① 제품컨셉테스트

제품컨셉테스트 모델은 제품이 기존제품범주에 속한다면 예측에 적절하지만, 제품확산

---

4   Kahn(2006).

이 구전과 관계가 있을 때, 충성도를 측정할 때, 소매관측이 판매에 중요한 영향을 미칠 때나 혁신적인 비약일 때는 정확성이 부족하고, 예측결과는 종종 단기적이다.

② 사전테스트 시장모델

사전테스트 시장모델은 제품출시 전에 제품의 시용구매를 평가하는 것이다. 이 모델은 가장 성공적인 방안을 확인하고 가장 실패하는 방안을 제거하는 데 정확하다. 사전테스트 시장분석 결과가 제품이 실패할 것 같다는 분석이 나타나면 제품개발을 중지하도록 유도할 것이다. 따라서 제품의 실패가능성이나 진행과 중지의 진단을 제시한다.

③ 구매의도 예측

구매의도 조사는 제품이나 서비스에 대한 고객관심을 측정하기 위해 사용된다. 인터넷으로 쉽고 신속하게 조사할 수 있다. 잠재적 소비자들이 자사의 제품을 얼마나 구매할 의향이 있는지를 조사하는 것이다.

④ 선호서열 분석

선호서열 분석은 소비자들의 선호도를 조사하여 서열화하는 분석이다. 잠재적 소비자들에게 자사의 제품과 동일한 제품범주의 제품을 제시하고, 선호하는 제품을 묻는 설문조사를 실시한다.

(3) 정량기법

정량기법은 역사적 수요(historical demand) 자료를 사용한다. 이 방법의 전제는 예측을 위해 사용되는 패턴이 미래에도 일정하게 반복될 것으로 보고 역사적 수요를 평가하는 것이다. 그러나 과거는 언제나 미래의 정확한 예측을 제공하지 않는다.[5] 정량적 방법은 세 가지 조건을 충족할 때 사용할 수 있다.

- 역사적 자료를 이용할 수 있다.
- 역사적 자료는 수치자료의 형태로 계량화할 수 있다.
- 역사적 자료 패턴의 어떤 측면은 미래에도 계속될 것이라고 기대한다.

1) 유사분석

유사분석(looks-like analysis)은 신제품과 유사한 제품의 역사적 수요 자료를 사용함으로써 신제품을 예측하는 기법이다. 이를 역사적 유추법(historical analogy)이라고도 한다. 신제품이

---

[5] Makridakis & Hibon(2000).

과거자료가 없을 때 이와 비슷한 기존제품의 도입기, 성장기, 성숙기와 쇠퇴기 때 판매추세를 보고, 신제품의 판매를 유추하는 것이다. 신제품의 수요가 다른 제품의 수요와 유사하다는 가정이다. 제품수명주기 유추(product life-cycle analogy)는 신제품이 기존제품의 확장일 때 좋은 방법이다.

2) 이동평균법

이동평균법(moving average)은 이전판매 기간의 특정한 수만을 평균하는 기법이다. 미래수요를 예측하기 위해 이전 수요 기간으로부터 평균을 사용한다. 이동평균기간을 길게 할수록 우연 요인이 더 많이 상쇄되어 예측선은 고르게 되나, 수요의 실제변화에는 늦게 반응한다. 따라서 변화가 급격하지 않고 정적일 경우에 사용하는 것이 적절하다.

단순이동평균(simple moving average)은 확률오차의 영향을 제거하여 수요 시계열의 평균을 추정하는 방법이다. 수요의 계절적 변동이나 급속한 증가 또는 감소의 추세가 없고, 우연변동만이 크게 작용하는 경우에 유용하다. 이것은 이동평균을 통하여 우연변동을 제거하는 것이다. 예측식은 다음과 같다.

$$F_t = \frac{A_{t-1} + A_{t-2} + \cdots + A_{t-n}}{n}$$

F_t = 기간 t의 수요예측치
A_t = 기간 t의 실제수요
n = 이동평균기간

가중이동평균법(weighted moving average)은 최근의 자료에 더 큰 가중치를 부여하여 평균값을 구하고, 이 평균값을 차기의 예측값으로 사용한다. 이때 가중치의 합은 1이다. 평균을 계산할 때 실적값들에 대한 가중치를 다르게 할 수 있다. 글로벌 회사의 A제품의 월별 판매량이 [표 10-1]과 같을 때 5월의 판매를 예측하고자 한다. 가중치는 4월 0.4, 3월 0.3, 2월 0.2, 1월 0.1로 설정하고, 5월의 판매를 가중이동평균으로 예측한다. 이때는 5개월 가중이동평균이 된다.

표 10-1 글로벌 회사의 A제품의 월별 판매량

월(t)	1	2	3	4	5
실제수요(At)	1,000	1,100	900	1,200	

$$F5=0.1\times(1,000)+0.2\times(1,100)+0.3\times(900)+0.4\times(1,200)=1,070$$

3) 인과관계 모형

인과관계 모형(causal model)은 변수의 값을 예측하기 위해 관련 변수를 파악하고, 과거의 자료를 이용하여 변수들 간의 인과관계를 파악하여 미래수요를 예측하는 것이다. 회귀(regression)는 영국의 과학자 갈톤(Francis Galton)이 발표한 논문에서 유래하였다. 그는 아버지와 아들의 키가 유전적으로 직선 관계가 존재한다는 것을 발견하고, 이 직선을 회귀 직선이라고 하였다. 아버지의 평균 키와 성인이 된 자식의 키를 비교한 결과 키가 큰 부모의 자손들의 평균 키는 그들의 부모보다 작은 반면에, 키가 작은 부모의 자손들의 평균 키는 그들의 부모보다 더 크다는 현상을 발견하고, 이를 전체 부모 키의 평균으로 향한 회귀 현상 혹은 복귀(reversion) 현상이라 하였다. 즉, 전체 키 평균으로 돌아가려는(회귀하려는) 경향이 있다는 가설이다.

회귀분석(regression analysis)은 특정한 현상과 그 현상에 영향을 미칠 수 있는 변수들 간의 함수 관계를 표현할 수 있는 모형을 이론적 근거나 경험적 판단에 의하여 설정하고, 관측된 자료로부터 함수관계를 추정하고, 예측하는 통계적인 분석방법이다. 변수와 변수 사이의 관계를 알아보기 위한 통계방법으로 독립변수와 종속변수 간의 관계를 예측하는 것이다.

회귀분석에서 독립변수는 원인이 되는 변수이며, 종속변수는 독립변수의 영향으로 결과가 되는 변수이다. 따라서 회귀분석은 독립변수 X가 변화할 때 종속변수 Y에 미치는 영향을 통계적으로 예측하는 것이다. 회귀분석은 결과변수(종속변수)의 값을 결정하는 원인변수(설명변수, 독립 변수)들로 구성된 회귀식을 개발하는 것이다. 아래는 두 변수에 관한 설명이다.

그림 10-3 **독립변수와 종속변수**

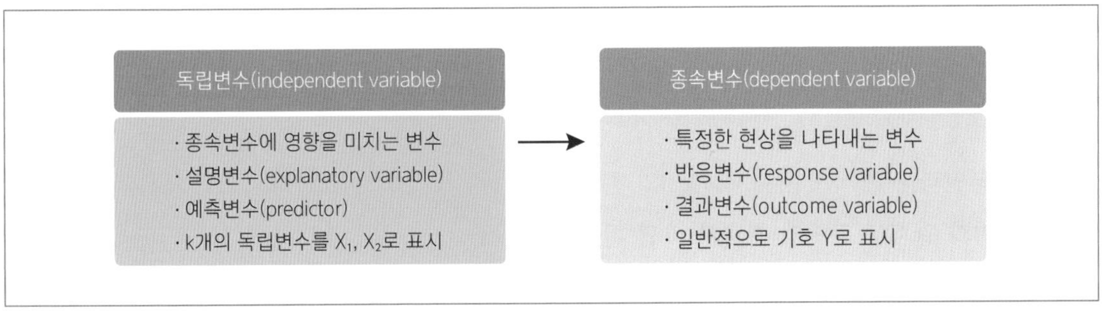

독립변수(independent variable)
- 종속변수에 영향을 미치는 변수
- 설명변수(explanatory variable)
- 예측변수(predictor)
- k개의 독립변수를 X_1, X_2로 표시

→

종속변수(dependent variable)
- 특정한 현상을 나타내는 변수
- 반응변수(response variable)
- 결과변수(outcome variable)
- 일반적으로 기호 Y로 표시

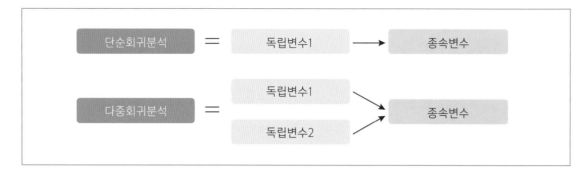

그림 10-4   단순회귀분석과 다중회귀분석

회귀식을 선형(직선)으로 보고 접근할 경우 선형모형, 직선이 아닌 경우는 비선형모형이라고 한다. 선형회귀모형은 독립변수와 종속변수와의 관계가 비례적인 선형을 이룬다. 독립변수의 수가 하나일 경우를 단순선형회귀분석, 복수일 경우 다중선형회귀분석이다.

① 선형회귀분석

선형회귀분석법(linear regression)은 하나 이상의 독립변수와 관련된 종속변수가 있는 선형 방정식을 사용한다. 이 방법은 그래프 선에서 실제 자료의 편차 제곱 합을 최소화하는 값을 발견하는 것이다. 예를 들면, 독립변수 X의 가격인상이 종속변수 Y의 매출액을 추정한다.

② 다중회귀분석

현실세계에서 종속변수에 미치는 영향이 하나의 원인에 의한 경우는 극히 드물다. 다중회귀분석은 두 개 이상의 독립변수와 한 개의 종속변수 간의 인과관계를 분석하는 모형이다. 예를 들면, 매출액의 증가는 제품의 가격, 품질, 광고와 판촉활동 등 많은 요인에 의해서 영향을 받는다. 다중회귀분석에서는 독립변수만 많을 뿐 이론적 배경은 선형회귀분석과 동일하다. n개의 독립변수로 이루어진 회귀방정식은 다음과 같다.

$$\hat{Y} = a + b_1 X_1 + b_2 X_2 + \cdots + b_n X_n$$

역인과 관계(reversible causation)의 존재를 판단하는 것이 필요하다. 즉, 인과관계의 오류인 역인과 관계는 원인과 결과가 바뀐 현상을 의미한다. A이기 때문에 B이지만, B이기 때문에 A는 아니다. 예를 들면, 의사 수의 증가가 질병을 증가시키는 것은 아니다. 오히려 질병이 늘어나기 때문에 의사가 증가하는 것이다.

02 사업타당성 분석

타당성 분석(feasibility analysis)은 사업 아이디어가 실행 가능한지를 결정하는 과정이다. 타당성 분석은 자원을 투입하기 전에 아이디어가 추구할 가치가 있는지를 결정하고 아이디어를 심사하는 과정이다. 이러한 시장분석은 경험, 시간, 법률과 자금조달 사안과 같이 특정한 사업을 시작하기 위해 필요사항을 확인함으로써 정교한 의사결정에 도움이 된다. 타당성 분석은 기회를 인식하고 사업계획을 개발하는 단계에서 실시한다. 사업 아이디어가 실행 불가능한 것으로 판단될 때 중단하거나 다시 생각해야 한다. 분석 진행절차는 아이디어 정의, 제품 타당성, 시장/산업타당성, 조직 타당성, 재무 타당성 등을 분석하여 진행·중단·재평가에 대한 의사결정과 사업계획으로 이루어진다.

그림 10-5 사업 아이디어의 타당성 분석

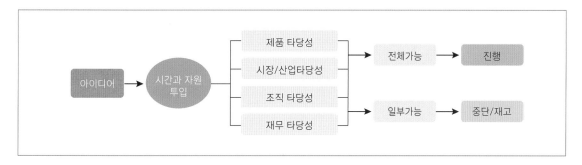

(1) 아이디어 정의

창업가는 어떤 아이디어로 어떠한 제품을 개발하고 어떠한 사업을 하려고 하는가? 이러한 질문은 아이디어를 정의하는 일이다. 사업타당성 분석의 첫 단계는 사업 기회, 아이디어, 제품, 사업목적과 사업유형을 정의하는 것이다. 제공할 제품이나 서비스의 기술과 사업을 시작하는 이유와 계획하고 있는 사업유형을 포함한다. 사업목적과 고객관점에서 분석한다.

1) 사업목적

장단기 사업과 개인 목적을 정의하고 아이디어의 타당성을 판단할 기준을 정한다. 사업과 개인적 목적을 달성할 수 있는지에 근거한다. 개인적 목적은 개인적 욕구를 충족하는 목표를 리스트한다. 연간 판매액, 시장점유율, 성장률, 수입 등으로 목표를 기술한다. 사업이 개인과 사업목표를 어떻게 만족하는지를 간략하게 기술한다. 개인과 사업목표가 조화를 이루는가? 사업 아이디어와 일치하는가? 일치한다면 시장분석을 시작할 준비가 되어있는가? 일치하지 않는다면 사업을 재평가해야 한다.

2) 고객관점

고객욕구를 충족하지 못한다면 사업은 실패할 것이기 때문에 고객의 관점을 중요하게 고려한다. 판매할 제품을 고객이 어떻게 사용하는지를 기술한다. 고객들이 제품을 어떻게 정의하는지를 묻는다. 고객들의 관점은 제품이나 서비스가 실제로 어떻게 사용되는지에 관한 중요한 통찰력을 제공한다. 연령, 성, 수입, 교육, 직업, 결혼 상태와 생활양식과 같은 용어로 대표적인 고객을 기술한다. 제품이 어떤 욕구를 만족하는가? 고객은 제품을 사용하여 어떤 편익을 얻는가? 고객은 제품사양이 아니라 편익과 결과에 근거하여 구매한다.

(2) 제품 타당성 분석

제품의 타당성 분석은 제품이나 서비스의 전체 제안을 평가하는 것이다. 제품을 개발하기 전에 회사는 소비자가 원하는 것과 제품이 적절한 시장을 갖는지를 확신해야 한다. 제공하는 제품계열을 구체화하고, 이차 기회를 찾는다. 예를 들면, 제품과 공동으로 제공할 서비스가 있는지, 또는 제공하는 서비스로부터 파생되는 제품이 있는지를 찾는 것이다. 제품의 독특한 품질을 정의한다. 무엇이 제품을 구매하도록 고객을 유인하는가? 고객이 선호하는 제품은 품질, 가격, 편의성이나 전문성인가? 따라서 제품의 경쟁력을 어디에 집중하는가를 정의한다.

1) 제품컨셉테스트

제품컨셉테스트(product concept testing)는 고객의 관심과 구매의도를 측정하기 위해 잠재고객에게 제품이나 서비스의 사전 기술을 보여주는 것이다. 컨셉테스트의 주요 목적은 세가지가 있다. 첫째, 제품 아이디어의 기본 가정을 검증한다. 잠재고객에게 제품컨셉을 보여주고, 설문을 완성하도록 요청하고, 아이디어를 어떻게 강화할 수 있는지에 관한 논평과 제안을 요청하는 것이다. 둘째, 아이디어 개발을 촉진하는 것이다. 예를 들면, 회사가 잠재고객에게 제품 아이디어를 보여주고, 피드백을 구하고, 아이디어를 수정한다. 셋째, 제품이나 서비스가 지배할 시장점유율을 추정하기 위한 것이다. 확실히 구매하고, 아마 구매할 것이라고 응답하는 사람들의 수는 고객관심의 측정으로써 사용될 수 있다. 사업가들은 아이디어를 갖고 사람들과 대화하고, 피드백을 얻음으로써 제품의 타당성을 분석한다.

2) 사용성 테스트

컨셉은 시제품의 개발이나 제품의 모형으로 전개된다. 시제품(prototype)은 대략적이거나 임시적인 모델로 있는 신제품의 첫 번째 물리적 묘사이다. 시제품은 실질적인 피드백을 많이 얻는다. 시제품의 주요 장점은 사용성을 테스트할 수 있는 점이다. 사용성 테스트(usability testing)는 제품의 사용 용이성과 사용자의 경험 지각을 측정하는 것이다.

3) 구매의도

가망고객에게 구매의도 조사가 있는 컨셉 서술문을 제시한다. 각 참여자에게 컨셉 서술문을 제시하고 구매의도를 조사한다. 조사에 참여한 사람의 수와 조사결과를 기록한다. 제품이나 서비스의 요망, 수요나 제안과 같은 추가적인 질문을 구매의도조사에 덧붙일 수 있다.

(3) 시장과 산업타당성 분석

시장과 산업타당성 분석은 제공되는 제품에 대한 시장의 전체 제안을 평가하는 것이다. 시장분석은 주요 고객과 주요 경쟁자를 확인하고 탐지하는 데 도움이 된다. 사업은 사회와 문화가치, 경제조건, 정치와 법적 규제, 경쟁자 전략과 기술발전에 의해서 끊임없이 재형성되는 세계에 존재한다. 시장분석에는 산업분석, 경쟁자와 공급자 분석, 표적시장 분석, 고객분석, 시장수요 분석과 마케팅 믹스 분석 등이 있다.

그림 10-6 **시장분석의 대상**

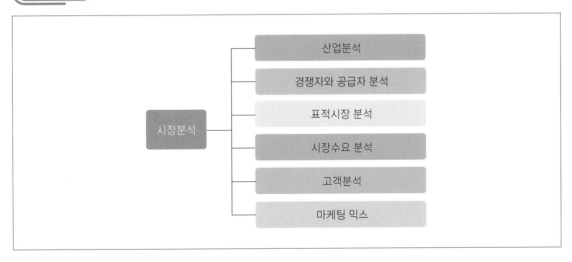

1) 산업분석

시장분석의 첫 단계는 산업분석이다. 산업추세를 조사하고 표적시장의 규모에 관한 정보를 수집함으로써 시장분석을 시작한다. 사업에 중요한 영향을 주는 변화를 확인하고 평가한다. 사회나 생활방식의 변화, 경제적 변화, 정치와 법적 변화, 기술적 변화, 인구변화나 기타 사업에 영향을 주는 변화 등이다. 이차자료 원천은 필요한 정보를 모두 제공하지 않기 때문에 새로운 자료를 수집해야 한다. 일차자료 원천은 고객과 공급자 조사, 네트워킹, 표적집단면접과 개인면접, 경쟁자와 공급자를 포함한다. 일차조사는 표적시장을 발견하고 고객특성을 개발할 때 필요하고 고객과 제품의 구매습관과 의견을 탐지하는 데 유용하다.

① 산업매력도 분석

성장하는 산업은 신규집입자와 신제품 도입을 잘 받아들이기 때문에 더 매력적이다. 신규 사업의 타당성을 결정하는 주요 요인은 선택하는 산업매력도이다. 경쟁자가 가득한 시장은 대체로 치열한 가격경쟁과 낮은 영업이익이 특징이다. 산업성장의 가능성은 많은 경쟁자를 심각하게 받아들여야 한다. 이러한 시장은 사업을 지원할 정도로 충분히 크지 않다.

표 10-2 산업의 매력도 평가

항목	저 잠재력	중 잠재력	고 잠재력
경쟁자의 수	많다	적다	없다
산업의 역사	오래됨	중간	짧다
산업성장률	거의 없다	중간	고성장
산업계의 평균순이익	낮다	중간	높다
환경이 산업계에 유리한 정도	낮다	중간	높다
제품의 가치	낮다	중간	높다
시장수요	약	중간	강

② 시장수요 분석

시장수요(market demand)가 부족하다면 사업 아이디어를 재평가할 필요가 있기 때문에 시장수요를 아는 것은 중요하다. 제품이나 서비스에 대한 총수요를 추정하기 위해 제품이나 서비스에 대한 현재 판매량과 성장잠재력을 고려한다.

- 경쟁자의 사업상태가 안정, 성장 또는 위축인가?
- 표적고객의 특성은 무엇인가?
- 표적시장에 얼마나 많은 고객이 있는가?
- 제품에 대한 고객의 욕구는 무엇인가?
- 시장점유율이 얼마나 될 것인가?

③ 시장 적시성

사업 아이디어나 시장타당성에 관한 고려사항은 제품을 도입하는 시장 적시성(market timeliness)이다. 제품이나 서비스가 시장에서 이미 이용할 수 있는 것을 개선한 것이라면, 제품이나 서비스에 대한 기회의 창이 개방되거나 폐쇄되었는지를 알아내는 것이다. 인터넷 검색엔진과 같은 시장은 새로운 진입자에게 본질적으로 닫혀있고, 시장지배력을 갖고 있는 경쟁자에 의해서 지배되거나 경쟁자로 포화되어 있다. 특별요리 시장은 새로운 진입자에게 열려있고 받아들이는 기회의 창으로 특징을 이룬다.

표 10-3 시장의 적시성 평가

항목	저 잠재력	중 잠재력	고 잠재력
고객의 구매방식	특별한 방식 없음	중간 방식	공격적 구매방식
시장에서 신생기업에 대한 욕구	저	중간	고
기업과 환경의 표적시장에 대한 호의	저	중간	고
거대기업의 최근 시장진출 계획	진출	진출 루머	없다

2) 경쟁자와 공급자 분석

경쟁자를 분석하는 것은 직접적인 경쟁을 확인하는 것이다. 자사와 경쟁자 전략 간의 차이점과 유사점을 기술한다. 경쟁자의 표적시장은 무엇인가? 경쟁자들은 시장에 어떻게 도달하는가? 중요한 경쟁범주에서 경쟁자들의 성과를 평가하고 강약점을 기술한다. 수집한 정보를 사용하여 경쟁자 윤곽을 편집한다. 또한 제품이나 서비스에 대한 중요한 대체품을 탐구해야 한다. 경쟁을 파악한 후 자사의 운영방식이 경쟁자와 어떻게 다른지를 비교한다.

3) 표적시장 분석

기업이 모든 소비자를 다 상대할 수 없다. 제품을 가장 가치 있게 평가하는 시장을 확인한다. 시장은 인구, 지역, 구매 역사, 개인적 특성이나 집단을 연결하는 어떤 것에 근거하여 분할할 수 있다. 첫 단계는 제품이 제공할 거래 영역과 지역을 정의한다. 그런 다음 제품을 위한 가장 큰 기회를 제공할 표적시장을 정의하는 것이다. 일반적인 사업은 고객의 20%가 매출의 80%를 만든다. 중요한 20%를 확인함으로써 수익을 얻을 수 있는 고객집단에 노력과 경비를 집중할 수 있다. 이탈리아 경제학자 파레토(Vilfredo Pareto)가 주장한 파레토 법칙(Pareto Theory)은 인구의 20%가 부의 80%를 소유하고 있다는 이론이다.

수직시장(vertical market)은 유사한 방법을 사용하여 유사한 제품들을 개발하는 특정 산업이나 기업들의 집단을 말한다. 예를 들면, 기업이 작은 커피점이나 레스토랑과 같은 전문음식점용 회계프로그램을 공급하는 데 집중할 수 있다. 수평시장(horizontal market)은 전문시장보다는 오히려 광범위한 산업의 공통적인 욕구를 충족하는 시장이다. 즉, 대중마케팅이 가능하거나 혹은 매우 넓은 범위의 표적마케팅이 가능한 보편적인 시장이다. 모든 중소기업에 회계프로그램을 출시하려는 기업은 수평시장 안에서 판매하려고 노력할 것이다.

- 수직시장: 특정 산업이나 기업들이 유사한 제품을 구매하는 시장
- 수평시장: 전문시장보다는 광범위한 산업의 공통적인 욕구를 충족하는 시장

표 10-4　표적시장의 매력도 평가

항목	저 잠재력	중 잠재력	고 잠재력
표적시장에서 경쟁자의 수	많다	적다	없다
표적시장에 있는 기업의 성장률	거의 없다	조금 성장	급속한 성장
표적시장에 있는 기업의 평균순이익	저	중	고

4) 고객분석

물리적 특성, 욕구와 생활양식에 의해 선정된 표적시장을 기술한다. 고객은 어떤 특정한 편익을 찾는가? 제품이 어떤 욕구와 필요를 충족하는가? 구매를 결정하는 개인을 알 필요가 있다. 제품을 구매하고 사용하는 방식이나 형태는 사람마다 다르다. 예를 들면, 어른은 음식을 사지만 어린이는 그것을 먹고 구매결정을 통제한다.

5) 시장수요 분석

시장수요(market demand)가 부족하다면 사업 아이디어를 재평가할 필요가 있기 때문에 시장 수요를 아는 것은 중요하다. 제품이나 서비스에 대한 총수요를 추정하기 위해 제품이나 서비스에 대한 현재 판매량과 성장잠재력을 고려한다.

6) 마케팅 믹스

사업이 성공적이기 위해서는 마케팅 요소들이 적절해야 한다. 적절한 장소와 적절한 시간에, 적절한 촉진노력을 사용하여, 적절한 가격으로 적절한 제품이나 서비스를 제공해야 한다. 마케팅 믹스(marketing mix)는 4P's라고 하며, 이는 마케팅 네 가지 변수의 결합이다.

(4) 조직타당성 분석

신생기업은 조직의 구조가 단순하고 체계적이지 않을 수 있고 조직의 경험이 크지 않기 때문에 조직의 역량이 발휘되지 않을 수 있다. 조직의 강점보다는 조직의 약점이 더 많을 수 있다. 그래서 내부자원에 대한 분석이 더욱 필요하다. 조직타당성(organizational feasibility) 분석은 기업이 제품을 성공적으로 출시하기 위해 충분한 경영전문가, 조직역량과 자원을 갖고 있는지를 아내기 위해 수행된다. 이것은 경영 노하우와 자원충족도가 주요한 사안이다.

1) 경영 노하우

회사는 경영 노하우(management prowess)나 경영능력을 솔직하게 평가해야 한다. 자기평가는 상세한 자기성찰을 필요로 한다. 중요한 점은 사업 아이디어에 대하여 갖는 열정과 기업이 참여하는 시장을 이해하는 정도이다. 이러한 영역에서 강점을 실무적으로 대체할 수 없다. 예를 들면, 자금조달이 중요하더라도 고객의 지식과 사업에 대한 열정만큼 중요한 것은 없다. 자금조달은 실제로 가장 중요한 사안은 아니다. 사업을 한다면 고객을 알아야 하고 경쟁자를 이기기 위해서 탁월한 경영 노하우가 있어야 한다.

2) 시간몰입과 자원집중

사업 소유는 우두머리가 되고, 자신의 재무적 미래를 책임지고, 보수를 주는 사람 없이 일주일에 거의 7일을 일하는 놀랄 만한 기회일 수 있다. 자신의 사업을 경영하기 위해 개인적 수요와 희생을 준비하는가? 사업에 집중하는 것을 방해하는 환경을 갖고 있는가?

표 10-5 경영 노하우의 평가

항목	저 잠재력	중 잠재력	고 잠재력
사업 아이디어에 대한 열정	저	중간	고
관련 산업 경험	없다	중간	넓다
이전 사업 경험	없다	중간	넓다
전문성과 사회적 연결망의 깊이	약	중간	강
경영팀 구성원의 창의성	저	중간	고
현금흐름관리의 경험과 전문성	없다	중간	고
대학 동료	없다	조금	많다
시간 몰입	저	중간	고

3) 자원충족도

자원충족도(resource suf ciency)는 잠재적인 새로운 모험이 제품 아이디어를 성공적으로 개발하기 위해 투입할 충분한 자원을 갖고 있는지를 알아내는 것이다. 사업이 위치한 지역에서 노동력의 질, 사무실 공간의 이용도와 새로운 사업의 지식재산 보호를 확보하기 위한 가능성을 포함하여 검토해야 한다. 또한 관련 기업과의 접근성이다. 참여하는 기업은 생산성을 증가하기 때문에 산업단지가 생긴다. 기업이 다른 기업과 가까이 위치하기 때문에 종업원들이 서로 네트워킹이 쉽고, 기업이 전문화된 공급자, 과학적 지식, 기술전문가와 접근하기가 쉽다.

자원충족도를 검사하기 위해서 타당성을 평가하는 데 필요한 가장 중요한 비재무자원목록을 작성하는 것이 필요하다. 자원충족도를 평가할 때 활용할 수 있는 문항에 대해 "해당 사항 없다, 이용할 수 없다, 이용할 수 있을 것 같지 않다, 이용할 수 있을 것 같다, 확실히 이용할 수 있다" 5점 척도를 이용한다.

표 10-6 자원 충족도의 평가

평점	자원충족도
① ② ③ ④ ⑤	사무실 공간
① ② ③ ④ ⑤	사업을 시작할 공간, 연구실, 제조 공간

평점	자원충족도
① ② ③ ④ ⑤	제조업자나 외주업자 접촉
① ② ③ ④ ⑤	핵심 기술직원(현재와 미래)
① ② ③ ④ ⑤	핵심 지원직원(현재와 미래)
① ② ③ ④ ⑤	사업운영에 필요한 핵심장비
① ② ③ ④ ⑤	사업핵심 측면에 대한 지식재산권 보호능력
① ② ③ ④ ⑤	사업시작에 해당되는 경우 정부나 단체의 지원
① ② ③ ④ ⑤	호의적인 사업협력자 형성 능력

(5) 재무타당성 분석

재무타당성(nancial feasibility) 분석은 자금의 조달과 운영에 관한 타당성 분석이다. 사업의 특성은 변화하고 진화하기 때문에 초기에 상세한 재무예측에 많은 시간을 보내는 것은 비현실적이다. 이 단계에서 고려할 가장 중요한 사안은 필요한 총 창업현금, 유사한 기업의 재무성과와 사업의 전체 재무적 매력성이다. 새로운 사업은 1~3년 간 유지에 필요한 기업의 자금능력을 증명할 추정 재무상태를 완성할 필요가 있다.

1) 창업 총 필요 현금

창업비용이 어디에서 오는지를 기술한다. 돈이 친구, 가족이나 다른 수단으로 온다면 합리적인 계획은 돈을 다시 지불하는 것을 생각한다. 창업비용을 충분히 대고 현금흐름이 긍정인 관점으로 기업을 만든다. 벤처는 계속기업으로서 유망하게 보이지만 발전과 유지를 위한 돈을 조달하는 방법이 없거나 비용을 회수할 수 없는 경우가 있다.

창업비용을 계획할 때 비용을 과소추정하는 것보다 과대추정이 더 낫다. 창업계에 널리 퍼져있는 머피의 법칙(Murphy' Law)은 일이 좀처럼 풀리지 않고 갈수록 꼬이기만 하는 경우로 자신이 바라는 것은 이루어지지 않고, 우연히도 나쁜 방향으로만 일이 전개될 때 쓰는 말이다. 일종의 경험법칙으로 미국 에드워드 공군기지에 근무하던 머피(Edward A. Murphy) 대위가 처음 사용하였다. 추정하지 못한 비용을 포함하거나 시장에 진출하는 것을 지연하는 경우를 예상한다. 기업가들은 창업비용을 충분히 대는 현명하고 창의적인 방법을 익혀야 한다. 자금부족 때문에 사업을 중지해야만 하는 경우가 발생할 수 있다.

표 10-7 창업기업 총 필요 현금

자본투자	산출근거	금액
자산		
가구와 비품		
컴퓨터 장비		
기타 장비		
자동차		
운영비		
법률, 회계와 전문 서비스		
광고와 판촉		
시설 담보금		
특허		
선급보험		
리스료		
급여와 임금		
공과금		
여비		
표지, 간판, 인장		
도구 및 소모품		
초기 재고		
운영자금		
기타 비용1		
기타 비용2		
창업 총 필요 현금		

2) 재무분석

창업기업은 재무분석에 등한시하는 경우가 많다. 그렇기 때문에 일시적 자금의 유동성에 문제가 발생하고 필요한 투자를 적기에 하기 어렵다. 또한 자금력도 취약하고 투자나 융자도 매우 어려운 환경이다. 그래서 자금계획이 더욱 필요한 이유이다. 사업을 창업하고 수익이 발생할 때까지 필요한 자금규모를 결정한다. 구체적인 장비와 구매나 임차비용 목록을 작성한다. 현금흐 름분석을 기업의 유동성 관리에 매우 유용하다.

① 판매와 수익예측

첫 해 동안 매월 판매와 수익을 예측한다. 시장조사로부터 판매, 비용과 수익을 예측한다.

② 손익분기점분석

손익분기점(break-even point)은 이익과 손실이 없는 곳이다. 기업은 손익분기점 이상의 제품 가격과 매출액을 추정하고 전략을 수립한다. 특정한 가격을 책정하였을 때 총수익과 총비용이 같아지는 매출액을 산출한다. 이때 손익분기점 이상으로 매출을 실현하면 수익이 발생하고, 이하로 매출하면 손실이 발생한다. 고정비(fixed costs)는 판매와 관계없이 충당해야 할 비용으로 고정자산의 감가상각비, 임금과 급여, 보험료, 임차료, 이자, 제세공과 등이다. 변동비(variable costs)는 판매에 따라서 발생하는 비용으로 판매수수료, 광고와 마케팅 비용과 재료비 등이다. 손익분기점을 구하는 공식은 다음과 같다.

- 총수익=판매량×판매단가
- 총비용=변동비+고정비
- 총수익=총비용
- 판매량×판매단가=변동비+고정비

○○○ SENSE　🔍 **손익분기점 예**

[예제] 판매단가가 12,000원, 고정비가 50,000,000원, 단위당 변동비가 2,000원일 때 손익분기점 매출수량과 매출액을 구하면 다음과 같다.
- 총수익=총비용=변동비+고정비
- 판매량 Q, 단가 P이면 총수익은 판매량(Q)×단가(P)이다.
- 총수익: 수량×단가=Q×12,000
- 총비용: 고정비+변동비=50,000,000+Q×2,000
- 따라서 총수익=총비용이므로 Q×12,000 = 50,000,000+Q×2,000
- Q=5,000개
- 매출액=판매수량×판매단가: 5,000(개)×12,000(원)=60,000,000원
- 손익분기점 매출수량과 매출액: 수량 5,000개, 매출액 60,000,000원

그림 10-7 ┃ 손익분기점과 매출액

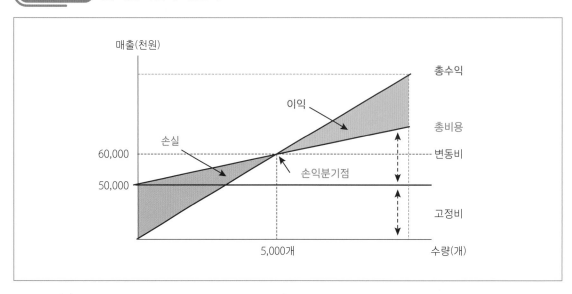

표 10-8 ┃ 사업의 전반적인 재무 매력도

항목	저 잠재력	중 잠재력	고 잠재력
1~3년 동안 견실하고 빠른 매출성장	가능성 희박	중간	높음
고객확보와 반복구매율	낮음	중간	높음
합리적인 수입과 비용 예측능력	약함	중간	강함
2년 동안 성장에 필요한 자금	낮음	중간	높음
투자자의 자금회수에 대한 대안 자금	낮음	중간	높음

③ 현금흐름분석

현금흐름(cash flow)분석은 지불하는 돈과 수입으로 들어오는 돈을 월별로 추정하는 것이다. 대부분의 사업은 판매의 부족보다 현금흐름의 부족으로 실패한다.

④ 자금조달

자금조달은 모든 새로운 사업소유자에게 도전이지만, 고려해야 할 요소이다. 신규사업자들은 개인저축액, 가족과 친구로부터 창업자금을 조달한다. 대부분의 은행은 창업기업을 위험이 있는 것으로 인식하고 신중하다. 벤처캐피탈 회사는 작은 창업 상태에 관심이 있지는 않지만 시장잠재력을 갖고 있는 회사는 벤처자금을 조달할 수 있다.

3) 유사기업의 자금성과

창업자는 회사를 유사 기업과 비교함으로써 사업의 잠재적 재무성과를 추정한다. 이러한 노력은 정확한 숫자보다 개략적인 결과가 될 것이다. 사업가들이 간단한 관찰과 공공기록 열람으로 판매자료를 추적하는 방법이 있다. 기본적인 방법은 점포를 자주 방문하고, 하루의 다양한 시간 동안 점포에 오고 나가는 고객의 수를 세는 것이다.

4) 사업의 전체 재무적 매력성

많은 사업가는 시장에서 아이디어를 구하는 데 성급하고, 전체 타당성을 분석하는 데는 소홀히 한다. 이러한 점이 언제나 실수나 실패에 이를 수 있다. 많은 요인들은 사업의 재무 매력성 평가와 관련이 있다. 이러한 평가는 주로 새로운 벤처의 추정재무 투자수익률에 근거한다. 보다 더 정확한 추정은 추정현금 흐름, 손익계산서와 재무상태표의 1~3년 추정을 포함하여 추정 재무상태를 준비함으로써 계산될 수 있다. 이러한 작업은 시간과 환경이 허용된다면 이루어질 수 있으나 일반적으로 신사업개발의 타당성 분석 단계보다는 사업계획 단계에서 이루어진다.

(6) 종합 타당성분석

창업자는 사업을 진행하기 위해 사업이 수익성이 있는지를 발견하는 타당성 분석을 한다. 시장분석, 경쟁자 분석, 조직 분석과 자금조달이 필요하다. 이러한 분석 결과를 근거로 하여 진행과 중단을 결정한다. 모든 분석이 긍정적이면 진행을 시작하는 것이고, 부정적이라면 중단이나 재평가를 하는 것이다. 진행을 결정하면 사업계획서를 작성한다. 따라서 사업타당성 분석을 요인별로 완료한 후 [표 10-9]에 요약과 결론을 집계한다. 그런 후 각 요소별로 타당성 개선을 위한 제안을 도출하여 타당성이 부족한 부분을 재평가하거나 개선하여 보다 더 성공적인 사업 아이디어를 재구성하는 데 활용한다.

표 10-9 타당성 분석의 요약과 결론

구분	사업타당성	타당성 개선을 위한 제안
제품/시장타당성	타당하지 않다	
	불확실하다	
	타당하다	

구분	사업타당성	타당성 개선을 위한 제안
산업/시장타당성	타당하지 않다	
	불확실하다	
	타당하다	
조직 타당성	타당하지 않다	
	불확실하다	
	타당하다	
재무 타당성	타당하지 않다	
	불확실하다	
	타당하다	
종합평가	타당하지 않다	
	불확실하다	
	타당하다	

03 사업계획서의 개요

사업계획은 사업의 핵심 요소를 사전에 생각하는 방법이다. 등산을 하는 데는 지도가 필요하고 항해를 하는 데는 해도가 필요하듯이 창업을 하는 데는 사업계획서가 필요하다. 사업계획서란 사업의 내용을 정리하거나 계획을 나타낸 문서를 말한다. 창업자에게 사업계획은 사업운영에 도움이 되는 지침이다. 사업계획은 기업이 목표를 정의하는 방법과 목표를 달성하는 방법을 자세히 설명하는 문서이다.

(1) 사업계획서의 의의

사업계획서(business plan)는 회사발전을 위한 지침(road map)으로 사업에 관한 종합적인 기술이다. 회사의 제품이나 서비스, 판매예측, 생산기술과 설비, 시장과 고객, 마케팅 전략, 인적자원, 조직, 공급자, 자금의 조달과 운용에 관한 상세한 보고서이다. 사업계획서는 사업의 과거와 현재 상태를 기술하지만 주요 목적은 사업의 미래를 표현하는 것이다.

사업계획서는 창업자에게 많은 이점을 제공한다. 첫째, 사업계획서는 사업을 체계적으로 준비하고, 기업운영을 원활하게 할 수 있다. 둘째, 사업계획서는 사업성공 가능성을 높여준다. 셋째, 사업계획서는 자본조달과 정부지원에 대한 도구이다. 자본조달이나 정부지원을 받기 위해서는 사업계획서를 제출해야 한다.

(2) 사업계획서의 독자

임원과 주주, 특정의 협력자, 현재나 장래 채권자와 투자자들은 사업계획서의 독자들이다. 사업계획서 안에 전략적 의사결정이나 기밀을 포함하고 있다면 사본을 배포할 때 제한적이어야 한다. 가장 중요한 독자들은 잠재적인 채권자나 투자자일 수 있다. 사업을 확대하기 위해 외부자금을 찾는다면, 사업계획서로 접근할 수 있는 많은 가능한 원천이 있다. 가장 중요한 원천은 은행, 사모투자 펀드, 개발기금, 개인 투자자, 기술지원 등이다.

(3) 사업계획서의 편집 관점

사업계획서의 내용을 토의하기 전에 형식과 표현에 관한 기본적인 사안을 고려하는 것이 중요하다. 사업계획이 사업추진과 자금조달에 전문적으로 보이고 유용한 도구가 되려면 다음과 같이 특별한 관심을 이끌어낼 수 있는 관점을 갖는 것이 필요하다.

- 연락처: 연락을 받을 수 있는 사람의 이름을 기록한다.
- 종이: 양질의 종이에 사업계획서를 프린트한다.
- 활자체: 읽기 쉬운 서체와 눈의 긴장을 예방하기에 충분한 큰 글꼴을 사용한다. 가독성(legibility)을 고려한다.
- 여백: 적절한 여백을 유지한다. 이것은 독자가 질문과 지적을 기록하는 데 유용하다.
- 용어 및 약어: 사업계획서에서 전문용어나 약어를 사용한다면 적게 사용하고, 전문지식의 영역 밖에 있는 사람들은 알지 못하는 용어는 정의해야 한다.
- 페이지 번호: 면 번호를 기록하고, 이런 번호가 목차와 정확하게 일치하도록 한다.
- 문서 크기: 사업계획서는 짧고 간결하게 작성한다. 관련이 없는 자료는 포함하지 않는다. 꼭 필요하다면 부록에 게재한다.
- 부록: 광고, 마케팅 자료와 사업계획서의 표현에 도움이 되는 정보는 부록에 싣는다.
- 편집: 문서를 신중하게 편집한다. 오타와 문법 오류는 좋은 인상을 받지 못한다.
- 제본: 문서가 열려 있을 때 평평하게 되도록 제본한다.
- 표현의 전체 품질: 양질의 품질을 계획한다.

효과적인 사업계획은 성공의 열쇠가 된다. 사업계획은 자금을 확보하고 노력의 우선순위를 정하고 기회를 평가하는 데 도움이 된다. 사업계획의 작성은 처음에는 많은 작업처럼 보일 수 있고 경쟁자와 산업의 미래를 고려하는 것은 그렇게 간단치 않다. 사업계획을 준비하는 것은 여행 일정을 계획하는 것과 같다. 따라서 사업계획서는 사업목표를 진술하고, 달성할 수 있다고 믿는 이유를 주장하고, 사업목표에 이르는 계획을 보여주어야 한다.

1) 표지와 목차

표지(cover)의 목적은 사업계획서를 읽어야 하는 이유와 회사에 관심을 가져야 하는 이유를 제3자에게 말하는 것이다. 표지는 어떤 이해관계자나 투자자에게 접근하는 사업의 첫 인상으로 사업계획서가 알려지는 길이다. 양질의 표지는 사업계획보다 더 우선하는 경우가 많다. 회사를 상징하는 로고는 사람들이 회사를 인지하고 기억하는 데 필수적이다. 표지는 사업계획이라는 단어를 나타내어야 하고, 기업명, 기업체의 로고, 문서 작성일자, 주소, 전화번호, 팩스번호, 이메일과 웹사이트 주소 등이 기록된다. 목차(table of contents)는 독자에게 개별 항목을 찾는 데 신속하고 쉬운 방법을 제공한다. 주요 항목에 대해서는 제목을 확실하게 나열한다.

2) 사업개요

사업개요(executive summary)는 독자가 보는 사업계획의 첫 페이지이지만, 사업계획서를 다 작성하고 난 후 마지막에 작성하는 것이 바람직하다. 사업개요는 전체 계획의 요약이고 문서의 각 부분에서 강조점을 포함한다. 독자에게 정보를 제공하고 흥미를 주는 방법으로 사업의 근본을 설명한다. 요약은 한 페이지가 이상적이다. 간결하지만, 더욱 예리한 눈으로 계획서의 나머지 부분을 읽기에 충분히 독자의 관심을 불러일으켜야 한다. 개요가 끝나면 독자는 계속하여 읽고 사업 아이디어의 전체 이야기를 구할 것이다. 다음은 개요에서 다루어야 할 영역이다.

- 기업소개: 업종, 사업방식, 경영진, 위치, 표적시장과 경쟁자
- 사명 선언문과 비전 선언문: 5년 안에 달성하고자 하는 회사의 목적과 위상
- 잠재적인 투자자:
  - 사업형태가 개인사업자, 합자회사, 주식회사인지를 설명
  - 사업기회, 예상성장률과 예상투자수익률

- 사업의 재무적 필요사항, 자금조달 원천을 명시하고, 상환일정을 제시한다.
- 운영과 마케팅 계획의 개요를 제시한다.

3) 회사개요

회사개요 부분에서 회사의 기본적인 배경정보와 사업전망을 제공한다. 사명 선언문, 회사 문화와 기업 이미지 등 회사의 특성, 회사가 무엇을 하는 회사인지, 회사연혁, 즉 어떻게 지금까지 왔으며 향후에 어디로 향할 것인지 설명한다. 또한 회사의 구조, 조직도, 인적자원 등 경영개요를 기술한다. 다음과 같은 세부적인 사항에 대하여 설명한다.

표 10-10 **회사개요와 경영개요**

회사개요	경영개요
• 사명 선언문, 기업문화와 기업 이미지 • 창업개요 • 사업유형 • 회사연혁 • 사업전망	• 회사의 법적구조 • 회사의 조직도 • 인적자원과 프로젝트 관련 부서 • 프로젝트 관리 방법 • 인력계획: 고용계획과 관련비용

4) 시장분석

현재 산업과 시장의 현황과 추세를 분석한 내용이 기재된다. 회사는 어디에 있는가? 수요와 공급을 분석한다. 과거, 현재와 미래의 산업과 시장에 대한 분석을 기재하는 곳이다. 외부요인과 내부요인, 즉, 장점, 약점, 기회와 위협 요인을 분석한다.

① 산업기술

산업기술은 산업에 대한 심층조사와 이해를 소개하는 곳이다. 산업과 미시경제의 개요, 미래추세, 과거와 현재 상황을 고려하고, 가장 관련이 있는 변수가 무엇인지를 개략적으로 기술한다. 다음과 같이 산업이 현재 보이는 상세한 기술을 보여준다.

- 산업의 규모와 관련 요인
- 산업시장, 인구와 틈새영역에 관한 중요 정보
- 산업의 시장지배자와 경쟁자
- 이용할 수 있는 공급자와 유통경로
- 산업에 영향을 주는 핵심 산업과 경제추세

- 인증, 보험과 산업규제
- 산업의 전체 잠재성장률

② 시장분석

시장분석은 시장의 성장, 잠재력과 시장위험을 분석하고, 사업이 산업과 적합하다는 것을 입증할 수 있는 곳이다. 회사가 경쟁할 표적시장과 경쟁에 관한 요소를 분석한다. 주요 요소는 제품, 가격, 품질, 서비스, 신뢰성, 안전성, 전문성, 회사평판, 접근성, 외양, 판매방법, 신용정책, 광고, 제품이미지 등이다. 이러한 요소를 주요 경쟁자와 비교분석한다.

㉮ 시장
- 표적시장과 잠재시장 기술
- 표적시장과 잠재시장의 성장 추정
- 시장점유율 추정
- 직접적이고 간접적인 경쟁자와 신규 진입자에 대한 반응
- 다른 잠재적 장애나 위험에 대한 상세한 분석
- 회사가 진입이나 확장하고자 하는 영역
- 유통경로를 어떻게 운영하는가?
- 고객은 회사의 제품을 어떻게 받는가?

㉯ 경쟁
- **직접과 간접 경쟁자 확인**: 대상자의 시장위치와 시장점유율
- **회사의 제품과 경쟁자의 제품 비교**: 품질, 가격, 이미지, 브랜드 이름
- **회사와 주요 경쟁자 비교**: 평판, 규모, 유통경로, 위치
- **표적시장의 진입정도**: 경쟁자가 회사의 표적시장에 진입하는 어려움의 정도 평가
- **경쟁자의 판매추세**: 경쟁자의 판매추세가 증가, 정체, 감소하는지와 이유 포착

㉰ 기술
- 기술이 회사상품과 서비스에 미치는 영향
- 신기술이 상품과 서비스에 미치는 정도와 신기술 투자가 필요한 시기
- 회사가 변화를 얼마나 신속하게 적응할 수 있는지를 기술

㉱ 사회정치적 환경
- 변하는 태도와 추세
- 회사가 얼마나 유연하고 반응적인지 기술

- 사업에 영향을 주는 법률과 규제, 재무적 영향 고려

ⓜ 기타

- 법적 영향: 사업에 영향을 주는 규제와 입법을 고려한다.
- 경제적 영향: 벤처캐피탈 접근성, 무역장벽, 세계경제 문제
- 문제와 기회정의: 사업 아이디어에 영향을 주는 문제, 잠재적 문제와 기회 확인
- 목표정의: 사업목표를 정확하고, 측정할 수 있는 용어로 개괄과 목표의 수치화
- 전략정의: 목표에 접근하는 방법 개괄

③ 수요와 공급 관점

회사가 취급하는 제품이나 서비스의 수요와 공급에 관한 정성과 정량 측면을 기술한다.

㉮ 수요 관점

- 세분시장의 정의
- 고객의사결정의 기준
- 상황분석과 세분시장의 진화
- 기존세분시장의 유형, 개요와 구매행동
- 수요의 변화
- 경쟁자의 성과분석: 세분시장 경쟁과 시장점유율

㉯ 공급 관점

- 관련시장의 상황: 공급규모, 제조자, 제품형태, 브랜드 명, 시장점유율, 선택시장, 표적 고객이 회사의 제공물에 왜, 어떻게 관심을 가질 것인가?
- 경쟁강도: 현재 경쟁자의 수, 개요, 상대적 중요도
- 잠재적 경쟁자: 대체품, 영역의 진화
- 유통과 마케팅 경로: 기존 경로, 상대적 중요도, 과거와 미래의 진화

④ SWOT 분석

상황분석에 근거하여 조직은 그들의 장점, 약점, 기회와 위협을 분석한다. SWOT 분석은 강점, 약점 기회와 위협을 종합적으로 고려하여 기업내부의 강점과 약점, 그리고 외부환경의 기회 와 위협요인을 분석·평가하고 전략을 개발하는 도구이다.

5) 마케팅 전략

시장에서 어떻게 마케팅 전략을 운용하려고 하는지를 기술한다. 회사는 어디로 가기를 원하는가? 목표의 결과는 시장점유율, 수익성, 판매량, 시장에서의 상대적 위치뿐만 아니라

제품의 이미지를 향상하는 것과 관련이 있다. 도표가 유용하다. 4P's[6]를 설명하는 곳이다.

- 상품과 서비스: 품질, 브랜드, 포장, 부가 서비스와 서비스의 장소
- 가격계획: 경쟁력이 있고, 수익성이 있는 제품이나 가격결정 방법
- 촉진계획: 제공물에 대한 광고와 촉진의 방법, 장소와 시기
- 유통방법: 고객이 제품을 구매하거나 서비스에 접근하는 장소, 판매방법과 판매원의 수와 훈련, 향후 5년간의 판매예측(낙관, 비관, 현실적 예측)

① 상품과 서비스

모든 상품과 서비스를 열거한다. 제품이 어떻게 다른가? 가장 중요한 제품이나 서비스의 특징을 기술한다. 제품이 고객에게 무엇을 제공하는가? 제품의 편익을 기술한다. 판매 후 서비스, 배송, 보장, 지원이나 환불정책을 기록한다. 독특하거나 혁신적인 특징을 강조한다. 그런 다음 표적시장에서 제품판매 전략계획을 개괄한다. 주요 상품과 서비스 전략은 제품 포트폴리오,[7] 제품 차별화, 브랜드, 포장, 관련 서비스의 개발, 기존제품의 수정과 새로운 제품의 계획 등이다.

② 가격정책

- 원가, 이익, 할인
- 단일 제품에만 설정하는 가격
- 전체 제품라인에 설정하는 가격

③ 유통정책, 촉진과 확장정책

- 유통경로: 고객을 어떻게 접근하는가? 유통경로상에 어떤 협력자가 필요한가?
- 판매관리: 어떻게 판매할 것인가? 판매계획을 갖고 있는가? 전화, 인터넷, 대면이나 소매점 등 시장에 가장 효과적이고 적절한 판매방법을 고려하는가?
- 판매촉진: 제품이나 서비스를 어떻게 촉진하고 새로운 고객을 어떻게 유인할 것인가? 직접마케팅, 광고, PR, 온라인, 소셜 마케팅 등 판매과정 방법을 확인한다.
- 이미지: 기업과 제품 이미지

④ 시장세분화와 포지셔닝 전략

회사가 다루는 전략적 세분시장을 알아내고, 가격, 포지셔닝, 비용과 부가가치 분석을 제

---

6   product, price, promotion and place(제품, 가격, 촉진과 유통)

7   product portfolio: 회사가 갖고 있는 모든 제품이다. 제품 포트폴리오는 다른 제품범주, 다른 제품라인과 개별제품으로 구성된다.

시한다. 예를 들면, 포지셔닝 맵은 고가, 저가, 여성용, 남성용, 탄산음료, 스포츠 음료 등이다.

6) 생산계획

비용 효율적인 방식으로 생산운영을 관리하는 방법을 입증하는 것이 중요하다. 회사는 표적고객에게 제품이나 서비스를 제공하고, 품질을 적시와 예산 내에 전달하는 것을 신중하게 계획한다. 사용기술, 원자재의 구매조달과 생산능력 등이 주요 요소이다.

① 시설 및 자산
- 시설의 위치와 규모
- 자재와 설비의 시설능력
- 시설과 장비의 임차나 소유 여부
- 공급업자와의 접근성
- 기계와 설비의 품질
- 교통접근성
- 확장이나 이전을 위한 미래 고려사항
- 자재와 공급
- 적절한 재고시설
- 자재와 공급자와 관련된 위험

② 직원
- 과거, 현재와 미래 계획을 포함한 종업원의 수
- 조직도
- 훈련비용을 포함한 종업원의 필요 기술, 훈련과 경험
- 급여, 초과수당과 복리후생을 포함한 각 지위에 제공하는 보상과 혜택

③ 운영
- 생산에 필요한 산업규격: ISO 요건, 환경, 건강과 안전규격
- 관련된 정부규제: 환경안전, 위험물취급, 보험
- 창업을 시작한다면 운영을 시작하기 전에 시설, 장비와 직원의 확보 시기

7) 재무계획

필요한 재무자원을 어떻게 조달하는가? 자금입출금 내역서와 도표에 의해 사업의 금액 명세를 나타내는 곳이다. 사업의 재무영역과 마케팅 계획은 모두 숫자에 관한 것이다. 투자

자는 정확하고 이해할 수 있는 정보를 찾는다. 매력적인 투자기회로써 사업 아이디어를 표현한다. 이러한 영역에서 열거해야 하는 항목에 대한 가정이다.

- 사업에 필요한 자금의 총액
- 장비, 수선, 재고, 운전자본과 같은 자금의 사용
- 투자, 보증과 설비자금과 같은 자금의 원천
- 상환도래 기일
- 환경과 기타 위험을 처리하는 데 필요한 보험 부담과 채무 한계
- 투자수익률의 추정
- 추정과 예측에 영향을 주는 경제적 가정: 인플레이션, 경제적 추세와 이자율 등
- 투자수익률에 대한 대략적인 시간

① 시장점유율

시장점유율(market share)이 총 연간 시장판매규모와 기업의 판매를 구분한다. 각 기업의 판매량을 알아내기 위해 공급자, 소매상, 무역협회나 다른 정보원천과 접촉한다. 파이 도표로 시장점유율을 표시하는 것은 이해를 쉽게 한다. 파이 도표를 표시할 때는 비중이 큰 항목부터 시계방향으로 차례대로 배열한다. 다른 정보의 원천은 다음과 같다.

- 각 기업의 연차보고서
- 산업, 시장추세 등에 관한 정부보고서
- 무역 출판물 또는 저널
- 통계청 자료

② 판매예측과 손익분기점 분석

창업하고 수익이 발생할 때까지 운영하는 데 필요한 자금규모를 결정한다. 구체적인 장비 구매나 임차비용 목록을 작성한다. 첫 해 동안 매월 판매와 수익을 예측한다. 판매, 비용과 수익을 예측한다. 비용과 수입에 의한 계수 계획은 실행할 수 있어야 한다. 판매예측은 판매로 기대하는 돈의 양을 추정하는 과정이다. 손익분기분석은 각기 다른 가격 수준에서 판매, 비용과 수익 간의 관계에 대한 역동적인 시각을 제공해주는 유용한 도구이다. 손익분기점 분석은 회사가 돈을 벌어들이기 시작하는 매출액을 알아내는 것이다.

③ 투자수익률

투자수익률(Return on Investment: ROI)은 자본구조가 다른 기업의 비교를 위해 기업 자산의 효율적 사용을 나타낸다. 투자수익률은 가장 널리 사용되는 경영성과 측정 기준 중의 하나

로 기업의 순이익을 투자액으로 나누어 구한다. ROI의 계산 공식은 다음과 같다.

- ROI = 순이익/투자액

④ 계절성과 시나리오

사업은 대체로 계절적 요인에 의해서 많은 영향을 받는다. 따라서 사업이 계절에 영향을 받는 경우라면 순환의 각 국면에 대한 상황을 설명하고 실제 계절적 변동도표(seasonality chart)를 제공한다. 예측은 적어도 최악과 최선의 시나리오를 포함하여야 한다.

⑤ 위험분석

사업은 항상 미래가 불확실하다. 사전에 계획요소의 불확실성 요소를 고려한다. 즉, 사업이 직면할 수 있고, 위험을 방어할 수 있는 우발성을 고려해야 한다. 위험은 다음을 포함할 수 있다.

- 경쟁자 행동: 신제품이나 마케팅 활동
- 사업문제: 판매, 가격, 전달
- 운영: IT, 기술, 생산실패
- 내부자원: 직원, 기술, 활용성, 비용
- 기타: 불가항력

⑥ 현금흐름

현금흐름(cash flow) 분석은 지불하는 돈과 수입으로 들어오는 돈을 월별로 추정하는 것이다. 대부분의 사업은 판매의 부족보다 현금흐름의 부족으로 실패한다. 과거 현금의 조달과 사용에 관련하여 포괄적인 현금흐름의 내용과 변동원인, 현금창출능력에 대한 분석으로 현금의 유입 및 유출에 관한 정보를 제공한다. 현금흐름 추정의 기간은 적어도 12개월에서 18개월이다. 목적은 사업이 생존하기에 충분한 운영자본을 유지하는 것을 보여주는 것이다. 간접비, 급여, 장비, 직접 비용, 대출 등과 같은 개별비용을 설명한다. 현금흐름은 회사가 월간기준으로 필요한 자금을 충분히 갖고 있는지를 나타낸다.

기업회계기준에 의하여 작성되는 재무제표는 발생주의에 의하여 작성되므로 손익계산서의 당기순이익이 실제로 기업의 이익과 일치하지 않을 수 있다. 또 손익계산서의 당기순이익이 많다고 하여 반드시 현금이 많은 것은 아니다. 따라서 현금주의에 의한 손익계산서를 작성하여 현금흐름을 파악하도록 하는 것이 현금흐름표이다. 현금흐름표의 활동의 구분은 다음과 같다.

- 영업활동으로 인한 현금흐름: 일반적인 제품의 생산과 구매 판매활동
- 투자활동으로 인한 현금흐름: 현금의 대여와 회수활동 및 투자유가증권, 투자자산 등의 취득과 처분활동
- 재무활동으로 인한 현금흐름: 현금의 차입 및 상환활동으로 부채와 자본계정에 영향을 미치는 활동

표 10-11 현금흐름 월별 예측표

구분			1월	2월	3월
I 영업활동으로 인한 현금흐름			22,000,000		
1. 당기순이익		35,000,000			
2. 현금유출이 없는 비용 등의 가산					
감가상각비 등	2,500,000	2,500,000			
3. 현금유입이 없는 수익 등의 차감					
투자유가증권 처분이익	-500,000	-500,000			
4. 영업활동으로 인한 자산·부채의 변동					
매출채권의 증가 등	-15,000,000	-15,000,000			
II 투자활동으로 인한 현금흐름			-20,000,000		
1. 투자활동으로 인한 현금유입액		5,000,000			
투자유가증권 처분	5,000,000				
2. 투자활동으로 인한 현금유출액		-25,000,000			
토지의 취득	-25,000,000				
III 재무활동으로 인한 현금흐름			0		
1. 재무활동으로 인한 현금유입액		200,000,000			
보통주의 발행	200,000,000				
2. 재무활동으로 인한 현금유출액		-200,000,000			
사채의 상환	-200,000,000				
IV 현금의 증가(감소)			2,000,000		
V 기초의 현금			10,000,000		
VI 기말의 현금			12,000,000		

당기에 현금이 2,000,000원이 증가된 내용

- 영업활동으로 현금 22,000,000원 증가

- 투자활동으로 현금 -20,000,000원 증가

- 재무활동으로 현금 0원 감소

8) 출구전략과 추적과 관찰

사업은 성공과 실패의 교차로에 있다. 따라서 사업실패의 경우 출구전략을 제시한다. 초기 예측으로부터 가능한 편차를 측정하기 위해 결과를 평가할 필요가 있다. 편차의 원인을 분석하고, 적절한 시정행동을 취한다. 시간에 따른 시장변화를 안다면 사업계획의 실현을 통제하고 재평가하는 것이 필요하다. 필요하다면 최초의 목표를 변경하는 것이 바람직하다.

9) 부록

- 제품정보

- 자산평가

- 재무제표와 감사보고서

- 법인등기부 등본

- 주요 경영자의 이력서

- 시장 조사

- 기타 중요정보

필요가 발명의 어머니라면
불만은 발전의 아버지이다
- David Rockefeller -

창업 마케팅

9세에 美 이민 '대만출신' 젠슨 황

⚙ '부럽다'라는 뜻의 라틴어에서 나온 엔비디아를 식당 구석에서

젠슨 황은 NVIDIA 공동창업자이자 회장 겸 CEO이다. 그는 대학 졸업 후 LSI 로직의 이사이자 어드밴스트 마이크로 디바이시스(AMD)의 마이크로프로세서 디자이너로 일했다. 1993년 30번째 생일에 엔비디아를 공동 설립했다. 1993년 미국 캘리포니아주 새너제이에 위치한 식당에서 서른 살 반도체 엔지니어 젠슨 황은 또 다른 엔지니어 크리스 맬러카우스키, 커티스 프림과 머리를 맞대고 앉았다. "컴퓨터에서 어떻게 3차원(3D) 그래픽 게임을 구현할 것인가?" 두 아이의 아빠였던 황은 곧 컴퓨터 게임의 시대가 올 것이라고 봤다. 실감나는 게임을 만들어줄 화려한 그래픽이 가능하도록 빠른 연산에 특화된 칩, 훗날 그래픽처리장치(GPU)로 이름 지은 '꿈의 칩'을 만들기 위해 이들은 식당 구석에 회사를 설립했다. '부럽다'라는 뜻의 라틴어에서 나온 엔비디아의 시작이었다. 회사를 설립한 지 31년 뒤인 시가총액은 3조 3,350억 달러까지 뛰면서 MS(3조 3,173억 달러)와 애플(3조 2,859억 달러)을 단숨에 제치고 세계 1위를 차지했다.

⚙ 오픈AI 창업 전부터 AI 온다

대만에서 태어나 아홉 살에 부모 없이 미국에 살던 삼촌 집으로 이민 '보내진' 황 엔비디아 최고경영자(CEO)가 데니스에서 창업한 데에는 두 가지 이유가 있었다. 15세 때 데니스에서 설거지와 서빙 '알바'를 해 익숙했고, 리필되는 커피가 쌌다. 가난한 이민자였던 황 CEO는 이제 포브스 집계 기준 순자산이 약 1,170억 달러(약 161조 6,000억 원)로 세계 부자 순위 11위가 됐다. 엔비디아의 부상은 생성형 인공지능(AI) 챗GPT 열풍으로 AI 시대가 도래한 덕이다. 구글, MS, 메타, 아마존 등 빅테크들이 수조 원대 AI 개발에 나서며 엔비디아의 AI 칩을 마구 사들이니 매출과 이익이 급등하고 있다. AI 가속기로 불리는 특화 칩 시장을 90% 가까이 차지하고 있는 엔비디아의 매출총이익률(마진율)은 78% 수준이다.

⚙ AI 전쟁의 유일한 무기 거래상

2015년 오픈AI가 창업됐고 2023년에는 챗GPT 열풍이 불며 엔비디아를 시총 3조 달러 기업으로 끌어올렸다. 뉴요커는 "AI 전쟁이 벌어지고 있는데, 엔비디아가 유일한 무기 거래상"이라고 분석했

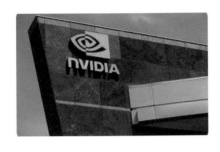

다. 엔비디아가 앞서 컴퓨터 게임의 미래를 내다보고, 여기서 번 돈으로 AI 시대를 앞당긴 배경에는 황 CEO의 리더십이 있었다. 엔비디아는 개방적이고 소통을 중시하는 문화로 특히 유명하다. 한 엔비디아 관계자는 "회사에 있으면 시도 때도 없이 젠슨 황이 찾아와 질문 폭탄을 던져 괴롭다"고 말했다.

⚙ 일본인 정원사 한마디', 엔비디아 젠슨 황 인생 바꿨다

젠슨 황의 인생 철학은 특정 멘토나 저명한 업계 관계자로부터 얻은 것이 아니다. 그는 "해외 여행 중 우연히 만난 한 정원사로부터 시작됐다"고 밝혔다. 인생의 전환점이 된 일본의 한 정원사의 만남을 소개했다. 황 CEO는 여름 휴가 때 교토에 있는 한 신사를 찾았다. 그날은 유독 덥고 습하고 끈적끈적한 날씨였다. 그곳에서 드넓은 정원을 가꾸는 한 남자를 봤다. 그는 찌는 듯한 날씨에도 부지런히 나무를 관리했다. 대나무 집게를 사용해 하나하나 나뭇잎을 정리했다. "무엇을 하고 있냐"는 황 CEO의 질문에 정원사는 "죽은 이끼를 따고 있다"고 답했다. 황 CEO가 "정원이 너무 넓지 않느냐"고 말하자 그는 "25년간 정원을 가꿨고 앞으로도 시간은 충분하다"고 말했다. 짧은 대화였지만 황 CEO는 "이 순간이 내 인생에서 가장 심오한 깨달음 중 하나였다"고 했다. 그러면서 "정원사가 자신의 기술에 전념해 평생을 바쳐 일한 것처럼 그렇게 하면 시간은 충분하다"고 말했다.

⚙ 삶의 우선순위를 정하면 시간은 충분하다

황 CEO는 "나는 항상 시간이 충분하다고 말하는데 실제로 시간은 충분하며 현명하게 시간의 우선순위를 정함으로서 자신에게 가장 중요한 일, 즉 직원의 성장과 발전을 돕는 일에 집중할 수 있었다"고 말한다. 황 CEO는 "나는 매일 똑같은 방식으로 아침을 보낸다. 가장 우선순위가 높은 업무를 먼저 처리하는 것으로 하루를 시작한다"고 소개했다. 또한 "출근하기도 전에 이미 하루가 성공적인 것이라고 생각한다. 가장 중요한 업무를 이미 끝냈기 때문에 다른 사람들을 돕는 데 하루를 보낼 수 있다"고 덧붙였다. 젠슨 황의 시간은 언제나 충분하다.

출처: 동아일보 2024-06-20

CHAPTER 11 | 창업 마케팅

01 창업 마케팅

창업기업은 가용자금과 자원의 양이 제한되어 있으므로 지출한 모든 비용이 가시적이고 측정 가능한 결과로 이어지는 것이 중요하다. 또한 창업 마케팅할 때 두 가지 고려할 사항이 있다. 하나는 우수한 제품만으로는 성공할 수 없다는 것이다. 다른 하나는 마케팅 없이는 고객들을 확보하기 어렵다는 것이다. 성공적인 창업 마케팅을 위해서는 우수한 제품과 훌륭한 마케팅이 모두 필요하다. 마케팅은 고객 확보와 제품 시장 적합성 개선에 초점을 둔다. 초기 단계의 창업기업에게는 피드백이 고객보다 더 중요하다. 창업기업은 고객의 불만이나 불편을 더 빨리 해결하고 시장 수요에 맞게 제품을 개선할수록 장기적으로 이길 가능성이 높다.

(1) 창업 마케팅의 개념

창업 마케팅은 기업가 정신으로 혁신적이고 효과적인 가치창출을 통하여 고객만족을 선제적으로 집중하는 활동이다. 창업 마케팅은 기업가 정신과 마케팅을 결합한, 주로 창업가가 실행하는 마케팅 활동이다. 창업 마케팅의 기능은 고객집중, 자원 지렛대 효과, 바이럴 마케팅과 가치창조 등이 있다.[1] 창업 마케팅은 위험관리, 자원의 지렛대 효과와 가치창조의 혁신적인 접근으로 수익 있는 고객을 획득하고 유지하기 위한 기회의 탐구와 선제적 확인이다. 이것은 기업가 정신과 마케팅을 결합한 것이다. 시장지향이 시장을 탐색하고 고객욕구를 평가하여 제품을 개발한다면, 기업가지향은 아이디어로 시작하고 시장을 찾는다.

---

1   Becherer, Richard, Haynes and Helms(2008).

400 | 벤처창업과 경영

- **시장지향**: 시장을 탐색하고 고객욕구를 평가하여 제품개발
- **기업가지향**: 아이디어로 시작하고, 그런 다음에 시장탐색

일단 가능한 시장기회를 확인하면, 기업가는 기회를 검토한다. 그런 후 고객의 욕구를 제공하고, 고객과 직접적인 접촉을 하고, 고객의 선호와 욕구를 발견한다. 또한 제품을 구매한 사람들과 동일한 특성을 갖는 새로운 고객을 추가한다.

새로운 고객이 최초 고객의 추천인 경우가 많아 고객과의 직접이나 개인적 접촉을 선호하는 창업 마케팅은 기업가들이 상호작용 마케팅을 채택하기 때문에 4P's 모델은 적합하지 않다. 기업가들은 인적판매와 관계마케팅 활동 중에 고객과 상호작용을 하고, 그러한 상호작용은 구전마케팅에 의해서 고객이 추가된다.

그림 11-1   기업가지향 마케팅 과정

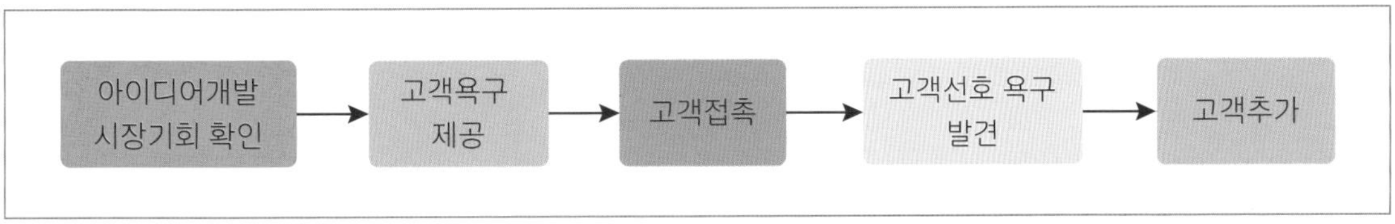

아이디어개발 시장기회 확인 → 고객욕구 제공 → 고객접촉 → 고객선호 욕구 발견 → 고객추가

(2) 창업 마케팅의 특성

기업가지향(entrepreneurial orientation)은 위험감수, 혁신성, 기회집중과 선제적인 행동에 의해서 제시되는 지속적인 기업수준의 속성이다.[2] 혁신은 R&D에서 신제품이나 투자의 도입을, 위험 감수는 신기한 절차와 방법에 대한 신뢰와 불확실한 사업에 대한 기업의 감수와 보상을, 선제성은 대담하고 방대한 전략적 행동과 도전하는 경향이다. 기업가지향 회사는 경험, 몰입과 직관에 의존하는 경향이 있다.

시장지향(market orientation)은 회사가 소비자의 욕구를 분석하고 평가하여, 소비자 욕구를 만족시키는 과정으로 자원의 지렛대 효과, 고객지향과 가치창조 등을 포함한다.[3] 이와 같이 시장지향은 장기집중과 수익성의 두 가지 의사결정 기준인 고객지향과 가치창조이다. 고객지향과 가치창조가 잘 작동된다면, 시장지향은 회사의 성공적인 성과가 된다.

---

2   Covin, Jeffrey and Lumpkin(2011).

3   Frishammar & Horte(2007).

그림 11-2 창업 마케팅의 특성

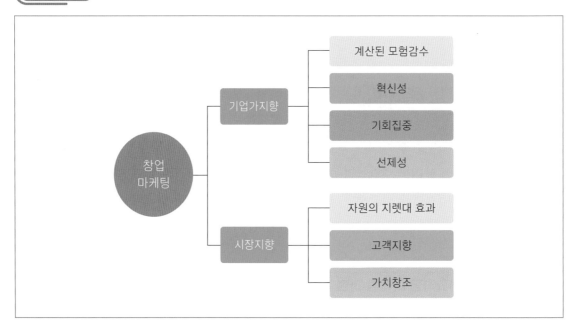

1) 기업가지향

기업가는 아이디어로 사업을 시작하고, 그런 다음에 시장을 탐색한다. 이것은 기술을 먼저 개발하고 이 기술을 이용하여 제품을 만들어 시장에 제공하는 제품지향 전략이다. 기업가지향은 계산된 모험감수, 혁신성과 기회집중과 선제성과 관련된 회사 활동이다.

① 계산된 모험감수

창업 마케팅을 채용하는 기업은 계산된, 합리적인, 예측된 모험을 감수한다. 현재의 사회적, 기술적, 그리고 경제적 환경에서의 혁신은 원래 불확실하다. 장기적으로 합리적인 결과를 요구하는 계산된 위험을 감수한다. 위험관리의 한 방법은 다른 협력자와 협력하는 것이며, 이러한 회사는 역량을 상호보완하고 다른 협력자에게 위험을 이전하는 데 도움이 된다.

② 혁신성

혁신성(innovativeness)은 기업이 새로운 시장, 제품이나 공정에 집중하는 것을 의미한다. 성공적인 기업은 높은 혁신적인 새로운 시장 창조자로부터 점진적인 시장구축자의 역할을 수행한다. 시장창조자는 소비자에게 혁신적인 다른 가치를 제공하기 위해 과거의 해결책을 파괴한다. 점진적인 혁신자는 기존고객관계와 시장지식을 구축한다. 혁신성은 변화와 창의적 행동을 촉진하고 아이디어의 교환을 장려하며, 신제품개발에서 신기성을 증가한다.

③ 기회집중

시장기회를 인식하고 추구하는 것은 기업이 찾아낸 유리한 기회에 집중하는 중요한 마케팅 행동이다. 경쟁자가 시장기회를 활용하기 전에 선도자를 기대하고 의지를 갖는다면, 기업가적 기업은 고객의 불만족한 욕구와 나타난 기회를 포착할 수 있다. 따라서 혁신과 창의성은 기업가적 기업이 기회를 실현하는 데 도움이 되는 중요한 도구이다.

④ 선제성

선제성(proactivity)은 경쟁자보다 미리 신제품이나 서비스를 출시하고, 변화를 창조하고, 환경을 형성하기 위해 행동하는 의지이다. 선제적이고 공격적인 조치의 결합을 통하여 경쟁자를 지배하려는 기업가적인 의지를 반영한다. 선제적 지향은 고객과 경쟁자 정보를 수집하여, 고객의 잠재적, 표현하지 못한 욕구를 발견하고, 만족시키는 것이다. 따라서 선제성은 사업기회를 기대하고 행동하는 데 필요한 것을 실행함으로써 조직의 성과를 향상할 수 있다.

2) 시장지향

시장지향은 회사가 소비자의 욕구를 분석하고 평가하여, 소비자 욕구를 만족시키는 과정으로 자원의 지렛대 효과, 고객강도와 가치창조 등을 포함한다. 즉, 시장지향은 시장과 고객욕구를 확인하여 제품 아이디어를 창안하고 제품을 개발하는 회사 활동이다.

① 자원의 지렛대 효과

지렛대 효과(leveraging)는 외부로부터 자본이나 자금 등을 들여와 이용하는 것으로 적은 것으로 더 많이 활동하는 것을 의미한다. 자원을 절약하기 위한 전략과 전술은 다른 조직과의 제휴를 형성하는 전략뿐만 아니라 무임승차 전략이 있다. 따라서 기업가가 사용할 수 있는 자원을 통제할 수 있기 위해서는 통찰력, 경험과 기술 등이 있어야 한다.

② 고객지향

고객지향(customer orientation)은 고객관계를 창조하고, 구축하고, 유지하는 혁신적인 접근을 사용하는 고객중심지향이다. 성공적인 조직은 고객 강도를 매우 강조한다. 기업 내에서 고객지향의 개념은 마케팅의 기념비로 여긴다.

③ 가치창조

가치창조(value creation)는 기업이 가치를 생산하기 위해 고객가치의 미개발 자원을 발견하고 자원의 독특한 결합을 창조하는 것이다. 창업 마케팅을 채택하는 기업은 제공물의 편익을 증가하고, 비용을 감소하기 위해 혁신을 강화하고 매력적인 기회를 확인하고 이용한다. 고객에게 경쟁자가 모방하기 어려운 탁월하고 독특한 가치를 제공하여 시장지배력을 얻는 것이다.

02 마케팅의 성격

적절한 마케팅 계획 없이는 기업이 성장할 수 없다. 마케팅 계획을 구현하는 방법은 너무나 많으나 안타깝게도 창업기업에게는 고객들의 신뢰를 확보하거나 고객의 관심을 끌 시간이 거의 없다. 그러니 창업기업은 모든 전략이 대부분 계획 중에 있다. 창업기업에 대한 마케팅 전략은 전문 마케팅 프로그램을 활용할 수 있는 영역이 많이 있다.

(1) 마케팅의 개념

마케팅(marketing)은 고객욕구를 충족하여 수익성이 있는 고객관계를 관리하는 과정이다. 고객에게 탁월한 가치를 제공하여 신규고객을 유인하고, 고객만족을 통해 기존고객을 유지하는 과정이다. 마케팅은 고객들, 협력자들, 그리고 사회 전반에 가치 있는 것을 만들고, 의사소통하며, 전달하고, 교환하기 위한 활동과 일련의 제도 및 과정들이다. 마케팅이란 표적시장을 선택하고, 우월한 고객가치의 창조, 의사소통 및 전달을 통해 고객을 획득, 유지, 확대하는 기술과 과학이다.[4] 마케팅의 4가지 활동은 창조, 의사소통, 전달과 교환이다.

- **창조**(creating): 탁월한 가치를 창조한다.
- **의사소통**(communicating): 고객에게 정보를 제공하고, 고객으로부터 정보를 받는다.
- **전달**(delivering): 소비자에게 제공물을 전달한다.
- **교환**(exchanging): 제품과 대가를 교환한다.

---

4   Kotler & Keller(2014).

그림 11-3 마케팅의 활동

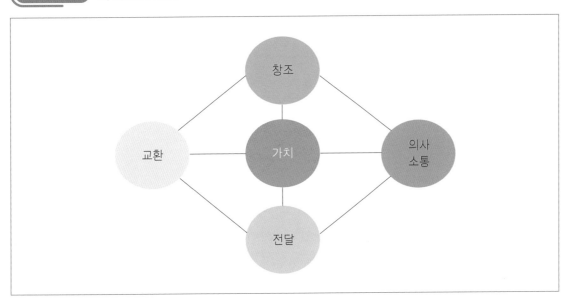

(2) 마케팅의 기본요소

고객(customer)은 제품을 구매하는 사람이다. 소비자(consumer)는 실제로 제품을 사용하거나 소비한다. 욕구(needs)는 기본적인 만족의 결핍을 느끼고 있는 상태이다. 예를 들면, 허기, 갈증이나 추위를 느끼는 것은 생리적인 욕구이다. 고객이 결핍을 느낄 때나 특정한 상품을 갖고 있지 않다고 느낄 때 욕구가 발생한다. 필요(wants)는 욕구에 대한 구체적인 제품이나 서비스에 대한 바람이다. 즉, 욕구가 구체적인 형태를 가지면 필요가 된다. 예를 들면, 개인들은 배가 고플 때 음식을 필요로 하고, 그래서 한국 사람은 밥을 먹고, 미국 사람은 햄버거를 먹는다.

인간의 필요는 끝이 없지만 자금은 한정되어 있다. 고급차나 명품을 사고 싶지만 돈이 부족한 경우이다. 수요(demands)는 구매력이 있는 구체적인 욕구이다. 즉, 잠재고객이 제품에 대한 지불능력을 갖고 있을 때 필요는 수요가 된다. 교환(exchange)은 가치 있는 제품이나 서비스를 제공하고 대가를 획득하는 행위이다. 당사자들은 교환을 통하여 교환 이전보다 더 나은 상태가 되어야 한다. 시장(market)은 기업의 제품이나 서비스를 실제적이고 잠재적으로 구매하는 모든 사람들의 집합이다. 구매자와 판매자가 재화를 교환하는 물리적인 시장인 남대문시장, 동대문시장, 청과물시장이나 어시장 등이 있다. 또한 추상적 시장은 국내시장, 국제시장, 도매시장, 소매시장, 소비재시장, 산업재시장, 금융시장, 증권시장, 외환시장 등 비가시적인 시장이 있다.

- 욕구(needs): 기본적인 만족의 결핍을 느끼고 있는 상태로 본원적 욕구
- 필요(wants): 욕구에 대한 구체적인 제품이나 서비스에 대한 바람
- 수요(demands): 구매력이 있는 구체적인 욕구
- 교환(exchange): 가치 있는 제품이나 서비스를 제공하고 대가를 획득하는 행위
- 시장(market): 제품이나 서비스를 실제적이고 잠재적으로 구매하는 모든 사람들의 집합

(3) 마케팅의 중요성

마케팅의 주요 역할은 회사의 표적고객을 유인하고, 유지하고, 이익을 증가하는 것이다. 이러한 역할을 수행할 때 마케팅 부서는 고객과 시장조사를 수행하고, 해결책을 준비하고, 시장에 브랜드 가치를 알리고, 계속적인 고객관계를 추적·관리한다. 고객욕구의 만족과 기업의 유지를 위한 수익창출의 극대화는 경영의 핵심적인 과제이다.

마케팅은 조직의 성공에 크게 기여하기 때문에 중요하다. 생산과 유통은 주로 마케팅에 달려있다. 마케팅은 제품이나 서비스를 시장에 출시하고 촉진하는 과정이며, 고객들에게 판매를 촉진한다. 신생기업에서 글로벌 기업까지 모든 기업은 마케팅활동을 통해 브랜드 인지를 창조하고 판매를 증가할 수 있다.

(4) 마케팅의 역할

마케팅의 주요 역할은 소비자의 욕구를 확인하고 예측하고 만족시키는 경영과정이다. 기업은 마케팅활동을 통해 고객의 욕구를 충족하고 편익을 제공한다. 영리한 마케터는 제품 을 판매하지 않고 편익 다발을 판매한다. 다음은 성공적인 마케팅의 핵심적인 역할이다.

그림 11-4 **마케팅의 핵심적인 역할**

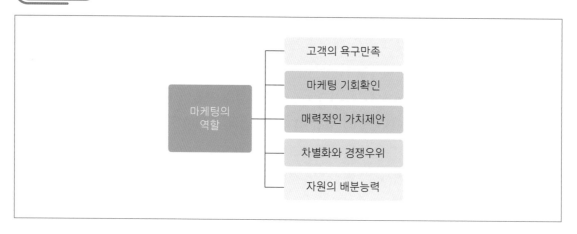

- **고객의 욕구만족**: 마케팅은 고객의 욕구를 확인하고 예측하고 만족시키는 것이다. 기업은 소비자 욕구를 분석하고 추적하는 지속적인 과정을 수행한다.
- **마케팅 기회 확인**: 시장에 있는 마케팅 기회를 확인하고 인식하는 능력을 제공한다.
- **매력적인 가치제안**: 마케팅은 소비자들의 욕구를 충족하고 문제를 해결하는 매력적인 가치 제안이나 약속을 창조하고 전달한다.
- **차별화와 경쟁우위**: 마케팅은 경쟁자와 차별화할 수 있고 경쟁우위를 강화할 수 있다.
- **자원의 배분능력**: 마케팅은 고객의 욕구를 통찰하고, 경제적 수익을 향상하기 위해 필요한 자원을 할당하고, 가치를 관리할 수 있다.

03 제품관리

마케팅 계획은 제품 및 서비스를 홍보하기 위한 전략으로 구성된다. 제품관리는 제품개발 및 유통과 관련된 계획, 생산, 마케팅 및 기타 작업을 구성하는 방법이다. 제품관리의 목표는 제품개발, 판매, 시장점유율 및 이윤 극대화이다. 현재 제품이 경쟁제품보다 좋거나 적어도 고객에게 가치가 있으려면 기업은 독특한 제품으로 차별화한다. 제품의 수익성과 성공 여부를 결정하는 것은 고객의 반응이다.

(1) 제품의 이해

기업의 혁신적 활동의 결과가 제품이나 서비스이다. 유형이나 무형제품은 회사가 고객을 만족시키기 위해 제공하는 것이다. 제품은 단일제품, 제품의 결합, 상품과 서비스의 결합이다. 제품이나 서비스를 통해 소비자의 만족을 제공하지 않는 기업은 존재할 수 없다.

1) 제품의 개념

제품(product)은 고객의 욕구나 필요를 충족하는 물리적 대상, 서비스, 장소, 조직, 아이디어나 사람이다. 제품은 편익의 꾸러미이다. 제품의 기본 특성은 경쟁자와 공통으로 갖고 있는 제품의 핵심편익이다. 보조특성은 제품에 독특한 특징과 편익이다.

2) 제품의 다차원적 개념

고객이 실제로 구매하는 것은 하나 이상의 핵심편익, 물리적인 제품과 A/S나 보증과 같은 확장제품이다. 핵심제품(core product)은 소비자들이 구매하려는 제품으로부터 기대하는 본질적인 편익이다. 유형제품(tangible product)은 핵심제품을 구체화한 것으로 특징, 품질, 스타일, 포장, 상표 등이다. 확장제품(augmented product)은 배달, 설치, 보증, A/S 등과 같은 유형적 제품속성 이외의 부가적인 서비스이다.

그림 11-5 **다차원적 제품개념**

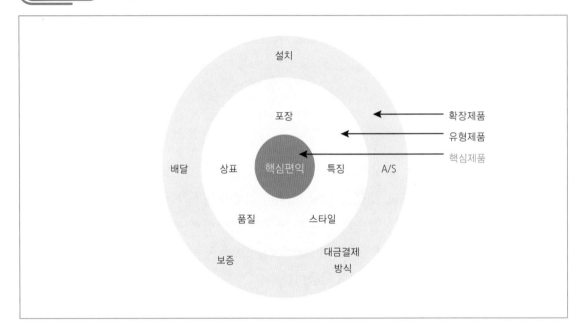

(2) 제품의 분류

제품은 필요와 욕구를 충족하기 위해 획득, 사용, 소비를 목적으로 시장에 제공할 수 있는 모든 것을 말한다. 제품 마케팅은 제품의 특징, 크기, 사용법, 가격 등을 구체적으로 설명하는 이성적 소구 방법을 사용하는 마케팅을 의미하지만, 브랜드 마케팅은 제품의 상세 내용보다는 브랜드가 줄 수 있는 가치 등을 감성적 소구 방법을 사용하여 설명하는 마케팅을 뜻한다.

사용성이나 구매목적에 의한 제품분류는 소비재와 산업재로 분류된다. 개인과 가족의 욕구를 만족시키기 위해 구매한 제품은 소비재이다. 재판매나 다른 제품을 만들기 위해 구입하는 제품은 산업재이다. 일반적으로 최종사용자가 구매한 제품은 소비재가 되고, 재판매하거나 제조목적으로 사용하면 산업재가 된다.

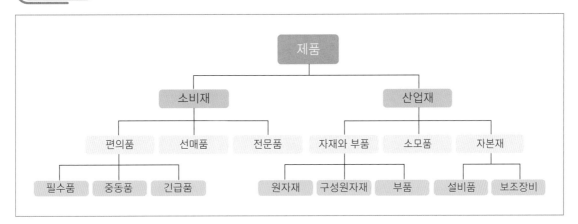

그림 11-6 사용성에 의한 제품분류

소비재(consumer goods)는 최종 소비자가 개인적인 소비를 목적으로 하는 제품이다. 식품, 의복, 노트, 책이나 노트북이 개인적 소비를 목적으로 구매한 경우에 해당한다. 소비재는 소비자의 구매행동에 근거하여 편의품, 선매품과 전문품 등이 있다.

① 편의품

편의품(convenience goods)은 껌, 청량음료나 식품처럼 소비자가 제품구매를 위해 많은 노력을 기울이지 않는 제품으로서 가격이 비교적 저렴한 제품이다. 또한 이러한 편의품은 필수품, 충동 품과 긴급품으로 분류한다.

- 필수품(staple goods): 규칙적으로 구매하는 제품
- 충동품(impulsive goods): 사전 계획 없이 충동적으로 구매하는 제품
- 긴급품(emergency goods): 비상시에 즉시 구매해야 하는 제품

② 선매품

선매품(shopping goods)은 의복, 구두, 가전제품처럼 구매빈도가 적고, 비교적 오래 사용되는 제품으로 소비자들은 적절성, 가격, 스타일, 품질 등을 경쟁제품이나 대체재와 비교·평가한 다음 구매하는 제품이다. 구매하기 전에 완전한 정보가 부족하기 때문에 구매의사결정을 하는 데 소비자들은 상당한 시간과 노력을 소비한다.

③ 전문품

전문품(specialty goods)은 제품범주의 특별한 특성 때문에 일반적으로 구매하기 위해 특별한 노력을 기울이는 제품이다. 소비자들은 구매하기 위해 판매자를 찾는 특별한 노력을 하고, 판매자가 제공하는 가격에 구매할 준비가 되어 있다. 예를 들면, 가구, 신형 승용차, 고급

향수, 디자이너의 의류 등으로 제품 차별성, 소비자 관여도, 특정 상표에 대한 충성도가 높다.

표 11-1 **제품분류에 따른 특징과 마케팅 전략**

구분	편의품	선매품	전문품
구매빈도	높음	낮음	매우 낮음
관여도 수준	낮음	비교적 높음	매우 높음
문제해결 방식	습관적 구매	복잡한 의사결정	상표충성도
제품유형	치약	가전제품	명품 시계
	세제	의류	명품 핸드백
	비누	승용차	고급 카메라
가격 전략	저가격	고가격	매우 높은 가격

(3) 마케팅믹스

마케팅믹스(marketing mix)는 상품과 서비스를 출시하기 위해 회사가 사용하는 상이한 의사결정 변수의 결합이다. 마케팅믹스는 회사가 수익, 판매, 시장점유율, 투자수익과 같은 목표를 성취하기 위한 모든 마케팅 요소의 결합이다. 4P's인 제품(product), 가격(price), 유통(place)과 촉진 (promotion)의 네 가지 요소를 배합하는 것이 마케팅믹스이다.

1) 마케팅믹스

마케팅은 McCarthy가 제안한 마케팅의 4P's로 마케팅믹스(marketing mix)를 다룬다. 4P's는 고객욕구를 충족시키기 위해 사용되는 마케팅 도구의 결합을 의미하는 마케팅믹스이다. 제품(product)은 고객의 욕구와 필요를 만족시키는 제품, 서비스나 아이디어이며, 가격(price)은 제품에 제공하는 대가로 부과한 화폐량이다. 유통(place)은 고객이 구매할 수 있는 곳으로 제품을 전달하는 장소이며, 촉진(promotion)은 광고, 홍보, 판매촉진과 같은 커뮤니케이션의 수단이다.

그림 11-7   마케팅믹스

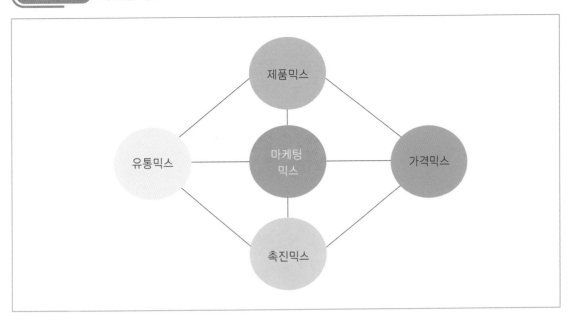

2) 제품믹스

제품은 소비자가 지불의도가 있는 물리적 제품이나 서비스다. 제품에는 제품품질과 제품속성이 중요한 요소이다. 제품속성은 외관, 형태, 크기, 색상, 무게, 속도, 내구성, 재료, 기능, 성능과 같은 품질을 포함한다. 제품은 마케팅믹스의 핵심요소이다. 제품은 속성들의 결합으로 색상, 디자인, 특징, 성능과 같은 물적 요소와 가치, 품질과 같은 비물적 요소를 포함한다.

① 제품 디자인

제품 디자인(product design)은 고객의 주의를 끌어들이고, 제품에 집중하고, 구매결정에 영향을 주는 중요한 요소이다. 디자인은 제품의 스타일과 기능을 결합한 것으로 제품 성공과 직접적으로 연결되어 있고, 다른 제품과의 차이를 내는 요소이다. 디자인은 회사의 상품과 서비스를 차별화하고, 포지션하는 매우 효과적인 방법으로 회사에 경쟁우위를 제공한다.

② 품질과 기술

제품품질(product quality)은 제품이 갖고 있는 기능을 작동할 수 있는 능력이다. 기술은 제품을 구현하고 차별화하고, 사용자가 선호하는 신제품을 개발하는 공법이다.

③ 제품의 유용성

제품의 유용성(usefulness)은 제품사용에서 얻는 편익 요소이고, 경쟁제품과 비교하여 제품의 만족과 반복적인 사용을 이끌어내는 요소이다.

④ 제품의 가치와 편의성

제품의 가치(value)는 고객이 제품의 제조비용보다 더 크다고 느끼고, 대체로 만족을 느끼는 주관적인 평가이다. 편의성(convenience)은 제품의 사용과 관련된 변수로 제품이 고객의 생활에 편리성을 가져다줄 수 있어야 한다.

⑤ 포장 디자인

포장(packaging)은 제품보관을 위한 용기를 디자인하고 제조하는 모든 활동이다. 포장은 제품의 내용물을 보호하고, 제품정보를 제공하며, 제품이미지를 전달함으로써 제품의 가치를 향상한다. 좋은 포장은 고객의 주의를 끌고, 고객에게 제품정보를 제공하여 마침내 판매를 이끌어낸다. 포장은 이성(reason)뿐만 아니라 감성(emotion)에 호소한다. 따라서 좋은 포장이 갖추어야 할 특징(VIEW)은 가시성, 정보제공, 감정적 소구와 가동성이다.

> **그림 11-8** **좋은 포장의 요건**

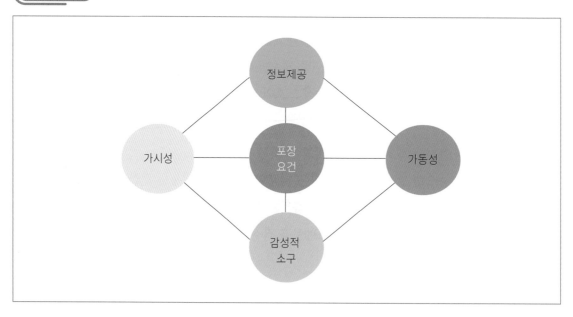

- **가시성**(visibility): 포장은 구매시점에 주의를 유발할 수 있어야 한다. 강렬한 색상의 패키지나 색다른 그림, 형태, 사이즈를 통하여 시각적 자극을 강화한다.

- **정보제공(information)**: 제품 사용법, 제품이 제공하는 편익, 슬로건, 기타 제품정보(요리법, 판매촉진 제공물)를 제공한다. 시용구매를 자극하고, 반복구매를 유발한다.
- **감정적 소구능력(emotional appeal)**: 소비자가 원하는 느낌이나 무드를 유발하고, 즐거움, 환상, 쾌감 등 감정 유발 요소를 제공한다.
- **가동성(workability)**: 제품의 본래 기능이 제대로 작동할 수 있을 뿐만 아니라 제품내용을 보호하고, 저장과 제품사용의 편리함을 제공하고, 환경보호에 기여한다.

⑥ 보증

보증(warranty)은 제품에 문제가 발생했을 경우 제조자가 제공해야 할 서비스와 제품으로부터 기대되는 기능을 보증하는 것이다.

(4) 브랜드전략

브랜드(brand)는 판매자의 제품이나 서비스를 식별하고, 경쟁자와 구별하기 위해 의도된 이름, 용어, 신호, 상징, 디자인이나 이들의 결합이다. 브랜드는 어떤 기대를 충족하겠다는 고객에 대한 약속이며 회사의 가장 중요한 자산이다. 브랜드는 회사의 신뢰성을 확인하고, 표적고객과 감성적으로 연결하고, 구매자를 자극하고, 고객충성도를 강화한다.

1) 브랜드의 유형

브랜드(brand)의 유형은 기업브랜드, 공동브랜드, 개별브랜드와 브랜드수식어가 있다. 삼성, 현대, LG, SK, 농심과 쿠쿠와 같이 기업의 이름을 그대로 사용하는 브랜드는 기업브랜드(corporate brand)이다. 여러 가지 상품에 공동으로 사용하는 브랜드는 공동브랜드(family or umbrella brand)이다. 갤럭시, 쏘나타, 신라면 등은 특정제품에만 사용하는 브랜드를 개별브랜드(individual brand)이다. K5, SM5, 갤럭시 20처럼 구형 모델과 구별하기 위해 붙이는 숫자, 문자 등 수식어를 브랜드수식어(brand modifier)라고 한다.

2) 브랜드전략

브랜드를 부착할 것인가의 여부와 브랜드의 소유자를 누구로 할 것인가 등 브랜드의 기본 방향을 결정하는 것을 브랜드전략이라 한다. 제조업자브랜드(national brand)는 제조업자 자신이 브랜드명을 소유하며, 생산된 제품의 마케팅 전략을 제조업자가 직접 통제한다. 유통업체브랜드(private brand)는 도소매상이 하청을 주어 생산된 제품에 도소매상의 브랜드명을 부착한다. 무브랜드(generic brand)는 제품에 브랜드를 붙이지 않고, 철물, 맥주, 콜라, 설탕 등

제품의 내용만 표시한다. 브랜드확장(brand extension)은 2080 치약이 성공하여 2080 칫솔이나 구강용품에 사용하는 것처럼 기존 브랜드를 다른 제품에 사용하는 경우를 의미한다.

3) 브랜드명의 결정

브랜드는 브랜드가 표현하는 것을 신뢰하는 충성고객을 갖는다. 이것이 신규 진입자들이 브랜드와 경쟁하는 것을 어렵게 하는 이유가 된다. 바람직한 브랜드명은 제품의 편익이나 품질과 연관성이 있다. 경쟁자와 명백히 구별되고, 세상에서 흔하지 않고, 독특한 느낌을 준다. 기억이나 발음하기 쉽다. 브랜드명의 의미가 부정적이거나 혐오의 대상이 아니어야 한다. 또한 글로벌 브랜드명에 적합한지와 진출국가의 언어와 문화를 검토할 필요가 있다. 우수한 브랜드명이 갖추어야 할 요건은 브랜드와의 연관성, 유연성, 독특성과 기억용이성이 있다.

그림 11-9 바람직한 브랜드 네임의 요건

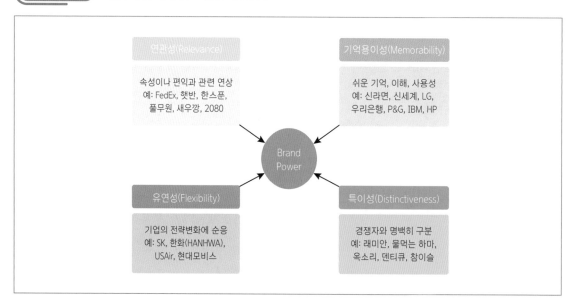

04 가격결정

기업은 상품 또는 서비스를 판매할 최적의 가격을 결정한다. 가격이 매출, 시장 경쟁력 및 제품에 대한 소비자 인식에 엄청난 영향을 미치기 때문에 매우 중요한 의사결정의 하나이다. 기업은 경쟁업체가 제공하는 가격, 생산 및 유통 비용, 소비자 마음속의 제품 이미지 포지셔닝, 잠재적 구매자의 인구 통계와 같은 다양한 요인을 고려한다. 가격전략은 회사가 제품 또는 서비스의 가격을 책정하는 데 사용하는 방법이다.

(1) 가격결정의 방법

가격(price)은 제품이나 서비스를 소유 또는 사용하는 대가로 지불하는 금전적 가치이다. 고객은 제품이나 서비스를 얻기 위해 돈을 지불한다. 가격은 기업의 수익을 결정하는 마케팅믹스의 유일한 변수로 중요한 경쟁의 도구이다. 경쟁자들의 가격은 가격결정에 중요하다.

- **경쟁 가격결정**(competition-based pricing): 가격선도자는 가격에 의해서 산업을 이끄는 지배적인 기업이다. 경쟁자들은 가격 선도자를 관찰하고 가격을 변경할 것이다.
- **비용 가격결정**(cost-based pricing): 제품의 생산비와 판매비를 충당하고, 목표이익을 실현할 수 있는 수준에서 가격을 결정한다.
- **가치 가격결정**(perceived value pricing): 비가격변수의 사용으로 시장에서 고객들에게 지각되고 있는 상품의 상대적 가치를 파악하여 상품의 가격을 결정한다.

(2) 출시가격 정책

가격결정(pricing)은 제품원가, 마케팅 비용이나 시장에 있는 모든 가격변화를 고려한다. 가격결정은 동적이다. 경쟁력이 있는 가격결정 전략은 차별화 요소, 브랜드 이미지, 우수한 유통, 광고소구 등을 기준으로 결정한다.

- **침투가격전략**(penetration pricing): 초기에 동일한 제품에 대해 비교적 저렴하게 가격을 책정하고, 나중에 제품가격을 인상하는 전략이다.
- **초기고가전략**(skimming pricing): 신제품을 출시할 때 유사한 제품에 비해 초기에는 비교적 높게 제품가격을 책정하고, 점진적으로 가격을 인하한다.
- **중립가격전략**(neutral pricing): 주된 경쟁자의 제품가격과 동일하거나 비슷한 수준에서 제품가격을 책정하는 방법이다.

(3) 가격할인 정책

- 현금할인(cash discount): 현금으로 대금을 지급할 경우 일정 금액을 할인해준다.
- 수량할인(quantity discount): 대량으로 구매하는 경우 일정금액을 할인해 준다.
- 거래할인(transactional discount): 중간상이 판매업자가 하는 일을 대신 해주는 경우 그 역할에 대한 보상으로 일정금액을 할인해 주는 제도이다.
- 계절할인(seasonal discount): 계절이 지난 제품을 구매하는 소비자들에게 재고를 소진하고 유동성을 확보하기 위해 일정금액을 할인해 주는 제도이다.
- 공제(allowance): 보상판매로 기존제품을 신제품으로 교체 구매할 때 기존제품의 가격에서 일정한 비율만큼을 공제해주는 제도이다.

05 시장전략

소비자들은 사람이지만 그들은 모두 동일하지 않다. 그들은 신분, 소득, 나이, 성별, 태도, 필요 및 사회적 관계가 다르다. 세분화 및 표적화는 이러한 특성에 따라 소비자를 집단화하는 방법이다. 회사는 세분화 및 표적화를 사용하여 제품, 서비스 또는 브랜드를 효과적으로 홍보할 수 있다.

(1) 시장세분화의 이해

시장세분화(segmentation: S)는 전체시장을 비교적 동일한 욕구를 가진 고객의 집단으로 나누는 것이다. 표적시장(target market)은 특정 제품을 구입할 가능성이 가장 높은 소비자의 특정 시장을 의미한다. 표적화(targeting: T)는 목표로 하는 고객집단을 선정하는 과정이다. 포지셔닝(positioning: P)은 소비자의 마음속에 경쟁제품보다 더 유리하게 자사제품을 자리 잡게 하는 과정이다.

그림 11-10 세분화, 표적화와 포지션의 과정

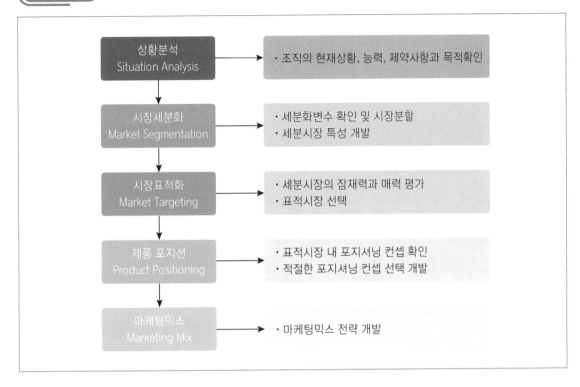

(2) 시장세분화의 방법

마케팅을 대량마케팅, 제품다양화 마케팅과 표적마케팅으로 분류할 수 있다. 대량마케팅은 기업이 한 종류의 제품으로 모든 구매자에게 판매하는 전략으로 대량생산, 대량유통과 대량촉진이 특징이다. 대량마케팅의 이점은 규모의 경제나 경험효과로 생산원가 절감과 마케팅 비용 절감이다. 제품다양화 마케팅은 기업이 제품의 기능, 형태, 크기, 색상, 디자인 등에서 차이 있게 보이는 2개 이상의 품목을 생산하여 판매하는 방식이다. 소비자들의 취향과 싫증에 다양성과 변화를 도모하는 전략이다. 표적마케팅은 하나 또는 복수의 시장을 선택하여 적합한 차별적인 제품과 마케팅믹스로 표적시장에 노력을 집중하는 것이다.

1) 시장세분화의 기준

제품시장과 서비스 시장을 세분하려면 중요한 소비자, 제품이나 상황 등 관련된 기준에 근거하여 수집된 자료를 사용한다. 세분화 기준은 대체로 인구통계변수, 심리변수와 행동변수가 있다. 이러한 자료는 전술 수준의 마케팅활동에 유용하다.

그림 11-11 세분화를 위한 소비자 기준

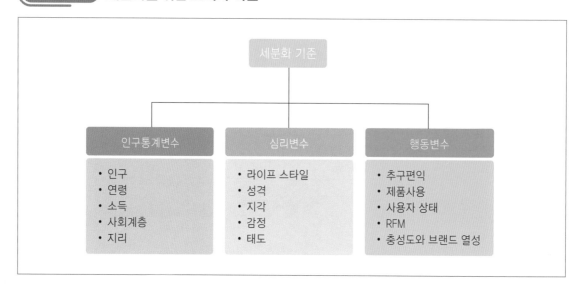

① 인구통계변수

인구통계변수는 연령, 성, 생활주기, 세대, 가족크기, 소득, 직업, 교육, 민족, 국적, 종교와 사회계층과 관련된다. 연령은 시장을 세분화하는 공통적인 방법이다.

② 심리변수

심리변수는 라이프 스타일, 성격, 지각, 감정이나 태도이다. 소비자들이 동일한 제품을 각각 보지만 제품에 대한 태도나 평가는 지각의 주관성으로 매우 다를 수 있다.

③ 행동변수

행동변수 세분화 기준은 제품사용, 구매나 소유와 같은 행동주의 방법을 사용하는 기법이다. 행동기준은 추구편익, 제품사용, 사용자 상태, RFM, 충성도와 브랜드 열성, 중요 행사와 매체 이용경험, 제품에 대한 반응을 포함하여 일련의 행동주의 척도에 근거한다.

(3) 표적시장의 선정

시장표적화(market targeting)는 시장세분화를 통해 목표로 하는 시장의 고객집단을 선정하는 과정이다. 확인된 다양한 세분시장을 평가하고, 가장 잘 제공할 수 있는 세분시장의 수와 위치를 결정한다. 세분시장이 확인되면 기업은 표적마케팅 방법을 선택할 필요가 있다.

표적시장 마케팅(target marketing)은 기업이 소비자의 욕구와 필요에 따라 시장을 몇 개로 세분하여 각기 다른 마케팅믹스를 제공하는 것이다. 시장에 관한 마케팅 전략은 4개가 존

벤처창업과 경영

재한다. 즉, 비차별 마케팅, 차별화 마케팅, 집중화 마케팅과 맞춤 마케팅이다.

① 비차별 마케팅

비차별 마케팅(undifferentiated marketing)은 고객의 욕구나 필요의 차이를 무시하고 공통점에 중점을 두어 전체시장을 단일제품과 단일 마케팅으로 공략하는 대량마케팅 전략이다.

② 차별화 마케팅

차별화 마케팅(differentiated marketing)은 전체시장을 여러 개의 세분시장으로 나누고 각 세분시장의 상이한 욕구에 적합한 마케팅믹스를 활용하는 전략이다.

③ 집중화 마케팅

집중화 마케팅(concentrated marketing)은 세분시장 중에 한 시장을 선택하고, 단일 마케팅믹스로 단일 표적시장에 노력을 집중하는 전략이다.

④ 맞춤 마케팅

맞춤 표적화(customized targeting) 전략은 개별적인 고객의 욕구나 선호를 충족하기 위해 개별적인 맞춤 제품과 마케팅 프로그램을 제공한다.

(4) 포지셔닝

포지셔닝(positioning)은 자사제품이 경쟁제품에 비하여 소비자의 마음속에 가장 유리한 위치를 차지하게 하는 과정이다. 따라서 포지셔닝은 표적고객의 마음속에 의미 있고, 특징적인 경쟁적 위치를 점유하기 위해 회사의 제공물과 이미지를 계획하는 활동이다. 따라서 포지셔닝은 세분화된 시장에서 제품차별화를 통해 경쟁우위를 확보하는 방법이다.

그림 11-12 포지셔닝의 진행 과정

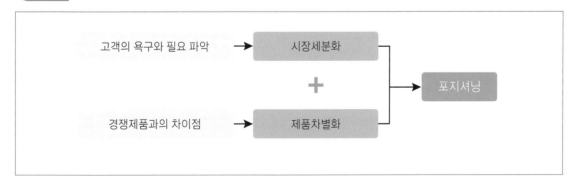

경쟁상태 내에서의 자사 브랜드의 위치, 소비자의 욕구와 제품특성 등을 통합적으로 고려한다. 고객들이 특정 제품범주를 생각할 때 자사의 브랜드가 최초로 또한 우수한 제품으로 상기하도록 하는 것이다. 포지셔닝 전략에는 제품속성과 편익, 제품범주, 사용상황, 사용자, 가격과 품질, 경쟁자 대항, 경쟁자와 반대 설정과 브랜드 이미지 등이 있다.

- 제품속성과 편익: 제품이 표적고객에게 제공하는 속성과 편익에 집중한다.
- 제품범주: 제품을 제품범주의 선도자나 최초 브랜드로 인식하게 한다.
- 사용상황: 고객들이 제품을 언제 또는 어떻게 사용하는지를 강조한다.
- 사용자: 사용자의 독특한 특성이나 특정 계층의 사용자 집단과 제품을 연결한다.
- 가격과 품질: 가격으로 품질을 연상하게 하는 포지션이다.
- 경쟁자 대항: 구체적인 제품의 우수성을 주장한다.
- 경쟁자와 반대: 경쟁제품이 우위를 차지하는 시장에서 주의를 얻는 데 도움이 된다.
- 브랜드 이미지: 브랜드를 특정한 상징과 연결하고 이미지와 결합한다.

제품차별화(product differentiation)는 제품의 표적고객에게 편익, 가격, 품질, 스타일이나 서비스 등에서 경쟁제품과 다르고, 소비자가 바람직하게 지각하는 속성의 개발이나 결합이다. 따라서 차별화의 유형은 제품 차별화, 장소 차별화, 가격 차별화, 촉진 차별화, 인적 차별화, 서비스 차별화와 이미지 차별화 등이 있다.

(5) 출시전략

제품출시는 시장과 유통경로에 물리적인 포지셔닝을 하는 과정으로 이전 개발단계에서 지출한 총비용을 훨씬 능가하는 상당한 비용을 필요로 한다. 출시활동 계획에서 오는 실수, 오산과 간과는 신제품 성공에 치명적인 장애가 된다. 신제품 출시는 비용과 시간이 많이 들고, 위험을 수반하기 때문에 출시품목, 출시장소, 출시시기와 출시방법 등을 전략적으로 계획한다. 전략적 의사결정은 신제품 개발단계의 초기에서 일어나지만, 출시전략은 마지막 단계에서 일어난다.

1) 제품수명주기

제품수명주기(product life cycle)에 따르면 제품은 시장에 처음 출시되어 도입기, 성장기, 성숙기와 쇠퇴기 등의 과정을 거친다. 대체로 제품이 시장에 처음 출시되는 도입기, 매출액이 급격히 증가하는 성장기, 제품이 소비자들에게 확산되어 성장률이 둔화되는 성숙기, 그리고 매출이 감소하는 쇠퇴기의 네 단계로 구분한다. 전형적인 제품수명주기는 S자 곡선 형태를 띠고 있지만, 제품이나 시장에 따라 다양한 형태의 제품수명주기 유형이 있다.

도입기에 곡선이 완만한 것은 구매자들의 관심을 유도해 시용구매를 자극시키는 것이 매우 어렵기 때문이다. 초기 수용자들은 도입기에서 제품을 구매하는 선도구매자들이다. 제품의 우수성이 입증되면 많은 구매자들이 제품을 구매하면서 성장기에 진입한다. 이후 제품의 잠재적 구매자까지 구매하여 시장이 포화상태에 이르면서 성장률이 하락하고 안정세를 보이는 성숙기에 이른다. 마지막으로 새로운 대체품이 등장하면서 제품은 쇠퇴기를 맞는다.

그림 11-13 **제품수명주기**

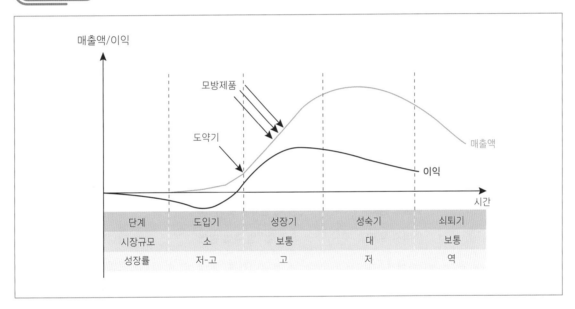

단계	도입기	성장기	성숙기	쇠퇴기
시장규모	소	보통	대	보통
성장률	저-고	고	저	역

2) 출시시기

신제품의 출시지역은 단일지역, 전국시장과 국제시장에서 동시 또는 단계적으로 결정할 수 있다. 신제품 출시시기에 관한 의사결정은 회사의 목적과 경영전략에 달려있다. 최종적으로 전국시장에 신제품을 도입할 것을 결정하는 단계를 결정하는 전략은 아래와 같다.

• **초기진입 전략**: 경쟁제품보다 먼저 출시하여 유통경로를 선점하거나 특정 제품군에서 선도자의 이미지를 확립하는 전략이다.
• **동시진입 전략**: 경쟁제품과 동일한 시기에 출시하는 것이다.
• **후발진입 전략**: 경쟁제품의 문제점을 개선하여 경쟁제품보다 늦게 출시하는 전략이다.

3) 시장전략

시장은 시장의 규모가 커서 충분한 이익을 창출할 수 있어야 하지만, 중요한 것은 시장의 성장성과 제품수명주기 단계이다. 신제품출시는 제품수명주기상에서 성숙기나 쇠퇴기보다는 가격경쟁이 치열하지 않은 도입기나 성장기가 더 바람직하다. 이러한 시장은 신규진입자와 신제품 도입을 잘 받아들이기 때문에 매력적이다. 다음은 시장에서 기업의 시장위치에 따라서 추진할 수 있는 전략이다.

- 선도자 전략: 전체시장 규모 확대, 현 시장점유율 방어나 확대
- 도전자 전략: 시장점유율 확대
- 추종자 전략: 현 시장점유율 유지
- 틈새시장 추구자 전략: 특정 세분시장에서의 전문화를 통한 수익성 추구

표 11-2 시장 위치에 따른 전략

위치	시장목표	마케팅 과제	마케팅믹스
선도자	최대 시장점유율	총수요 확대	풀 라인업
	최대이윤	제품가치 향상	복수 판매채널 구축
	충성도 강화	점유율 확대	고부가가치 제품
	이미지 유지	경쟁기업 추월 방어	카니발리즘 해소
도전자	선도자에 도전	차별화	차별화 판매채널
	시장점유율 확대	우위제품 개발	차별화 제품
	제품의 독특성	선도자 제품 진부화	차세대 제품개발
추종자	현상 유지	벤치마킹, 신속한 모방	인기제품 집중
	최소이윤의 확보	비용절감과 가격인하	실증된 판매채널
틈새 추구자	고객과 이익에 집중	집중화 · 전문화	전문화 판매채널

4) 경쟁전략

마이클 포터(Michael Porter)는 저서 「경쟁전략(Competitive Strategy)」에서 기업이 취할 수 있는 경쟁전략의 유형을 크게 3가지로 유형화했다. 첫째, 전반적 원가우위 전략은 제품의 저원가나 저비용을 통해 경쟁우위를 확보하기 위한 것이다. 둘째, 차별화 전략은 경쟁자들이 제공하지 못하는 독특한 가치의 제공을 통해 경쟁우위를 획득하는 것이다. 셋째, 집중화 전략은 기업의 목표 또는 자원의 제약으로 전체시장을 대상으로 하지 않고 특정 세분시장에 자원과 노력을 집중하는 것이다.

표 11-3 **본원적 전략의 특징**

구분	원가우위 전략	차별화 전략	집중화 전략
제품차별화	저	고	저 또는 고
	가격집중	독특성 집중	가격이나 독특성 집중
시장세분화	저	고	저
	대량생산과 단일시장	다량의 세분시장	하나 또는 소수
차별적 역량	제조와 물류	연구개발	다양한 차별적 역량

자료: Charles, Hill & Jones(2004), Strategic Management: An Approach, Houtghton Mifflin Company, Boston.

06 유통과 촉진전략

유통이란 많은 고객들이 상품을 구매할 수 있도록 시장에 상품을 보급하는 것이다. 훌륭한 유통 시스템으로 회사는 경쟁사보다 제품을 더 많이 판매할 수 있다. 경쟁사보다 낮은 비용으로 상품을 더 넓고 빠르게 시장에 보급하는 회사는 더 큰 마진이 원자재 가격 상승을 더 잘 흡수하고 어려운 시장 상황에서 더 오래 지속되도록 할 것이다. 소비자가 구매할 수 있는 지점에서 상품을 판매할 수 없으면 최저가 상품, 판촉 및 판매원들은 아무 소용이 없다. 따라서 유통은 회사를 성장시키거나 위축시킬 수 있다.

(1) 유통경로

유통(distribution)은 상품을 최종 소비자에게 이전시켜주는 활동이다. 유통은 생산자와 소비자 간의 공간과 시간적 간격을 줄여주는 가치창출 활동이다. 이 과정에 참여하는 경로 구성원들은 제조업자, 중간상과 구매자들이다. 유통구조는 생산자와 소비자 간의 상품의 이동을 위해 구축된 유통기관 및 경로를 의미한다. 유통경로 조사는 상품이 목표고객에게 가장 효율적으로 전달되는지를 파악하는 것이다.

그림 11-14 **유통경로**

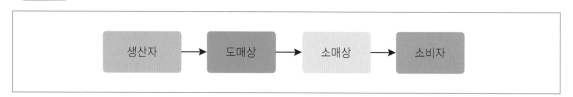

유통경로는 제조업자로부터 최종 소비자에게 제품이나 서비스를 이동하는 과정에 참여하는 조직이나 개인들을 뜻한다. 유통은 가상점포와 물적점포를 포함한다. 소매상(retailer)은 최종 소비자에게 상품을 판매한다. 도매상(wholesale)은 최종 소비자에게 상품을 판매하지 않고, 주로 소매상, 다른 도매상이나 기업 고객들에게 판매하는 중간상이다.

그림 11-15 **소비재의 유통경로**

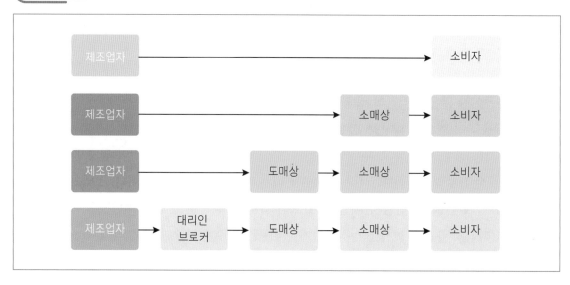

(2) 유통믹스

유통은 상품과 서비스가 제조업자나 서비스 공급자로부터 소비자에게 이전하는 것으로, 저장시설, 배송방법과 재고관리를 포함한다. 유통은 수익성에 매우 큰 영향을 미치기 때문에 회사가 탁월한 공급사슬과 물류관리를 가져야 한다. 필요한 중간상의 수를 결정하는 것을 유통범위라 한다. 유통범위에는 집약적 유통, 전속적 유통과 선택적 유통이 있다.

① 집약적 유통

집약적 유통은 청량음료나 사탕처럼 저가상품을 가능한 많은 소매상들이 취급하는 전략이다. 소비자들은 이러한 상품을 적은 노력으로 구매할 수 있다. 중요한 요소는 시간과 장소이다. 소비자들이 상품을 찾지 못한다면 경쟁상품을 구매할 것이다.

② 전속적 유통

전속적 유통은 각 판매지역별로 하나 혹은 소수의 중간상에게 자사상품의 유통에 대한 독점권을 부여하는 전략이다. 가격은 보통 높고, 판매점은 자세한 상품정보를 필요로 한다. 전속적 유통은 전문품에 적당하다.

③ 선택적 유통

선택적 유통은 소비자들이 주변에서 보다 많이 구매하려 하고, 제조업자가 큰 지리적 확산을 원하는 장소에서 가전제품 판매에 주로 사용된다. 제조업자는 주로 판매지역별로 상품을 취급하고자 하는 중간상들 중에서 자격을 갖춘 소수의 중간상들을 선택한다.

표 11-4 시장 유통범위의 비교

구분	집약적 유통	전속적 유통	선택적 유통
점포전략	가능한 많은 점포	한 지역에 하나 점포	한 지역에 제한된 수
통제력	낮음	매우 높음	제한된 범위에서
상품유형	편의품	전문품	선매품

(3) 촉진전략

촉진은 고객의 관심을 유도하고, 참여하는 데 도움이 된다. 촉진전략은 고객에게 상품구매에 영향을 주고 많은 인지를 제고하며 고객참여를 높이기 위한 실행 가능한 계획이다. 촉진은 표적고객의 관심을 끌고, 제품 및 서비스에 대한 관심을 유도하고, 수요를 창출하고,

구매를 유도할 수 있어야 한다. 따라서 촉진전략은 고객에게 정보를 제공하고 고객을 설득하여 고객의 인지도를 제고하는 마케팅 커뮤니케이션이다.

1) 촉진믹스의 개념

촉진믹스(promotional mix)는 광고, PR, 판매촉진과 인적판매 등이 있다. 광고는 촉진믹스의 매우 효과적인 요소이다. 매체는 회사가 메시지를 전달하는 방법이다. 촉진믹스는 표적시장에서 제품의 포지셔닝을 결정하는 것이지만, 제품의 원가를 추가하는 요인이다.

그림 11-16 **촉진믹스**

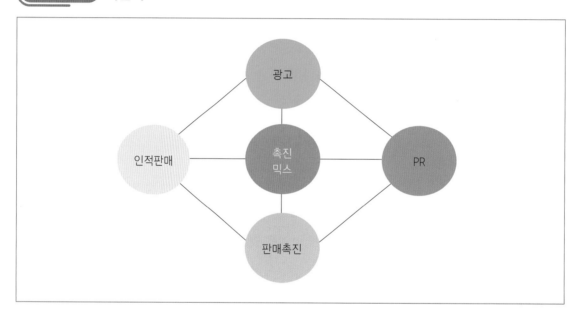

2) 촉진믹스의 목적

촉진믹스의 목적은 고객에게 정보를 제공하고, 고객을 설득하고, 상기하고, 연상하는 것이다. 그렇게 함으로써 제품판매를 증대하는 목표를 달성한다. 신제품 출시뿐만 아니라 제품이 성숙기에 접어들었을 때 또는 시장점유율을 향상하고 매출을 증가하는 데 기여한다. 촉진믹스의 목적에는 이미지 구축, 제품차별화, 포지셔닝 전략과 직접반응 등이 있다.

- 제품 이미지 구축: 사용자의 라이프 스타일을 보충하는 방법을 강조하기 위해 계획한다.
- 제품차별화: 제품차별화는 차이점을 강조함으로써 경쟁제품보다 더 우수한 것을 나타내는 것이 목적이다. 대부분 이것은 독특한 판매제안의 형태를 띤다.

- 포지셔닝 전략: 경쟁제품보다 더 잘 지각하도록 하는 방법이다. 예를 들면, 한 소매상이 더 싼 가격을 강조할 수 있다.
- 직접반응: 구매나 점포 방문 시 소비자의 즉각적인 반응이 나타나도록 하는 것이다.

(4) 촉진믹스의 유형

마케팅에서 촉진믹스는 회사가 목표를 달성할 수 있도록 마케터가 선택한 촉진 변수의 혼합이다. 효과적인 촉진은 모든 성공적인 사업의 필수적인 부분이다. 회사가 치열한 시장에서 판매를 촉진하거나 판매 둔화를 극복하는 데 도움이 된다. 촉진믹스는 제품이나 시장에 영향을 주는 요인에 따라서 매우 다르다.

1) 광고

광고(advertising)는 광고주가 비용을 지불하고, 매체를 통해서 제품, 품질, 특징과 이용에 관하여 현재와 잠재고객들에게 정보를 알리는 수단이다. 광고는 고객을 확보하기 위해서 의사소통의 중요한 수단이고, 인지를 창조하고 정보를 전달한다. 광고는 신문, 잡지, 광고판과 같은 인쇄 매체와 라디오, TV 같은 공중매체로 이루어진다. 매체를 통하여 광고되는 제품은 소비자들에게 표준적이고 합법적인 제품임을 전달하는 효과가 있다.

표 11-5 광고 매체의 특성

매체	장점	단점
TV	시청각 효과가 크다.	고가의 광고비와 긴 제작기간
	짧은 시간 내에 다수 청중 전달	짧은 광고시간과 간섭효과가 크다.
	강한 주의력과 유인력	표적화 어려움
신문	제작기간이 짧다.	광고수명이 짧다.
	다량의 정보전달	시각에만 의존
	특정 독자층 전달 가능	주의력 유인 어려움
잡지	광고 수명이 길다.	한정적인 독자층
	표적화 가능	급한 광고게재 곤란
	다량의 정보전달 가능	간섭효과가 크다.
	인쇄의 질이 높다.	페이지 위치에 따라 광고효과의 차이

매체	장점	단점
라디오	저렴한 광고비	청각에만 의존
	전문채널로 표적화 용이	정보 전달량과 광고시간 제약
	제작, 변경의 즉시성	주의력 유인 어려움
옥외 광고	저렴한 광고비	정보 전달량 제한
	반복적 시각 접근	환경과 미관 지장
	특정지역 표적 가능	표적청중 전달 난이
인터넷	표적성	낮은 주의력
	유연성	낮은 도달율
	상호작용성	높은 피로도
모바일	표적화 능력	낮은 수용의도
	높은 이동성	개인 정보 유출 위험
	시공간 극복	작은 화면 광고

① 광고목표의 설정

- 정보제공광고: 신제품을 처음 출시하는 시장 초창기에 소비자를 대상으로 브랜드명, 사용방법, 효과 및 특성 등을 제공하는 것을 목적으로 한다.
- 설득광고: 성장기나 성숙기 초기에 소비자에게 제품에 대한 태도를 긍정적으로 형성시키고, 제품에 대한 선호도, 확신 등을 심어 주어 구매를 유도한다.
- 상기광고: 특정 브랜드를 기억하고 있는 성숙기 시장이나 쇠퇴기 시장의 소비자에게 브랜드를 상기시킴으로써 반복구매를 유도하는 광고이다.
- 강화광고: 소비자가 특정 브랜드를 구입하고 나서 올바른 선택 또는 현명한 구매를 했다는 점을 강조함으로써 구매 확신을 주기 위한 광고이다.

표 11-6 광고의 목표

정보제공광고	설득광고	상기광고	강화광고
기본적 수요	선택적 수요	성숙기 상기	제품구매 확신
제품정보 전달	상표선호도 구축	제품 구득이용성 증대	인지부조화 감소
기존제품의 신용도 제안	상표전환 유도	제품 회상력 유지	긍정적 구전

정보제공광고	설득광고	상기광고	강화광고
제품의 가격변화 전달	제품속성의 변화 유도	최초상기군 형성 효과	구매취소 방지
기업 이미지 구축	구매 설득	회상과 상기 유지	고객관계 유지와 강화

② 메시지의 표현방식

- 이성적 광고: 제품의 성능, 속성, 편익 등을 논리적으로 설득하는 광고
- 감성적 광고: 호의적인 느낌이나 감정을 형성하하도록 하는 광고로 제품기능이나 편익보다는 이미지를 표현방법으로 사용
- 성적소구 광고: 성적인 매력을 제품 호소의 기본으로 사용하는 광고
- 증언형 광고: 이성적 광고의 한 유형으로 유명인이나 표적시장 고객과 일치하는 일반인 소비자가 광고모델이 되고, 제품의 사용경험을 증언하는 광고
- 티저 광고: 시작 부분에서는 메시지의 일부만 노출시키고, 시간이 지남에 따라 점차 구체적으로 광고내용을 밝히는 방식

2) PR

PR(Public Relations)은 홍보보다 더 넓은 개념으로 매체를 통하여 기업과 좋은 관계를 유지하고, 기업의 이미지를 높여 판매를 증대하기 위한 활동이다. 매체에서 돈을 받지 않고 신제품개발, 뉴스나 행사를 보도한다. PR의 수단은 홍보활동을 포함하고, 언론, 사회, 봉사활동, 정치, 정부 기관에 기업활동에 관한 것을 합법적으로 설득하는 행동이다.

3) 홍보

홍보(publicity)는 제품과 기업에 대한 호의적인 태도에 기여하는 커뮤니케이션 활동이다. 회사가 어떠한 돈도 지불하지 않는 홍보는 신문기사, 기자 회견, 발표나 뉴스가 있다.

4) 인적판매

인적판매(personal selling)는 판매원이 고객과 직접 대면, 자사제품이나 서비스의 구매를 권유하는 활동이다. 대면접촉을 통하여 메시지가 전달되기 때문에 소비자들이 제품에 대하여 확신을 갖게 하고, 구매를 유도하는 촉진방법이다. 고객과의 대면적인 상호작용으로 추가적인 질문이나 불만을 즉각적으로 처리할 수 있고, 고객의 반응을 신속하게 포착할 수 있다.

(5) 판매촉진믹스

판매촉진(sales promotion)은 광고, PR, 홍보, 인적판매 이외의 단기간에 판매를 증진하기 위해 중간상, 소비자, 판매원들을 대상으로 실시하는 모든 프로그램 활동이다. 중간상 판매촉진은 중간상들이 자사의 신제품을 판매하고, 많은 재고를 보유하며, 넓은 진열공간을 확보하기 위한 것이다. 소비자 판매촉진은 단기적으로는 판매를, 장기적으로는 시장점유율을 증대하기 위한 것이다. 무료나 쿠폰, 할인, 무료 액세서리, 출시 기념품 등이 있다.

- 중간상 판매촉진: 중간상 할인, 협동광고, 교육훈련 프로그램
- 소매상 판매촉진: 가격할인, 쿠폰, 특수 진열, 소매점 광고
- 소비자 판매촉진: 샘플, 쿠폰, 사은품, 경연, 추첨, 보너스 팩, 가격할인, 환불

메모

규칙이란 것은 없다. 그것이 예술이 탄생하는 방식이고
혁신이 일어나는 방식이다. 규칙에 어긋나거나 규칙을 무시하라.
그것은 발명에 관한 것이다
- Helen Frankenthaler -

인터넷 마케팅

용기를 갖고 생산현장에서 체험한다

⚙ 재산 66조 … 44세 테무 창업자, 중국 최고 부자가 됐다

중국의 초저가 온라인 쇼핑몰 테무를 자회사로 둔 PDD홀딩스의 창업자 황정(黃崢·콜린 황, 44)이 중국 최고 부자에 올랐다. 중국 소비자들이 저가 제품을 찾는 쇼핑 습관이 생겼는데, 이러한 시류를 타고 테무가 성장한 덕에 황정의 재산이 급증했다. 테무는 미국을 비롯한 해외 시장에서 초저가 상품으로 인기를 얻고 있다. 중국산 값싼 제품이 인플레이션에 지친 미국인들을 사로잡았다. 2022년 9월 첫 출발을 한 테무는 곧바로 미국 앱스토어 1위를 차지했다. 테무는 한국 시장에도 파상 공세를 펼치고 있다. 테무는 이 기세를 몰아 '억만장자처럼 쇼핑하세요'라는 문구를 내세워 전 세계 소비자들을 대상으로 공격적인 마케팅을 하고 있다. 30초짜리 슈퍼볼 광고에 수백만 달러를 지출하기도 했다.

글로벌데이터리테일의 닐 손더스 애널리스트는 "인플레이션이 지속되는 상황에서 사람들은 가성비를 갖춘 저렴한 제품을 찾고 있다"라며 "지금이 테무가 가장 빛을 발할 때"라고 설명했다. 이런 성과에 힘입어 PDD홀딩스의 매출은 2,480억 위안(약 47조 원)으로 전년 대비 90% 급증했다. 구글 엔지니어 출신인 황정은 앞서 2015년 창업한 온라인 쇼핑몰 '판둬둬'가 대성공을 거두면서 2021년 초 순자산이 715억 달러(약 97조원)에 달해 세계 최고를 기록했지만 코로나19 팬데믹 여파로 재산이 급격히 감소해 불과 1년 여 만에 순자산이 87% 급감했다. 중국의 민간 테크기업 단속도 맞물리면서 황정은 더 큰 어려움을 겪었다. 그러다 테무가 중국 밖으로 사업을 확장해 대성공을 거두면서 재기에 성공할 수 있었다.

출처:매일경제 2024.08.09

⚙ 진심으로 바라는 일도 이루어지지 않는다

테라오 겐은 고등학교 중퇴 후 밴드 공연으로 생계를 연명하였으나 진심으로 바라는 일도 이루어지지 않는다는 것을 깨달았다. 어느 날 네덜란드의 디자인 잡지를 보고 테라오 겐은 「제품 디자인」에 강하게 매료되어 잡지에 실린 디자이너들의 활동을 소개하는 기사에 용기를 얻었다. 내 손으로 더 나은 도구를 만들고 싶다. 이때부터 스스로 제품을 디자인하고 개발하는 꿈을 꾸게 되었다.

❖ 용기를 갖고 생산현장에서 체험한다

테라오 겐은 아키하바라 전자상가의 문턱이 닳도록 드나들었다. 제품의 구조, 소재의 특징을 직원들에게 수없이 물어보면서 시중 제품의 특징과 전문 용어를 하나하나 습득해 나갔다. 다음은 생산 현장이었다. 아키하바라에서 들은 정보를 바탕으로 리스트를 만들어 전화번호부에서 공장 50여 곳의 연락처를 뽑아 생산현장을 방문했다. 당시 많은 공장으로부터 거절을 당했지만, 오직 단 한 곳에서는 테라오 겐을 받아 주었다. 그곳이 지금도 친분을 유지하고 있는 히가시 코가네이 회사이다.

서른 살 청년 테라오 겐은 공장에서 일을 배우다 고급 전자 기기 액세서리를 만들어 팔기 시작했다. 내친김에 발뮤다라는 명패를 달아 붙였다. 창업 6년 만인 2009년 지지부진한 사업에 글로벌 금융위기가 겹치면서 회사는 도산 위기에 처했다. "내가 만들고 싶은 거 말고, 사람들한테 도움이 될 만한 걸 마지막으로 만들어보자." 부도 직전, 청년이 고른 건 흔하디 흔한 '선풍기'였다. 오랫동안 바람을 쐬어도 불편하지 않은 선풍기를 직접 만들어보자는 포부였다. 이 선풍기로 발뮤다는 작은 수공업 디자인 회사에서 가전 제조 업체로 도약했다.

❖ 벽에 부딪히는 바람을 쐬고 있는 공장 어르신

그는 어떻게 자연을 닮은 바람을 구현했을까? 온종일 선풍기만 생각하던 청년의 머릿속에 떠오른 건 공장 어르신들이 선풍기를 벽 쪽으로 두고 벽에 부딪히는 바람을 쐬고 있던 모습이었다. 그는 날개에서 소용돌이쳐 나오는 바람을 깨뜨려야 부드러운 바람이 분다는 데 착안해, 선풍기 날개를 5개, 9개로 만들어 앞뒤로 붙여봤다. 이전까지 이중 구조 날개를 단 선풍기는 없었다. 회전 속도가 다른 두 날개를 동시에 돌리자, 압력 차로 풍속이 느려지고 바람이 뻗어나가는 면적은 넓어졌다. 날개를 더 부드럽게 돌리려면 저진동·저소음·저전력이 특징인 브러시리스 DC 모터가 필요했다. 당시 가격이 비싸 선풍기엔 외면받던 이모터를 청년은 과감하게 선택했다.

❖ 그 흔한 토스터·선풍기 10배 주고 산다

3년간의 우여곡절을 거쳐 2010년 출시된 발뮤다 그린팬 선풍기 가격은 3만 5,000엔(약 30만 원). 시중 선풍기보다 10배 이상 비쌌지만, 날개 돋친 듯이 나갔다. 판매 국가는 전 세계 10개국으로 늘어났다. 겐 CEO는 사람들에게 유용하고 기쁨을 줄 수 있는 게 무엇일지 먼저 고민하는 쪽으로 관점이 바꾸게 됐다.

그린팬 선풍기 이후 발뮤다는 히트 제품을 잇달아 출시했다. 토스터, 랜턴, 공기청정기, 전기 주전자 등은 발뮤다 특유의 군더더기 없는 디자인과 본질에 집중한 기능으로 시장에서 좋은 반응을 얻었다.

⚙ 경험 가치를 판다

그는 사람들이 원하는 건 물건이 아닌 훌륭한 경험이라는 걸 그린팬을 개발하면서 느꼈다. 세상에서 가장 잘 팔릴 수 있는 건 '좋은 삶'이 아닐까 싶다. 그런데 그런 건 어디에서도 안 팔지 않나? 그렇다 면 도구를 만드는 회사로서 우리가 할 수 있는 건 일상의 경험을 조금씩 개선하는 것이라고 생각한 다. 발뮤다 제품엔 공통적으로 '경험 가치'가 담겨있다. 이건 수치화할 수 있는 사양이 아니다. 물건 을 사용할 때 기분이 좋아지고 그 시간이 조금 더 즐거워지는 걸 목표로 제품을 개발하고 있다. 가격 만 보면 납득하기 어려울 수도 있지만, 사용해 보면 그 가치를 알 수 있도록 디자이너와 엔지니어가 항상 함께 고민하면서 제품을 만든다.

⚙ 아름다움을 추구한다

발뮤다 디자인팀은 새로움보다 아름다움을 추구한다. 제품 버튼의 촉감과 조작음 등 디테일에서 사 용자의 기분이 좋아질 수 있도록 배려했다. 선풍기에서 서큘레이터로 진화한 그린팬 스튜디오를 개 발할 땐, 가전제품의 단점인 선을 숨기는 대신 오히려 선을 본체에 걸었을 때 아름답게 정리되도록 디자인했다. 사용 범위를 넓히려고 선 길이를 3m로 늘리면서도 이를 디자인 요소로 승화해 문제를 해결하였다.

⚙ 창업을 꿈꾸는 젊은이에게 전하고 싶은 말

일에 진지하고 성실하고 근면한 자세, 끈질긴 근성이 필요하다. 나도 항상 자신감이 있는 건 아니다. 제품을 개발할 때 대단한 걸 만들었다고 생각하다가도 실제 발표할 땐 불안해진다. 정말 이대로 괜 찮은지, 여러 번 스스로 되묻는다. 대체로 미래는 해피엔딩이거나, 실패하거나, 아무 일도 일어나지 않거나 셋 중 하나다. 난 아무 일도 일어나지 않는 결말은 가장 피하고 싶다. 실패하면 그 경험을 바 탕으로 다시 아이디어를 고안하고 실현해 나가면 된다. 꼭 자신의 가능성을 믿길 바란다.

출처: 이코노미조선비즈 551호

CHAPTER 12 인터넷 마케팅

01 인터넷 마케팅

인터넷 마케팅은 인터넷을 사용하여 검색엔진, 이메일, 웹 사이트 및 소셜 미디어와 같은 디지털 채널을 통해 고객에게 홍보 메시지를 전달하는 마케팅이다. 인터넷 마케팅은 고객의 구매결정에 관여하여 영향을 미치고, 브랜드 인지도를 구축하고 사용자 경험을 향상시켜 소비자의 신뢰를 얻을 수 있다.

(1) 인터넷 마케팅의 이해

기업들은 인터넷을 이용하여 상호 연결과 쌍방향 커뮤니케이션을 바탕으로 마케팅 활동을 한다. 인터넷 마케팅(internet marketing)은 인터넷과 다른 전자수단을 통해서 실시하는 상품, 서비스, 정보와 아이디어 마케팅이다. 인터넷 기술의 사용을 통해 온라인으로 수행하는 마케팅 활동이다. 광고뿐만 아니라, 이메일과 소셜 네트워크와 같은 온라인 활동을 포함한다. 인터넷 마케팅의 주요 이점은 특정 채널의 영향을 측정할 수 있을 뿐만 아니라 다양한 채널을 통해 획득한 방문자가 웹 사이트 또는 방문 페이지 경험과 상호작용하는 방식을 측정할 수 있다. 인터넷 마케팅은 온라인 마케팅, e마케팅이나 디지털 마케팅과 동일한 의미로 사용된다.

기술발전은 조직이 고객과 상호작용하는 방법에 중요한 변화를 야기했다. 전자 상거래(e-commerce)는 인터넷을 통해 제품, 서비스나 정보의 거래와 교환이며, 사업정보를 공유하고, 사업관계를 유지하고, 사업을 운영하는 것을 의미한다. 전자상거래는 구매, 주문처리, 배송, 결제, 제조, 재고와 고객지원에 도움이 된다. 전자상거래에 활용되는 인터넷 마케팅의 기본원리는 즉시성, 개인화 서비스와 관련성 등이다.

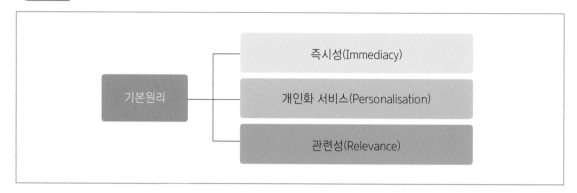

그림 12-1 ┃ 인터넷 마케팅의 기본원리

기본원리
- 즉시성(Immediacy)
- 개인화 서비스(Personalisation)
- 관련성(Relevance)

- 즉시성: 웹은 속도가 빠르고 주의 기간이 짧다. 청중의 관심과 호의를 유지하기 위해 가능한 신속하게 온라인 메시지에 반응해야 하고, 집단과 상호작용해야 한다.
- 개인화 서비스: 온라인 고객은 개인적으로 처리되기 원하는 개인들이다. 관련된 사람에게 정밀하고, 개인적으로 표적화하기 위해 방대한 개인정보를 사용해야 한다.
- 관련성: 온라인 커뮤니케이션은 독자에게 흥미와 관련성이 있어야 한다. 그렇지 않으면, 독자들로부터 무시당한다.

(2) 인터넷 마케팅의 5P's

인터넷은 무형성 요소가 많고 서비스가 생산과 동시에 소비된다. 이러한 요소들은 서비스 제공자와 이용자 간의 상호작용으로 이루어진다. 사람의 요소가 중요하다. 따라서 인터넷 마케팅은 고객, 시장, 가격, 판매, 유통을 충분히 아는 것이 필요하다. 인터넷 마케팅의 5P's는 제품 (Product), 사람(People), 가격(Price), 촉진(Promotion)과 장소(Place)이다.

그림 12-2 인터넷 마케팅의 5P's

제품(Product)	사람(People)	가격(Price)	촉진(Promotion)	장소(Place)
• 기능성 • 외관 • 품질 • 포장 • 브랜드 • 보장 • 서비스와 지원	• 표적고객 • 서비스 공급자 • 지식 • 서비스 • 태도	• 판매의 극대화 • 목표수익률 • 가치기반 가격 • 저가격대 • 적정가격	• 광고 • 인적판매 • PR • 메시지 • 매체 • 예산	• 채널동기 • 광고범위 • 물류 • 서비스 수준

(3) 마케팅의 구성요소와 특징

기업은 전통적인 마케팅뿐만 아니라 인터넷 마케팅을 사용하여 시장에서 경쟁우위를 확보하고 고객 참여율을 높이며 이윤을 얻는다. 인터넷 마케팅은 기본적으로 브랜드와 그 제품 또는 서비스를 온라인으로 홍보하는 것을 포함한다. 일반적으로 라디오, 텔레비전, 신문 및 잡지와 같은 기존 유형의 광고와 함께 사용한다. 이 마케팅 기법의 주요 목적은 기업의 메시지를 대중에게 알리고 잠재고객의 행동에 대한 연구를 수행하며 제품을 판매하는 것이다.

1) 인터넷 마케팅의 구성요소

인터넷 마케팅은 인터넷으로 제품이나 서비스를 광고하고 마케팅하는 것을 뜻한다. 인터넷 마케팅은 사용자를 납득시키기 위해 웹 사이트나 이메일에 의존하고, 사업거래를 촉진하기 위해 e-커머스를 결합한다. 인터넷 마케팅에서 웹 사이트, 검색엔진, 블로그, 이메일, 소셜 미디어나 모바일 앱을 통해 상품과 서비스를 촉진한다.

그림 12-3　인터넷 마케팅의 구성요소

시장조사

웹 사이트

검색엔진

인터넷
마케팅

인터넷 광고

소셜 네트워크

제휴 마케팅

① 시장조사

인터넷 마케팅은 웹 사이트의 사용자들을 표적으로 끌어들이고, 웹 사이트에서 판매를 증가하는 목적으로 실행되는 과정이다. 따라서 기업은 인터넷 마케팅의 명확한 목적을 수립하고, 강력한 시장이해가 필요하다. 다음과 같은 시장요소를 조사한다.

- 웹 사이트 소통량(traf c) 검토
- 광고전환율(ad conversion rate) 검토
- 기존고객의 요청질문 검토
- 고객의 고민점(pain points) 확인
- 분명한 답이 있는 FAQ의 목록 예상과 편찬

② 웹 사이트 구축

인터넷 마케팅을 수행하는 첫 단계는 웹 사이트의 구축이다. 회사는 매력적인 사이트를 디자인하고, 고객들이 사이트를 방문하고, 주위에 머무르고, 다시 자주 돌아오는 방법을 찾아야 한다. 회사 웹 사이트는 고객의 호의를 구축하고, 고객의 피드백을 수집하고, 판매채널을 보충한다. 고객문의에 답하고, 고객관계를 밀접하게 구축하고, 회사나 브랜드에 대한 흥분을 자아내기 위해 다양하고 풍부한 정보와 특징을 제공한다.

③ 검색엔진의 최적화

사용자의 고민점 주위에서 적절한 핵심어를 발견하는 것은 효과적인 웹 사이트가 된다. 정확하고 관련된 핵심어의 선정은 신선하고 설득력이 있는 광고를 디자인하는 데 유용하다. 검색엔진을 사용하기 편하게 만들기 위해 웹 페이지를 최적화하고, 결국 검색결과가 상위 위치에 나타나도록 하는 활동이다. 적절한 제목, 웹 사이트 속도와 연결과 같은 요소는 핵심어의 전체 순위에 기여한다. 핵심어 조사 도구를 선정하기 전에 고려할 사항이 있다.

- 검색어 유입률을 얼마나 분명하게 기술할 수 있는가?
- 사용자들이 페이지에서 찾는 모든 고민점을 얼마나 분명하게 대답하는가?
- 핵심어가 사용자의 의도와 관련이 있는가?
- 해답을 찾는 동안 사용자들이 어떤 문장에 들어오는가?

④ 인터넷 광고

소비자들이 인터넷에 더 많은 시간을 보냄에 따라 많은 기업들은 브랜드를 구축하거나 방문객들을 웹 사이트에 유치하기 위해 온라인 광고에 많은 돈을 들이고 있다. 온라인 광고는 블로그, 배 너, 모바일 광고, 소셜 미디어 광고, 이메일, 콘텐츠나 포럼 등 다양하다.

- 블로그(blogs): 개인이나 집단에 의해서 구성된 웹 페이지이다. 주기적으로 갱신한다.
- 배너(banner): 웹 사이트에 띠 모양으로 부착하는 광고이다.
- 모바일 광고(mobile advertising): 스마트 폰으로 기업과 제품 인지도를 촉진한다.
- 소셜 미디어(social media): 페이스북, 구글 플러스, 트위터와 같은 소셜 미디어 플랫폼에 브랜드의 특성을 창조하는 것이다.
- 이메일(email): 고객들의 질문에 답하기 위해 고객들과 상호작용하고, 웹 사이트에 대한 고객경험을 향상한다.
- 콘텐츠 마케팅(contents): 고객을 획득하고 유지하기 위해 콘텐츠를 게시한다.
- 인터넷 포럼(internet forums): 온라인 토론 웹 사이트의 메시지 게시판이지만, 사람들은 메시지를 게시하고 대화에 관여한다.

2) 인터넷 마케팅의 추세

현재 웹은 사회화, 협력, 공유와 개인적인 오락이 가장 중요한 특징이다. 웹은 작업과 오락의 공간이다. 모든 사업의 필수적인 도구와 모든 형태의 매체 문화제품의 저장소이다. 모든 연령대의 사람들은 많은 시간을 온라인에서 보내고, 좋은 서비스, 편의성과 생활향상 도구로 인터넷에 들린다. 사람들은 인터넷을 통해 온라인 쇼핑, 온라인 뱅킹, 웹 커뮤니티, 소셜 네트워크와 채팅과 자아표현을 한다. 다음은 인터넷 마케팅의 세계적 현재 추세이다.

- 소셜 미디어 마케팅: 동료추천, 공유, 브랜드 개성의 구축, 이질적인 집단을 다룬다.
- 바이럴 마케팅: 바이럴 마케팅(viral marketing)은 누리꾼이 전파 가능한 매체를 통해 자발적으로 어떤 기업이나 기업의 제품을 홍보하기 위해 널리 퍼뜨리는 마케팅 기법이다.
- 제품으로써 브랜드: 브랜드는 개성과 정체성을 창조한다. 온라인 공간은 고객들이 브

랜드 개성과 상호작용하고 대화하는 것을 가능하게 한다.

- 광고피로: 웹 사용자들은 온라인 광고와 매우 친숙하게 되고 광고를 무시하는 것을 학습한다. 시청자를 끌어들이기 위한 매우 혁신적이고 눈길을 끄는 전략을 생각해야 한다.
- 표적화: 모든 온라인 광고는 특정한 독자들을 목표로 한다.
- 효과적 기법: 이메일과 웹 사이트 마케팅은 유용하고 효과적인 기법이다.

○○○ SENSE 🔍 **쿠팡, 청년 창업가 매출 대폭 상승…성공 사례 잇따라**

쿠팡은 마켓플레이스와 로켓그로스를 활용해 매출 성장을 가속화하는 청년 판매자들이 증가하고 있다고 밝혔다. 온라인 판매에 대한 경험 부족으로 어려움을 겪었던 청년 판매자들이 쿠팡의 안정적인 정산 시스템과 마케팅 등 다양한 지원을 통해 매출을 성장시키면서다. 프리미엄 패션 안경 전문 브랜드 '착착아이웨어'는 쿠팡 입점 초기 대비 1,000% 이상의 매출 성장을 기록하며 월 1억 원 매출을 달성했다. 손동휘 대표는 "쿠팡의 재고관리, 배송, 고객 응대 서비스를 통해 매출이 급성장할 수 있었다"고 말했다. 착착아이웨어는 쿠팡 패션 안경 브랜드 랭킹 2위에 오르며 인지도를 상승시켰다. 3대째 떡 사업을 이어온 '총각쓰떡'의 이형석 대표는 쿠팡 판매로 전년 동기 대비 839% 매출 증가를 달성했다. 이 대표는 "쿠팡 담당자의 도움으로 마케팅과 사업 관련 전략을 세울 수 있었다"며 매출 결을 공유했다. 총각쓰떡은 이번 성장을 바탕으로 로켓프레시 입점과 새로운 상품군 확대를 계획하고 있다.

출처: 뉴스핌: 2024.08.02

---

02 인터넷 마케팅의 전략

온라인 마케팅은 웹 기반 채널을 활용하여 회사의 브랜드, 제품 또는 서비스에 대한 메시지를 잠재고객에게 전달하는 도구이다. 많은 사람들이 온라인 기반 마케팅 전략을 채택한 이유는 얻을 수 있는 엄청난 이점이 크기 때문이다. 온라인 마케팅의 가장 중요한 점은 소비자가 요즘 구매하는 방식과 일치한다는 것이다. 많은 소비자들이 제품을 구매하기 전에 자신이 구매하고자 하는 제품을 온라인으로 조사하는 것을 선호한다.

(1) 인터넷 마케팅 전략

인터넷 마케팅은 선택이 아니라 필수이다. 웹은 현명한 인터넷 마케터에게 독특한 기회를 제공하고 고객과 잠재고객에게 더 풍부한 경험을 제공한다. 회사는 고객들에게 메시지를 전달하고, 고객관계를 구축하기 위해 영상, 사진, 토론, 팟캐스트(podcast)[1]와 같이 다양한 도구를 사용한다. 인터넷 마케팅 전략 계획은 마케팅의 원리와 유사하다. 인터넷 마케팅 믹스는 광고, 촉진, PR 및 판매와 관련이 있지만, 관련된 활동을 수행하기 위해 준비하는 독특한 활동이다. 인터넷 마케팅은 가격결정, 판매와 유통방법과 고객에 관해 충분히 아는 것이 필요하다.

그림 12-4 인터넷 마케팅 믹스

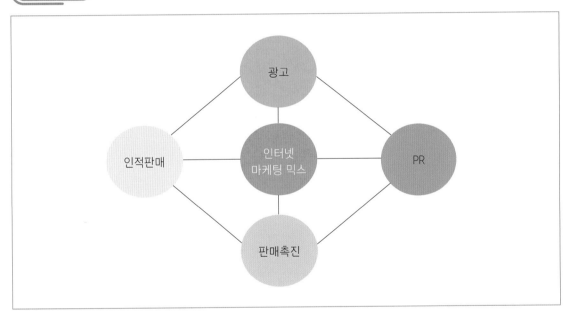

① 광고

광고는 제품이나 서비스에 기존고객과 잠재고객이 주의를 갖도록 하는 과정이다. 인터넷 마케팅에서는 자료나 방문객이 흐르는 길을 발견하는 것이다. 인터넷 마케팅은 배너광고, 클릭당 광고료 지불(pay-per-click) 광고나 다른 웹 사이트로 이동하는 연결 등이 있다. 인터넷 마케팅 계획은 많은 고객과 판매를 창출하기 위해 몇 가지 다른 광고 캠페인이 필요하다.

---

1   애플의 아이팟(iPod)에서 따온 pod과 방송(broadcast)의 cast가 합쳐진 용어로 오디오 파일이나 비디오 파일 형태로 뉴스나 드라마 등 다양한 콘텐츠를 인터넷망을 통해 제공하는 서비스.

② 촉진

촉진은 제품수요를 창출하는 전략으로 광고, PR과 판매를 포함한다. 촉진은 판매노력, 기자 회견, 제품정보 제공이나 이메일이 온라인에서 이루어지나 오프라인에서도 이루어진다. 회사의 이미지 향상이나 판매증가 노력 등이 촉진의 일부이다.

③ PR

PR은 회사가 고객들이 인식하기를 원하는 방식으로 공중들이 인식하도록 회사의 이미지와 브랜드를 개발하는 것이다. 웹 사이트가 어떻게 보이고, 어떻게 운영되는지를 검토한다.

④ 판매

판매는 고객발견, 정보제공, 구매조건의 합의 등을 포함한다. 많은 사람들은 온라인으로 제품과 정보를 찾는다. 고객이 찾게 하려면 회사, 제품이나 서비스를 알려야 한다.

(2) 마케팅 전략의 계획

온라인과 오프라인 마케팅 전략은 어떤 측면에서 다르지만, 목적은 양자가 일치해야 한다. 특히 마케팅에 사용할 도구와 제시 방법의 결정은 고객을 근거로 해야 한다. 다음은 마케팅 전략을 계획할 때 고려사항이다.

- 측정할 수 있는 전략의 목적을 결정한다.
- 접근할 수 있는 일정과 이정표를 수립한다.
- 정성적·정량적 목표를 결정한다.

1) 인터넷 마케팅 전략 계획

인터넷 마케팅은 사이트 방문을 유도하여 매출을 늘리기 위해 온라인 채널을 통해 사업과 상품을 홍보하는 마케팅이다. 기업은 인터넷 마케팅을 통해 고객이 선호하는 커뮤니케이션 채널을 사용하여 고객과 연결하고 강력하고 오래 지속되는 관계를 구축할 수 있다. 표적고객의 인구통계 특성과 이상적인 고객의 개인적 가치를 찾아내는 조사를 포함한다. 다음은 고객을 조사할 때 기본적인 지침이다.

- 표적고객 목표: 표적고객에게 제품이나 서비스가 확실히 매력적이어야 한다.
- 가치평가: 표적고객이 선호하는 가치를 제공한다.

- 정보제공: 고객들은 장차 구매할 제품이나 서비스에 관한 정보를 기대한다.

2) 온라인과 오프라인 계획의 통합

온라인과 오프라인 전략계획은 상호 보완적이어야 한다. 한 전략이 다른 전략의 단순한 확장일 수 있다. 회사의 웹 사이트를 관리할 때, 회사의 궁극적인 목적을 고려하고, 온오프라인 전략을 통합한다. 이것은 고객의 지각을 일치하게 한다.

03　소셜 네트워크

소셜 미디어 마케팅은 모든 기업이 잠재고객과 고객에게 접근할 수 있는 강력한 방법이다. 소셜 미디어 마케팅은 마케팅 및 브랜딩 목표를 달성하기 위해 소셜 미디어 네트워크에서 콘텐츠를 만들고 공유하는 인터넷 마케팅의 한 형태이다. 소셜 미디어 마케팅에는 텍스트 및 이미지 업데이트, 동영상 및 기타 콘텐츠를 게시하는 등의 활동과 시청자 참여를 유도하는 콘텐츠는 물론 유료 소셜 미디어 광고가 포함된다.

(1) 소셜 네트워크의 성격

소셜 미디어(social media)는 쌍방향 커뮤니케이션이 가능한 인터넷 미디어이다. 즉, 사용자들이 참여하고 정보를 공유할 수 있도록 만드는 참여형 미디어로 트위터, 블로그, 유튜브, UCC 등이 있다. 페이스북이나 카톡 과 같은 소셜 미디어는 콘텐츠를 공유, 수정, 반응하거나 새로운 콘텐츠를 만듦으로써 참여자들에게 권한을 주는 전자매체이다. 콘텐츠(contents)는 인터넷을 통하여 제공되는 각종 정보나 내용물이다.

1) 소셜 네트워크의 특성

소셜 네트워크(social network)는 사람과 사람 사이의 관계를 네트워크 세계로 옮겨놓은 것으로 사회적 행동, 유대와 사람 간의 상호작용으로 구성된 사회적 구조이다. 소셜 네트워킹 서비스(social networking service: SNS) 또는 소셜 네트워킹 사이트는 유사한 관심, 활동, 배경이나 실제 연결을 공유하는 사람들 간의 사회적 관계를 구축하는 플랫폼(platform)[2]이다.

다양한 전자형태를 통해 무제한 사람들에게 가상적으로 접근하는 능력이 있는 소셜 네

2　온라인에서 생산·소비·유통이 이루어지는 장소.

트워크는 많은 비즈니스 커뮤니케이션에 매우 적합하고, 사용빈도가 점차 더욱 증가하고 있다. 다음은 조직의 내외부 커뮤니케이션을 위한 소셜 네트워크의 핵심적인 적용이다.

- **직원의 통합**: 직원이 조직을 통해서 방법을 탐색하고, 전문가, 멘토와 다른 중요한 접촉점을 찾는 것을 포함하여 회사를 이해하고 친숙해지는 데 도움이 된다.
- **협력촉진**: 회사 외부에서 가장 적합한 사람을 확인하고, 조직 내부에서 지식과 전문가를 찾고, 사람들이 서로를 알게 되고, 팀의 발전을 촉진한다.
- **공동체 구축**: 동일한 과업에 종사하는 사람들이나 특정한 제품이나 활동에 대한 열정을 공유하는 사람들을 함께 묶는 도구이다.
- **브랜드와 회사의 사회화**: 정보를 상호이익이 되게 교환할 때 다양한 온라인 이해관계자들이 어떻게 효과적으로 관여한다.
- **표적시장의 이해**: 여론을 수집하고, 영향력이 있는 여론 주도자를 확인한다.
- **종업원과 회사 파트너의 모집**: 회사는 잠재적 종업원, 단기계약자, 특정 문제 전문가, 상품과 서비스 공급자와 사업 파트너 등을 찾는 데 소셜 네트워크를 사용한다.
- **판매연결**: 잠재적 구매자를 확인하고, 연결을 공유하여 판매를 유도한다.
- **고객지원**: 고객에게 정보를 제공하고 고객의 질문에 답한다.

(2) 소셜 네트워크의 마케팅 전략

소셜 미디어는 하나의 실체가 아니라, 사람과 웹 콘텐츠를 서로 연결하는 다양한 네트워크의 복합이다. 소셜 미디어는 가치 있는 마케팅 도구로 브랜드와 회사 존재를 전달할 수 있다. 다음은 소셜 네트워크를 활용하는 지침이다.

- **구성방법 선정**: 메시지, 목적과 네트워크를 위한 구성방법을 선정한다. 고객이 다양한 소셜 네트워크에서 메시지의 다양한 형태를 관찰할 시간을 갖는다.
- **가치 있는 콘텐츠 선정**: 회원에게 가치 있는 콘텐츠를 제공한다. 이것은 현재와 잠재고객을 더 밀접하게 묶는 데 도움이 된다.
- **대화참가**: 질문에 답하고, 문제를 해결하고, 루머와 오보에 반응한다.
- **커뮤니티 구축 촉진**: 고객이 회사와 서로를 연결하는 것을 쉽게 한다. 특정한 주제에 관심이 있는 사람을 연결하는 방법이다.

04 유튜브 마케팅

유튜브는 비디오 콘텐츠의 온라인 홈으로 Facebook과 Instagram의 증가에도 불구하고 여전히 선두 주자이다. 유튜브에는 Google의 검색엔진을 모두 사용하여 원하는 콘텐츠를 찾을 수 있는 방대하고 다양한 잠재고객이 있다. 또한 유튜브 동영상은 검색 결과에서 높은 순위를 차지하므로 노출빈도를 증가하는 이점을 얻을 수 있다. 따라서 유튜브 마케팅은 모바일 플랫폼에서 청중을 사로잡는 완벽한 방법이다.

(1) 유튜브 마케팅 계획

유튜브는 현대적인 비디오 문화가 만들어지는 플랫폼이다. 동영상은 브랜드 스토리를 전달하고 잠재고객과 소통할 수 있는 더욱 매력적인 방법을 제공한다. 유튜브는 새로운 잠재고객에게 도달할 가능성이 높고 서비스가 무료이다. 트렌드를 설정하고 새로운 비디오 형식에 대한 수요를 형성한다. 유튜브는 브랜드에게 서비스를 홍보하고, 이미지를 만들고, 표적시청자층의 요청에 부응할 수 있는 전례없는 기회를 제공한다.

1) 계정 및 유튜브 채널 구축

유튜브 채널을 동영상을 페이지 또는 게시물로 생각한다. 독창적이고 유익한 아이디어를 찾아내어 독자들의 관심과 흥미를 유인하는 동영상은 시청자 및 구독자를 자신의 영역에 초대할 뿐만 아니라 채널 순위를 높이고 동영상을 최적화하는 데 도움이 된다.

틈새시장을 더 잘 아는 것이 좋다. 상쾌하고 유용한 콘텐츠로 가득한 적절하고 관련성 높은 동영상은 브랜드와 권위를 강화하여 유튜브 및 Google에서 동영상의 순위를 높인다. 시청자의 관심사와 어려움을 해결하는 비디오는 돈을 버는 경향이 있다.

유튜버로 수익을 거두려면 일정한 사전 절차가 필요하다. 구글 계정을 설정하고, 유튜브 채널을 개설한다. 새로운 브랜드 채널 명에 브랜드 이름을 기입한다. 유튜브에서 수익 창출을 하려면 유튜브 파트너가 되어야 한다. 12개월 간의 시청 시간이 4,000시간을 넘어야 하고, 구독자 수는 1,000명을 넘으면 유튜브 파트너를 신청한다. 이 요건을 충족하면 수익 창출 신청을 등록한다. 등록을 성공하면 구글 애드센스에 가입한다. 이러한 심사를 통과하면 콘텐츠에 광고를 붙일 수 있다. 일정한 광고 수익이 발생하면 PIN 번호가 나온다. 도착한 PIN 번호를 애드센스에 입력하면 수익금을 받을 계좌번호를 입력할 수 있고, 계좌번호와 각종 정보를 입력하면 돈 받을 준비가 완료된다. 수익금이 100달러를 넘기면 입금된다. 유튜브의 수익구조는 발생한 수익의 45%는 유튜브가, 55%를 애드센스를 통해 유튜버에게 지급된다.

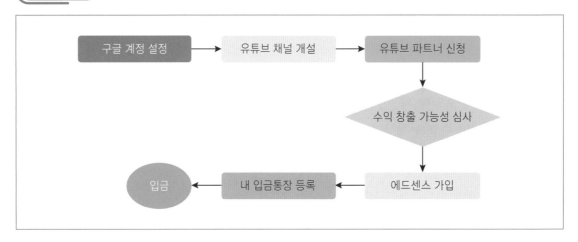

그림 12-5 유튜브 수익 창출 과정

2) 동영상 제작 및 게시

목적과 상업적 의도를 가진 비디오를 구성한다. 주의를 끌지만 명확한 행동 유도가 없으면 외면당할 수 있다. 마케팅 목표를 설정하고 각 동영상에 목표를 설정한다. 예를 들면, 특정 시간까지 채널 구독자 수와 좋아요를 증가하는 목표를 설정할 수 있다. 이처럼 유튜버는 비디오의 제작자이자 감독자이다. 따라서 숙지하고 깊이 알고 있어야 할 구성 요소가 있다.

① 잠재고객 파악

유튜브는 구독자 모델이다. 구독자의 수가 수익의 원천이 된다. 동영상을 구독할 잠재고객의 욕구를 파악하는 것이 매우 중요하다. 누구에게 마케팅을 하려고 하는가? 그들의 열정, 흥미, 관심사 및 문제는 무엇인가? 따라서 브랜드가 고객의 관점에서 강력하고 표적구독자가 적절하면 돈이 따를 것이다.

② 주제 선정

공감지도의 쓸음: 비즈니스 모델 개발, 제품개발, 제품확장

주제는 참신하고 남들과 다른 차별성이 있어야 매력적이다. 주제 선정은 이야기 거리를 선정하는 것이다. 주제를 선정하려면 우선 틈새시장의 주요 문제를 파악한다. 유튜브 시대에는 취미가 돈이 되는 시대이다. 취미가 주제가 될 수 있기 때문이다.

잠재고객이 결정되면 그들에게 제공할 주제를 선정한다. 인기 있는 주제는 고객의 주요 문제이다. 또한 언어의 장벽이 없는 콘텐츠는 인기 있는 주제가 될 수 있다. 예를 들면, 유아, 교육, 게임, 요리, 건강, 여행, 애완동물, 문화, 패션, 미용, 음악, 생활의 지혜, 미스터리, 공예나 미술 제작 과정이 해당된다. 이러한 주제가 자신이 좋아하고 즐겁게 제작할 수 있어야 한다. 유튜브 채널 랭킹(https://ladder.kr)을 활용하면 유튜버들의 순위를 파악하고 주제를 참고할 수 있다.

③ 추세평가

구글 트렌드는 이용자들이 특정 키워드로 검색한 횟수를 지수화해 대중의 관심도를 보여주는 지수이다. 그들은 빨간색으로 뜨겁게 추진력을 얻고 있는 틈새를 나타낼 수 있다. 기하급수적으로 성장하고 있는 제품을 찾는다. 욕구가 많은 것을 대중에게 줄 때 유튜브로 돈을 버는 것이 훨씬 쉽다.

④ 고품질 제작과 홍보

주제가 결정되면 시나리오를 구성하여 촬영에 필요한 스마트폰과 소품을 준비하여 동영상을 촬영한다. 주제 선정, 스토리 구성과 촬영 등 과정이 끝나면 동영상을 편집하여 매력적이고 고품질을 확보할 수 있어야 한다. 이때 필요한 도구가 영상편집 프로그램이다. 영상편집 프로그램 사용법을 충분히 익혀 주제가 잘 전달되고 독자들에게도 흥미를 잃지 않도록 제작한다.

⑤ 강력한 클릭 유도 문안 사용

시청자들이 동영상 제목과 콘텐츠를 자세히 보지 않을 수 있다. 섬네일과 콘텐츠 제목은 클릭을 유도하는 도구이다. 콘텐츠에 적합하게 구성하여 클릭을 확보할 수 있어야 한다. 섬네일(thumbnail)은 유튜브에 게시한 콘텐츠를 한눈에 알아볼 수 있게 줄여 화면에 띄운 것이다.

동영상으로 돌아가서 시청자에게 '좋아요 버튼'을 누르고 구독하도록 요청한다. 설득력

귀여운 그림체로 배우는 프로크리에이트

있는 클릭 유도문안은 판매를 유발할 것이다. 시청자가 쉽게 구매할 수 있도록 하는 것도 잊지 않는다. 필요한 링크(판매 페이지로 직접 연결되는 링크)를 제공하고 '지금 구매' 버튼이 어디에 있는지 정확하게 알려준다.

발명은 또 다른 발명을 낳는다
- Ralph Waldo Emerson -

회계와 재무관리

富의 성공 방정식은 통념과 다르다

✿ 수십 년 동안 몰입한 분야에서 대박 아이디어

독일의 화장품 회사에서 일하던 디트리히 마테시츠 (Dietrich Mateschitz)는 아침 신문을 읽다가 놀랐다. 에너지 음료로 아시아에서 인기를 얻은 일본의 음료 제조사가 일본 최고액 납세기업이었던 것이다. 마테시츠는 서구에 비슷한 음료가 없다는 점에 착안, 당장 회사를 그만두고 태국인 파트너와 함께 레드불을 창업했다. 당시 마테시츠의 나이는 40세였다. 마테시츠는 서구인의 입맛에 맞춰 탄산을 첨가한 고카페인 음료 '레드불'을 선보였고, 1990년대와 2000년대 막 형성되기 시작하던 에너지 음료시장을 평정했다. 신기술에 능숙한 젊은 천재들이 억만장자가 되는 것이 아니다. 오히려 대다수 억만장자는 수년 동안 때론 수십 년 동안 몰입한 분야에서 대박 아이디어를 찾아낸다. 기존시장에서 큰 성공을 거둘 기회는 언제나 숨어있다. 특정 산업에 대해 더 잘 알수록 잠재된 기회를 포착할 수 있다.

✿ 경쟁 극심한 시장에서 아이디어 얻어라

자수성가한 억만장자들 가운데 한 분야에서 오랫동안 일한 전문가가 많다. 2012년 미국 경제 전문지 포브스가 선정한 억만장자 명단 가운데 자수성가한 억만장자 120명을 추려 조사했다. 조사를 시작하자마자 성공적인 창업의 열쇠로 여겨지는 통념이 전혀 맞지 않는다. 기술 산업이 비즈니스 시장을 장악하고 있기 때문에 창업가로 성공하는 경로는 기술 부문에 있다는 인식이 있지만, 실제로 조사한 억만장자 중 80%는 레드오션, 즉 경쟁이 극심한 시장에서 막대한 부를 창출했다. 자산관리, 소비재 부문에서 나온 억만장자 숫자가 기술부문에서 나온 억만장자 숫자와 비슷했다. 전체적으로는 석유·천연가스·의류·식음료·호텔·인쇄를 포함해 19가지 이상의 산업에서 골고루 억만장자가 나왔다. 게다가 전체 억만장자의 70% 이상이 30세 이후에 10억 달러짜리 성공을 안겨준 아이디어를 떠올렸거나 혹은 30대에 억만장자가 되었다. 워런 버핏은 열한 살 때부터 투자를 시작했는데 여러 번 창업을 거쳐 30대에 버크셔해서웨이를 인수, 글로벌 투자회사로 키웠다.

⚙ 억만장자들의 공통점: 기존시장에서 미충족 욕구를 찾아내 이를 활용

억만장자들이 시장을 레드오션((red ocean: 경쟁이 치열한 시장), 혹은 블루오션(blue ocean: 성장 잠재력이 큰 새로운 시장)으로 나눠서 보지 않는다는 점이다. 모든 시장을 기존 관행과 새로운 기회가 뒤섞여 있는 퍼플오션(purple ocean: 혼합시장)으로 바라본다. 완전히 새로운 시장을 찾아내 거대한 부를 쌓기도 하지만, 기존시장에서 충족되지 않았던 소비자의 욕구를 찾아내 이를 활용한다. 억만장자들의 성공 아이디어는 오히려 축적된 경험에서 나온다. 세계 1위 펀드 평가사 모닝스타를 창업한 조 맨수에토 (Joe Mansueto)는 펀드 중개인이었다. 그는 개별 펀드 투자 설명서를 정리하다가 특정 속성을 토대로 펀드를 비교하는 형식의 보고서를 만들면 꽤 유용하겠다는 아이디어를 떠올린다. 그리고 펀드 실적에 초점을 맞춘 리서치 전문기업을 세운다. 펀드를 팔았던 경험이 그에게 성공의 아이디어를 안겨준 셈이다.

⚙ 조사한 억만장자 중 79%는 직접 영업을 해봤다

아이디어를 고객의 경험으로 바꿔주는 것인데, 성공한 억만장자들은 기획하는 능력이 뛰어나다. 유니클로를 창업한 야나이 다다시는 아버지가 하던 양복점을 물려받았다. 해외여행 경험이 있었던 그는 미국, 영국에서 갭이나 막스앤스펜서처럼 싼 가격에 클래식한 기본 의류를 파는 브랜드들이 인기가 있다는 것을 알았다. 일본에는 그런 브랜드가 없었다. 야나이는 시장에 존재하는 간극을 발견하고 빠르게 창업에 나섰다. 캐주얼 의류의 이미지를 젊은이들이 입는 싼 옷에서 누구나 입을 수 있는 실용적이고 편안한 의류로 바꾼 것이다. 이런 것이 바로 기획력이다. 기획력을 키우는 데 가장 도움이 되는 경험이 영업이다. 조사한 억만장자 중 79%는 직접 영업을 해봤고, 대다수는 30세가 되기 이전에 처음 영업을 해봤다. 영업은 이미 알려져 있는 상품이나 서비스를 파는 능력이다. 이를 익히면 새로운 상품이나 서비스의 맥락을 소비자 요구에 맞게 재구성하거나 제품, 서비스, 기간, 조건, 위험 등을 변화시킴으로써 아이디어를 더 잘 팔 수 있다.

출처: 조선일보 정리

CHAPTER 13 회계와 재무관리

01 회계원리

재무회계는 회사의 재무 거래를 기록하고 추적하는 것이다. 표준화된 지침을 사용하는 거래는 기록, 요약 및 재무보고서, 손익계산서 또는 재무상태표와 같은 재무제표에 표시된다. 재무회계는 다른 사람들이 회사의 가치를 평가할 수 있도록 충분한 정보를 제공한다. 따라서 재무회계는 회사가 투자자, 채권자, 공급업체 및 고객을 포함하여 회사 외부의 사람들에게 재무 성과 및 상태를 보여주기 위해 사용하는 재무제표이다.

(1) 회계정보

회계는 재무용어로 기업의 활동을 측정하는 시스템으로 기업이 거래를 어떻게 수행했는지를 나타내는 보고서와 재무제표를 제공한다. 모든 사람들이 동일한 방식으로 회계를 준비하고 해석하기 위해 회계절차와 지침이 개발되었다. 이러한 절차와 지침은 일반적으로 인정되는 회계 원리이다. 회계는 이해관계자들의 의사결정에 필요한 재무제표를 작성하는 것이 중심이다. 회계정보 사용자들의 의사결정은 경제적이거나 법적이다. 경제적 의사결정은 자원배분과 관련이 있고, 법적 의사결정은 경영자들이 소유자를 위해 회사를 얼마나 잘 경영하였는지를 판단하는 것과 관련이 있다.

1) 회계의 정의

회계는 기업의 언어이다. 회사는 경영자, 주주, 투자자, 정부와 조직의 내외 사람들에게 재무정보(nancial information)를 제공한다. 회계(accounting)는 의사결정을 위해 재무정보를 분석하고, 기록하고, 분류하고, 요약하고, 해석하는 기술이다. 회계는 기업의 활동을 재무용어로 측정하는 시스템이다. 이것은 기업이 수행한 다양한 거래가 기업에 어떻게 영향을 주는지를 보여주는 다양한 보고와 재무제표를 제공한다. 다음은 회계과정이 수행하는 기능이다.

- 분석(analyzing): 발생한 사건과 기업에 어떻게 영향을 주는지 검토
- 기록(recording): 회계 시스템에 정보 저장
- 분류(classifying): 동일한 활동으로 분류
- 요약(summarizing): 결과 집계
- 보고(reporting): 재무자료 발행
- 해석(interpreting): 정보의 관련성을 판단하기 위한 재무자료 설명
- 커뮤니케이션(communication): 이해관계자들에게 보고서와 재무제표 제공

부기와 회계 간의 차이는 혼란이 종종 있다. 부기(bookkeeping)는 장부기록으로 회계과정을 기록하는 것이다. 즉, 현금의 수입과 지출 등 재산의 변동을 장부에 기록하는 방식이다. 부기는 회사의 장부에 회계정보를 기록하는 것이지만, 회계(accounting)는 회사의 재무상태를 분석하기 위해 사용되는 재무제표(financial statements)를 준비하는 것이다. 즉, 회계는 세금, 재무보고, 예산과 재무정보의 분석을 준비하는 것을 포함한다.

2) 회계의 유형

회계는 재무회계, 관리회계와 세무회계로 구분된다. 재무회계(financial accounting)는 기업의 경영활동에 관한 회계보고서를 기업 외부에 공표할 목적으로 작성하는 회계이다. 재무회계는 기업의 외부 이해관계자들이 합리적인 의사결정을 할 수 있도록 필요한 회계정보를 제공한다. 외부의 이해관계자에게 회사의 객관적인 회계정보를 제공하려면 일정한 기준이 필요하다. 따라서 재무회계는 외부 사용자들에게 기업의 성과와 상태를 보고하는 것이다.

관리회계(management accounting)는 경영자가 의사결정을 내리는 데 필요한 회계정보를 제공하는 내부 보고를 위한 회계이다. 원가정보의 산출을 주로 다루는 회계인 원가회계(cost accounting)는 관리회계의 주요 항목이다.

세무회계(tax accounting)는 기업회계기준에 따라서 측정된 기업이익을 세법에 근거하여 과세소득을 측정하는 과정이다. 즉, 법인세 등 각종 세금을 얼마나 납부해야 하는지를 계산하기 위해 기업회계를 세법 기준에 맞춰 수정한 것이다. 이러한 세무조정업무는 공인회계사나 세무사에 의해서 수행된다.

| 표 13-1 | 회계의 유형과 회계정보 이용자 |

회계의 유형	이용자	의사결정
재무회계	투자자, 채권자, 신용기관, 임직원	투자결정, 대출결정, 신용평가, 임금협상
관리회계	경영자	투자결정, 원가분석
세무회계	정부	세액계산과 부과

3) 회계정보의 이용자

회계정보에 직접적으로 관심이 있는 사람들은 소유자, 경영자, 채권자, 투자자, 종업원, 고객과 세무당국이다. 간접적 사용자들은 재무분석가나 무역협회 등이다. 또한 회계정보의 사용자는 내부 사용자와 외부 사용자로 구분된다. 내부 사용자들은 주주, 경영자와 종업원이다. 외부 사용자들은 채권자, 투자자, 정부나 고객이다.

(2) 재무제표

재무제표(nancial statements)는 기업이 일정기간 동안에 회계기준에 따라 작성한 회계보고서이다. 재무제표는 기업의 재무상태, 재무성과와 재무상태변동을 체계적으로 기록한 회계정보이다. 재무제표는 회계정보이용자의 경제적 의사결정에 유용한 기업의 정보를 제공하는 것이 목적이다. 이러한 목적을 위한 재무제표는 5가지로 분류된다.

- **재무상태표**: 일정시점 현재 기업의 자산, 부채와 자본의 금액과 구성을 표시하는 재무보고서이다. 기업의 경제적 자원, 재무구조, 유동성, 재무건전성과 적응능력 등 재무상태를 파악할 수 있는 정보이다.
- **포괄손익계산서**: 일정기간의 기업의 경영성과를 나타내기 위한 것으로 수익과 비용을 표시하며, 최종적으로는 당기순이익(당기순손실)을 나타낸다.
- **현금흐름표**: 일정기간 동안 기업의 현금유입과 현금유출에 관한 정보를 제공한다. 현금 및 현금성 자산의 창출능력과 현금흐름의 사용용도를 평가하는 정보이다.
- **자본변동표**: 일정기간 동안 발생한 소유주 지분의 변동을 표시하는 재무보고서이다. 자본금, 자본잉여금, 이익잉여금, 기타포괄손익의 누계액 등을 포함한다.
- **주석**: 재무제표에 표시하는 정보에 추가하여 제공하는 정보이다. 재무제표에서 계산, 제공할 수 없었던 정보를 구체적으로 설명한 것이다.

1) 재무상태표

재무상태표(statement of financial position)는 일정시점 현재 기업의 자산, 부채와 자본의 금액과 구성을 표시하는 재무보고서이다. 기업의 경제적 자원, 재무구조, 유동성, 재무건전성과 적응능력 등 재무상태를 파악할 수 있는 정보이다. 재무상태표의 구성요소는 자산, 부채와 자본이다. 이를 대차대조표(balance sheet)라고도 한다.

그림 13-1 **재무상태표**

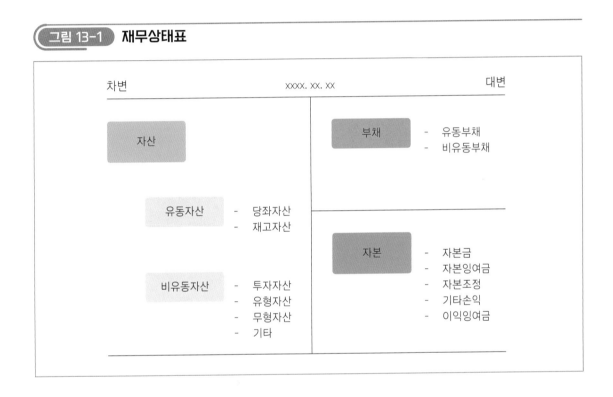

① 자산

자산(assets)은 회사가 영업활동을 위해 보유하고 있는 재산이다. 과거 사건의 결과로 기업이 통제하고 있고, 미래 경제적 효익이 기업에 유입될 것으로 기대되는 자원을 의미한다. 자산은 현금화의 정도에 따라 유동자산과 비유동자산으로 구분한다.

㉮ 유동자산

유동자산(current assets)은 1년 이내에 현금으로 바꿀 수 있는 자산이나 전매할 목적으로 소유하고 있는 자산이다. 유동자산은 현금가능성에 따라 당좌자산과 재고자산으로 분류된다. 재고자산은 주문하였으나 아직 회사에 도착하지 않은 미착품과 도착하여 창고에 입고되어 사용이 가능한 원재료 및 부재료, 그리고 공정에 투입되어 생산이 완료되지 않은 재공품과 생산이 완료되어 출고를 대기하고 있는 제품으로 구분된다. 상품은 가공생산을 거치지 않고 판매하는 것을 뜻하고, 저장품과 소모품은 제품생산에 직접 투입되지 않고 공장을 가동시키는 데 사용되는 유류와 소모성 공구 등이다.

표 13-2 유동자산

당좌자산	복잡한 생산과정을 거치지 않고 즉시 현금화가 가능한 자산
	현금 및 현금등가물, 단기금융상품, 단기매매증권, 매출채권(외상매출금과 받을어음), 단기대여금과 주주·임원·종업원 단기대여금, 미수금과 미수수익, 선급금과 선급비용, 기타의 당좌자산
재고자산	판매를 목적으로 보유하고 있는 자산으로 판매과정을 거쳐 현금화가 가능한 자산
	상품·제품, 반제품과 재공품, 원재료·부재료·미착품, 저장품·소모품, 기타의 재고자산

④ 비유동자산

비유동자산(non-current assets)은 1년 이후에 현금화할 목적으로 보유한 자산이다. 비유동자산은 유형자산(토지, 건물, 기계설비), 투자자산(만기보유증권, 장기금융상품), 무형자산(영업권, 산업재산권)으로 구분된다.

표 13-3 비유동자산

유형자산	장기간에 걸쳐 계속 사용할 목적으로 보유하고 있는 구체적인 형태의 자산
	토지, 건물, 구축물, 기계장치, 공구, 비품, 건설중인자산
투자자산	회사가 지속적으로 장기간에 걸쳐 운용하는 자산으로 보통 결산일로부터 1년 이후에 현금화가 가능한 자산
	장기금융상품, 만기보유증권, 매도가능증권, 지분법적용투자주식, 장기대여금, 장기성 매출채권(장기의 외상매출금과 받을어음), 투자부동산, 보증금, 이연법인세차
무형자산	물리적인 실체는 없으나 미래에 경영 효익을 얻을 수 있는 자산
	특허권, 실용신안권, 디자인권, 상표권, 상호권, 상품명, 라이센스와 프랜차이즈, 저작권, 컴퓨터 소프트웨어, 개발비, 창업비, 임차권리금, 광업권, 어업권

② 부채

부채(liabilities)는 현재 또는 미래에 타인에게 지급할 채무이다. 과거의 기업활동에 의하여 발생하고, 경제적 효익이 내재된 자원이 기업에서 유출될 것이 기대되는 현재의 의무이다.

부채는 상환기간에 따라 유동부채와 비유동부채로 구분된다.

㉮ 유동부채

유동부채(current liabilities)는 결산일로부터 1년 이내에 상환해야 하는 부채이다. 생산 및 구매 활동과 관련하여 발생한 영업상의 부채이다. 유동부채는 지급기한이 짧기 때문에 기업이 지급능력을 보유하기 위해서는 유동부채보다 더 많은 유동자산을 보유하고 있어야 한다. 유동자산이 유동부채를 초과하는 부분은 운전자본이며, 이것은 경영자가 단기 기업활동을 수행할 때 자유로이 사용할 수 있는 자금이다.

표 13-4 유동부채

유동부채	1년 이내에 상환해야 하는 부채
	매입채무(외상매입금과 지급어음), 단기차입금, 미지급금, 미지급비용, 미지급법인세, 미지급 배당금, 선수금, 예수금, 선수수익, 유동성 장기부채

㉯ 비유동부채

비유동부채(non-current liabilities)는 회사가 지급해야 하는 부채 중 결산기말로부터 1년 이후 장기간에 걸쳐 만기가 도래하는 부채이다. 비유동부채는 장기간에 걸쳐 사용이 가능하기 때문에 일반적으로 유형자산이나 투자자산의 취득자금으로 많이 조달되어 사용된다.

표 13-5 비유동부채

비유동부채	1년 이후에 상환해야 하는 부채
	사채와 사채발행비, 장기차입금, 장기성 매입채무(장기의 외상매입금과 지급어음), 부채성충 당금(퇴직급여충당금, 판매보증충당금 등), 이연법인세대

③ 자본

자본(capital)은 사업을 시작 또는 사업 중에 주주가 투자하는 자금이다. 자본은 주주지분 또는 소유자 지분이라고도 하며, 기업의 자산에서 부채총계를 차감한 후의 잔여지분이다. 자본은 자본금, 자본잉여금, 이익잉여금 및 자본조정으로 구성된다. 자본금은 주주들이 직접 출자한 주식의 액면총액이며, 자본잉여금은 주주들이 액면가액 이상으로 납입하거나 자본거래에서 창출된 이익 중 기업 내에 유보된 금액이다. 자본조정은 소유자 지분에서 가

감되어야 하지만 아직 미확정 상태라서 자본의 구성항목 중 어느 것을 가감해야 하는지 불분명한 경우 자본총계에서 가감하는 형식으로 기재하는 항목이다. 이익잉여금은 유보이익으로 기업의 손익거래의 결과 나타난 잉여금 중 사외 유출을 제외하고 사내에 유보된 이익을 말한다.

- 자본총계 = 자본금+자본잉여금+이익잉여금+자본조정

④ 회계등식

모든 기업활동은 회계활동이 아니다. 즉, 모든 활동이 회계장부에 기록되지 않는다. 회계에서는 기업거래만을 기록한다. 거래(transaction)는 기업과 외부인들 간에 돈이나 돈의 가치가 있는 것의 이전을 포함하는 사건이다. 예를 들면, 기업이 현금이나 외상으로 어떤 사람에게 제품을 판매하는 것은 거래이다. 이러한 사건은 기업으로부터 다른 외부인에게 상품의 이전을 포함한다. 따라서 거래는 활동과 돈이 결합되어야 한다.

- 거래 = 활동+돈

재무상태(financial position)는 특정한 시점에 기업이 보유한 자산의 규모, 구성 요소와 자원의 원천에 관한 상황이다. 자산(assets)은 회사가 소유한 가치 있는 재산으로 현금, 유가증권, 토지, 사무실, 건물, 기계장치, 비품 등이 있다. 기업의 소유주와 채권자는 제공한 대가만큼 청구권을 갖는다. 이를 지분이라고 한다. 지분(equities)은 자산에 대한 재무적 청구권이다. 지분은 소유자 지분과 부채가 있다. 부채는 갚아야 할 빚으로 미래에 상환해야 할 의무이다. 회계는 왼쪽에 자산합계, 오른쪽에 부채와 지분을 나타낸다. '자산=부채+소유자 지분'을 나타내는 양식으로 재무상태를 보고하는데 이를 회계등식 또는 재무상태표등식이라고 한다.

- 자산 = 부채+자본(소유자 지분)

2) 포괄손익계산서

포괄손익계산서(statement of comprehensive income)는 수익과 비용에 의해서 기업활동을 나타내는 회계보고서이다. 포괄손익계산서는 회계연도의 수익과 비용을 대응시켜 일정기간 동안 회사의 손익을 표시한 재무제표이다. 이것은 일정기간 동안 기업의 경영성과, 기업의 미래 현금흐름 과 수익창출능력 등의 예측에 유용한 정보를 제공한다. 손익계산서에는 일정기간 동안 발생된 수익, 비용, 이익이 주요 구성항목이 된다.

수익(revenues)은 자산의 유입이나 증가 또는 부채의 감소에 따라 자본의 증가를 초래하는 특정 회계기간 동안에 발생한 경제적 효익의 증가이다. 비용(expenses)은 자산의 유출이나 소멸 또는 부채의 증가에 따라 자본의 감소를 초래하는 특정 회계기간 동안에 발생한 경제적 효익의 감소이다. 따라서 포괄손익계산서는 일정기간 동안 수익과 비용을 대응하여 기업의 경영성과를 나타내는 재무제표이다.

표 13-6 **손익계산서 기본 구조**

구분	주요 계정
① 매출액	국내매출 + 해외매출
- 매출원가	제조원가 + 재고변화
② 매출총이익	
- 판매비와 관리비	급여, 임차료, 감가상각비, 세금과 공과, 광고선전비, 연구비
③ 영업이익	
+ 영업외 수익	이자수익, 배당수익, 임대료, 외환차익, 투자자산처분이익
- 영업외 비용	이자비용, 대손상각, 외환차손, 투자자산처분손실, 대손상각
④ 계속사업이익	
- 법인세	
⑤ 당기순이익	

3) 현금흐름표

현금흐름표(cash ow statement)는 회계기간 동안 자금의 원천과 사용을 나타낸다. 즉, 일정기간 동안 기업의 현금흐름을 나타내 는 유동성에 관한 정보이다. 현금이 어떻게 창출되어 어디에 쓰였는지 보여준다. 현금흐름표는 재무상태표와 손익계산서에서 알 수 없는 정보를 제공한다. 기업의 활동을 영업, 투자와 재무활동으로 구분하여 각각 현금유입과 현금유출 관련 정보를 제공하는 재무제표이다.

- **영업활동에 의한 현금흐름**: 기업의 수익창출을 위해 발생되는 제품이나 서비스의 판매, 원자 재와 상품매입, 제조와 관리활동에서 발생되는 모든 현금의 유출과 유입
- **투자활동에 의한 현금흐름**: 기업의 유형자산과 무형자산 등의 처분과 구입, 관계회사

지분매입과 매각, 금융상품 투자

- 재무활동에 의한 현금흐름: 유상증자 및 배당금 지급, 차입금의 차입 및 상환

그림 13-2 **현금흐름표의 구분**

구분	현금 유입	현금 유출
영업활동에 의한 현금흐름	상품 판매 수수료 수입 이자수입 배당금 수입	상품 구입 종업원 급료 이자비용 법인세 납부
투자활동에 의한 현금흐름	대여금 회수 유가증권 처분 고정자산 처분	현금 대여금 유가증권 취득 고정자산 취득
재무활동에 의한 현금흐름	현금 차입 주식발행	차입금 상환 자기주식 취득 배당금 지급

02 창업세무

창업기업은 세무 문제에 직면하게 된다. 회계의 기장과 재무제표의 작성, 세금의 계산, 신고와 납부를 성실하게 이행하여야 한다. 창업기업에서 주로 발생하는 세금사항은 원천징수, 부가가치세와 소득세나 법인세 등이 있다. 다음은 주요 세금의 신고와 납부기한이다.

(1) 원천징수

NTS 국세청 NATIONAL TAX SERVICE

원천징수란 납세의무자의 소득 또는 수입이 되는 금액을 지급할 때 이를 지급하는 자가 세금을 미리 징수하여 국가에 납부하는 제도이다. 원천징수하여야 할 소득세, 법인세 및 농어촌특별세가 1,000원 미만인 때에는 당해 소득세, 법인세, 농어촌특별세를 징수하지 아니한다.

그림 13-3 원천징수 절차

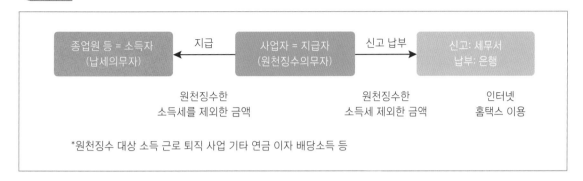

1) 원천징수대상소득

- 근로소득 급여, 상여금
- 일용근로소득
- 연금소득
- 이자(배당)소득
- 퇴직소득 퇴직금
- 기타소득 원고료
- 사업소득 학원 강사의 강사료

2) 원천징수의무자

- 원천징수대상이 되는 소득이나 수입금액을 지급하는 개인이나 법인

3) 지방소득세 특별징수

- 원천징수의무자가 지방소득세를 소득세 등과 동시에 특별징수
- 특별징수하는 지방소득세의 납세지: 근무지 관할 지방자치단체
- 특별징수하는 지방소득세의 세율: 소득세액(법인세액)의 100분의 10

4) 원천징수세액 신고 · 납부 방법

① 원천징수세액 신고 · 납부 방법
- 소득을 지급한 날이 속하는 달의 다음 달 10일까지 관할세무서에 신고 · 납부(원칙)
- 세무서나 인터넷 신고 및 납부 중 택일
- 인터넷 신고 및 은행 납부 절차

② 근로소득 원천징수 신고 및 납부절차

- 근로자에게 매월 급여(상여금 포함)를 지급하는 경우 지급 시 근로소득 간이세액표를 참조하여 소득세를 원천징수하여 납부
- 근로자가 퇴직하는 경우 퇴직하는 달의 급여를 지급하는 때에 연말정산
- 계속 근로자의 경우에는 다음해 2월에 연말정산
- 신고 납부 시기: 급여 등을 지급한 다음 달 10일까지 소득지급액과 원천징수세액을 기재한 원천징수이행상황신고서를 원천징수 관할 세무서장에게 제출하고, 세금은 납부서에 기재하여 금융기관을 통해 납부한다.
- 절차
    - 소득세 ⇒ 국세 ⇒ 국세청 홈택스(http://www.hometax.go.kr)
    - 지방소득세 특별징수분 ⇒ 지방세 ⇒ e-택스(http://etax.seoul.go.kr)

(2) 부가가치세

1) 부가가치세의 의의

부가가치세(value added tax)란 생산 및 유통과정의 각 단계에서 창출되는 부가가치에 대하여 부과되는 조세로 사업자가 소비자로부터 부가가치세 10%를 미리 징수해서 납부하는 제도이다. 일부 생활필수품을 판매하거나 의료·교육관련 용역의 공급에는 부가가치세가 면제된다.

2) 부가가치세액의 계산

부가가치는 가치의 증가분이므로 매출액에서 매입액을 차감하는 구조이다. 일반과세자(연매출 1억 4천만 원 이상)와 간이과세자(연매출 1억 4천만 원 이하)는 부가가치세에서 차이가 있다. 일반과세자의 부가가치세는 매출세액에서 매입세액을 차감하여 계산한다.

- 일반과세자의 부가가치세액 = 매출세액(매출액×10%) - 매입세액(매입액×10%)
- 간이과세자의 부가가치세액 = 매출세액(매출액×업종별 부가가치세율×10%) - 공제세액(매입액×0.5%)

3) 부가가치세의 신고 및 납부

부가가치세는 6개월을 과세기간으로 하여 연에 2회 신고 납부하는데, 각 과세기간을 3개월로 나누어 중간에 예정신고기간을 두고 있다. 법인사업자는 3개월마다 부가가치세를 신고납부해야 하나, 개인사업자는 연 2회로 7월과 1월에 신고납부해야 한다.

표 13-7 부가가치세의 신고 및 납부기간

과세기간	과세대상기간		신고납부기간	신고대상자
제1기	예정신고	01.01~03.31	04.01~04.25	법인사업자
	확정신고	01.01~06.30	07.01~07.25	법인, 개인일반사업자
제2기	예정신고	07.01~09.30	10.01~10.25	법인사업자
	확정신고	07.01~12.31	다음해 01.01~01.25	법인, 개인일반사업자

(3) 소득세

1) 소득세의 개요

소득세(income tax)는 개인의 소득을 과세대상으로 하여 부과하는 조세이다. 사업자는 1년 동안 얻은 소득에 대하여 소득세를 신고 납부하여야 한다. 이때 개인사업자가 납부하는 세금은 종합소득세이고, 법인사업자가 법인소득에 대하여 납부하는 세금은 법인세이다.

종합소득세는 개인이 지난해 1년간의 경제활동으로 얻은 소득에 대하여 납부하는 세금으로서 모든 과세대상 소득을 합산하여 계산하고, 다음해 5월 1일부터 5월 31일까지 주소지 관할 세무서에 신고·납부하여야 한다.

2) 소득세의 과세방법

소득세의 과세대상은 종합소득, 퇴직소득과 양도소득 등이 있다. 종합소득은 이자소득, 배당소득, 부동산임대소득, 사업소득, 근로소득, 연금소득과 기타소득이 있다. 이러한 소득에 대한 과세방법은 종합과세, 분리과세와 분류과세가 있다. 종합과세는 소득의 발생원천을 불문하고 모든 종류의 소득을 종합하여 과세하는 제도이다.

표 13-8 소득세의 과세방법

구분	설명
종합과세	이자소득, 배당소득, 부동산임대소득, 사업소득, 근로소득, 연금소득과 기타소득을 합산과세
분리과세	이자소득, 배당소득, 근로소득, 연금소득 등 일부소득은 완납적 원천징수에 의해 분리과세
분류과세	퇴직, 양도소득 등 장기간에 걸쳐 발생하는 소득은 일시에 누진 과세되어 종합소득과 별도로 분류과세

3) 소득금액 계산

장부를 비치·기록하고 있는 사업자는 총수입금액에서 필요경비를 공제하여 계산한다. 장 부를 비치·기장하지 않은 사업자의 소득금액은 다르게 계산한다.

- 장부를 비치·기장한 사업자의 소득금액
  - 소득금액 = 총수입금액 - 필요경비
- 장부를 비치·기장하지 않은 사업자의 소득금액
  - 기준경비율적용 대상자 소득금액 = 수입금액-주요경비-(수입금액×기준경비율)
  - 단순경비율적용 대상자 소득금액 = 수입금액-(수입금액×단순경비율)

표 13-9 종합소득세 세율

과세표준	세율	누진공제
14,000,000 원 이하	6%	
14,000,000 초과 50,000,000 원 이하	15%	1,260,000 원
50,000,000 초과 88,000,000 원 이하	24%	5,760,000 원
88,000,000 초과 150,000,000 원 이하	35%	15,440,000 원
150,000,000원 초과 300,000,000 원 이하	38%	19,400,000 원
300,000,000원 초과 500,000,000 원 이하	40%	25,940,000 원
500,000,000원 초과 1,000,000,000 원 이하	42%	35,940,000 원
1,000,000,000 원 이상	45%	65,940,000 원

(4) 법인세

법인세(corporate tax)는 법인이 일정기간 수입한 소득에 대해서 부과하는 조세이다. 법인세 신고는 사업연도 종료일이 속하는 달의 말일부터 3월 내 「법인세 과세표준 및 세액신고서」를 본점의 납세지 관할세무서장에게 신고해야 한다.

법인세의 과세표준 = 소득금액 이월결손금-비과세소득-소득공제

표 13-10 법인세 세율

과세표준 금액	세율	누진 공제
2억 원 이하	9%	
2억 원 초과 200억 원 이하	19%	20,000,000 원
200억 원 초과 3,000억 원 이하	21%	420,000,000 원
3,000억 원 초과	24%	9,420,000,000 원

03 사회보험

사업자와 근로자에게 관계되는 사회보험은 국민연금보험, 건강보험, 고용보험과 산재보험이다. 국민연금보험은 정부에서 운영하는 공적 연금으로 일정한 연령, 갑작스러운 사고, 각종 질환으로 생계를 지속하기 힘들 때 기본 생활을 유지할 수 있도록 연금을 지급하는 것이다. 건강보험에는 건강 보험 자체와 장기요양 보험료가 포함되어 질병이나 부상으로 인해 발생한 고액의 진료비로 가계에 과도한 부담이 되는 것을 방지하기 위한 보험이다. 고용보험은 근로자가 실직한 경우에 생활 안정을 위하여 일정기간 동안 급여를 지급하는 실업급여 사업과 함께 구직자에 대한 직업능력개발 향상 및 적극적인 취업알선을 목적으로 하는 보험이다. 산재보험은 산업재해로부터 근로자를 보호하기 위한 보험이다.

(1) 사회보험

사회보험(social insurance)은 국가가 보험제도를 활용하여 법에 의하여 강제성을 띠고 시행하는 보험제도이다. 사회보험은 근로자나 그 가족을 상해·질병·노령·실업·사망 등의 위협으로부터 보호하기 위하여 실시하는 것이다. 사회보험은 개인보험처럼 자유의사에 의해서 가입하는 것은 아니며, 보험료도 개인·기업·국가가 서로 분담하는 것이 원칙이다. 보험료의 계산에 있어서도 위험의 정도보다는 소득에 비례하여 분담함을 원칙으로 함으로써 소득의 재분배 기능을 가진다. 근로자 1인 이상의 모든 사업장은 4대 보험에 가입하여야 한다.

1) 국민연금

국민연금은 노령, 장애, 사망 등으로 소득활동을 할 수 없을 때 기본적인 생활이 가능하도록 연금을 지급하는 제도이다. 국민연금은 국가가 보험의 원리를 도입하여 만든 사회보험으로 가입자, 사용자 및 국가로부터 일정액의 보험료를 받아 이를 재원으로 노령으로 인한 근로소득 상실을 보전하기 위한 노령연금이다.

2) 건강보험

건강보험은 국민건강보험법에 따라 국민의 질병, 부상에 대한 예방, 진단, 치료, 재활과 출산, 사망 및 건강증진에 대하여 보험급여를 실시함으로써 국민건강 향상 및 사회보장증진에 기여하는 제도이다. 건강보험 가입자는 직장 가입자와 지역 가입자로 구분된다.

3) 고용보험

고용보험은 근로자에게 실업급여와 능력개발비용을, 사업주에게는 고용유지와 교육훈련 비용을 지원하는 제도이다. 근로자가 실직한 경우에 생활안정을 위하여 일정기간 동안 급여를 지급하는 실업급여 사업과 함께 구직자에 대한 직업능력개발·향상 및 적극적인 취업알선을 통한 재취업의 촉진과 실업예방을 위하여 고용안정 사업 및 직업능력개발 사업 등의 목적으로 하는 사회보험의 하나이다.

4) 산재보험

산재보험은 산재근로자와 그 가족의 생활을 보장하기 위하여 국가가 책임지는 의무보험이다. 국가가 사업주에게서 소정의 보험료를 징수하여 그 재원으로 사업주를 대신하여 산재근로자에게 보상을 해주는 제도이다. 근로자의 업무상 재해는 사용자의 고의·과실 유무를 불문하는 무과실 책임주의이다. 보험료는 원칙적으로 사업주가 전액 부담한다.

(2) 4대 보험의 신고

4대 보험에서 산재보험은 법적으로 사업주가 전액 부담하며, 나머지 3대 보험료는 법적으로 사업주와 직원이 각각 반씩 부담한다. 4대 보험 가입, 상실 방법은 방문에 의한 직접 제출은 물론, 우편이나 팩스에 의한 신고도 가능하며, 4대 보험이 통합되었기 때문에 국민연금공단, 국민건강 보험공단, 고용노동부 중 어느 한 곳에만 신고하여도 된다. EDI 서비스를 이용하거나 4대 사회보험 정보포털서비스(http://www.4insure.or.kr)를 통하여 인터넷으로도 신고할 수 있다.

04 재무관리

성공적인 사업을 시작하거나 운영하려면 재무관리에 대한 지식과 정밀한 계획이 필요하다. 재무관리는 기업의 자금업무를 전략적으로 계획, 조직, 지시 및 관리하는 활동이다. 기업의 활동에는 항상 자금의 흐름이 뒤따른다. 자금이 없으면 사업기회를 상실하게 되고 심지어는 도산할 수 있다. 이처럼 자금의 흐름이 양호하지 못하거나 수입과 지출이 불균형을 이루면 기업의 영업활동은 지장을 받게 된다.

(1) 재무관리의 기능

재무(nance)는 자본의 조달 및 운용과 관련되는 활동이다. 즉, 기업이 필요한 자금을 조달하고 관리하는 기능이다. 기업들은 사업을 운영하고, 목표를 달성하기 위해 자금이 필요하고, 그래서 자금을 기업의 혈액이라고 한다. 적절한 자금 없이 어떤 기업도 목적을 성취할 수 없다.

1) 재무관리의 성격

재무관리(nancial management)는 기업의 목표와 목적을 달성하기 위해 자금을 조달하고 활용하는 과정이다. 즉, 자금의 조달과 운용을 조직하고, 지휘하고, 통제하는 기술이다. 따라서 재무관리는 자금의 조달, 투자와 배당 등을 결정하는 관리활동이다.

재무활동에는 예산계획, 현금흐름분석과 자금계획 등이 있다. 예산(budget)은 수입을 예상하고, 특정 자원들을 배분하는 과정, 즉 미래 수입과 지출에 대한 계획이다. 현금흐름분석은 미래의 현금 유입과 유출을 분석하는 것이다. 자금계획은 단기와 장기의 현금흐름을 분석하는 것이다. 자금계획은 필요한 자본을 추정하고, 자금의 사용을 계획하는 것이다.

그림 13-4 재무관리의 상호관련성

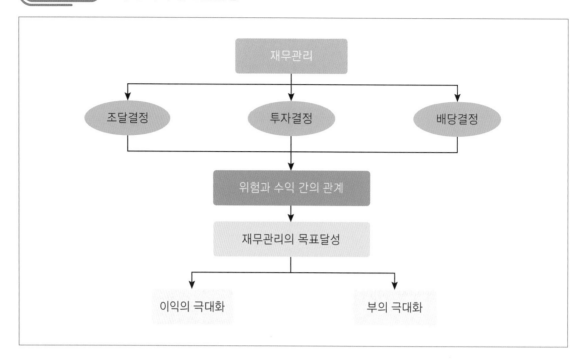

2) 재무관리의 기능

재무관리는 기업의 생존과 성장에 중요한 관리의 한 부분이다. 재무관리의 기능에는 자금수요의 추정, 자본구조의 결정, 자금원천의 선정, 투자유형의 선택, 적절한 현금관리, 재무통제의 실행과 유보금의 적절한 사용 등이 있다.

① 자금수요의 추정

재무임원은 기업의 단기와 장기자금 수요액을 추정한다. 미래뿐만 아니라 현재를 위한 자금계획을 준비한다. 또한 운전자본뿐만 아니라 고정자산 구입에 필요한 금액을 확인한다. 부적절한 추정은 기업활동에 부정적인 영향을 주고, 초과자금은 경영진이 과도한 지출을 하게 된다.

② 자본구조의 결정

자본구조는 기업이 자본조달의 원천인 자기자본과 부채의 구성비율의 조합을 의미한다. 기업은 필요자금액을 결정한 후 조달할 자금의 유형을 결정해야 한다. 즉, 장기부채에 의해서 고정자산 자금을 조달하고, 유동자산을 취득하는 것이 현명하다. 자금의 다양한 원천에 관한 의사결정은 자금조달비용과 연결되어야 한다. 자금조달비용이 크다면 유용하지 않다.

③ 자금원천의 선정

자금이 조달되는 다양한 원천은 자본금, 차입금과 예금을 포함한다. 자금이 단기적으로 필요하면 단기차입금이 적절하고, 장기자금이 필요하면 자본금과 장기차입금이 적절하다. 그러나 단기자금으로 고정자산을 취득한다면 단기자금을 상환하기 위하여 또 다른 부채를 차입하는 악순환이 될 수 있다.

④ 투자유형의 선택

투자유형의 선택은 자금의 사용과 관련된다. 어떤 자산을 구입할 것인가에 관한 의사결정이 이루어져야 한다. 고정자산과 운전자본은 적절한 균형을 유지한다. 자본예산과 같은 의사결정기법은 자본지출에 관한 의사결정에 적용된다. 다양한 자산을 사용할 때 안전, 수익성과 유동성의 원리를 무시해서는 안 된다.

⑤ 적절한 현금관리

현금은 채무상환, 원자재 구매, 임금과 당일 자금을 충족하는 데 필요하다. 현금의 원천은 현금판매, 채권회수나 단기예금 등이다. 현금관리는 과부족이 있어서는 안 된다. 현금의 부족은 기업의 신뢰가치에 손상을 주고, 유휴현금은 자금비용의 낭비이다. 현금흐름표를 통해 현금의 다양한 원천과 사용을 발견할 수 있다.

⑥ 재무통제의 실행

재무통제 방법은 투자수익, 비율분석, 손익분기점분석, 비용통제와 내부감사 등이 있다. 다양한 통제기법의 사용은 재무임원이 다양한 자산의 성과를 평가할 때 유용하고, 필요할 때마다 시정조치를 할 수 있다. 따라서 재무자원의 최적 사용을 목표로 한다.

⑦ 유보금의 적절한 사용

유보금의 현명한 사용은 확장과 다각화 계획에 필수적이고 주주의 이익을 보호한다. 수익의 재투자는 더 많은 자금조달을 위한 최상의 정책이다. 배당금 지급과 자금조달 비용 간의 균형을 이루어야 한다.

3) 재무관리의 목적

기업의 주요 목적은 소유주의 경제적 번영을 극대화하는 것이다. 재무관리는 수익이 있는 전략을 결정하는 기본적인 틀을 제공한다. 따라서 재무관리의 목적은 이익의 극대화(profit maximization)와 부의 극대화(wealth maximization)에 의해서 달성된다.

① 이익의 극대화

이익획득은 경제적 활동의 기본적인 목적이다. 기업은 비용을 충당하고, 성장을 위한 자금을 제공하기 위해 이익을 확보해야 한다. 어떤 기업도 이익을 얻지 않고 생존할 수 없다. 이익은 기업의 효율성의 척도이다. 이익은 보장될 수 없는 위험에 대해 기업을 보호하는 역할을 한다.

② 부의 극대화

부의 극대화는 주주의 이익을 대신하는 개념이다. 회사는 이익을 극대화함으로써 주주의 부를 극대화하는 방향으로 운영한다. 주주의 현재 부는 주당 현재 주가에 비례한다. 주당 현재시가가 높을수록 주주의 부는 더 크다. 따라서 기업은 이익의 극대화를 통해서 시장에서 주식의 가치를 증가하고, 주식가격을 극대화하는 것을 목표로 한다.

그림 13-5 이익 극대화의 결과

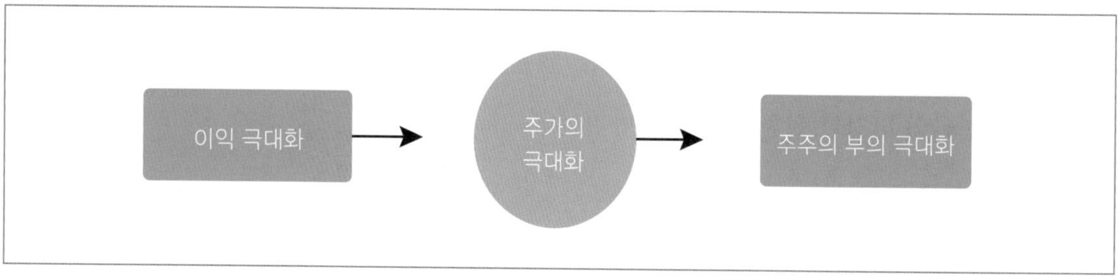

(2) 자금조달의 원천

기업활동은 자금의 흐름과 연결되어 있고, 기업의 유지와 성장은 자금을 필요로 한다. 따라서 기업은 자금을 조달하여 기업활동에 지원한다. 자금조달 방법은 자금의 출처에 따라 내부금융과 외부금융이 있다. 외부금융은 기업의 외부에서 조달하는 것이나 내부금융은 기업 내부에서 조달하는 것이다. 상환기일에 따라 단기자금과 장기자금이 있다. 단기자금은 상환기일이 1년 이하인 자금이나 장기자금은 상환기일이 1년 이상인 자금이다.

그림 13-6   자금조달의 원천

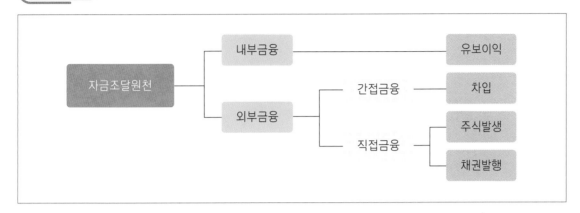

1) 내부금융

내부금융(internal nancing)은 기업의 영업성과에서 나오는 이익금에서 배당금이나 세금을 제외한 나머지를 사내에 준비금으로 적립하고, 필요할 때 자본으로 전환하는 금융방식이다. 내부 금융은 이익잉여금, 자본잉여금, 감가상각 등이 있다. 내부금융은 외부금융에 비하여 조달비용이 낮고 상환할 필요가 없고, 가장 바람직한 자금조달 형태이다. 차입이나 신주발행으로 조달된 외부자금과는 구별된다.

2) 외부금융

외부금융(external nancing)은 기업이 필요한 자금을 외부에서 차입하여 조달하는 것으로 직접금융과 간접금융이 있다. 직접금융은 증권시장에서 주식이나 채권을 발행하여 자금을 조달하는 것이지만, 간접금융은 금융기관으로부터 차입하는 것이다. 직접금융은 자금조달 과정에 있어서 금융기관을 개입시키지 않고 주식이나 회사채를 발행하여 투자자로부터 직접 자금을 조달하는 것을 의미한다. 간접금융은 기업이 금융기관을 통해 일반으로부터 흡수된 예금을 차입하는 것을 의미한다. 간접은 은행이라는 중개기관이 예금자와 차입자를 간접적으로 연결시켜준다는 뜻이며, 금융은 자금조달을 의미한다.

그림 13-7 간접금융과 직접금융

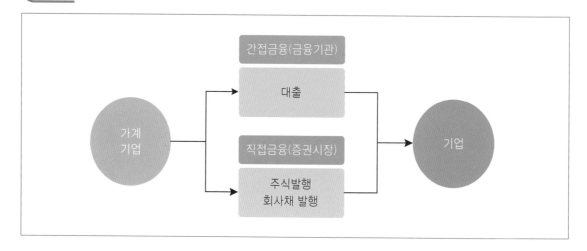

① 간접금융

간접금융은 금융기관을 통한 차입이다. 은행에서의 장기차입은 대체로 시설투자를 목적으로 차입하며, 단기차입은 운영자금용으로 차입한다. 차입의 중요한 기준은 차입금액, 이자율과 만기이다. 부채가 상환될 때까지 채권자는 기업의 현금흐름의 일부에 관한 법적 청구권을 갖는다. 채권자는 지급을 요청할 수 있고, 극단적인 경우 연체를 이유로 기업을 파산시킬 수 있다.

② 직접금융

직접금융은 기업이 주식 등 소유지분을 매각하거나 신규로 모집하여 자금을 조달하는 방식으로 상환할 필요가 없는 자금이다. 즉, 기업의 현금흐름을 제한하는 지급이 없고, 자금에 대한 이자도 없다. 투자자들의 자금을 지분으로 조달하는 것이기 때문에 기업이 손실을 볼 경우 투자자들이 투자한 금액에 비례해 직접 손실을 입게 된다. 또한 담보를 설정하지 않아도 되어 기업은 상당히 안정적 자금이다. 수익은 투자금액에 따라 분배한다. 주주는 기업의 일부를 소유하고 배당금, 기업가치의 증가와 기업경영의 발언권에 관심이 크다.

(3) 유가증권

유가증권이라는 용어는 일종의 금전적 가치를 보유하는 대체 가능하고 거래 가능한 금융상품을 의미한다. 주식은 기업에 자본을 출자하는 기업의 소유권을 나타낸다. 채권은 정부, 기관 또는 기업 등이 자금을 조달하기 위해 차입하는데 이때 발행하는 증권이다. 부채 증권은 차입 규모, 이자율 및 만기일을 규정하는 조건으로 상환해야 하는 빌린 돈을 나타낸다.

1) 유가증권의 의의

　　유가증권(securities)은 어떤 재산적 권리를 나타내는 증서이다. 유가증권에는 화폐증권, 상품증권과 자본증권이 있다. 화폐증권은 화폐의 대용으로 유통하는 수표나 어음 등이고, 상품증권은 운송 또는 보관 중에 있는 화물의 청구를 표시하는 화물증권이고, 자본증권은 주식·공사채 등 증권시장에서 거래하는 증권이다. 자본증권은 권리의 특성에 따라 주식, 채권과 수익증권이 있다. 주식은 출자자의 권리 또는 지위를 나타내는 증권이다. 채권은 금전에 대한 채무관계를 나타내는 증권이다. 수익증권은 신탁재산에 대한 수익권을 나타내는 증권이다.

2) 주식

　　주식(stock)은 주주의 권리·의무의 단위이다. 주식회사에 대한 사원의 지위를 지분이라 하고, 지분, 즉 주주의 지위를 주식이라 한다. 기업이 발행할 수 있는 주식의 종류에는 이익배당과 잔여재산의 분배에 관한 권리의 순서에 따라 보통주, 우선주, 후배주, 혼합주가 있다. 보통주는 배당 등의 표준이 되는 주식을 말한다. 보통주는 주식회사가 자기자본을 조달하기 위해 발행하 는 것으로 사채와 더불어 기업의 장기적인 자금조달의 원천이 된다. 보통주의 주주는 기업의 소유주로서 경영참가권과 이익배분의 권리를 갖고 있는 반면, 기업의 위험도 부담하게 된다. 우선주는 이익배당이나 잔여재산분배에 관해 보통주보다 우선적인 권리를 갖는 주식이다.

3) 사채

　　사채(corporate bond)는 기업이 일반대중으로부터 장기간에 걸쳐 거액의 자금을 조달하기 위해 발행한 유가증권이다. 대체로 사채의 만기는 3~5년으로 기업의 장기자본 조달수단으로 이용되고 있다. 기업이 사채를 발행할 때 여러 가지 다양한 옵션을 부가하여 발행하기도 하는데 이를 옵션부사채라고 한다. 전환사채(convertible bond: CB)는 사채소유자에게 일정한 기간 이내에 일정한 조건으로 발행회사의 주식으로 전환할 수 있는 권리가 부여된 사채이다. 사채권자는 발행회 사의 주가가 상승하면 주식으로 전환하여 높은 투자수익률을 얻을 수 있는 이점이 있다. 신주인 수권부사채(bond with warrants: BW)는 발행회사가 유상증자를 할 때 채권자에게도 주주와 마찬가지로 신주를 인수할 수 있는 권리를 부여한 사채이다.

(4) 기업공개와 상장

기업공개는 소수의 주주들에게 국한되었던 주식을 일반대중에게 공개적으로 판매하는 것을 말한다. 기업공개로 기업은 일반대중들로부터 대규모의 신규자금을 조달할 수 있고, 주식소유가 일반대중에게 분산된다. 기업공개방법은 기존 대주주들이 신주인수권을 포기하고 일반대중으로부터 신주를 공모하는 방법인 신주공모와 기존 대주주들의 소유 주식을 일반대중에게 매출하는 방법인 구주매출이 있다. 두 방법을 병행할 수도 있다. 공개한 주식은 증권거래소에 상장, 코스닥시장에 등록, 제3시장에 등록하여 공개적으로 거래된다.

1) 기업공개

기업공개(initial public offering: IPO)는 일정 규모의 기업이 상장을 목적으로 여러 사람들을 대상으로 주식을 매출하는 행위를 말한다. 대주주들이 가지고 있던 주식을 일반인들에게 널리 팔아 분산시키고, 기업경영을 공개하는 것이다. 상장(listing)은 기업이 증권을 발행해서 유가증권시장, 즉 매매될 수 있도록 증권거래소에 등록하는 일이다. 이와 같이 기업공개는 국민경제적으로 기업성과를 모든 국민이 공유하는 목적에 부합되며, 기업 입장에서는 자금조달 수단과 공신력이 확대되어 효율적 경영의 계기가 마련된다. 기업에 자금을 공급한 주주, 은행 및 기타 채권자 등에게 투명경영과 보고의 책임이 강화된다.

2) 코스닥시장

코스닥시장(The Korea Securities Dealers Association Automated Quotation: KOSDAQ)은 법률상으로는 '협회중개시장'이라 부르는데 한국증권업협회가 운영하는 유통시장으로서 거래소 없이 네트워크(network) 시스템에 의하여 주식거래가 이루어지는 시장이다. 코스닥시장은 미국의 나스닥시장(NASDAQ)을 모방하여 1996년 7월 1일에 증권업협회와 증권사들이 출자하여 개설하였다. 코스 닥시장은 컴퓨터와 통신망을 이용한 전자거래시스템으로 매매가 이루어진다. 증권거래소 상장 에 비하여 요건이 까다롭지 않기 때문에 벤처기업들이 많이 등록되어 있다.

3) 코넥스

코넥스(Korea New Exchange: KONEX)는 코스닥시장 상장요건을 충족시키지 못하는 벤처기업과 중소기업이 상장할 수 있도록 2013년 7월 1일부터 개장한 중소기업 전용 주식시장이다.

코넥스 시장에는 지정자문인이 된 증권사가 중소기업을 발굴해 코넥스에 상장시키고 관리하는 역할까지 담당하게 되는 지정자문인 제도가 있다. 지정자문인은 상장 예비기업에 대한 적격성 심사, 전문투자자 대상 주식 판매 주선 등을 관할하고, 상장 이후에는 공시·신고 대리 업무, 유동성 공급자 호가 제출의무 등을 수행한다. 코넥스 시장은 매출액, 순이익 등의 재무요건은 적용하지 않는다. 상장 요건은 다음과 같다.

- 중소기업 기본법에 따른 중소기업 - 특례상장 제외
- 주식의 양도 제한이 없을 것
- 최근 사업연도 감사의견이 적정일 것
- 액면가액 결정(100원/200원/500원/2,500원/5,000원 중 택일)
- 통일규격증권 발행
- 지정자문인 1사와 선임계약 체결-특례상장 제외

05 자금지원 제도

창업자의 자기자본에 의해서만 사업을 한다면 기업의 성장에는 한계가 있다. 법률이나 제도적인 자금조달뿐만 아니라 금융기관으로부터의 차입도 필요하다. 투자자나 투자기관으로부터 자금을 투자받으면 안정적으로 사업을 유지할 수 있고 기업의 신인도와 평판도 얻을 수 있다. 또한 창업자는 기업의 유지와 성장을 이어가기 위해서는 자금조달 방법을 다양화하는 방법을 알아 두는 것이 바람직하다. 특히 투자금을 회수하고 창업자들의 재산을 증식하기 위해서도 코스닥이나 상장을 염두에 두어야 한다.

(1) 창업기업지원자금

기업은 창업자금이나 창업 후 성장을 위한 자금이 필요하다. 중소기업청의 창업기업 지원자금이 가장 적절한 정책자금이라고 할 수 있다. 창업기업지원자금은 우수한 기술력과 사업성은 있으나 자금력이 부족한 창업초기기업의 기업활동 자금을 지원하는 자금이다. 창업기업지원자금은 업력 7년 미만 중소기업 및 예비창업자가 우수한 기술력과 사업성은 있으나 자금력이 부족한 중소·벤처기업의 창업을 활성화하고 고용창출을 위한 창업기업지원이다.

1) 융자범위

① 시설자금

- 생산설비 및 시험검사장비 도입 등에 소요되는 소요자금
- 정보화 촉진 및 서비스 제공 등에 소요되는 자금
- 공정설치 및 안정성평가 등에 소요되는 자금
- 유통 및 물류시설 등에 소요되는 자금
- 사업장 건축자금(토지구입비 제외), 임차보증금
- 사업장 확보자금(매입, 경 공매): 기업당 1회에 한정
- 부지매입비 및 조성공사비(협동화 및 협업사업 승인기업에 한함)

② 운전자금

- 창업소요 비용, 제품생산 비용 및 기업경영에 소요되는 자금단, 구매기업의 계약이행 능력, 계약내용 등을 확인하여 융자를 제한할 수 있음

2) 융자방식

- **창업기업지원**: 중진공이 자금 신청·접수와 함께 기업평가를 통하여 융자 대상 결정 후 중진공(직접대출) 또는 금융회사(대리대출)에서 신용, 담보부(보증서 포함) 대출
- **청년전용창업**: 중진공이 자금 신청·접수와 함께 교육·컨설팅 실시 및 사업계획서 등에 대한 평가를 통하여 융자대상 결정 후 직접대출
- **신청·접수**: 중소벤처기업진흥공단 (www.kosmes.or.kr)를 통한 온라인 신청

(2) 신성장기반자금

신성장기반자금은 사업성과 기술성이 우수한 성장유망 중소기업의 생산성 향상과 고부가 가치화 등 경쟁력 강화에 필요한 자금을 지원하는 내용으로 취약업종의 산업경쟁력 강화와 인적자원 투자유도를 통한 성장잠재력 확충 및 중소기업의 해외진출 글로벌 기업으로의 성장을 지원하는 자금이다. 업력 7년 이상 중소기업의 시설투자 촉진을 목적으로 지원하는 자금이다. 융자범위는 시설자금과 운전자금이다.

- **신성장기반**: 업력 7년 이상 중소기업과 한중 FTA 취약 업종 영위기업 및 인재육성형 기업 글로벌진출기업
- **기술사업성 우수기업 전용**: 업력 7년 이상 중소기업 중 기업평가등급 우수기업

- 협동화·협업사업 승인기업 지원: 3개 이상의 중소기업이 규합하여 협동화실천계획의 승인을 얻은 자 또는 2개 이상의 중소기업이 규합하여 협업사업계획의 승인을 얻은 자
- 가젤형기업[1] 전용자금: 업력 4년 이상 중소기업
- 기초제조기업 성장자금: 업력 3년 이상, 매출액 10억원 미만의 기초소재형 및 가공조립형 중소기업

(3) 긴급경영안정자금

긴급경영안정자금은 경영애로 해소, 수출품 생산비용 등 긴급한 자금소요를 지원하여 중소기업의 안정적인 경영기반 조성을 위한 자금이다. 소상공인 긴급경영안정자금의 경우 폭설, 화재, 집중호우 태풍 등으로 피해를 입은 재해 소상공인을 대상으로 지원하는 대출이다. 재해확인증은 지자체 및 지방중소기업청에서 발급을 받으면 된다.

- 긴급경영안정사업: 재해 피해를 입거나 일시적 경영애로 상태에 있는 중소기업
- 수출금융지원사업
  - 융자 제외 대상 업종에 해당되지 아니하는 중소기업의 생산품(용역, 서비스 포함)을 수출하고자 하는 중소기업
  - 수출금융지원사업 이용기간이 5년을 초과한 기업은 융자지원 제외(단, 해외조달 시장 참여 중소기업은 신청 가능)

(4) 개발기술사업화자금

개발기술사업화자금은 우수 기술의 제품화·사업화 지원제도로 중소기업이 보유한 우수 기술의 사장을 방지하고 개발기술의 제품화·사업화를 촉진하여 기술기반 중소기업을 육성하는 지원자금이다. 개발기술사업화자금은 특허 및 실용신안 등 우수 기술을 발굴하거나 개발했음에도 운전자금이 부족해 제품화하지 못해 시장 진입에 어려움을 겪고 있는 기업에 장기 저리로 기술의 사업화를 위해서 직접 대출방식으로 지원된다. 『중소기업기본법』의 중소기업으로서 다음 중 하나에 해당되는 기술을 사업화하고자 하는 기업, 자체 기술을 사업화하고자 하는 Inno-Biz[2] 또는 지식재산경영인증 기업(특허청 인증)이 해당된다.

---

1 가젤형 기업(gazelles company): 상시 근로자 10인 이상이면서 매출이나 순고용이 3년 연속 평균 20% 이상인 기업
2 기술혁신형 이노비즈(INNO-BIZ)란 Innovation(혁신)과 Business(기업)의 합성어로 기술 우위를 바탕으로 경쟁력을 확보한 중소기업이다. 연구개발을 통한 기술 경쟁력 및 내실을 기준으로 선정하기에 과거의 실적보다는 미래의 성장

- 산업통상자원부, 중소기업청 등 정부출연 연구개발사업에 참여하여 기술개발에 성공 (완료)한 기술
- 특허, 실용신안 또는 저작권 등록 기술
- 정부·정부 공인기관이 인증한 기술(NET³, 전력신기술, 건설신기술, 보건신기술)
- 국내외의 대학, 연구기관, 기업, 기술거래기관 등으로부터 이전받은 기술
- 기술평가기관으로부터 기술 평가 인증을 받은 기술
- 기업부설연구소(한국산업기술진흥협회 인정) 보유 기업이 개발한 기술
- 지원이 안 되는 기업: 최근 3년 이내 개발기술사업화자금을 2회 이상 지원받은 기업

(5) 소상공인지원 창업자금 지원

소상공인 창업 및 경영개선 자금(융자)은 소상공인의 창업 및 경영개선을 위한 필요자금을 저리로 대출해주는 제도이다. 사업자등록증을 소지한 소상공인이면 가능하다. 소상공인시장진흥공단(www.semas.or.kr)에서 직접대출하거나 대리대출한다. 지원 요건은 다음과 같다.

- 사업자등록을 한 후 영업 중이거나 영업이 확실시 될 것
- 금융기관 대출금을 빈번하게 연체하고 있지 않을 것
- 소상공인 지원자금 융자 제외 대상 업종에 해당하지 않을 것

(6) 벤처캐피탈의 창업자금 지원

벤처캐피탈(venture capital: 모험자본)이란 고도의 기술력과 장래성은 있으나, 자본과 경영능력이 취약한 벤처기업에 창업 초기단계부터 자본과 경영을 지원하여 기업을 육성한 후 투자자본을 회수하는 첨단금융기관을 말한다. 기존 금융기관이 일정한 담보를 조건으로 융자 형태의 자금을 지원하고 투자기업의 경영성과에 관계없이 일정한 금리를 얻는 대신 벤처캐피탈은 담보 없이 무담보 주식투자를 통해 투자기업의 경영성과에 따라 많게는 투자금의 수십 배의 이익을 얻을 수 있는 반면, 실패하는 경우 투자금을 전혀 회수할 수 없는 투자위험을 가지게 된다. 지원 요건은 다음과 같다.

성을 중요시한다.

3 국산신기술인정제도(net excellent technology): 국내 기업 및 연구기관 등에서 개발한 신기술의 조기 발굴을 통해 그 우수성을 인증해 줌으로써 신기술의 상용화와 기술거래를 촉진하고 신뢰성을 제고시켜 초기 시장 진출의 기반을 조성하기 위한 인증 제도이다.

- 창업한 지 7년 이내의 중소기업
- 벤처기업 육성에 관한 특별 조치법에 의한 벤처기업

그림 13-8 **투자회사의 투자심사 일반절차**

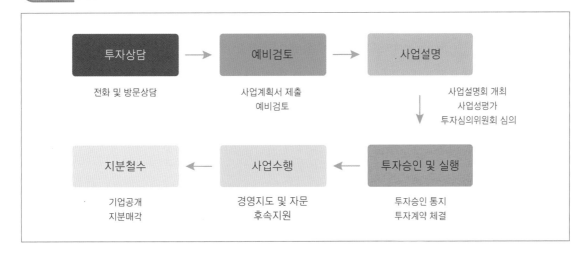

(7) 엔젤의 창업자금 지원

엔젤(angel)은 미국 브로드웨이에서 1920년대 초 자금이 없어 무산될 오페라 공연에 후원자들이 나타나 자금을 공급해 줌으로써 공연을 성공리에 마치게 되자 이들을 천사(angel)라 했다. 그 후에 벤처기업에 투자하는 개인들을 지칭하는 용어가 되었다. 엔젤은 기술과 아이디어를 갖고 천사처럼 창업기업에 등장하여 자본과 노하우를 지원하는 개인 투자자들이다. 이들은 창업초기에 기업에 필요한 자금을 지원하고 경영자문을 수행하기도 한다. 엔젤 투자는 기술은 있으나 자금이 부족한 신생 벤처기업에 투자하여 첨단산업을 육성하는 개인투자자들의 투자로 이들을 엔젤이라 하고, 그 자본을 엔젤 캐피털이라고 한다.

벤처캐피털이 주로 창업 후 완제품의 시장진입 단계에서 투자하는 반면에 엔젤 캐피털은 아이디어만 있고 제품이 없는 창업 초기단계에 자금을 공급하는 것을 기본으로 한다. 엔젤은 초기 성장단계의 투자에 중점적인 데 반해 벤처캐피탈은 후기 성장단계에 집중적으로 투자된다. 우리나라에서는 「벤처기업 육성에 관한 특별조치법」에서 창업 7년 이내의 벤처기업 또는 전환한 지 7년 이내의 벤처기업에 투자하는 개인 또는 개인들로 구성된 조합을 말한다. 창업 3년 이내의 벤처기업 또는 전환한 지 3년 이내의 벤처기업 투자는 조세감면 혜택을 받을 수 있다.

(8) 크라우드 펀딩

크라우드 펀딩(crowd funding)은 후원, 기부, 대출, 투자 등을 목적으로 웹이나 모바일 네트워크 등을 통해 다수의 개인으로부터 자금을 모으는 행위를 말한다. 군중(crowd)으로부터 자금조달(funding)을 받는다는 의미로 자금이 필요한 개인, 단체, 기업이 웹이나 모바일 네트워크 등을 이용해 불특정다수로부터 자금을 모으는 것을 말한다. SNS를 통해 참여하는 경우가 많아 소셜 펀딩이라고도 한다. 소셜 네트워크 서비스를 이용해 소규모 후원이나 투자 등의 목적으로 인터넷과 같은 플랫폼을 통해 다수의 개인들로부터 자금을 모으는 행위이다. 크라우딩 펀드의 모집 목적은 자선활동, 이벤트 개최, 상품 개발 등이다. 투자 목적에 따라 지분투자, 대출, 보상, 후원과 기부 등으로 분류된다.

- **지분투자**: 소자본 창업자를 대상으로 엔젤투자 형식으로 자금을 지원하고, 투자목적은 지분 취득. 수익창출이다.
- **대출**: 인터넷 소액대출로 자금이 필요한 개인 및 개인사업자를 지원한다. 미소금융, P2P 금융 (Peer to peer nance) 등이 이에 해당한다.
- **후원**: 모금자가 추진하는 프로젝트에 자금을 후원자들이 지원하고 금전적 보상 이외의 형태로 보상을 받는다. 공연, 음악, 영화, 교육, 환경 등에서 활용된다.
- **기부**: 순수 기부의 목적으로 지원하는 유형이다.

한국 크라우드펀딩 협회(http://www.crowdfunding.or.kr)는 크라우드펀딩 산업의 발전, 정보 및 지식의 교류를 통한 상호협력을 활성화하고, 크라우드펀딩관련 사업의 발전과 크라우드펀더 육성 및 투자자건 네트워크 구축, 크라우드펀딩 시장의 저변 확대를 목적으로 설립된 크라우드펀딩 관련 비영리단체이다. 크라우드펀딩지원센터를 기반으로 보다 실질적인 지원사업과 교육사업을 진행하고 있다.

06 보증지원 제도

창업기업은 자금도 부족하지만 기업 자체의 신용이 없기 때문에 대출이 어렵다. 이러한 경우 담보나 신용으로 자금을 융자받아야 한다. 또한 용역을 수주하여 계약할 때에도 계약 이행 보증이 필요하다. 돈이 필요해도 담보가 없어 은행으로부터 대출을 받지 못하는 사업자나 보증금이 없어 공사계약을 하지 못하는 경우 신용보증기관들이 보증을 해줌으로써 돈을 융통하여 쓸 수 있게 하거나 공사를 계약하게 해주는 제도를 말한다. 신용보증의 종류에는 공사이행보증, 어음보증, 지급보증 등이 있다.

(1) 신용보증기금지원

신용보증기금지원은 기업의 미래성장성과 기업가치를 평가하여 기업 경영에 필요한 각종 채무에 대해 보증함으로써 중소기업이 자금융통을 원활히 할 수 있도록 지원하는 제도이다. 보증기관이 중소기업의 채무에 대하여 보증을 하고, 금융기관에서 대출받는 제도이다.

1) 지원대상

- 영리를 목적으로 사업을 영위하는 개인, 법인과 이들의 단체
- 지원이 안 되는 기업
  - 도박·사행성 게임, 사치, 향락, 부동산, 주류·담배 등 일부 업종은 보증지원 제한
  - 보증기관이 보증 채무를 이행한 후 채권을 회수하지 못한 기업 및 채무관계자
  - 신용상태가 악화되어 기업의 계속적 유지가 어려울 것으로 판단되는 기업
  - 휴업중인 기업, 대출금을 빈번히 연체하는 기업, 신용관리정보 보유기업 등

2) 보증내용

- 기업이 금융기관 등에 대하여 부담하는 각종 채무에 대한 보증
- 수출중소기업 특례보증, 유망창업기업 보증지원 프로그램, 고부가서비스 기업 보증, 시설자금 특례보증, 지식재산 보증, SMART 융합보증, M&A 보증, 고용창출 특례보증

(2) 기술신용보증기금지원

기술신용보증기금지원은 담보력이 부족하나 기술력을 보유하고 있는 중소기업의 기술성, 사업성 등 미래가치를 평가하여 보증서를 발급해 줌으로써 금융기관 등으로부터 원활하게 자금을 지원을 받을 수 있는 제도이다.

1) 지원대상

- 신기술사업을 영위하고 있는 중소기업
- 지원이 안 되는 기업
  - 도박·사행성게임, 사치, 향락, 부동산, 주류·담배 등 일부 업종은 보증지원 제한

- 보증기관이 보증 채무를 이행한 후 채권을 회수하지 못한 기업
- 휴업중인 기업, 대출금을 빈번히 연체하는 기업과 현재 연체 중인 기업

2) 보증내용

- 대출보증: 금융기관으로부터 각종 자금을 대출받을 경우 담보로 이용
- 어음보증: 기업의 영업활동과 관련된 담보어음에 대해 지급을 보증
- 이행보증: 기업이 공사, 물품의 공급, 용역제공 등을 위한 입찰 또는 계약 시 납부하여야 할 각종 보증금에 대한 담보로 이용
- 무역금융보증: 수출기업의 원재료 구입을 위한 무역금융에 대한 보증
- 전자상거래보증: 전자상거래 대금결제를 위한 대출금이나 외상구매 자금 보증
- 구매자금융보증: 기업구매자금 대출과 기업구매전용카드대출에 대한 보증
- 보증료: 기업의 기술사업평가 등급에 따라 0.5~3.0%까지 차등 적용

(3) 지역신용보증재단지원

지역신용보증재단지원은 물적 담보력이 부족한 소기업·소상공인 등에게 보증서를 제공함으로써, 소기업·소상공인 등이 은행에서 자금을 원활히 조달할 수 있도록 지원해 주는 제도이다. 지원대상은 중소기업으로서 영리를 목적으로 사업을 영위하는 개인사업자나 법인이다.

○○○ SENSE 🔍 에디슨의 어록(Thomas Edison)

- 나는 팔리지 않는 것을 발명하고 싶지 않다. 제품의 판매는 제품 혜택의 증거이고 제품 혜택은 성공의 길이다.
- 더 나은 방법이 있다. 그것을 찾아라.
- 실패하더라도 절대 낙담하지 말라. 실패로부터 배워라. 그리고 계속 노력하라.
- 머리와 손으로 배워라.
- 인생에서 가치 있는 모든 것이 책에서 나오는 것은 아니다. 세상을 경험하라.

메모

참고문헌

성태경(2020), 벤처창업경영론, 서울: 정독.

유순근(2016), 서비스 마케팅, 서울: 무역경영사.

_____(2016), 센스 마케팅, 서울: 무역경영사.

_____(2016), 신상품 마케팅, 서울: 무역경영사.

_____(2017), 창업 온오프마케팅, 서울: 박영사.

_____(2017), 센스 경영학, 서울: 진샘미디어.

_____(2018), 글로벌 리더를 위한 전략경영, 서울: 박영사.

_____(2019), 富의 수직 상승 : 아이디어에 길을 묻다, 서울: 박문사.

_____(2020), 신제품개발론, 서울: 박영사.

윤선희(2015), 특허의 이해 제2판, 서울: 법문사.

존 멀린스 저/원규상 역(2008), 성공하는 사업의 7가지 원칙, 서울: 비즈니스맵

한정화(2023), 벤처창업과 경영전략 제8판, 서울: 홍문사.

Alvarez, S. A., & Barney, J. B.(2007), "Discovery and Creation: Alternative Theories of Entrepreneurial Action," *Strategic Entrepreneurship Journal*, 1(1-2), 11-26.

Aron O'Cass and Ngo(2011), "Examining the Firm's Value Creation Process: A Managerial Perspective of the Firm's Value Offering Strategy and Performance," *Journal of Management*, 22, 4, 646-671.

Bayus, B. L.(2008), "Understanding Customer Needs," *Handbook of Technology and Innovation Management*, Edited by Scott Shame, 115-141.

Becherer, R. C., Haynes, P. J., & Helms, M. M.(2008), "An Exploratory Investigation of Entrepreneurial Marketing in SMEs: The Influence of the Owner/operator," *Journal of Business and Entrepreneurship*, 20(2), 44.

Booz, Allen, & Hamilton(1982), *New Product Management for the 1980's*, New York: Booz, Allen, & Hamilton, Inc.

Byers, T. H., Dorf, R. C., & Nelson, A. J.(2011), *Technology Ventures: From Idea to Enterprise*. New York: McGraw-Hill.

Carlgren, L.(2013), "Identifying Latent Needs: Towards a Competence Perspective on

Attractive Quality Creation," *Total Quality Management & Business Excellence*, 24(11-12), 1347-1363.

Carpenter, M. A., Bauer, T., & Erdogan, B.(2009), *Principles of Management*, Washington, DC: Flat World Knowledge.

Chesbrough, H.(2010), "Business Model Innovation: Opportunities and Barriers," *Long Range Planning*, 43(2), 354-363.

Christensen, C.M.(1997), The Innovator's Dilemma: When New Technologies Cause Great Firms to Fail, Boston, MA, *Harvard Business School Press*.

Cooper, R. G.(2000) "Product Innovation and Technology Strategy," *Research Technology Management* 43.1, 38-41.

Cooper, Robert G.(2001), *Winning at New Products: Accelerating the Process from Idea to Launch*, Cambridge, MA: Perseus Publishing.

Cooper, R. G.(2008), "Perspective: The Stage-Gate® Idea-to-Launch Process-Update, What's New, and NexGen Systems," *Journal of Product Innovation Management*, 25(3), 213-232.

Cooper, R. G. (2008), "What leading Companies are Doing to Re-invent their NPD Processes," *PDMA Visions Magazine*, 32(3).

Cooper, Robert G. (2011), *Winning at New Products: Creating Value through Innovation*, 4th ed. New York: Basic Books.

Covin, J. G., & Lumpkin, G. T.(2011), "Entrepreneurial Orientation Theory and Research: Reflections on a Needed Ponstruct," *Entrepreneurship Theory and Practice*, 35(5), 855-872.

Giesen, E., Berman, S. J., Bell, R., & Blitz, A.(2007), "Three Ways to Successfully Innovate your Business Model," *Strategy & Leadership*, 35(6), 27-33.

Gilliland, M., and S. Guseman(2010), "The journal Of Business Forecasting," *Forecasting New Products By Structured Analogy*, 12-15.

Goffin, K., & Mitchell, R.(2010), *Innovation Management(2nd ed.)*, Hampshire, UK: Palgrave

Macmillan.

Fifield, P.(2009). *Strategic Marketing Decisions Module: Lecture Presentation*. University of Southampton.

Frishammar, J., & Åke Hörte, S.(2007), "The Role of Market Orientation and Entrepreneurial Orientation for New Product Development Performance in Manufacturing Firms," *Technology Analysis & Strategic Management*, 19(6), 765-788.

Fitzsimmons, J., & Fitzsimmons, M.(2013), *Service management: Operations, Strategy, Information Technology*, McGraw-Hill Higher Education.

Hiam, Alexander(1998), "Obstacles to Creativity," *The Futurist*. 30-34.

Jain, C.(2008), "Benchmarking New Product Forecasting," *Journal of Business Forecasting*, 26(4), 28-29.

Kahn, K. B.(2006), *New Product Forecasting: An Applied Approach*, Armonk, NY: ME Sharpe.

Kahn, K.(2010),"The Hard and Soft Sides of New Product Forecasting," *Journal of Business Forecasting*, 28, 4, 29-31.

Kärkkäinen, H., Piippo, P., Puumalainen, K., & Tuominen, M.(2001), "Assessment of Hidden and Future Customer Needs in Finnish Business-to-Business Companies," *R&D Management*, 31(4), 391-407.

Karolin Frankenberger, Tobias Weiblen, Michaela Csik and Oliver Gassmann(2013), "The 4I-Framework of Business Model Innovation: An Analysis of the Process Phases and Challenges," *International Journal of Product Development*, 18, 249-273,

Kress, G. and van Leeuwen, T.(2006), *Reading Images: The Grammar of Visual Design, 2 edition*. London: Routledge.

Kim, W. C. and Mauborgne, R.(2005), *Blue Ocean Strategy: How to Create Uncontested Market Space and Make Competition Irrelevant*, Boston: Harvard Business School Publishing Corporation.

Koners, U., Goffin, K., & Lemke, F.(2010), *Identifying Hidden Needs: Creating Breakthrough Products*, New York: Palgrave Macmillan.

Kotler, P., Armstrong, G., Saunders, J. and Wong. V.(2013), *Principles of Marketing 14/e.* Pearson.

Kotler, P., Keller, K. L., Ancarani, F., & Costabile, M.(2014), *Marketing Management 14/e,* Pearson.

Leach, C., & Melicher, W.(2012), *Entrepreneurial Finance(4th ed.),* Boulder: University of Colorado.

Lengler, R. and Eppler, M. J.(2007), "Towards a Periodic Table of Visualization Methods for Management M. S. Alam, ed.," *Proceedings of Graphics and Visualization in Engineering GVE,* 29(5), 1-6.

Lindgardt, Z., Reeves, M., Stalk, G. and Deimler, M.S.(2009), *Business Model Innovation. When the Game Gets Tough, Change the Game,* The Boston Consulting Group, Boston, MA.

Lovelock, C. H., Wright, L.(1999), *Principles of Service Management and Marketing.* Prentice-Hall, Englewood Cliffs, Nj.

Lovelock Christopher & Jochen Wirtz(2011), *Services Marketing: People, Technology, Strategy, 7th edition,* Prentice Hall.

Makridakis, S., & Hibon, M.(2000), "The M3-Competition: Results, Conclusions and Implications," *International journal of forecasting,* 16(4), 451-476.

Mintzberg, H.(1973), *The Nature of Managerial Work.*

Michael, Polany(1958), *Personal Knowledge,* Towards a Post-Critical Philosophy.

Mitchell, D. and Coles, C.(2004b), "Establishing a Continuing Business Model Innovation Process," *Journal of Business Strategy,* 25, 3, 39-49.

Moingeon, B. and Lehmann-Ortega, L.(2010), "Creation and Implementation of a New Business Model: A Disarming Case Study," *Management,* 13, 4, 266-297.

Morrish, S.(2011), "Entrepreneurial Marketing: A Strategy for the Twenty-first Century?," *Journal of Research in Marketing and Entrepreneurship,* 13(2), 110-119.

Najda-Janoszka M. (2012), Matching Imitative Activity of High-Tech Firms with Entrepreneurial

Orientation, *Journal of Entrepreneurship, Management and Innovation*, 8, 1, 57.

Nonaka, L., Takeuchi, H., & Umemoto, K.(1996), "A Theory of Organizational Knowledge Creation," *International Journal of Technology Management*, 11(7-8), 833-845.

O'Reilly, C. A., Chatman, J., & Caldwell, D. F.(1991), "People and Organizational Culture: A Profile Comparison Approach to Assessing Person-organization Fit," *Academy of Management Journal*, 34, 487-516.

Osterwalder, A. and Pigneur, Y.,(2005), "Clarifying Business Models: Origins, Present, and Future of the Concept," *Communications of the Association for Information Systems*, 16(1), 1.

Osterwalder, A. & Pigneur, Y.(2010), *Business Model Generation: A Handbook for Visionaries, Game Changers and Challengers,* Wiley.

Parasuraman, A., Zeithaml, V. A., & Berry, L. L.(1985), "A Conceptual Model of Service Quality and its Implications for Future Research," *Journal of Marketing*, 41-50.

Perkmann, M., & Spicer, A.(2014), "How Emerging Organizations take Form: The Role of Imprinting and Values in Organizational Bricolage," *Organization Science*, 25(6), 1785-1806.

Porter, M. E.(1980), *Competitive Strategy: Techniques for Analyzing Industries and Competitors*, New York: Free Press

Raphael Amit and Christoph Zott(2012), "Creating Value through Business Model Innovation," *MIT Sloan Management Review*, 53, 3, 41-49.

Ries, A., & Trout, J. (2004), *Positioning: The Battle for Your Mind: How to Be Seen and Heard in the Overcrowded Marketplace*, American Media International.

Rosegger, G.(1986), *The Economics of Production and Innovation, 2nd*, Oxford: Pergamon Press

Rijsdijk, S. A., Langerak, F., & Jan Hultink, E.(2011), "Understanding a Two-sided Coin: Antecedents and Consequences of a Decomposed Product Advantage," *Journal of Product Innovation Management*, 28(1), 33-47.

Sabatier V., Mangematin V. & Rousselle T.(2010), "From Recipe to Dinner: Business Model Portfolios in the European biopharmaceutical Industry," *Long Range Planning*, 43: 431–447.

Sarasvathy, S. D., Dew, N., & Velamuri, S. R.(2002), "A Testable Typology of Entrepreneurial Opportunity: Extensions of Shane and Venkataraman(2000)," *Academy of Management Review*.

Sawhney, M. Wolcott, R.C. and Arroniz, I.(2006), "The 12 Different Ways for Companies to Innovate," *MIT Sloan Management Review*, 47(3), 75.

Shell, R.G. (2006), *Bargaining for Advantage*, New York, NY: Penguin Books.

Smith, J. B., & Colgate, M.(2007), "Customer Value Creation: A Practical Framework," *Journal of Marketing Theory and Practice*, 15(1), 7-23.

Terwiesch and Ulrich(2009), *Innovation Tournaments: Creating and Identifying Exceptional Opportunities*, Harvard Business Press, Boston.

Urban, & Hauser(1993), *Design and Marketing of New Products*, Prentice Hall.

Ulrich K.T. and S.D. Eppinger(2011), *Product Design and Development 5th ed*, McGraw-Hill, New York.

Weinstein, A(2012), *Superior Customer Value: Strategies for Winning and Retaining Customers. 3rd ed.*, Boca Raton, Florida: CRC Press-Taylor & Francis Group.

Zack, Michael H.(1999), "Developing a Knowlcdge Strategy," *California Management Review*, 41.3: 125-145.

Zeithaml, V. A., Parasuraman, A. & Berry, L. L.(1985), "Problems and Strategies in Services Marketing," *Journal of Marketing*, 49(2). 33-46.

Zott, C., Amit, R. and Massa, L.,(2010), "The Business Model: Theoretical Roots, Recent Developments and Future Research," *IESE Business School-University of Navarra*, 1-43.

색인

A-Z

제4판

벤처창업과 경영 창업과 비즈니스 모델 혁신

초판발행	2017년 5월 20일
제2판발행	2018년 7월 20일
제3판발행	2021년 1월 10일
제4판발행	2025년 1월 10일

지은이	유순근

편 집	전채린
기획/마케팅	김민규
표지디자인	Ben Story
제 작	고철민·김원표

펴낸곳	(주) **박영사**
	서울특별시 금천구 가산디지털2로 53, 210호(가산동, 한라시그마
	등록 1959. 3. 11. 제300-1959-1호(倫)
전 화	02)733-6771
f a x	02)736-4818
e-mail	pys@pybook.co.kr
homepage	www.pybook.co.kr
ISBN	979-11-303-2135-6 93320

* 파본은 구입하신 곳에서 교환해 드립니다. 본서의 무단복제행위를 금합니다.

정 가   35,000원